4·3, 미국에 묻다

이 저서는 2020년 제주4·3평화재단의 지원을 받아 수행된 연구입니다.

4·3, 미국에 묻다

초판 1쇄 발행   2021년 3월 29일
     2쇄 발행   2022년 7월 20일

지은이 | 허호준
펴낸이 | 윤관백
펴낸곳 | ▱도서출판선인

등 록 | 제5-77호(1998.11.4)
주 소 | 서울시 양천구 남부순환로 48길 1(신월동163-1)
전 화 | 02)718-6252 / 6257
팩 스 | 02)718-6253
E-mail | sunin72@chol.com
Blog | https://blog.naver.com/suninbook

정 가   34,000원

ISBN 979-11-6068-465-0 93900

· 잘못된 책은 바꿔 드립니다.

4·3, 미국에 묻다

허호준 지음

도서출판 선인

책을 펴내며

글을 마친다. 미국은 과연 우리에게 무엇인가. 4·3, 그날들이 다큐멘터리 흑백 필름의 오래된 장면처럼 지나간다. 1947년 3월 1일 관덕정 광장에의 제주도민들의 함성과 총성, 그리고 미군의 모습이 얼핏 지나간다. 상공을 날아다니는 미군 연락기, 미 함정이 내뿜는 해안의 검은 연기, 낯선 이방인이 산야를 누비며 작전을 진두지휘하는 모습, 그 옆에는 삶과 죽음의 경계에 선 두려운 눈빛의 제주 사람들의 모습이 교차한다. 경비대의 작전에 동행하고, 초토화 시기 날마다 죽음의 기록들을 보고하던 미군 고문관들의 모습이 스친다. 미국의 군사고문단과 외교사절들이 한국 정부와 군에 제주도 진압을 재촉하는 장면이 보인다.

다시 묻는다. 미국은 우리에게 무엇인가. 미국은 과연 4·3에 어떤 얼굴을 하고 있는가. 이 물음을 묻고 되물으면서 먼 길을 돌아서 왔다. 4·3과 미국의 관계 규명에 천착한 지 30여 년. 이제 4·3과 미국을 주제로 한 권의 책을 내놓는다. 4·3과 마주한 나의 시선과 연구의 작은 흔적들은 졸저『그리스와 제주—비극의 역사와 그 후』(도서출판 선인, 2014)의 '책을 펴내며'에 쓰여있다.

1989년 한겨레신문 기자로 발을 들여놓으면서 나와 4·3의 운명은 시작됐다. 4·3은 처음부터 내게 취재와 연구의 길을 동시에 가도록 부추겼다. 4·3은 내게 단단한 바윗덩어리였고, 깰 수 없는 금기의 영역 같은 것이었다. 그러나 그것은 한국 사회의 민주화의 여정과 함께 시간이 지나면서 하나씩 깨져나갔다.

2021년 2월 26일 제주4·3사건 진상규명 및 희생자 명예 회복에 관한 특별법(4·3특별법) 전부 개정안이 여야 합의로 국회를 통과했다. 김대중 정부 때인 2000년 1월 4·3특별법이 제정·공포된 지 21년 만이다. 불가능하게 보였던 4·3특별법이 제정되고, 위자료 형식의 희생자 배·보상과 수형인 명예 회복 등이 담긴 개정안이 통과된 것을 보면서 역사는 수많은 민중의 힘과 노력이 모여 진전한다는 진리를 새삼 깨닫게 된다. 해방공간 4·3이 변죽을 쳐서 한복판을 울렸듯이, 4·3특별법 제정과 개정안의 통과 과정도 변방을 쳐서 중앙을 울렸다. 이제는 누구나 4·3을 이야기하고, 4·3의 상징이 된 동백꽃 배지를 달고 다니는 시대가 됐다.

　"'나는 어떻게 되는 거지? 어떻게 살아야 해? 어디로 가야 하는 걸까?' 수 없이 자신에게 되풀이 물어보는 것이지만 검푸른 바다처럼 막막할 뿐이다." 박경리의 소설 『토지』에서 일제의 밀정 김두수의 손아귀에 놓였던 심금녀의 심정처럼, 가족이 절멸하고, 모든 것을 빼앗긴 4·3에서 살아남은 제주도 민중들에게 세상은 '검푸른 바다'처럼 막막했다. 그러나 제주도 민중들의 기억 투쟁은 어떤 날은 봄날의 잔잔한 바다 물결처럼 고요했고, 또 어떤 날은 겨울날 거친 비바람 속에 하얀 거품을 내며 몰아치는 성난 파도 같은 울림으로 이어져 왔다. 희생자 배·보상이 이뤄지고 수형인들에 대한 명예 회복이 이뤄진다 해도 4·3의 생채기가 사라지는 것은 아니다. 4·3은 제주 사회에 길고 강한 영향을 끼치고 있는 현재진행형이다.

　2020년 하반기 제주지방법원에서 열린 4·3 수형 행불인 재심 청구 소송은 산 자는 물론 죽은 자들의 기억투쟁의 장이었다. 4·3 당시 형무소에서 수형 생활하다 행방불명된 희생자들은 배우자와 형제자매, 자녀들의 입을 통해 70여 년 전 무법과 불법 속에 이뤄진 4·3의 진실을 법정으로 소환했다. 죽은 자들은 산 자들의 입을 통해 법정에서 진실을 드러냈다.

제2차 세계대전 종전 뒤 '냉전의 팬데믹'이 세계를 덮쳤다. 제주섬도 강대국이 만들어놓은 냉전의 영향에서 벗어날 수 없었다. 남북 분단의 공고화 속에 냉전체제는 우리 사회에 '4·3은 반국가적 폭동'이라는 의식을 강요했다. 1987년 한국 사회의 민주화운동, 그리고 4·3 40주년을 맞은 1988년 이후 진상규명운동이 벌어졌고, 미국의 책임을 묻는 움직임이 일었다. 하지만 미국의 책임을 묻는 것은 구호에 그쳤을 뿐 이렇다 할 연구가 이뤄진 상태가 아니었다. '4·3과 미국'의 관계는 장막 뒤에 가려져 있었다. 미국은 왜 4·3을 주목하고 관심을 가졌는가. 미국의 직·간접적 개입의 정도는 어떠했는가. 지난 30여 년 동안 4·3 진상규명과 명예 회복이 착실하게 이뤄져 왔다. 그러나 미국의 개입을 규명하는 것은 우리의 노력과 능력 부족, 또는 기록의 부재, 미국의 정보 비공개 등으로 여전히 그 모습을 온전히 드러냈다고 할 수 없다. 수많은 조각난 진실이 모여 전체적 진실을 구성한다. 미국의 개입을 규명하는 작업 또한 국내외에 흩어진 온갖 자료들을 모아 분석하고 이를 통해 전체의 그림을 그릴 수밖에 없다. 4·3의 전체적 진실은 이런 작업들이 모여 이뤄진다. 4·3의 전개 과정에서 미국의 직·간접적인 개입 규명에 관심을 가진 나는 역사적 사료가 발굴될 때마다 4·3의 퍼즐을 짜 맞춰간다는 생각을 갖는다.

　나는 4·3 당시 숱한 학살과 재산 피해, 살아남은 이들의 트라우마에 대한 1차적 책임은 당시 정부에 있다고 본다. 그러나 미국은 4·3의 전개 과정을 처음부터 끝까지 알고 있었고, 때로는 공개적이고도 직접적으로, 때로는 은밀하고도 간접적으로 개입했다. 미국은 1948년 8월 15일 대한민국 정부 수립 이전에는 미군정의 형태로 직접 개입을, 그 이후에는 군사고문단이나 미 사절단 등의 이름으로 직·간접 개입을 통해 토벌을 조장했다. 4·3 당시 미국의 책임은 결코 가볍지 않다. 미국의 개입을 연구하지 않으면 안 되는 이유이다.

　『그리스와 제주』를 펴낸 지 만 7년이 흘렀다. 이 책은 나의 석사 학위 논문(2003)과 박사 학위 논문(2010)을 바탕으로 했다. 나는 애초 이들 논문과

『그리스와 제주』의 내용 가운데 '미국' 부분만을 추려 쓸 계획이었으나, 쓰는 과정에서 여러 부분을 수정하지 않으면 안 됐다. 기존 글의 오류를 일부 발견했고, 새로운 자료들이 발굴됐기 때문이다. 이 과정에서 국립중앙도서관의 4·3과 관련한 자료들을 새롭게 접할 수 있었다. 또한 기존 자료를 다시 보면서 재해석하지 않으면 안 되는 부분들도 있었다.

이 책에서 필자가 새롭게 재해석하거나 발굴한 자료는 대략 다음과 같다. 해방 직후 제주 사회에 자치 기구 건설 운동이 활발하게 전개될 때 패망 일본군의 활동은 알려지지 않았다. 일본 방위성 소장 문서들은 당시 일본군이 제주도의 건국준비위원회 등의 활동을 파악하고 있었다는 사실을 보여준다. 심지어 해방 직전 '도사'(島司)였던 센다가 여전히 1945년 9월 초순에도 도사 역할을 하며 도내 유력자들에게 자위대 결성 금지 등을 요구하는가 하면 일본군이 제주도의 자치 기구 결성 운동을 경고하는 등 영향력을 행사하려고 했던 것으로 나타났다. 제주도에서 미군과 일본군 사이에 체결된 항복문서(영문과 일문)도 발굴했다. 경비대의 초기 무장대에 대한 인식도 눈길을 끈다. 경비대 제9연대장 김익렬이 제주도인민유격대(무장대) 사령관 김달삼과 협상하기 위해 4월 하순 뿌린 전단에는 무장대를 '폭도'나 '반도'가 아닌 '형제'라고 했고, '4·3 무장봉기'를 '폭동'이나 '반란'이 아닌 '투쟁'이라고 했다. 경비대는 '불타는 조국애'와 '완전 자주 통일독립에의 불퇴전의 의욕'을 가진 '형제들'의 '생사를 초월한 진의'를 알고 있다고 표현했다. 최소한 이 시점에서는 경비대는 무장대와 타협의 여지가 있었지만, 미군정의 개입으로 파탄 났다.

1948년 5월 5일 제주도에서 열린 군정장관 딘 소장과 민정장관 안재홍, 경무부장 조병옥, 경비대사령관 송호성 등 서울에서 내려온 미군정 수뇌부와 제주도 현지 관계자들이 참여한 회의에 대한 설명은 김익렬의 회고록 '4·3의 진실'이 유일하다. 이 회의와 관련해 당시 제11연대장 작전참모가 딘 소장과 조 부장이 '무차별 사살 명령'을 내렸다는 내용이 담긴 신문 기사도 찾았다. 당시 이런 명령을 내린 사실은 최소한 두 군데 이상의 국내 신문 기사에서 발견된다. 이는 김익렬의 회고록을 뒷받침하는 내용이다. 유엔에서의 미국의 제주도 군사기지설에 대한 미·소 대표의 논란과 5·10 선거에 대한 소련 대표의 발언이 담긴 자료도 발굴했다.

1949년 1월 대통령 이승만이 국무회의에서 "제주도 사태는 미 해군이 기항하여 호결과를 냈다"고 한 발언 이면에는 한국 정부 관계자들의 간절한 요청으로 미 해군 함정이 3시간 남짓 기항한 사실이 담긴 미국 문서도 있다. 또한 미국 대통령 트루먼과 미 의회 지도자들은 제주도에서 일어난 학살사건을 인지했으나, 무관심했음을 보여주는 자료들도 발굴했다. 이 책에 나온 사진들은 국사편찬위원회와 국립중앙도서관, 미국 국립문서기록관리청에서 발굴한 사진과 제주도에 근무했던 미군 고문관들로부터 입수한 것임을 밝혀둔다.

처음 간단하게 정리하고자 했던 작업은 1년여를 끌게 됐다. 그럼에도 밝혀져야 할 부분들은 여전히 남아있다. 중앙 미군정청 특별감찰실의 3·1절 발포사건에 대한 진상조사 보고서, 평화협상에 대한 미군정의 대응 문서, 1948년 5월 5일 제주도 회의 문서, 계엄령과 초토화 관련 미 국무부 또는 미군의 문서와 사진 자료 등은 아직 발굴되지 않았다. 이로 인해 초토화 시기 미국의 개입 부분 등은 자료의 부족 등으로 해석이 제한적일 수밖에 없다. 또한 나의 분석 능력의 부족함에도 있다. 이 때문에 이 책도 사료를 밝히는 데서 나아가 4·3과 미국의 관계에 대한 보다 깊은 통찰을 보여주지 못하고 있다는 점을 인정한다. 이 책의 한계는 전적으로 필자의 몫이다.

책을 쓴다는 것이 결코 녹록한 작업이 아님을 다시 한번 느낀다. 이 책이 나오기까지 여러분의 도움을 받았다. 제주 근현대사 연구의 권위자 박찬식 선배는 '4·3과 미국'에 대한 분석적 시각을 조언했다. 4·3의 역사적 진실을 규명하는데 노력하는 조정희 후배는 거칠고 까다로운 초고를 꼼꼼히 검토해 줬다. 이들은 4·3의 진실을 파헤치는데 천착하고 있는 연구자들이다. 두 분에게 감사의 뜻을 표한다. 허영선 제주4·3연구소장도 4·3의 실체적 진실에 대한 연구를 강조하고 격려했다. 이 책의 출판을 흔쾌히 허락한 도서출판 선인 윤관백 대표와 까다로운 원고를 좋은 책으로 만들어준 김민정님에게도 감사를 드린다. 나의 프로포절을 선택해 책이 나올 수 있도록 해준 제주4·3평화재단에도 고마움을 보낸다.

창밖에는 검푸른 제주 바다가 하얀 거품과 함께 쉴 새 없이 밀려오고 밀려가기를 반복한다. 오래전부터 그랬던 것처럼, 오늘도, 그리고 앞으로도 그럴 것이다. 제주 바다는 오랜 세월이 지나도 그대로일 것이다. 제주 바다는 나의 위안이다. 창밖엔 비가 내린다. 이 책을 나의 가족과 소중하고 사랑하는 딸 은에게 바친다.

2021.3.1
허호준

들어가며

제2차 세계대전이 끝나자 미국은 전후 질서의 재건이라는 임무에 직면하면서 소련과 대결상태에 돌입하였고 세계는 동·서 두 진영으로 분열됐다. 전후 그리스 내전은 냉전의 서막을 알리는 신호탄이었다. 미국은 내전으로 인해 그리스 정부가 무너지면 소련의 영향력이 중동과 유럽을 넘어 전세계로 확대돼 미국의 안보에 직접적인 영향을 끼칠 것으로 우려했다. 이에 그리스 내전을 계기로 1947년 3월 트루먼 독트린이 발표됐고, 같은 해 6월에는 마샬 플랜, 7월 봉쇄정책이 구체화됐다. 트루먼 독트린과 봉쇄정책에 의해 냉전은 공식화됐으며, 미국의 대소정책은 소련의 팽창주의를 적극 저지하는 데 초점이 맞춰졌다.[1] 봉쇄정책은 미국식의 가치와 정치제도를 공유하고 선호하는 국가들을 미국의 동반자로 간주하는 것이었으며, 그 결과 미국의 목표를 달성하는 데 도움이 되는 정부를 지원하게 됐다.[2] 이에 따라 전후 미국의 대외정책은 미국 주도의 세계 경제 및 군사 질서를 구축하기 위한 예방적·패권적 팽창을 추구하게 됐다.[3]

트루먼 독트린은 이후 미국의 냉전정책과 제3세계의 정책 모델이 됐다. 한국전쟁 발발 직후 트루먼은 보좌관들에게 "한국은 극동의 그리스"라며 "우리가 충분히 강력하면, 우리가 그리스에서 했던 것과 같이 그들(공산주의자들)에게 맞선다면, 그들은 어떠한 조치도 취하지 못할 것이다"라고 말했다.[4]

트루먼 행정부의 아시아 정책은 유럽에서와 마찬가지로 세력균형의 회복과 대항 세력의 육성에 목표를 두었으나 소련이 미국의 압력에 굴하지 않자 한반도에서 남한 단독정부 수립을 독자적으로 추진하게 됐다.

그리스 내전에 미국의 개입이 이루어진 시기에 제주도를 비롯한 남한 각지는 좌·우익 간의 대립이 치열하게 벌어지는 '이데올로기의 전쟁터'가 됐다. 주한미군은 4·3 무장봉기 이후 제주도를 '동양의 그리스'로 비유하고 주목했다. 미국 의회와 외신도 1948년 5·10 선거를 전후한 시기에 남한의 정치 사회적 사태의 진전을 그리스와 비교하였고, 4·3과 그리스 내전의 전개 과정이 유사하다는 사실에 관심을 표명했다.

냉전시대 유럽과 아시아지역에서는 '반공'의 이름으로 민간인 학살이 자행됐다. 그리스에서는 미군의 개입 하에 10만~15만여 명이 희생됐으며,[5] 타이완에서는 '2·28사건'과 '1950년대 백색테러'가 일어나 수만 명이 살해되거나 투옥됐다.[6]

제주4·3도 이런 과정에서 발생한 민간인 학살의 전형적인 사례다. 국내외를 통틀어 처음으로 4·3을 주제로 학위 논문을 쓴 메릴(John R. Merrill)은 4·3 당시 일어난 수많은 인명피해와 관련해 "미국의 점령에 대해 이러한 폭력적 민중 저항은 전후 어느 곳에서도 일어나지 않았다"고 말했다.[7] 이는 역으로 "이러한 민중 저항에 미국은 어떻게 대응했는가?"라는 질문을 던지게 한다.

대량 학살로 귀결된 치열한 '폭력적 민중 저항'은 왜 한반도 최남단 제주도에서 발생했는가? 4·3의 성격을 살펴보기 위해서는 세계적 냉전의 전개 과정과 미군정의 정책 또는 의도, 제주도의 정치·사회·경제적 상황 등을 총체적으로 고찰해야 한다. 특히 4·3의 전개 과정에서 나타난 민간인 학살과 5·10 선거의 상관관계, 그리고 이에 대한 미군정의 정책을 살펴봐야 한다. 해방 전후 한국 현대사에서 4·3은 사건의 원인을 떠나 남한만의 단독정부 수립을 거부했던 '폭동'이었다는 이유로 투쟁의 대가는 가혹했고 반공 국가에 의해 강요된 침묵과 금기의 시간도 길었다.

주지하다시피 4·3 무장봉기 발발의 직접 원인은 남한 단독정부 수립을 위해 1948년 5월 10일 치러진 이른바 '5·10 선거'의 반대였다. 미군정은 5·10 선거를 한반도 점령기간 가장 중요한 사안으로 인식했다. 그러나 이런 미국과 일부 국내 정치세력의 노력에도 제주도는 남한에서 유일하게 5·10 선거가 실패한 지역으로 남게 됐다.

제주4·3 무장봉기 주도 세력들의 입장에서 볼 때 한반도 분단을 야기하는 5·10 선거 저지는 제주도민을 상대로 한 경찰과 우익단체의 가혹한 탄압에 맞선 저항과 함께 1차적인 대의명분이자 목표였다. 반면 미국의 입장에서는 냉전체제 형성기 미·소 점령군이 맞닥뜨린 한반도에서 5·10 선거의 성공을 통해 친미 정부를 수립하는 것이 최대 목표였다. 따라서 제주도 5·10 선거의 실패는 미군정의 강경 대응을 불러온 주요 원인이 됐다. 따라서 4·3의 전개 과정과 5·10 선거의 성패는 상호 불가분의 관계에 있다고 할 수 있다. 제주도 유사 이래 가장 많은 인명피해를 낸 4·3의 중심부에는 미군정 시기 남한의 유일 정부라고 자처했고, 정부 수립 이후에도 작전통제권을 쥐고 있던 미군정과 미국이 자리 잡고 있다. 미군정은 한반도 정책에 있어서 '좌익의 강력한 근거지'로 규정한 제주도에 대한 진압의 강도를 다른 지방과 차별화했다.

해방공간과 한국전쟁 시기 남한 곳곳에서 일어난 민간인 학살 사건 가운데 4·3은 유엔이 제정한 '제노사이드협약'의 맥락 속에서 논의할 수 있을 만큼 학살의 규모와 유형, 정부조직 및 준군사단체들의 개입을 보여주고 있다.

이 책은 5·10 선거에 대한 미군정과 미국의 인식 및 대응 관계를 중심으로 4·3의 전개 과정을 분석해보고자 한다. 이러한 과제와 관련해 다음과 같은 물음에 초점을 맞출 것이다.

첫째, 미군정은 냉전 상황 속에서 '4·3'을 어떻게 인식했고 대응했는가? 이는 미국의 한반도 정책의 일부로서 4·3의 진압정책을 봉쇄정책의 연장선 속에서 규명하는 문제이다.

둘째, 미군정은 제주도 5·10 선거의 성공적 실시를 위해서 어떠한 노력을 기울였는가? 이것은 미국과 미군정이 남한 단독정부 수립을 위해 동원했던 모든 수단을 밝혀내는 일이다.

셋째, 미군정은 제주도 5·10 선거가 실패하자 어떻게 대응했는가? 제주도에서 치러진 5·10 선거가 실패하자 당혹한 미군정은 재선거의 성공을 위해 진압 작전을 강화했으며, 정부 수립 이후에는 미 군사고문단과 외교 관리들이 한국 정부와 군·경의 강력한 조력자로서 민간인 학살을 조장했다.

이 책은 모두 5장으로 구성됐다. 제1장에서는 제주도의 지정학적 가치와 미국의 냉전정책이 제주도에 끼친 영향을 다룰 것이다. 이 장에서는 19세기 말부터 주변국들의 제주도에 대한 '전략적 요충지'로서의 지정학적 인식과 제주도의 '군사기지화' 논란을 다루겠다. 또 반공 교두보 구축을 목표로 했던 미국의 한반도 정책과 4·3의 전개 과정에서 있었던 미군정의 직·간접적 개입의 이면에는 미국의 봉쇄전략 구현 무대로서 제주도를 상정했다는 가설을 살펴보겠다. 제2장에서는 4·3의 전사(前史)로서, 이의 배경이 되는 해방 후 제주도의 정치·사회·경제적 상황을 다룰 것이다. 해방 직후 제주도에서는 민족해방운동세력이 주도한 자치 기구 건설운동이 활발하게 전개됐다. 다른 한편으로는 귀환 인구의 급증과 산업시설의 황폐화에 따른 실업률의 증가, 전염병과 기아가 만연하는 가운데 제주도 미군정과 친일 경찰, 모리배 삼자의 부패 연합체는 제주도민들을 더욱 동요하게 했다. 제3장에서는 5·10 선거를 위한 미군정과 유엔조선임시위원단의 선거준비 과정, 그리고 5·10 선거가 제주도에서 어떻게 실시됐는지 살펴볼 것이다. 5·10 선거의 진행 과정과 급박했던 미군정의 대응 및 선거결과 등을 검토할 것이다. 제4장은 본 책의 핵심이 되는 부분으로 4·3의 전개 과정을 5개 국면으로 나눠 시기별 국면 전환의 계기와 이에 따른 미군정·군사고문단·미 사절단으로 대표되는 미국의 인식과 대응 전략을 고찰할 것이다. 3·1사건으로 시작된 제1국면은 미군정의 정책 실패와 극우파 도지사의 독단적 행정행위, 경찰·우익단체의 테러, 잇단 고문치사사건을 계기로 무장봉기를 핵심으로 하는 제2국면으로 전환됐다. 제2국면에서는 5·10 선거를 성공시키기 위해 경비대를 동원한 미군정의 총력적 대응이 나타난다. 그러나 5·10 선거의 실패를 계기로 미군정이 전면에 나서는 제3국면으로 전환됐다. 제3국면에서는 미군정의 지휘 아래 군·경이 주민들을 무차별 검거하면서 사태를 진정시키려 했지만 원인을 치유하지 않은 강경 진압은 오히려 사태를 악화시켰다. 제2, 3국면에서는 미군과 미군정의 직접 개입이 이뤄졌다. 이어 대한민국 정부 수립과 여순사건을 계기로 제4국면으로 넘어갔다. 제4국면에서는 여순사건과 맞물린 제9연대의 포고령과 계엄령을 계기로 제주도 내 곳곳에서 학살이 일어났다. 미군은 조력자로서 초토화 시기 군·경의 토벌 과정에서 적극적인 역할을 했다. 또 유엔의 남한 정부 수립 승인, 1949년 5·10 재선거 실시 등이 이루어진 시기이며, 이때에도 '공산주의자 섬멸'을 명분으로 대량 학살이 일어났다. 제5국면은 선거가 끝난 이후의 시기로 마지막 토벌기에 해당된다.

4·3의 전개 과정과 국면전환의 계기

국면	시기	국면전환 계기
제1국면	1947. 3~1948. 4	• 3·1절 발포사건 • 미군정의 실정 • 극우파 도지사의 독단적 행위 • 잇단 고문치사사건
제2국면	1948. 4~1948. 5	• 4·3 무장봉기 발발 • 김익렬-김달삼 평화협상 • 군정장관 딘의 2차례 방문 • 5·10 선거 실패
제3국면	1948. 5~1948. 10	• 브라운 대령의 최고 지휘관 부임 • 6·23 재선거의 무기연기 • 박진경 연대장 피살사건 • 대한민국 정부 수립
제4국면	1948. 10~1949. 5	• 여순사건 발생 • 포고령과 계엄령 공포 • 제9·2연대의 초토화 • 제주도 5·10 재선거
제5국면	1949. 5~1954. 9	• 마지막 토벌기

제5장은 필자가 만났던 4·3 당시 제주도에 근무한 미군 고문관들의 제주도 경험과 기억을 다룰 것이다. 이들은 4·3을 기본적으로 '민주진영 대 공산진영'간의 대결로 간주했으며, 미군 고문관들이 토벌대와 함께 작전 현장에 투입되고 작전을 함께 논의한 부분들을 살펴볼 것이다.

1

냉전과 제주도

제주도의 지정학적 가치

제주도는 한반도 본토와 중국 대륙 및 일본 열도의 한 가운데 자리 잡은 해양세력과 대륙세력의 경계선에 있다. 제주도는 이러한 지정학적 위치로 인해 19세기 말부터 일본과 러시아 등 주변 국가들의 전략적 관심을 받았다.

영국이 러시아의 조선 진출을 견제하기 위해 거문도를 불법 점령한 1885년 제주도는 거문도와 함께 국제적 관심을 끌게 됐다.[1] 19세기 말 동북아시아의 역학관계 속에서 일본은 러시아가 제주도를 점령하면 심각한 위협에 직면할 것이라고 인식했으며, 제주도에 대한 선제적 장악이 러시아와의 패권 다툼에서 유리한 고지를 차지할 것으로 보았다. 1885년 3월 12일 『오사카마이니치신문』은 제주도의 지정학적 위치에 대해 "일본, 중국의 근해를 견제하는 데 강력한 장소인 만큼 러시아가 제주도를 점령하게 되면 러시아는 동양에서 세력을 현저히 증가시켜 조선은 물론 일본, 중국에도 심각한 문제와 영향을 미치게 될 것"이라고 보도했다.[2]

일본 나가사키현에서 발간됐던 『진제이닛뽀』[3]도 비슷한 시기인 1885년 4월 15일 "러시아가 욕심을 가지고 연안을 측량한다고 전해지는 조선 제주도는 우리 히젠(肥前)[4]의 고토(五島)와 마주 보고, 일본과 중국, 조선 3국 사이에 있어 군사와 상업상 대단히 중요한 지위를 차지한다"고 언급했다.[5]

이 시기 제주도의 지정학적 위치에 대한 주변 국가들의 관심은 적극적으로 제기되고 있었다. 제주도를 군사·상업적 '요충지'로 인식한 일본은 제주도를 중국을 견제하기 좋은 장소로 간주하고, 러시아가 제주도를 장악하면 동양에서 그들의 군사력을 확대해 조선과 일본, 중국에 심각한 영향을 끼칠 것으로 인식했다. 따라서 일본은 대안(對岸)의 불처럼 보고 있을 수 없었다.[6] 『진제이닛뽀』(1885.5.1)는 '영·로(英露) 관계, 조선에 파급'이라는 제목의 사설을 통해 그동안 제기됐던 제주도와 관련된 영국과 러시아의 움직임을 전하면서 일본의 대응 방안을 짚었다.

"영함(英艦) 아가멤논 및 다른 2척이 포트 해밀턴(거문도−필자)에 정박하고 있다는 소문이 최근 더욱 자자했다. 또 로국(露國)이 퀠파트(제주도−필자) 점령 담판을 조선과 벌인다는 것을 풍설이라고 듣고 넘길 수가 없다. 지도를 보니 퀠파트는 전라도와 남해에 있다. 일본과 조선 사이의 요충지여서 (중략) 러시아가 퀠파트를 얻는다면 이는 남출(南出)의 요항(要港)을 얻는 것이다. 러시아가 점령한다면 이를 토대로 향후 조선 내지(內地)를 빼앗는 근거로 삼을 것이다."

이러한 인식의 바탕 위에서 제주도의 군사기지화에 대한 관심을 기울이기 시작한 일본은 군함 류죠(龍驤)함을 제주도 근해에 파견해 측량했으며,[7] 태평양전쟁 시기에는 제주도를 중국 침략을 위한 발판으로 활용하게 됐다.

일본과 러시아가 제주도의 전략적 중요성을 인식하고 상호 경계하던 1885년 8월 『워싱턴포스트』는 "제주도는 중국, 일본, 조선 사이에 있는 1급 (first class)의 중요성을 지닌 전략적 위치에 있다"며 "제주도는 상하이에서 150마일 정도 떨어져 있다. 외국의 훌륭한 함대 기항지가 될 것이다. 조선 정부는 제주도를 방어할 위치에 있지 않다. 러시아가 일단 제주도를 점령하면 현재 일본 소유의 쓰시마도 필연적으로 비슷한 운명에 놓이게 될 것"이라고 전망했다.[8] 이 신문은 제주도가 동북아시아에서 차지하는 전략적 위치에 주목하면서, 러시아가 제주도를 장악하면 다음은 쓰시마가 점령될 운명에 놓이게 될 것이라고 분석했다.

제주도가 갖고 있는 지정학적 위치에 대한 인식은 러시아, 일본, 미국이 크게 다르지 않았다. 미국은 당시 고립주의 외교 노선으로 인해 제주도를 크게 주목하지 않았으나 제주도가 중국과 일본, 조선 사이의 '전략적 위치'에 있다고 인식했다. 미군이 태평양전쟁 종전 무렵 한반도 내 각 지역의 도시를 분석해 1945년 4월 펴낸 미 육·해군 정보연구보고서(JANIS)에도 "조선 남부의 유일한 큰 섬인 제주도는 중국 연안의 대부분 지역에서 일본으로 가는 항공과 해상 항로의 전략적 위치 때문에 중요하다"고 기록하고 있다.[9] 이처럼 제주도는 19세기 말부터 한·중·일 3국의 한 가운데 위치한 섬으로서 주변국들에 의해 지정학적 가치를 지닌 섬으로 주목받았다. 이러한 전략적 관심은 일제가 제주도를 중국 침략의 발진기지로 구축하면서 극대화됐다.

미 제24군단 군사실(軍史室)은 제주도의 위치에 대해 "지도를 얼핏 보더라도 섬이 지극히 전략적인 위치(extremely strategic location)에 있음을 알게 된다"며 전략적 가치에 주목했다.[10]

트루먼 독트린과 냉전의 형성

미국은 제2차 세계대전의 종전과 함께 국제질서의 주도 세력으로 등장했다. 냉전 시기 미국 외교정책의 핵심은 대소 봉쇄정책이었다. 미국 대통령 트루먼은 1947년 3월 12일 의회에서 트루먼 독트린으로 불린 제2차 세계대전 이후 미국의 대외정책의 전환점이 된 역사적인 연설을 했다.

"미국은 그리스 정부로부터 재정적·경제적 원조를 위한 긴급 탄원서를 받았습니다. (중략) 그리스가 소수 무장세력에 떨어지면 인근 터키가 받는 영향도 즉각적이고 심각할 것입니다. 혼란과 무질서가 중동 전지역으로 확산될 수 있습니다. (중략) 소수 무장세력이나 외부의 압력으로 시도되는 굴종에 저항하는 자유인민들을 지지하는 것이 미국의 정책이 돼야 합니다."[11]

이는 냉전체제 형성의 공식적 선언이었으며, 냉전정책의 핵심은 반공정책이었다. 트루먼 독트린의 발표는 미군정에 반공정책을 공개적으로 추진할 수 있도록 하는 정당성과 명분을 동시에 부여했다.[12] 트루먼의 연설 요지는 안정된 세계질서 속에서만 미국의 안전이 보장되기 때문에 소수 무장세력이나 외부 세력에 의한 정복을 막을 힘과 지도력을 발휘해야 한다는 것이었다. 트루먼은 그리스와 터키에 대한 원조가 평화구축의 중요한 단계라고 언급했다.[13]

그 뒤 트루먼 독트린은 그리스와 터키를 원조하는 정책결정을 넘어 개입을 위한 세계전략 차원의 정책으로 확대 발전했다.[14] 미국은 트루먼 독트린을 계기로 오랫동안 지속해온 고립주의 대외정책에서 개입주의 대외정책으로 전환했다. 미국은 국제정세의 변화에 따라 경제적, 심리적 수단으로 봉쇄했으며, 때로는 군사 개입에 초점을 맞췄다.[15]

앞서 미 국무부는 1946년 2월 9일 모스크바 볼쇼이극장에서 행한 연설에서 '공산주의와 자본주의의 불양립성'에 관한 스탈린의 발언[16]과 소련이 세계은행과 국제통화기금(IMF)에 불참한다는 정보를 입수하고 소련의 정책 의도를 파악하고 나섰다.[17] 이를 맡은 소련 주재 미국대사관 대리 대사 케난(George F. Kennan)은 2월 22일 국무장관 번스(James F. Byrnes)에게 보낸 유명한 '긴 전문'(long telegram)에서 소련의 안보 불안감을 지적하고, "세계 공산주의는 병든 세포에서만 기생하는 악성 기생충(malignant parasite)과 같다"며 공산주의에 대응하기 위해서는 미국 사회의 건강과 활력이 필요하다고 밝혔다.[18] 케난의 제안이 현실화된 것은 '긴 전문'을 보낸 지 7개월이 지난, 같은 해 9월 트루먼의 특별고문 클리포드(Clark M. Clifford)가 미국 최고의 국가안보 문제로서 소련을 저지하기 위한 통합된 정책과 일관된 전략 수립의 필요성을 언급한 보고서를 제출하면서다.[19] 클리포드는 이 보고서에서 "미국이 당면한 가장 심각한 문제는 미·소 관계"로 규정하고, "미국이나 우리 안보에 사활적으로 중요한 세계의 지역들에 대한 소련의 공격을 억제하는 방법은 협상이 아니라 군사력이며, 이를 위해 소련의 어떠한 공격도 저지할 수 있고, 격퇴시킬 수 있어야 한다"고 결론을 내렸다.[20]

이들의 구상은 케난이 1947년 7월 'Mr. X'라는 이름으로 『포린 어페어즈』(Foreign Affairs)에 기고한 「소련 행동의 원천」이라는 논문에서 "미국의 대소정책의 핵심은 소련의 팽창 성향에 맞서 장기적이고 인내심을 갖되 단호하며 신중한 봉쇄정책(a long-term, patient but firm and vigilant containment)이어야 한다"며 '봉쇄'(containment)라는 용어로 공식화됐다.[21]

케난은 이 논문에서 "미국은 단호한 봉쇄정책에 대한 합리적인 확신을 가지고, 어느 곳에서든지 불변의 대항력(unalterable counter-force)으로 소련과의 대결을 계획하는 것은 그 자체가 정당한 것이다"라며 소련은 경쟁자이고, 소련의 위협이 나타나면 세계 어느 지역에서든지 '불변의 대항력'으로 대응해야 한다고 역설했다.[22] 이러한 이들의 봉쇄정책 구상은 이후 전개된 미·소 냉전체제 형성의 이론적 토대가 됐다. 이들의 전략은 미국이 군사비용을 증대시키거나 미국인의 생명을 희생시키지 않고도 소련의 팽창에 저항하는 토착세력의 육성을 통해 국제적 안정을 촉진시킬 수 있도록 고안된 것이었다.

미·소 냉전으로 인해 한반도의 분열과 저항은 빨리 찾아왔다.[23] 냉전은 세계를 분열시킨 미·소 진영 간, 그리고 미·소 진영 내의 상호 적대감과 편집광적 의구심을 창출하는데 기여했다.[24] 유럽에서 진행된 미·소 냉전은 한국전쟁 이전부터 전세계적인 범위로 확산되면서 동북아와 한반도에도 심각한 영향을 끼쳤다.

세계적 냉전이 찾아오기 전 이미 한반도는 일본의 패전과 해방 직후 미국

남한을 방한한 미국 대통령 배상특사 폴리(마이크 앞)가 1946년 5월 17일 군정장관 러치 소장(왼쪽)과 주한미군사령관 하지 중장(오른쪽)과 함께 덕수궁에서 기자회견을 하고 있다.

과 소련의 분할 점령으로 냉전을 예고하고 있었다. 전후 유럽 이념대결의 장이 트루먼 독트린 선언의 직접적 계기가 됐던 그리스라면, 동아시아 이념대결의 장은 남한이었다. 주한미군사령관 정치고문관의 눈에는 해방 직후 남한의 상황이 '점화하기만 하면 즉각 폭발할 것 같은 화약통(powder keg)'[25]처럼 보였다.

국내의 냉전적 상황은 트루먼의 배상특사로 극동을 순방 중이던 폴리 (Edwin W. Pauley) 대사의 보고서에도 나타난다. 그는 1946년 6월 22일 일본 도쿄에서 트루먼에게 보낸 보고서를 통해 "조선은 소국이며, 미국의 군사력은 지극히 부분적인 책임만 맡고 있지만 아시아에서 미국의 성공 여부를 좌우하는 이데올로기의 전쟁터입니다. 조선은 실패한 봉건 체제의 도전에 직면해 경쟁력 있는 민주주의 체제를 선택할지, 아니면 다른 체제, 즉 공산주의가 보다 강력해질지 시험하는 장소입니다"라며 남한은 마땅히 받아야 할 만큼의 주목과 고려를 받지 못하고 있다고 보고했다.[26] 이에 트루먼은 7월 16일 폴리에게 보낸 답신에서 "본인은 귀하가 (남한이) 아시아에서 우리의 전체 성공이 달려있는 이데올로기의 전쟁터라는 데 대해 의견을 같이 한다"고 밝혔다.[27]

이러한 인식을 갖고 있던 미국의 대한정책 목표 또한 트루먼 독트린의 기본방침을 적용한 대소봉쇄였다. 일본의 패전 이후 미국은 한반도 이남지역에서 일본군의 항복과 무장해제, 친미 정부 수립과 미국의 영향력 강화, 소련의 태평양 진출 차단에 주력했다. 남한에 진주한 미군은 한국인들의 독립국가 수립 열망과는 거리를 보여줄 수밖에 없었다.[28]

더욱이 트루먼 독트린은 외부의 압력이나 무장세력의 봉기가 있으면 어느 곳이든지 개입할 논리적 근거가 됐다는 점에서 남한에 진주한 미군정의 반공노선 추진에 정당성과 명분을 동시에 부여했다.[29] 맥아더의 한 참모가 "주한미군정의 주요 임무 가운데 하나는 공산주의에 대한 방벽을 구축하는 것"이라고 언급했던 것처럼,[30] 미국은 한국을 공산주의에 맞서는 방벽으로 만들고자 했으며, 이를 위해 봉쇄와 대결정책을 추진하게 됐다.

트루먼의 의회 연설 1주일 뒤 『뉴욕 타임스』는 사설을 통해 "워싱턴, 아테네, 이스탄불에서 멀리 떨어진 지구 반대편에 있는 한 작은 국가의 미래가 그리스나 터키, 남동부 유럽과 마찬가지로 미국과 세계평화에 중요하다. 바로 한국이다"라고 지적했다.[31] 이승만 또한 이러한 미국의 의지에 부응해 트루먼에게 보낸 서한을 통해 독트린을 지지하면서 "한국은 그리스와 비슷한 전략적 상황에 놓여있다. (중략) 미 점령지역에 과도 독립정부의 즉각적인 수립은 공산주의 진출에 대한 보루를 세우는 일"이라고 주장했다.[32]

1947년 8월 4일 미국 3부조정위원회(SWNCC)에 제출된 조선문제특별위원회의 보고서는 "미국은 현 시기 한반도가 공산주의 지배로 들어가는 것이 불가피한 상황에서 남한에서 철수할 수 없다. 이에 따른 정치적 반향은 극동뿐 아니라 전 세계에서 '미국의 위신'을 심각하게 침해하고 대내외적으로 공산주의자들의 압력에 저항하기 위해 미국에 의존하는 약소국가들의 의욕을 꺾을 것이다"라고 밝혔다.[33] 이어 9월 9일에는 미 국무부 동유럽국 부국장 스티븐스(Francis B. Stevens)가 정책기획국장 케난과 동북아국 부국장 앨리슨(John M. Allison)에게 보낸 '조선(한반도-필자)에 관한 미국의 정책'이라는 제목의 보고서에서 "조선(한반도)은 소련군과 미군이 직접 접촉하고 있으며 조선의 행정을 양분하고 있는 세계 유일의 국가이다. 미국은 조선을 독립국가로 건설할 것을 약속했다. 조선은 결과적으로 영향력과 힘을 위한 동·서 간의 투쟁과 아시아인들의 민족주의적 목표를 지원하는 미국인들의 성실성 양자를 지켜보는 세계의 상징이다"라고 밝혔다.[34] 미 국무부 관리들은 한반도를 미·소 점령군이 직접 대면하는 세계 유일의 지역이자 동·서 투쟁의 장으로 인식했다.

이처럼 남한은 제2차 세계대전 종전 이후 반공의 전초기지가 되어갔고,[35] 미국의 정책은 소련의 한반도 지배를 저지하는 동시에 남한의 공산화를 초래할 진영의 확산을 봉쇄하는데 초점을 맞췄다. 이를 위해 미국은 대안으로 미군 철수의 영향을 최소화하면서 남한을 봉쇄도구로 활용하기 위해 남한 단독

정부 수립 전략을 추진하게 됐다.[36]

전후 미국의 군부는 전시 병력 규모를 급격하게 줄였으며, 추가 감축에 대한 압력을 의회로부터 받고 있었다. 트루먼은 이에 따라 안전하게 군대를 철수하면서 약속을 지킬 방안을 모색하도록 국무부와 국방부에 지시했고,[37] 1948년 9월부터 1949년 6월까지 주한미군을 단계적으로 철수시켰다.[38] 트루먼 행정부는 미군 철수가 완료되어 가는 것과 동시에 대한경제원조법안을 의회에 제출했다. 1949년 6월 7일 트루먼이 한국에 대한경제원조 제공계획에 따라 의회에 보낸 다음의 교서는 한국에 대한 미국의 인식과 이를 통한 미국의 남한정책을 동시에 보여주는 것이다.

> "한국(남한)은 공화국이 실행하는 민주주의의 정당성과 실제적 가치가 북한의 국민들에게 강요된 공산주의의 이행에 맞서는 시험무대가 되고 있습니다. 자립적, 안정적 경제를 향한 공화국의 생존과 진전은 (중략) 공산주의 선전에 포위된 남아시아 및 동남아시아, 태평양 제도의 국민들에게 공산주의 선전을 저지하고 거부하도록 고무할 것입니다. 더욱이 공산주의에 대한 저항을 통해 민주주의의 원칙과 완고함을 보여줌으로써 한국은 공산 진영의 확산과 장악을 저지하는 북아시아의 국민들에게 횃불로 설 것입니다."[39]

국무차관 웹(James E. Webb)은 1949년 6월 16일 하원 외교위원회에 열린 대한경제원조법안과 관련한 청문회에서 미국의 한국정책과 계획에 대해 "(트루먼) 대통령이 규정한 세계의 목적을 위한 진보를 성취하는 데 있어 극동의 전체적인 노력 가운데 대단히 중요하고도 통합적인 부분"이라며 "극동에서 이러한 목표를 위한 우리의 진전이 반드시 한결같지는 않다. 보다 중요한 점은 한국처럼 우리에게 우리의 목표 달성에 효과적인 행동을 취하도록 기회를 허락하는 지역에 대해서는 기회를 최대한 활용해야 한다는 것이다"라고 말했다.[40] 웹은 이어 같은 달 28일 상원 외교위원회에서 '대한민국에 대한 경제원조'와 관련한 청문회에 참석해 경제원조 프로그램은 공산주의를 저지하는 미국의 정책 목표를 달성하는 데 가장 효과적이라고 강조했다.[41] 웹은 상원의원 펩퍼(Claude Pepper)의 한국에서 미국이 추구하는 목표가 무엇인지에 대한 질문에 다음과 같이 답변했다.

> "아시아 국가들이 한국에서의 우리를 지켜보고 있습니다. (중략) 우리의 세계적 의무와 일치하는 이 자유의 전초기지를 지원하기 위해 우리의 힘이 미치는 범위 안에서 아무것도 하지 않으면 수많은 아시아 국민은 민주주의 원칙의 실질적인 우월성을 의심하기 시작할 것입니다. 자유민주정부를 수립하고 경제적 안정을 이루도록 한국인들을 지원함으로써 우리는 동아시아의 수백만 국민에게 미국이 구축한 민주주의와 원칙에 대한 현재의 신념을 갖도록 고무할 것입니다. 우리가 실패한다면 일본에서 인도에 이르기까지 모든 국가의 공산주의 지도자들이 자신들의 명분에 더 많은 사람을 끌어모을 것이라는 비명을 들을 것입니다."[42]

'민주주의 정당성과 실제적 가치의 시험무대'가 된 한국의 경제적 안정은 '아시아 국민들에게 공산주의 선전을 저지하고 거부하도록 고무'시켜 '횃불'이 되도록 한다는 미국의 대한정책은 소련을 봉쇄하는 미국의 아시아 정책의 일환이었다. 미국의 최종 목표는 '자유의 전초기지'와 '자유민주정부를 지원하고 경제적 안정을 이루도록 지원'함으로써 '미국식 민주주의의 원칙과 신념'을 식재하는 것이었다. 커밍스(Bruce Cumings)는 미국의 대한정책 목표는 처음부터 반공주의적 동기를 갖고 있었으나 그 동기는 직접 대결이 아니라 적을 다변적 제약 속에 묶어두는 것이었다고 분석했다.[43] 미국은 한국을 공산주의에 대한 방벽으로 만들고자 했으며, 그 근저에는 봉쇄와 대결정책의 노선이 자리 잡고 있었다.

'동양의 지브롤터'와 유엔총회의 '군사기지설' 논란

"조선 제주도는 장차 서부 태평양지구에 있어서 '지부랄타'(지브롤터)화할 가
능성이 있다. 제주도가 금일과 같은 장거리폭격기 시기에 있어서 그 군사적

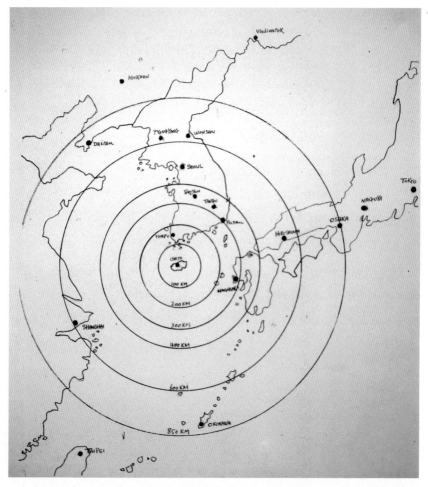

이 지도는 동북아시아에서의 제주도의 지정학적 위치를 보여주고 있다. 지도를 보면 제주도를 중심
으로 반경 300km 이내에 일본 나가사키와 부산이 있고, 600km 이내에 일본 히로시마와 중국 상하
이가, 850km 이내에 일본 오키나와, 오사카, 중국 다롄 등이 위치하고 있음을 알 수 있다. 이 지도는
1946년 2월 중앙 미군정청 크네즈(Eugene Knez) 대위와 송석하를 단장으로 한 조선산악회 학술조
사대가 제주도를 방문했을 때 작성된 것으로 보인다. (스미소니언박물관 소장)

중요성을 띠고 있음은 이 기지로부터 동양 각 요지에 이르는 거리를 일별하면 능히 해득할 수 있을 것이다. 즉 일본 사세보까지 150리, 동경까지는 750리, 대만까지 700리, 대련까지 470리, 상해까지 325리, 해삼 위까지 720리, 마닐라까지 1,400리, 하바로프스크까지 1천 리, 보르네오까지는 2천 리이다. 일본이 중·일전쟁에서 최초 도양폭격을 한 것도 제주도로부터 결행된 것이다."(『수산경제신문』, 1946.10.22, 1면 머리기사)

국내 신문들은 '제주도의 지브롤터화 가능성'을 보도한 1946년 10월 22일 AP통신 시사평론가 화이트의 21일 자 미국 뉴욕발 기사를 일제히 보도했다. 기사는 국내에서 민감한 반응을 불러일으켰다. 『자유신문』(1946.10.23)은 '제주도와 지부랄타'라는 제목의 1면 사설에서 "저 유명한 지부랄타는 서반아의 남단 지중해와 대서양과의 통로인 지부랄타 해협을 칭하는 군사상 요지로서 영국의 요새로 되어 있는 것은 주지의 사실이다. (중략) 화이트 씨의 견해의 요점이 나변에 있든지 간에 이 기회에 제주도가 장래 지부랄타화 할지라도 그것은 다른 어느 나라의 지부랄타도 아니며 엄연히 조선의 지부랄타일 것이라는 것을 엄숙하게 지적해 둔다"며 미국의 제주도 군사기지화에 의심의 눈길을 보냈다.

미군정은 여론이 들끓자 "미국이 제주도에 상설 군사기지를 세우고 있다는 소문이 제주도에서 일어난 관계가 없는 사건들을 짜 맞춘 것으로 생각된다. 신문 특파원들의 제주도에 대한 예정된 여행을 통해 그러한 기지가 건설 중이 아니라는 것을 공개적으로 입증할 것"이라며 군사기지화 소문 진화에 나섰다.[44] 취재를 요청받은 기자들은 1946년 12월 제주도 현지 취재에 나섰다.[45] 제주도에 특파됐던 기자는 "태평양과 아세아의 군사기지가 화제에 오를 때마다 이 섬은 민족적 불안한 대상이 되어온 것이었다"고 했다.[46] 또 다른 기자는 "제주도는 동양의 지브랄탈(원문-필자)과 같이 전략적으로 중요하고 미국은 이 제주도를 군사기지화 한다는 이러한 용서 못할 소식이 세계에 떠돌아 초점이 되어"있다고 했다. 이 기자는 "일본이 축출된 후 미군이 들어오자 또다시 이 섬을 군사기지화 한다는 소리에 섬사람들은 두 주먹을 쥐고 일어섰다. '그게 무슨 당치 않은 소리냐?' 이 사실이 유설이라는 것이 판명되었으나 아니 땐 굴뚝에 연기 날까 범의 호령과 같은 파도소리도 제주인민의 침략자에 대한 항거의 소리였다"며 제주도의 민심을 전했다.[47]

태평양전쟁이 끝난 뒤 오스트레일리아는 "제주도가 일본과 중국 해안 사이 공군기지로 매우 중요하다"고 눈여겨봤다.[48] 중국 공산당에 쫓겨 대만으로 건너간 장제스 정권도 이승만에 의해 거부되기는 했지만 1949년 8월 중국의 본토 공격을 위한 공군기지로 제주도를 제공해달라고 요청했다.[49]

AP통신의 보도로 촉발된 미국의 제주도 군사기지화 논란은 1년여가 지난 뒤 국제무대로 번졌다. 남한 단독정부 수립안이 유엔에서 논의되던 1947년 11월 미국과 소련이 유엔에서 직접 논쟁을 벌인 것이다. 유엔 주재 오스트레일리아 대표가 자국에 보고한 바에 따르면 소련은 남한문제와 관련해 미국 행정부를 강하게 비판했다.

소련 대표 그로미코(Gromyko)가 "미국의 제안은 조선의 내정에 간섭하려는 시도 가운데 하나이며, 조선을 2개 지역으로 (나눠) 지속적으로 분단하겠다는 것이다. (중략) 미국은 제주도에 기지 건설을 희망하고 있다"고 주장했다. 이에 미국 대표 덜레스(Dulles)는 "미국은 군대를 철수할 확고하고도 절대적인 의지가 있으며, 남한에 기지나 군사를 주둔시킬 의도가 없다"고 반박했다.[50] 미국 대표의 부인에도 불구하고, 제2차 세계대전 이후 냉전체제 형성기 미·소가 유엔에서 제주도의 군사기지설을 놓고 공개적으로 논쟁을 벌인 것은 의미심장하다. 유엔에서 미·소 대표의 이러한 논쟁은 해방 이후에도 제주도가 전략적 요충지로서 강대국들의 관심의 대상이 돼 왔음을 보여준다.

유엔조위 필리핀 대표가 촉발시킨 논란

유엔조선임시위원단(이하 유엔조위) 필리핀 대표 아란즈(Melecio Arranz)의 미국 군사기지 설치 발언도 국내를 발칵 뒤집어 놓았다.[51] 아란즈는 1948년 2월 28일 필리핀에서 방송을 통해 "조선에서 총선거를 지체 없이 실시할 것이며, 조선정부를 수립한 후에 미국과 교섭하여 조선정부를 방위할만한 군사시설을 정비하기를 미국에 제의했다"고 발언해 논란을 촉발시켰다.[52] 남한 내 언론은 그의 발언을 앞다퉈 보도하는 등 벌집을 쑤셔놓은 듯이 들끓었다.[53] 남한에서 아란즈의 발언이 논란을 불러일으키는 가운데 재워싱턴 조선사정협의회 회장 김용중은 3월 4일 필리핀 대통령 로하스(Manuel Roxas)에게 그의 발언이 사실이라면 "아란즈 상원의원은 미·소 간 불화로 인해 고통을 받게 된 조선의 이익 또는 이 곤란한 시기에 조화를 유지하려고 분투하는 국제연합의 이익을 위하여 봉사할 적임자가 아니다"라며 유엔조위 대표에서 사퇴해야 한다는 전보를 보냈다. 이에 아란즈는 같은 날 마닐라에서 "나는 단지 남조선에 독립 정부가 수립된 후에 조선인은 그들의 독립을 보전하기 위하여 미국과 군사적 보호를 목적으로 한 교섭을 행할 수 있을 것이라고 시사했던 것이다. 남조선에 독립정부가 설치된 후에 미국이 남조선에서 철퇴하면 어떤 사태가 발생할 것인가. 즉시 공산주의자가 국가 접수를 위하여 동 지역에 올 것이다"고 주장했다.[54] 필리핀 대통령실도 김용중에게 3월 5일 회신을 보내 "전국이 통일되고 조선 전역의 완전 독립이 확립될 때까지 국민정부를 보호하기 위해 조선국가가 원한다면 임시적 적당한 육해군기지의 보유를 위하여 미국 정부와 조선국민정부 사이에 교섭을 행할 수 있을 것이다"라며 오히려 군사기지 설치 가능성을 언급했다.[55]

이와 관련해 국내 언론은 그의 미군사기지 남한 설치 주장만을 보도했을 뿐, 그가 그 근거로 삼은 이유에 대해서는 언급하지 않았다. 그러나 필리핀 주재 미국대사관이 본국에 보고한 아란즈의 발언에는 그가 제주도의 전략적 가치를 눈여겨보면서 반공의 보루로 상정했던 사실이 언급돼 있다. 그는 2월 14일 마닐라에서 가진 연설을 통해 "러시아의 (유엔조위에 대한) 반대는 영원히 북한 잔류를 원하고, 가능한 한 장래 남한으로 내려오려고 하며, 미국의 군사전략가들이 서태평양의 지브롤터와 같은 잠재력 있는 지역으로 간주하는 제주도를 장악하려 하기 때문임이 명백하다"고 주장했다. 아란즈는 소련이 남진하게 되면 이는 제주도 때문이라고 단정할 정도로 제주도의 지정학적 위치에 관심을 표명했다.[56] 『마닐라 크로니클』지는 이튿날 그의 연설을 인용해 "유엔이 러시아가 만든 도로 장애물을 폭파하기 위해 필요하다면 원자폭탄을 사용해서라도 러시아에 적극적이고 현실적인 조처를 취할 것을 촉구했다"고 보도했다. 이 기사에서 그는 또 유엔조위에 대한 러시아의 반대는 "극동지역을 장악하고 세계를 위협하기 위해" 전략적 요충지인 제주도를 강점하기 위해 남하하려는 속셈을 보여주는 것 같다고 관측했다.[57]

그는 2월 26일에도 마닐라 라디오방송(KZFM)을 통해 비슷한 내용의 연설을 하면서 "군사적인 이유는 명백하다. 남한은 군사전문가들이 서태평양의 지브롤터와 같은 잠재력 있는 곳으로 간주해 온 전략적 요충지인 제주도를 가지고 있다. 기지에 유용한 연안 지역과 고도로 발달된 수송체계를 갖추고 있다"고 말했다.[58]

이처럼 필리핀에서 연설과 인터뷰 등을 통해 소련이 제주도를 장악하려 하고, 이를 통해 극동에 영향력을 행사하려 하고 있다며 제주도의 전략적 가치를 강조한 아란즈의 제주도에 대한 인식은 당시 미국이 가졌던 인식과 유사했다.

봉쇄전략의 구현 무대, 제주도

해방 이후 미국의 제주도 군사기지화에 대한 논란이 벌어진 데 이어 제주도를 미국 군사기지로 제공하려는 움직임도 나왔다. 1948년 3월 28일 이승만은 남한을 방문한 미 육군차관 드레이퍼(Draper)와 만난 자리에서 "미국이 제주도에 해군기지를 건설할 의향을 가지고 있다는 말을 들었다"며 "한국정부가 수립되면 한국인들은 매우 기꺼이 제주도에 상설 기지를 건설하도록 허

주한미군사령관 하지 중장이 1948년 3월 27일 서울 김포 육군 항공기지에서 방한한 미 육군차관 드레이퍼를 영접하고 있다.

용할 것이라고 확신한다"고 말했다.[59] 이 자리에서 드레이퍼는 답변을 하지 않았으나 이승만이 제주도를 미국 해군기지로 양도할 수 있다는 발언은 미 국무부에도 보고됐다.[60]

이 시기 미국 언론의 보도는 대부분 제주도 사태를 단일 기사로 취급한 것이 아니라 북한이나 소련의 동향을 같은 기사(면)에 포함시킴으로써 소련 과의 연계성을 암시하는 듯한 보도 태도를 보였다.

실제 『뉴욕 타임스』(1948.5.3)는 사설을 통해 "투표 결과(5·10 선거—필 자)가 어떻게 나타나든지 간에 저항은 계속될 것이다. 소련은 조선을 흡수할 목적을 가지고 있다. 소련의 의도는 (한반도) 북쪽에 수립한 괴뢰 정부의 최 근 움직임으로 명확하게 드러났다. 이는 현재 미국 점령 지역까지도 포함해 소련 장악 하의 (남북한) 단일국가를 선포하는 것이다. 사실상 이는 내전으로 가는 길이다. 이미 제주도에서 공산주의자들은 선거 저지를 위해 살인적인 게릴라 공격을 감행하고 있다"고 했다. 『워싱턴 뉴스』(1948.5.5)도 "스탈린은 이제 유엔 감독 하의 선거를 사보타주하기 위한 노력에 유격전을 더하고 있다"며 제주도에서의 공산주의자들의 테러방법을 비난했다.[61] 이러한 보도는 제주도 사태가 소련의 사주로 일어났으며, 미·소의 직접 대결의 장으로서 인식하도록 했다고 할 수 있다.

남조선과도정부 중앙경제위원회 통계국장 페터슨(Arthur G. Peterson)은 1948년 5월 제주도에서는 사실상 내전이 진행되고 있었다고 말했다.[62] 주한미군은 "공산주의자들이 제주도에서 강력한 (선거 저지) 시도를 했으며, 분명히 다른 지방과 북한으로부터 많은 수의 훈련된 선동가와 다량의 무기, 탄약을 들여왔다"며 "이런 시도는 계속되고 있고, 공산주의 라디오방송에서는 제주도를 '동양의 그리스'로 취급할 것"이라고 보았다.[63] 제주도 상황과 그리스 내전 비교는 제주도에서 소련의 지원을 받은 공산주의자들이 활동하고 있으며, 미국은 이를 대소봉쇄정책의 연장선에서 제주도 사건에 대처하겠다는 의미였다.

한국 주재 미국대사 무초는 1949년 4월 9일 국무부에 보낸 문서를 통해 "제주도가 남한에 혼란을 퍼뜨리고 테러를 가하기 위한 소련의 주요 노력의 무대로 선택됐다는 것은 통제를 받고 있는 라디오방송에서 나오는 선전 특성상 분명해진다. 이는 제주도의 바로 북쪽에 있는 본토의 전남과 경남에서 지속적이고도 유사한 작전으로 수반됐다. 소련 스파이(Soviet agents)들이 큰 어려움 없이 제주도에 침투하고 있음이 확실한 것 같다. 소련 선박과 잠수함들이 제주도 근처에 나타난다는 보고가 계속되고 있다"고 밝히고 있다.[64]

제주도 현지 미 고문관들조차도 외부 세력의 침입 증거를 본 적이 없다고 했지만, 이러한 무초의 인식은 제주도 사태가 아시아에서 반공 보루를 세우려는 미국의 정책과 배치되는 것이기 때문에 제주도 사태를 강경 진압해야 하는 당위성을 부여했을 뿐 아니라 공산주의 방벽을 구축하기 위한 일종의 시험무대로 삼은 것이라고 할 수 있다. 미국 관리의 관점에서 보면 소련이 남한 테러의 전초기지로서 제주도를 채택하고, 소련 스파이들이 제주도에 들어오고 있다는 것은 아시아에서 반공 보루를 세우려는 미국의 정책과 정면 배치되는 것으로서, 봉쇄전략의 필요성을 강조한 것이다.

국방장관 신성모는 1949년 10월 하순 이승만에게 "한국군은 미군의 한 날개로서 공산주의에 맞서 방어하는데 최선을 다하고, 미국 정부의 정책을 수행하는데 지원을 다할 것"이라며 "공산주의에 대항하는 동양의 작전 및 전초기지인 한국의 전략적, 전술적 중요성을 고려해 미국으로부터 무기와 장비를 얻을 수 있도록 원조를 요청해 줄 것"을 건의했다.[65] 이처럼 한국정부의 고위 관계자도 남한을 '미국의 날개', '공산주의에 대항하는 전초기지'라고 규정했다.

군사고문단과 대사관 관리 등 남한 내 미국 관리들은 4·3 당시 무장대가 북한이나 소련과 연계돼 있다는 강한 인식을 갖고 있었다. 이들은 1948년 언론과 사법부 관리 등이 줄곧 제기했던 제주도 사건의 발발 원인을 무시한 채 외부의 후원, 즉 소련의 침투설을 기정사실화 하고 이에 주목했다. 이러한 과정에서 북한 또는 소련 연계설로 등장하는 것이 소련 선박 또는 잠수함의 제주도 연안 출현 및 제주도 무장대와의 연락이다. 북한 또는 소련 잠수함의 제주도 연안 출현설은 미군과 한국군에 의해 반복적으로 나왔다. 잠수함이 제주도 연안에 나타났다는 보고가 나올 때마다 국내외 언론에 대대적으로 보도됐으나, 이러한 보고와 언론보도는 허위보고나 허위보도로 판명됐다.

국내 언론들은 일제히 제주도 제59군정중대 사령관 노엘 소령의 발언을 인용해 1948년 10월 8일 제주도 부근 연안에서 북한기가 휘날리는 잠수함이 출현했다고 보도했다. 『사우스차이나 모닝포스트』(1948.10.16)는 AP통신이 『코리아 퍼시픽 프레스』(합동통신) 기사를 인용해 "서울, 10월 11일-합동통신 제주도 특파원이 북한공산정권 표식이 휘날리는 잠수함 1척이 금요일(8일-필자) 제주도에서 5마일 떨어진 연안에서 보였다고 보도했다. 군 소식통은 보다 일찍 그 시간에 소련기가 휘날리는 잠수함 1척을 연안에서 보았다는 보고서를 입수했다"고 보도했다.[66] 이에 주한미군은 노엘 소령에게 긴급 메

Cheju Attack Signal Laid to Soviet Subs

Seoul, Korea, Jan. 8 (U.P.)—The emergency guard's tactics chief, Choi Chi Whan, said today that three Russian submarines surfaced off South Korea four days ago and signaled Communist guerillas to launch an attack on the provisional capital of Cheju.

Choi claimed the Soviet subs surfaced off Cheju Island on Jan. 4. They signaled to 200 rebels there, who immediately attacked the city, causing numerous deaths and extensive damage, he said. This is the first report of trouble on the island.

The emergency guard, part of the home ministry, received a message from police headquarters in Cheju Thursday reporting 56 police and civilians were killed in the Communist assault. More than 50 buildings were said to have been burned, including the provisional capitol and police headquarters.

There was no report of Communist casualties.

Choi said two submarines appeared off the town of Samyang in the afternoon and one off Hanrinri at night. He said Cheju police reported that the Soviet flag was clearly visible from shore.

He said the subs off Samyang signaled with lights, but did not fire and made no attempt to land.

supplies to the estimated 1000 guerillas dug in with artillery and machine guns in the island's mountainous interior.

The subs remained surfaced off Samyang for four hours, despite intense rifle fire from police along the beach, he said. He added the subs off Hanrinri did not leave until the following morning.

Cheju is about 170 miles south of the Korean mainland. It is 45 miles long and 20 miles wide.

Soviet Submarines Said To Help Reds in Korea

By The United Press

SEOUL, Korea, Jan. 8 (U.P.)—The Emergency Guard's tactics chief, Choi Chi Whan, said today that three Russian submarines had surfaced off South Korea four days ago and signaled Communist guerillas to launch an attack on the provisional capital of Cheju.

Mr. Choi reported the Soviet submarines had surfaced off Cheju Island on Jan. 4. They signaled to 200 Communists there, who immediately attacked the city, causing numerous deaths and extensive damage, he said. This is the first report of trouble on the island.

The Emergency Guard, which is part of the Home Ministry, received a message from the the police headquarters in Cheju Thursday reporting fifty-six police and civilians were killed in the Communist assault. More than fifty buildings were said to have been burned, including the provisional capitol and police headquarters. There was no report of Communist casualties.

Mr. Choi said two submarines had appeared off the town of Samyang in the afternoon and one off Hanrinri at night. He said Cheju police reported that the Soviet flag had been clearly visible from shore.

SUBS OFF KOREA

Signals To Communist Guerillas Alleged

FOLLOWED BY ATTACK

Seoul, Jan. 7.

A Korean Government source told United Press to-day that three Russian submarines, appearing off Cheju Island on January 4 signalled to Korean Communist guerrillas who immediately launched a violent attack on the provincial capital.

The spokesman for the Tactics Section of the Emergency Guard, South Korean Government, said two submarines appeared off the town of Samyang and another off the town of Hanrinri at 2 p.m. and 10 p.m. respectively.

An official message from the town itself soon reported the Soviet flag could be clearly seen from shore, the spokesman said.

He said the submarines which appeared off Samyang signalled with lights but did not fire and made no attempt to land supplies to an estimated 1,000 guerilla Reds who were dug in with heavy guns and machine-guns in the mountainous interior.

The submarines remained for four hours despite intense rifle fire from the police force on shore.

The spokesman said the submarine which appeared off Hanrinri did not leave until the following morning.

He indicated a Red force of 100 Koreans went into action after covering signals from the first submarine.

The Emergency Guard, which is part of the Home Ministry, received a wireless message from the police headquarters in Cheju on Thursday to the effect that 56 police and civilians were killed by a Communist attack. The message said more than 50 buildings were burned to the ground, including the provincial capital building and the police headquarters. No report was made of Communist guerilla casualties.

Cheju Island is located about 70 miles south of the Korean mainland. It is in the southern zone. It is 45 miles long and 20 miles wide.

The Tactics Section said the submarines might have been trying to cut communications between the capital and the two main towns but were scared off by the police and constabulary forces.—United Press

소련 잠수함의 제주도 연안 출현을 보도한 (왼쪽부터) 『워싱턴 포스트』와 『뉴욕 타임스』(1949.1.9), 『사우스차이나 모닝포스트』(1949.1.8).

시지로 자세한 보고와 깃발에 대해 상세한 설명을 요청했다.[67] 이 보도는 북한기가 보인다고 했으나 또 다른 소식통은 소련기가 보였다고 보고하는 등 정보가치를 떨어뜨리고 있다. 더욱이 그 뒤의 후속 보고나 보도는 없었다.

1949년 1월에도 소련 잠수함이 제주도 연안에 나타났다는 외신들의 보도가 이어졌다. 『뉴욕 타임스』(1949.1.9)와 『워싱턴 포스트』(1949.1.9)는 '소련 잠수함에서 제주 공격신호'라는 제목의 기사를 통해 한국 정부 관계자의 말을 빌어 1월 8일 3척의 소련 잠수함들이 4일 전 남한 연안에 나타났으며, 게릴라들에게 제주읍을 공격하라는 신호를 보냈다고 보도했다. 이들 외신은 남한 비상경비부장 최치환의 말을 인용해 "2척의 잠수함이 1월 4일 오후 삼양리 연안에 나타났고, 1척은 야간에 한림리 연안에 났으며, 경찰은 연안에서 소련기를 확실하게 목격한 것으로 보고됐다. 삼양리 연안 잠수함들은 해수욕장에서 경찰의 맹렬한 소총 사격에도 4시간 동안 머물렀고, 다음 날 오전까지 떠나지 않았다"고 보도했다. 홍콩의 『사우스차이나 모닝포스트』

Three Soviet Submarines

Alleged Attack On Korea

SEOUL, Korea, January 9.—A police report has been received that three Soviet submarines directed an attack on Cheju, south of Korea on January 4. It is said that 56 police and civilians were killed and over fifty buildings were burned when the town was attacked by Communist guerrillas. Choi Chi Whan, Director of the Korean Emergency Guard, said the assault was launched immediately after three Russian submarines surfaced off the island and flashed signals to 200 rebels in the hills. The submarines made no attempt to land supplies. Two remained on the surface off shore, and the third stayed overnight despite intense riflefire from police on the beach.

Red Submarines Attack Island

SEOUL (Korea), January 9.—A police report has been received here that three Soviet submarines directed an attack on Cheju, capital of Cheju Island, south of Korea, on January 4.

The report said 56 police and civilians were killed and over 50 buildings burned when the town was sacked by Communist guerrillas.

The director of the Korean Emergency Guard (Choi Chi Whan) said the assault was launched immediately after three Russian submarines surfaced off the island and flashed signals to 200 rebels in the hills.

The submarines made no attempt to land supplies. Two remained surfaced offshore for four hours and the third stayed overnight, despite intense rifle fire from police on the beach.

Soviet Subs. Aid Rebels

SEOUL, Korea (A.A.P.).—A police report received here states that three Soviet submarines directed an attack on Cheju, capital of Cheju Island, south of Korea, last Tuesday.

It said that 56 police and civilians were killed and more than 50 buildings burned when the town was sacked by Communist guerrillas.

The director of the Korean Emergency Guard (Choi Chi Whan) said the assault was launched immediately after three Russian submarines surfaced off the island and flashed signals to 200 rebels in the hills.

Russian Subs' Alleged Attack on Island Town

SEOUL (Korea), Sunday: A police report has been received that three Soviet submarines directed an attack on Cheju, capital of Cheju Island, south of Korea, on January 4.

It said 56 police and civilians were killed, and more than 50 buildings burned when the town was sacked by Communist guerrillas.

Choi Chi Whan, director of the Korean Emergency Guard, said the assault was launched immediately after three Russian submarines surfaced off the island and flashed signals to 200 rebels in the hills.

The submarines made no attempt to land supplies. Two remained on the surface off shore, despite intense rifle fire from police on the beach.

Russian Subs Direct Attack

SEOUL (Korea), January 8.—A police report has been received here that three Soviet submarines directed an attack on Cheju, capital of Cheju Island, south of Korea, on January 4.

It said that 56 police and civilians were killed and over 50 buildings burned when the town was sacked by Communist guerrillas.

Choi Chi Whan, director of the Korean emergency guard, said that the assault was launched immediately after three Russian submarines surfaced off the island and flashed signals to 200 rebels in the hills. The submarines made no attempt to land supplies. Two remained surfaced off the shore for four hours and the third stayed overnight, despite intense rifle fire from police on the beach.

소련 잠수함의 제주도 연안 출현설은 오스트레일리아의 여러 지역 일간지에도 그대로 보도됐다. 이 기사만 보면 소련 잠수함들이 제주도를 공격하는 것으로 보인다. 기사는 모두 1949년 1월 10일 자에 보도됐다. 왼쪽부터 『배리어 데일리 트루쓰』(Barrier Daily Truth), 『데일리 머큐리』(Daily Mercury), 『이 그재미너』(Examiner), 『데일리 애드버타이저』(Daily Advertiser), 『모닝 불레틴』(Morning Bulletin)지다.

(1949.1.8)도 "첫 잠수함으로부터 신호를 받은 뒤 200여 명의 공산 게릴라들이 작전에 들어갔다"고까지 보도했다.[68] 이러한 보도는 필리핀 마닐라의 방송을 통해서도 나왔다.[69] 소련 잠수함의 제주도 연안 출현 보도는 미국, 동남아, 오스트레일리아의 지역 언론에까지 대대적으로 다뤄졌다.

그러나 이런 보도는 허위보도다. 최치환의 발언을 보면 소련 깃발이 선명하게 보일 정도로 가까이 소련 잠수함들이 들어와 4시간 남짓 또는 다음 날 오전까지 머물렀다는 것인데, 그렇다면 그 시간에 한국군과 미군은 아무런 조치를 취하지 않았다는 얘기가 된다. 또 무장대가 1,100여 명이나 되며 이들이 산간지역에 중화기와 기관총들을 매장하고 있다는 것도 허위보도다. UP통신은 상당시간 소련 잠수함들이 제주연안에 머무는 사이 미 해군 함정이나 남한의 경비함정이 아무런 조치를 취하지 않은 데 대해 왜 의문을 갖지 않았을까. 소련 잠수함이 동시에 3척이나 출현했다면 미군의 주목을 피할 수 없을 것이지만 그 뒤에 어떠한 대응을 했다는 기록은 없다. 소련 잠수함의 출현은 곧 미군 점령 지역에 대한 소련군의 출현이며, 이는 소련의 직접 개입 내지 미·소군의 직접 충돌을 의미하는 것이다. 따라서 UP통신의 이런 보도는 냉전 초기 소련의 팽창 야욕을 세계에 보여주고, 제주도를 미·소의 직접 대결의 장으로 인식하도록 했다고 할 수 있다. 이처럼 외국의 언론들은 소련 잠수함의 출현설을 자세하게 보도했으나 이를 뒷받침할만한 증거는 나오지 않았다.

이에 소련의 타스통신은 1949년 1월 12일 제주도 연안에 소련 잠수함의 출현에 대한 UP통신의 '비겁하고 무례한 거짓말'(crude, insolent lie)이라며 맹비난했고, 이는 이승만이 계엄령의 재선포를 정당화하기 위해 잠수함 '도발'에 의존한 것이라고 주장했다.[70] 소련 해군기관지 라니프르트지도 1월 18일 소련 잠수함의 제주도 근해 출몰 사실이 없다며 UP통신 보도를 부인했다.[71]

정부 고위관리들은 기자회견 등을 통해 소련 잠수함의 출현, 소련과 북한의 지원을 기정사실화 했고, 이러한 정부 고위 관리들의 발언은 그대로 세계 여론을 탔다. 이런 발언은 국내에서도 논란이 됐다. 『뉴욕 타임스』(1949.3.17)는 "국무총리 겸 국방장관 이범석이 3월 16일 기자회견을 열어 '소련이 남한 내 반정부 게릴라 세력을 적극 지원하고 있다'고 비난했다"고 보도했다. 이범석은 "러시아제 소형 기관총과 탄약을 반도들로부터 노획했다. 소련이 소련 점령지대인 북한에서 제주도로 훈련된 게릴라 지도자들을 몰래 침투시키고 있다는 추가 증거가 있다"고 말했다. 이범석은 기자회견에서 게릴라들이 외부로부터 지원을 받고 있다는 증거가 있느냐는 기자의 질문에 "소련제 기관총 노획이 한 가지 증거"라고 말했다.[72] 반면 내무장관 신성모는 "소련 잠수함들이 제주도 연안에 나타나지 않았다"고 반박하는 일이 빚어졌다.[73] 싱가포르의 한 언론도 3월 17일 "남한 국무총리가 반도 500여 명과 동조자 5천여 명이 개입됐다고 말했다. 한국군이 작전에 들어가 소련제 기관총들을 노획하고 소련식 훈련을 받은 한국인 지도자들을 체포했다"고 보도했다.[74] 그러나 제주도지구전투사령관 유재흥은 1949년 5월 4일 제주도 실정을 파악하기 위해 입도한 미 대사관 관리들에게 소련제 기관총을 노획하지 못했다고 밝혔다.[75]

주한미군사령부 정보참모부는 "반란군이 본토와 북한으로부터 병참지원을 받고 있다는 소문이 있으나 이런 보고를 입증할 증거는 없다. 한국 해군에 의한 지속적인 정찰활동과 정찰비행, 해안마을에서의 경찰의 치밀한 감시는 외부의 지원 가능성을 배제시키고 있다"며 이범석의 발언을 일축했다.[76] 한국 정부 고위 관리들까지도 중대한 사안에 대해 서로 다른 이야기를 할 정도로 이들이 입수한 정보는 허점 투성이었다. 이러한 허위보도들은 그대로 외국으로 타전됐으며, 제주도를 미국의 대소봉쇄를 위한 전초기지로 간주하도록 했고 주목을 받았다. 이 시기는 그리스 내전 이후 미국의 봉쇄정책이 격화되던 시점이었다.

제주도를 대소 봉쇄정책의 무대로 간주하는 발언은 미국 관리만이 아니라 국내 관리의 발언에서도 나온다. 1949년 5·10 재선거가 치러진 뒤 제주도 진압 작전을 벌이고 돌아온 경찰부대 환영식에서 총리 이범석은 "제주도의 완전 진압은 비단 대한민국에 대한 큰 충성일 뿐 아니라 동남아시아와 태평양을 공산주의 독재로부터 방어하는데 큰 공적이 있는 것"이라고 말했다.[77] 국내의 한 언론은 "한때 일제의 도양(渡洋) 폭격기지로 온 겨레의 피의 땀을 앗아다가 골육의 성을 쌓던 제주도가 해방 후 다른 그 어느 곳보다도 더 가열하고도 피비린내 나는 혈전장으로 변모하여 버리고 만 것은 너무도 우리의 기억에 새롭다. 외국기자들은 이 사태를 가리켜 가장 흥미롭기나 한 듯이 '마샬'과 '모로토프'의 시험장이니, 미-소(美蘇) 각축장이니, 38선의 축쇄판이니 하고 이곳 제주도의 눈물 없이는 볼 수 없는 실정을 붓끝으로만 이리 왈 저리 왈한 사실도 있었다"며 "극동의 반공 보루로써 새로운 시험장으로 되어져 있는 것이었다"고 언급하였다.[78]

제주도는 19세기 말부터 전략적 요충지로서 주목받았고, 해방 이후 4·3의 전개 과정에서 미·소 대결의 장으로서 미국의 냉전정책의 시험대가 됐다. 이러한 미국의 제주도에 대한 전략적 가치 인식은 미국의 제주도에 대한 대응전략과도 밀접한 관련이 있다. 따라서 미국의 제주도 정책은 '공산주의 저지'와 '소련 봉쇄'에 초점이 맞춰졌다.

2

해방과 제주도

제주도 주둔 일본군의 항복과 미군의 등장

일본 오키나와에서 출발한 미 제24군단 병력을 실은 함정들이 미 해군 함재기의 호위 속에 1945년 9월 8일 인천항으로 들어오고 있다.

　미군의 제주도 주둔 일본군에 대한 항복접수와 무장해제는 해방 40여 일이 지난 뒤 이뤄졌다. 제24군단 사령관 하지는 남한에 들어오기 전부터 일본군 처리 문제와 관련해 불확실성에 직면했다. 제24군단은 1945년 9월 8일 남한에 진주한 뒤에도 정보 부족 등으로 일본군에 대한 병력 현황을 자세하게 파악하지 못했으며, 제주도에 관한 정보는 전혀 없었다.[1] 제주도 주둔 일본군의 항복절차를 목격한 제24군단 군사사가(軍史史家)의 설명에 따르면 항복접수 전 연합군 정보팀은 제주도 일본군의 현황에 대해 백지상태였다. 주한미군사령부 정보참모부가 소장한 지도에는 제주도 지역에 '물음표(?)'가 돼 있었고, 경무장 정도에 그치는 것으로 인식했다.

　그러나 상황이 달랐다. 당시 일본은 전세가 기울어가자 연합군의 일본 본토 공격에 대비해 제주도를 본토 사수를 위한 전초기지[2]로 상정하고 조선인

징병자를 포함해 중국 만주와 일본 본토 등으로부터 6만 5천여 명에 이르는 병력을 집결시키고, 제주도 곳곳에 중무장한 요새를 만든 상태였기 때문에 제24군단으로서는 주요 관심 지역이었다.[3] 제주도는 일본 본토에서 200마일도 채 떨어지지 않은 곳에 자리하고 있으며, 비행장으로 활용할만한 곳이 있고 조선과 만주에서 일본으로 통하는 해상로를 확보할 수 있

남한 점령 임무를 띤 미 제24군단이 1945년 9월 8일 인천항으로 들어오는 가운데 군단 사령관 하지 중장이 미 해군 캐톡틴(Catoctin)호 갑판에서 스펠만 주교와 함께 이야기를 나누고 있다.

는 전략적 요충지였다. 제주도 주둔 일본군이 제24군단에 제출한 현황으로는 5만 7천여 명이 주둔한 것으로 돼 있으나 실제로는 4만 9천여 명이었다.[4] 제24군단 정치고문관 베닝호프는 9월 15일 국무부에 "제주도 주둔 6만여 명의 일본군을 무장해제하기 위해 수일 이내로 병력을 보낼 준비를 하고 있다"고 밝혔다.[5]

미군의 제주도 최초 진주는 제24군단이 인천 상륙 20일만인 9월 28일 이뤄졌다. 항복접수팀을 태운 두 대의 C-47기는 9월 28일 오전 7시 15분 김포비행장을 이륙해 오전 9시께 제주비행장에 착륙했다. 일본군 제17방면군 사령부와의 사전 조율 끝에 9월 28일 제주도에 도착한 제24군단 항복접수팀과 무장해제팀은 곧바로 일본군의 항복과 무장해제, 본국 송환 절차에 들어갔다. 앞서 제308항공폭격대는 항복접수팀의 출발에 앞서 제주도 상황을 파악하기 위해 9월 24일과 25일 제주도를 정찰비행했다. 제24군단 항복접수팀은 제7사단 제184연대 그린(Roy A. Green) 대령의 지휘 아래 38명의 장교와 사병으로 구성됐다. 여기에는 제7사단, 미군정청, 제24군단 참모부, 제308항공폭격대도 포함됐다. 이 밖에 통역사와 공보 관계자 4명, 특파원 6명, 통신원 2명, 해군 대표(A. J. Walden 중령)가 포함됐다. 항복접수팀은 애초 25명으로 구성하기로 돼 있었으나, 13명이 추가된 것이었다.[6]

일본군 참모 장교 7명이 제주비행장에서 이들을 맞아 항복 조인식이 열릴 제주농업학교로 이동했다. 학교 정문에는 성조기와 태극기가 교차돼 걸려 있었으며, 운동장에는 태극기가 깃대에 휘날리고 있었다. 누군가가 정문에 걸려 있는 태극기를 떼어냈다가 미군이 떠나자 깃대에 다시 꽂았다. 국기 게양

미 해군 함재기들이 1945년 9월 8일 인천 연안을 정찰하고 있다.

의식은 없었다.

　그러나 이 시간까지도 미군은 제주도에서의 항복접수와 무장해제에 관한 정보를 거의 얻지 못한 상태였다. 이들은 항복할 제주도 주둔 일본군 사령관의 계급이 중장이라는 것만 알았을 뿐 현장에서 질문을 하고서야 비로소 그가 일본군 제58군 사령관 도야마 노보루라는 사실을 알게 됐다. 나머지 일본군 장교들에 대해서는 정보장교나 그린 대령도 전혀 몰랐다. 일본군 연락 파견대가 있었지만 통신 시설의 미흡으로 의사소통이 원활하게 이뤄지지 않아 그들이 제24군단 사령관 하지 중장의 지시에 따랐는지도 몰랐다.

　심지어 항복 조인식이 열린 제주농업학교로 들어가는 과정에서 무장한 일본인 경찰이 학교 주위를 경계하는 것을 본 미군들은 불안해하기도 했다. 학교에는 미군 60여 명이 있었는데 이들 가운데 3분의 2 정도가 권총으로 무장했을 뿐이었다. 연안에는 구축함이 호위하고 있었다. 반면 학교 주변에는 카빈과 총검으로 무장한 일본 경찰이 삼엄한 경비를 서고 있었다. 일본군 참모장교들은 통역을 통해 그린 대령에게 3명의 일본인 대표는 도야마 장군, 하마다 사령관 그리고 도사 센다라고 보고했다. 이어서 그들은 다른 방에서 기다리고 있던 도야마 장군에게 (1) 무조건 항복 (2) 용어상의 의문 제기 금지 (3) 계급장 부착 또는 무기 소유 금지 등의 조건을 내걸었다.

　오전 10시 45분 일본 쪽 서명자들은 부관 3명을 대동하고 방으로 들어갔다. 방 안에 앉아있던 그린 대령과 왈든 중령은 자리에서 일어나지 않았고, 뒤에는 수명의 참모장교들과 통역사가 서 있었다. 항복접수팀은 오른쪽 가슴에 욱일승천기를 제외하고 모든 표식을 떼어낸 초췌한 모습의 도야마 장군을 보고서야 안도의 한숨을 내쉬었다. 그린 대령이 자신을 소개하고 항복을 접수하라는 하지 장군의 지령문을 읽는 동안 그들은 부동자세로 서 있었다. 그러고 나서 그는 서명할 항복문서 6부를 가리켰다. 3부는 영문으로, 3부는 일문으로 작성돼 있었다. 그린 대령의 발언은 일본인 2세 통역사에 의해 일본어로 통역됐는데, 그는 매우 당황해 했고 떠는 듯한 모습이었다. 그린 대령이 도야마 노보루 장군에게 앉도록 한 뒤에야 그들은 착석했다. 항복문서 6부가 도야마 장군에게 건네졌고, 그다음은 하마다 사령관에게, 마지막으로 센다 도사에게 건네졌다. 서명에는 6분밖에 걸리지 않았다. 일본군 대표들의 서명이 끝나자 문서는 그린 대령에게 건네졌다. 10시 59분 그린 대령은 "항복절차가 완료됐다"고 말했다.[7]

항복 조인식이 끝난 뒤 제24군단 정보참모부 장교들은 일본군 병력, 시설, 처분 등에 관한 정보를 요구했다. 미군정청 장교들은 도사 및 경찰 책임자와 얘기했다. 작전장교들은 무장해제와 관련해 도야마 장군 및 참모장과 논의했다. 일본군은 폭풍과 폭발 때문에 임무를 완전하게 끝내지 못했지만 대부분의 탄약과 폭발물을 바다에 던져 파괴했다고 보고했다. 또 모든 비행기는 작동불능 상태로 만들고, 고정포의 노리쇠를 제거하는 한편 5% 정도의 무기를 남기고 나머지 모든 소화기(小火器)를 3곳에 모아놓았으며, 무기와 탄약의 임시 집적장과 갱도진지, 기타 시설의 위치 등을 보고했다. 낮 12시 30분이 돼서야 협의가 끝났다. 이러한 항복 조인식 절차를 끝낸 항복접수팀은 당일 오후 서울로 귀환했다.[8] 제주도 항복접수팀이 도착하기 1시간 앞선 이날 오전 8시 제7사단 무장해제팀(팀장 파월(G. F. Powell) 대령·제24군단 군수참모)이 LSM 2척을 이용해 제주항에 도착해 제주도 주둔 일본군 무장해제에 들어갔다.[9]

민족해방운동의 유산과 해방 제주

1945년 8월 15일, 갑작스럽게 다가온 해방은 기쁨이었다. 제주시 구좌읍 송당리 채계추와 그의 친지들은 할머니 장지에서 해방 소식을 듣고 슬퍼해야 할 순간에 모두가 기뻐 '대한독립만세'를 외쳤다.[10] 제주시 다끄네(수근동)에서 징병생활을 했던 가파도 출신 김대종은 아카야마라는 부대장으로부터 "대

UNITED STATES ARMY FORCES IN KOREA

HEADQUARTERS XXIV CORPS

OFFICE OF THE COMMANDING GENERAL
APO 235, c/o POSTMASTER
SAN FRANCISCO, CALIFORNIA

28 September 1945

SURRENDER

THE UNDERSIGNED JAPANESE COMMANDERS, IN CONFORMITY WITH THE
GENERAL SURRENDER EXECUTED BY THE IMPERIAL JAPANESE GOVERNMENT, AT
YOKOHAMA, ON 2 SEPTEMBER 1945, HEREBY FORMALLY RENDER UNCONDITIONAL
SURRENDER OF ALL ARMED FORCES ON SAISHU-TO.

COMMANDER JAPANESE ARMY FORCES

COMMANDER JAPANESE NAVY FORCES

GOVERNOR OF THE ISLAND
HIGH COMMISSIONER OF
SAISHU-TO

ACCEPTED FOR:

JOHN R. HODGE
Lieutenant General, United States Army
Commanding, United States Army Forces in Korea

BY:

ROY A. GREEN
Colonel, Infantry
Representative of the United States Army

BY:

A. J. WALDEN
Commander
Representative of the United States Navy

위 문서는 1945년 9월 28일 일본군 제58군사령부가 있던 제주농업학교에서 열린 항복조인식에서
체결된 항복문서 가운데 영문으로 된 문서이다.

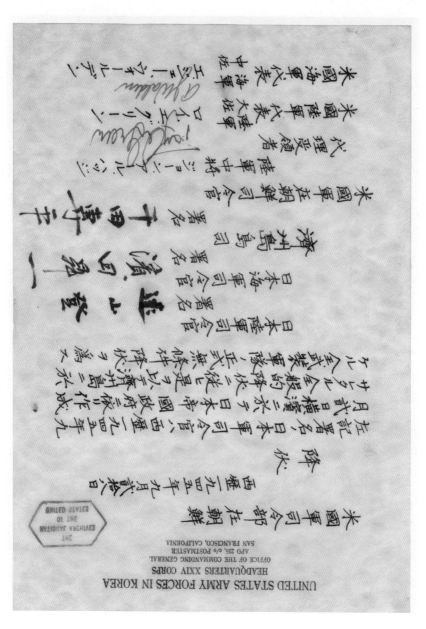

위 문서는 1945년 9월 28일 일본군 제58군사령부가 있던 제주농업학교에서 열린 항복조인식에서 체결된 항복문서 가운데 일문으로 된 문서이다.

일본제국이 무조건 휴전을 했다"는 말을 듣고 그대로 입고 있던 일본 군복을 입은 채 나왔다. 일본군이 제주도 산악지대에서 본토결전을 준비하던 시기 찾아온 해방으로 조선인 징병자들은 고향으로 돌아갔다.[11]

해방 직후 제주도는 일제 강점기 때부터 투쟁해온 민족해방운동세력이 정당성과 주도권을 장악했다. 제주지역 청년들은 일제 강점기 조선의 탁월한 사회주의 운동가이며 이론가였던 김명식과 실천가 김문준 등의 영향을 받았다. 1930년대에는 제주와 오사카 간 일본인의 독점항로에 항거해 일어난 자주운항운동(1930), 제주농업학교 학생들의 동맹휴학사건(1931)을 비롯해 구좌면 세화리를 중심으로 제주 동부지역 해녀들이 봉기한 해녀투쟁(1932), 조천소비조합사건(1942) 등 일제 식민지 통치에 맞서는 조직적인 투쟁이 전개될 정도로 민족해방운동의 전성시대를 맞았다.

제주해녀항쟁은 일제 강점기 생존권투쟁에서 항일운동으로 번진 조선 최대의 여성운동이자 어민운동이었다. 1932년 1월 해녀항쟁을 이끌었던 주도자 가운데 한 명인 김옥련은 야학 교사들로부터 일제의 압제에서 벗어나기 위해서는 배워야 한다는 교육을 받았다. 해녀항쟁을 주도했다는 이유로 6개월여 동안 수감생활을 한 김옥련은 "그때는 이놈들(일제경찰) 매 때릴 때 죽어서 내 목숨 없어져도 우리 조선만 독립된다면 이걸로 족하지, 감옥에서 매 맞는 거는 절대 괴롭지 않았다. 선생님들은 모일 때마다 '우리는 만날 이렇게 일본 식민지하에서 살 때가 아니다. 우리도 배워야 일본놈들 압박을 벗어날 것이다' 모이면 그런 얘기를 한다"고 말할 정도였다.[12] 일본 교토에서 살다가 12살(1928년) 때 고향 중문으로 돌아와 17살(1933년)까지 살았던 양수옥은 "(고향으로) 돌아갔을 때 반일운동이 아주 한창이었어. 중문에서, 지도자는 김한정 선생이라고, 이제 돌아가셨는데 이 선생의 지도를 받으면서 12살부터 17살까지 일본에 다시 오기까지 5년간 반일정신이 이때 확실히 심어졌지. (중략) 밤낮으로 지도를 받았어. 해변에 가서 모여 강연을 듣기도 하고, 산에서도. (중략) 소년단, 소녀단, 청년단, 부녀회가 있어. 촘촘하게 조직이 있었

1946년 2월의 제주항 모습이다. 제주주정공장 절벽 위로 건물들이 보인다. (스미소니언박물관 소장)

어. 오늘은 어디서 모임이 있다고 하면, 김한정 선생님이 말씀하시면 반대 못하지"라고 회고했다.[13]

일본 오사카에서 1930년 11월 '도항노동자는 우리 배로'라는 슬로건을 내걸고 거대 일본 자본에 맞선 '동아통항조합'의 출범은 일대 사건이었다. 이 운동에 참여했던 문창래가 당시 조선에서 발간된 잡지 『별건곤』에 기고한 글에서는 제주사람들의 결기가 느껴진다.

"우리 조선은 삼면이 바다이다. 그 중에도 제주는 섬나라인 까닭에 어디로 가서 무슨 사업을 하든지 항로를 이용치 않으면 안 된다. 그러나 실지에 우리 조선사람은 아직 우리가 가진 국제적 통항선이 없고 남의 배를 타고 다니기 때문에 돈은 돈대로 내면서 갖은 천시, 갖은 착취를 다 당하여 왔다. 그리하여 우리는 작년부터 동아통항조합이란 것을 조직하여 우리의 힘으로 우리의 통항하는 길을 개척하려고 싸워왔다. 이것은 몇 개인이 자본을 모아 자기 이익만을 위하자는 것이 아니요, 제주인 전체의 일이요 나아가서는 조선인 전체의 할 일로 생각한다. 금년에도 우리는 이 항로 개척에 더욱더 분투하려 한다. 말하자면 해전(海戰)이다."[14]

문창래는 이 글에서 '우리 힘으로 개척한 길'은 '제주인 전체의 일이자, 조선인 전체의 할 일'이며, 이 운동이야말로 '해전'이라고까지 할 정도로 자부심이 넘쳐났다. 한 신문은 '제주 남아의 의기를 보라'는 제목으로 동아통항조합분투의 역사를 다루기도 했다.[15] 일제하 제주도 야체이카운동에 주도적 역할을 담당했던 이익우는 다음과 같이 말했다.

> "일제의 각종 수탈로 도민들의 삶은 비참했습니다. 그러나 유교사상이나 계몽운동은 한계에 부딪혔고 새로 유입된 사회주의 사상만이 독립운동에 유일한 힘이 됐지요. 일제의 압박에도 불구, 그즈음 혁우동맹사건, 야체이카사건 등 1930년대는 제주 민족해방투쟁의 전성시대였습니다. (제주도 야체이카는) 민중계몽을 하던 각 지역 지도자들에 의해 중문면 중심의 부정호세불납(不正戶稅不納)운동, 대정면의 3·1절 만세 시위사건, 구좌면의 해녀사건 등을 주도했습니다. (1930년대 항일운동의 의의는) 결과적으로 운동에 있어서 오류도 있었지만 이전의 한계를 극복하고 본격 항일투쟁을 전개한 시기입니다. (중략) 이런 때에 해녀사건이나 불납동맹은 일제에 대한 정면 항쟁인 것입니다."[16]

태평양전쟁의 발발로 일제의 탄압과 수탈이 극심해지자 지하로 들어갔던 민족해방운동세력은 해방과 함께 역사의 전면에 나타나게 됐다. 게다가 일제하 출가나 징용 등으로 제주도를 떠났던 5만여 명이 넘는 제주도민이 한꺼번에 유입되면서 이들의 활동 또한 정치·사회·경제적으로 상당한 영향을 끼쳤다.[17]

일본에서 돌아온 노동자들과 징병자들은 새로운 세상에 대한 꿈에 부풀었다. 제주지역에서는 일본군이 철수하지 않은 상태였지만 9월 초가 되자 자치 기구 건설운동이 전개됐다. 일본군이 전보문에서 1945년 9월 13일 제주도 주재관(도사)이 도내 유력자들에게 표면 활동과 자위대 결성 금지를 조건으로 민중운동을 허용했지만 민중 조직화가 활발하다[18]고 보고한 것을 보면 이 시기 이미 치안대나 보안대 등의 이름으로 도내 곳곳에서 자치 기구 건설운동이 전개되고 있었다. 일본군이 언급한 민중 조직화 사업은 건국준비위원회(이하 건준)의 결성으로 보인다. 이 시기 제주지역에서는 면·리 단위로 건

제주도 주둔 일본군들이 일본으로 돌아가기 위해 산지항에서 대기하고 있다.

준이 곳곳에서 결성됐다. 또 다른 일본군 전보문에서는 9월 15일 제주민중
대회가 열렸고, 이미 도내 각지에서 '건국위원회 준비위원회'의 명칭으로 민
중 조직화 사업이 활발하게 전개되고 있다고 밝혔다.[19] 이어 9월 23일 제주
도 건준 결성대회가 각 면 대표 50여 명이 제주읍에 모인 가운데 열려 규약
을 결정하고, 임원진을 선출해 결성을 끝냈다. 제주도 건준에 대해 일본군은
제주도에 잔류 중인 일본군 및 관리에 대해 불온한 기미가 보이지 않는다고
도 했다.[20] 9월 한 달 내내 읍·면 단위 건준이 결성됐고, 최종적으로 9월 23
일 제주도 건준이 발족했다. 이때만 해도 일본군은 제주도민들의 보안대 결
성이나 기 행렬 등을 금지하도록 했지만,[21] 면·리 단위 건준에는 치안대나 보
안대가 구성됐고, 제주도민들의 일본군들에 대한 반감은 곳곳에서 나타났다.
심지어 제주도 건준이 결성된 뒤에도 일본군은 일본인 도사를 통해 민중운동
을 정치운동의 틀을 넘지 말라고 경고했으나,[22] 제주도의 자치 기구 결성운동
은 활발하게 전개됐다.

제주도 건준의 구성원들인 오대진(위원장), 최남식(부위원장), 김정로(총무부장), 김한정(치안부장), 김용해(산업부장)가 선출되고, 집행위원에는 김시탁 김필원 김임길 이원옥 조몽구 현호경 문도배 등 10여 명이 선출됐다.[23] 이들 12명 가운데 8명이 일제 강점기 재건공산당사건으로 6개월~5년의 투

이 사진은 1945년 10월 5일 건준 경남본부를 해소하고 '조선인민공화국 경남도인민위원회'로 새출발하면서 현판식을 하는 모습이다. 『민주중보』. 1945.10.8.

옥생활을 경험하거나 일본에서 노동조합운동 또는 1919년 조천만세운동 등에 연루된 민족해방운동에 참여했던 경험이 있는 인사들이었다. 건준은 보다 광범위한 계층을 끌어들이기 위해 일제하 관리를 지낸 인사들도 포용하는 등 온건한 성격을 띠었다.

제주도 건준이 결성되자 도사 센다와 제58군사령관에게 (1) 치안유지와 건국사업을 위한 정치활동에 절대 간섭과 방해를 하지 말 것 (2) 일본군과 경찰은 즉각 무장해제할 것 (3) 행정권은 도·읍·면 건준 결성과 동시에 양도할 것 등을 건의했다. 이에 대해 일본군은 "미군의 도(島) 군정장관이 부임하지 않았다", "중앙청에서 지령이 없었다"는 등의 이유를 들어 거부했다.[24]

앞서 서울에서는 일제가 항복한 1945년 8월 15일 여운형과 안재홍을 중심으로 '자주적 민족국가 건설'을 목표로 일제 강점기의 통치기능을 떠맡을 조선건국준비위원회를 수립하고 신속하게 전국 조직을 건설해 나갔다. 완전한 독립국가의 건설'을 선언과 강령에서 내세운 건준은 '해방 이후 최초의 대안국가(counter state)'였으며[25] 사

1946년 2월까지도 제주도에 일제 강점기의 유산인 신사가 남아 있었다. 이 사진은 크네즈(Eugene Knez)가 촬영한 동영상을 갈무리한 것이다. (스미소니언박물관 소장)

실상의 정부(de facto government)였다.[26]

건준은 9월 6일 경기고녀 강당에서 전국 대표 1천여 명이 참석한 가운데 전국인민대표대회를 열어 '조선인민공화국'(이하 인공) 임시 조직법안을 상정해 통과시키고 인민위원들을 선출했다.[27] 건준과 인공에 주도적으로 참여한 김계림이 1945년 12월 잡지 『건설』에 기고한 전국인민위원회 상황을 보면, 지방인민위원회는 기존 행정체계를 따라 7도, 12시, 145군, 75읍, 1,667면에 걸쳐 정비됐다. 사실상 남한 전역의 행정기구를 접수한 것이다.

〈표 2-1〉 인민위원회 조직 상황표[28]

	38도 이남		
	총수	기조직	미조직
도(道)	9	7	2
시	12	12	-

군	148	145	3
도(島)	7	2	–
읍	75	75	–
면	1,680	1,667	13

참고: 전국 인구는 1942년 조사에 의하면 23,913,063인. 재만동포 1,450,000, 재중동포 약 50,000, 재일동포 250,000.

　　인공 결성을 계기로 건준이 해소되고 인민위원회로 전환되면서 지역의 건준 지부들도 인민위원회로 개편됐다. 다른 지방의 인민위원회가 10월 중순과 11월 초순 사이에 결성된 것으로 보아 제주지역의 읍·면 인민위원회나 제주도 인민위원회의 등장도 이 시기로 보인다.[29]

　　제주도 인민위원회 결성대회에서는 첫째, 자주·통일·독립과 우리 민족의 완전해방을 위해 투쟁한다, 둘째, 민주주의적 건국사업에서 가장 큰 장애가 되고 있는 일제 잔재세력과 국제파시스트 주구를 청산해 우리 민족의 민주주의적 발전에 기여하자는 2개항의 기본 정책노선이 채택됐다.[30]

　　일제 강점기 면·리사무소 기능을 대행한 마을 인민위원회의 위원장들은 정치적 성향에 관계없이 각 마을 구장(이장)이나 유력자들이 맡기도 했다. 일제 치하에서 벗어난 땅에 청년들은 "젊은 사람들이 앞장서야 할 것 아니냐", "우리가 우리 손으로 나라를 건국해야 되겠다"고 생각했다.[31] 일제 식민지배의 관료체제가 무너진 직후 귀환자가 넘쳐나는 제주도의 급선무는 치안확보였다. 도·읍·면 건준과 건준이 해소돼 인민위원회가 결성된 마을에서는 청·장년들로 조직된 치안대나 보안대가 사회질서 유지와 일본 패잔병의 횡포 근절, 자체 방범활동 등 치안활동을 벌이거나 도로정비, 시내청소, 체육대회, 양담배·양과자 배척운동 등의 활동을 벌였다.[32]

　　대정면 인민위원회는 한 달에 2~3차례 회의를 했는데 회의 때마다 50여 명이 모여 활동 경과보고 등 보고대회를 가졌다.[33] 가파도에도 대정면 분회 격의 치안대가 조직됐다.[34] 구좌면 김녕리에서는 주민들의 해산물 무단채취와 나무 벌채, 도박, 폭행사건 예방 등의 역할을 했다.[35] 우도에서는 야학과 봉사활동을 전개했다. 이 지역에서는 일제 때 야학에서 했던 것과 마찬가지로 해녀와 주민들을 상대로 '바다는 바다에서 직업을 가진 사람들의 소유다. 그건 어느 개인이 가질 수 있는 게 아니다'는 등의 교육이 이뤄졌다.[36] 이러한 공익적 활동과 조직 확산을 통해 인민위원회는 빠른 속도로 통치력을 장악해 나갔고, 민중들의 광범위한 지지를 받았다.[37]

1945년 11월 9일, 미 제59군정중대가 제주도에 상륙했다.[38] 제59군정중대 사령부와 사령부중대, 그리고 제주도를 위수지역으로 관할하는 미 제6사단 제20연대 L중대가 LST를 타고 이날 제주항에 상륙한 뒤 제주읍에 본부를 설치하고, 100여 명으로 구성된 분견대를 모슬포에 파견했다.[39] 이에 따라 제주도에 대한 미군정의 본격적인 점령정책은 제6사단이 11월 11일 자정부터 일본군의 철수작전을 책임졌던 제24군단 군수지원사령부로부터 제주도에 대한 통제업무를 넘겨받으면서 시작됐다.[40]

스타우트(Thurman A. Stout) 소령을 사령관으로 한 제59군정중대가 9월 17일 미국 캘리포니아에서 편성돼 인천을 거쳐 제주도에 상륙한 것은 이미 제주도 인민위원회가 '섬 내의 유일한 당이며 목적과 내용을 지닌 유일한 정부'로서 활동하던 시기였다.[41] 이러한 상황에서 제주도에 대해 백지상태였던 제59군정중대는 인민위원회의 협조 없이는 임무 수행이 어려웠다. 제주도 민정장관(제59군정중대 사령관)이 치안유지 확보 차원에서 협조 공문을 요청할 때도 지서장 보다 마을 청년동맹위원장의 이름을 먼저 썼다.[42]

1946년 4월 26일 제주도를 방문한 중앙 미군정청 공보부 관리는 "제주도에서 유일한 기능을 하는 당(the only functioning party)은 조선독립 캠페인을 통해 제주도 전체를 강고한 블록(solid block)으로 구축하고 있는 인민위원회이다. 경찰도 인민위원회를 두려워하고, 군정이 떠나는 시기를 두려워하고 있다"고 평가했다.[43] 그만큼 제주도 인민위원회는 제주 사회에서 서울의 건준이나 인공보다 더 강고하게 뿌리를 내리고 있었다. 미군정 관리가 만

제주농업학교에 주둔한 미군 제59군정중대.

난 경찰과 미군, 도민들은 제주도에서 어떠한 충돌이나 폭동이 일어난 적이 없고, 인민위원회 대표자들이 경찰에 앞으로도 폭동이 일어나지 않을 것이라고 약속했다. 미군정 관리는 제주도 인민위원회를 '수적으로 매우 많고, 행동은 매우 신중'(so numerically strong and so careful in their actions)하다고 분석했다.[44]

　　이는 미군정만이 아니라 서울에서 파견된 기자들의 인식도 비슷했다. 『자유신문』(1946.12.18)은 제주도 현지 취재를 통해 "동도(제주도)는 다른 곳과 달라 8할이 중산계급이고 2할이 세민이며 특히 토지는 소작제도가 거의 없는 상태이니 만치 주민들은 대부분이 자본가의 농락을 받지 않고 인민위원회 산하에 놓여 있다"며 제주도 인민위원회의 위상을 설명하고 있다. 또 다른 신문은 제주도 인민위원회의 구성원들이 양심적인 항일투쟁의 지도자로 구성됐으며, 자치능력을 높게 평가했다.

> "세간에서 제주는 좌익 일색이며 '인위'의 천하라는 말이 있으나 제주의 인위는 '건준' 이래 양심적인 반일제 투쟁의 선봉이었던 지도층으로써 구성되어 있으며, 최근에 분립된 한독, 독촉국민회 등의 우익단체와도 격렬한 대립이 없이 무난히 자주적으로 도내를 지도하고 있다. 남선 일대를 요란시킨 지난번 민요가 제주에 없었다는 것은 지도층의 산하조직 대중이 육지와 상원(相遠)한 점도 있었겠지만 지도층이 자주적으로 선도한 것과 수뇌가 일제하의 경관이 아니었던 신인으로 구성된 경찰진과 호흡이 어느 정도 맞았던 것도 잠재한 이면의 하나일 듯하다."[45]

이처럼 미군정과 제주도 인민위원회가 협조체제를 이루게 된 이유는 무엇이었는가? 이는 세 가지 측면에서 생각해 볼 수 있다. 첫째, 군정중대가 진주하기 전부터 이미 제주지역 인민위원회가 활발한 활동을 벌이면서 제주도민들의 지지를 받았다는 사실이다. 전라남도 미군정 요원이었던 미드는 "제주도의 인민위원회가 상당할 정도의 자치권을 행사하고 있었을 뿐 아니라 기능적으로도 최대의 효율성을 가지고 운영되고 있기 때문"이라고 밝혔다.

둘째, 인민위원회의 정책적 온건성은 군정중대로 하여금 인민위원회의 도움을 받지 않을 수 없게 만들었다. 미드는 제주도가 전남에 종속돼 있어 군정중대로서는 정치적 어려움이 없는 반면, 인민위원회가 대단히 협조적으로 활동함에 따라 군정은 인민위원회를 최대한 지원했다고 평가했다.[46] 사실, 우익단체는 인민위원회의 온건성이 제주도민들의 호응을 얻어 더욱 강력해질 것을 두려워하였으며 경찰과 군정당국이 인민위원회를 탄압하지 않는 데 불만을 나타냈다.[47] 한 예로 인민위원회는 1946년 10월 봉기에 참여하지 않은 이면에는 콜레라 창궐과 대흉년으로 극도로 궁핍했던 제주도의 사정을 고려했던 것으로 보인다. 또 이러한 온건성은 인민위원회와 미군정이 그 정책과 이념에 있어 상당 부분을 공유할 수 있는 영역이 존재한 데서 기인했다. 이것은 제주 사회가 자작농·자소작농이 압도적인 다수였던 관계로 제주도에서는 해방 직후 전국적으로 터져 나온 토지문제가 제기되지 않는 등 미군정과 제주도민이 직접적으로 대립할 가능성이 낮은 상태였다.

셋째, 지역적 고립성으로 인하여 상급부대인 전남지역을 통치하고 있던 제101군정단과 연락이 원활하지 않았던 점도 군정중대가 어느 정도 독자성을 가지고 인민위원회와 협력할 수 있도록 하는 여건을 제공했다. 당시 제101군정단 산하였던 제59군정중대는 섬 지역의 특수성과 통신수단의 미흡 등으로 1945년 12월까지 전남지역을 통치하고 있던 제101군정단과 접촉을 거의 하지 못했다. 제59군정중대는 지리적 고립성 때문에 거의 완전하게 독립적으로 활동할 수밖에 없었다.[48]

넷째, 제주도 인민위원회는 남조선과도정부 입법의원 선거에 참여하는 등 독자적인 길을 걸었다. 입법의원 선거에 참여했던 이운방은 "10월 인민항쟁 당시 제주도민은 호열자(콜레라)와 흉년으로 굶주리고 있어서 이를 외면한 무조건적인 투쟁은 바람직하지 않다고 생각했다. 입법의원 선거는 철저하게 반대하고 거부한다는 원칙에는 변함이 없었다. 그러나 선거에 참여한 것은 이 기회를 역이용하여 우익의 진출을 못 하게 하고 선거를 무효화함과 동시에 우리의 힘을 과시하는 일대 데몬스트레이션을 전개하기 위한 것이었다"고 회고했다.[49] 한 신문은 제주도 인민위원회가 입법기관(입법의원) 반대 이유를 알리려고 했지만 당국의 방해로 도민들에게 알리지 못한 상태에서 입법의원을 반대하는 인민위원회 소속 3명(이신호 문도배 김시탁)이 최고 득표를 얻어 이 가운데 이신호가 기권하고 문도배(구좌면 인민위원장)와 김시탁(조천면 인민위원회 문예부장)이 서울에서 사퇴했다고 보도했다.[50] 남조선과도정부 입법의원 선거에서 남조선 전역에서 유일하게 제주도에서만 좌익 인사들이 당선됐다는 사실은 이운방의 주장처럼 좌파의 힘을 과시한 측면도 있겠지만, 다른 한편으로는 일제 강점기 민족해방운동에 참여했던 그들에 대한 민중의 지지를 보여주는 것이기도 했다.

독립투사 탄압한 친일 경찰의 제주도 부임

해방공간의 혼란이 증대될수록 경찰력도 강력해졌다. 미군정은 일제 때 형성된 식민관료기구의 존속과 경찰조직의 재건에 나섰다. 미군 장교들은 치안을 우선시했고 경찰에 우호적이었다. 친일 경찰들은 해방 직후 민족반역자라는 지탄을 받다가 갑자기 미 군정하에서 국가 건설의 첨병으로, 우파세력의 전위대로, 좌파세력에 대한 탄압주체로 돌변했다. 남한의 경찰제도는 일제 강점기 때의 경찰제도와 유사했고, 경찰관들의 수법이나 권한도 마찬가지였다. 임의 체포와 고문, 위협은 정치적 반대자들을 처리하는 일반적인 절차였다.[51]

치안을 중시했던 미군정은 63명의 미국인 고문관들을 경찰에 파견했다.[52] 이는 다른 어떤 조직보다 많은 인원이었다. 해방 직전 남북한 통틀어 1만여 명이던 조선인 경찰관은 해방 후 3개월만인 1945년 11월 중순 남한에서만 1만 5천여 명으로, 대구 10월 사건 후인 1946년 말에는 2만 5천여 명으로, 정부 수립 직전에는 4만 5천여 명으로 급증했다.[53] 이러한 경찰력의 증원은 본질적으로 일제 식민지 지배집단을 충원하는 것이었다. 일제하 전 조선의 경찰 정원이 2만 3,700명이었음을 고려할 때 38도선 이남지역의 경찰력을 이처럼 증원한 것은 일제 때보다 적어도 2배 이상의 경찰력을 충원했음을 의미하는 것이었다.[54] 또한 강제적인 물리력 사용의 필요성이 급격히 증가했다는 의미이기도 했다. 많은 일제 경찰 출신은 동포를 체포하고 고문한 경험이 있었으며, 이들은 1947년 중반까지 2만 2천여 명을 투옥했다. 이는 일제 강점기 남한 재소자 수의 2배에 해당되는 인원이었다.[55] 미군정은 이러한 관료기구의 존속과 경찰기구의 재건 및 확대를 통해 알라비(Hamza Alavi)가 말하는 '과대 성장된 국가기구'를 강화시켰다. 알라비는 식민지 사회에서는 식민지 고유의 사회적 계급에 대한 지배권을 행사하기 위해 군부와 관료제도를 통해 국가기구를 건설해야 하기 때문에 식민지의 상부구조는 '과대성장'된다고 말한다.[56] 경찰은 미군정의 통치와 우파세력의 정치적 결집을 위한 도구가 됐으며, 이에 따라 민중들의 군정당국에 대한 혐오감도 증폭됐다.

다른 지역에서와 마찬가지로 제주도 미군정은 점차 인민위원회를 공식적인 통치기구로 인정하지 않았고, 군정중대의 정책 또한 제24군단의 점령정책의 연장선상에 있었다. 중앙 미군정청 법무국장 우달(Emery J. Woodall) 소령은 군정중대의 제주도 진주에 앞서 1945년 9월 30일 제주도청(濟州島廳)을 방문해 도사 센다와 도민 유력자, 건준 관계자 등을 만나고 최원순, 양홍기, 박종훈 등 3명에게 지방법원 사무를 임시로 위촉해 도내 치안을 맡도록 했다.[57] 미군정은 10월 11일 최원순을 판사겸 제주도지방재판소장, 양홍기를 검사장, 박종훈을 검사로 임명했다. 이들은 모두 일제 강점기 판사와 검사를 역임했다.

제주경찰의 최고위 간부들도 일제 경찰 출신들로 채워졌다. 미군정은 1946년 12월 일제 경찰 출신인 신우균을 제주감찰청(1946년 9월 11일 제주감찰서에서 제주감찰청으로, 1947년 3월 9일 제주경찰감찰청으로 개칭) 부청장에 임명했다. 신우균은 김대봉 청장의 후임으로 곧바로 청장이 됐다. 중앙 미군정청 공보부 여론조사과의 제주도 조사에 동행한 합동통신 특파원 설국환은 신우균이 일제 특경대 소속으로 자신의 항일활동을 조사하기 위해 미행했던 인물이라고 밝혔다. 신우균 자신도 일제 경찰 출신이기 때문에 제주도 경찰 책임자와 같은 중요한 직책을 맡게 된 데 대해 이상하게 생각했다.[58] 그러나 친일 경찰 신우균은 부임한 지 얼마 되지 않아 부패사건에 연루돼 제주 사회를 혼란에 빠뜨렸다. 같은 청 소속 총무과장 이형석은 일본군 소좌 출신으로 일본 육군 철도부대 부대장이었다. 그는 당시 수천여 명의 영국군 포로들을 잡아 강제노역을 시켰으며, 포로들 가운데 일부는 가혹한 고문을 받고 총살되기도 했다. 해방 뒤 배편으로 몰래 귀국한 그는 총무과장으로 재직하면서도 문제를 일으켰다.[59]

제주경찰은 1946년 후반이 되자 인민위원회에 대한 탄압을 강화해 나갔다. '친일파를 타도하라'는 삐라로 징역 8월에 집행유예 4년을 선고받았는가

하면, 경찰이 조천면 인민위원회의 간판을 떼어버리는 일도 있었다.[60] 미군정에 의해 증원된 경찰은 인민위원회 중심의 자생적 자치 기구들을 와해시켜 나갔을 뿐 아니라 좌익단체들을 해체시키는 데 결정적 역할을 했다. 미군정 경찰 고문관 매글린 대령은 "많은 사람들이 일본인이 훈련시킨 친일경찰을 계속 쓰는 일이 현명한 처사인지 의문을 제기한다. 하지만 그들은 경찰로서의 자질을 천성적으로 갖춘 사람들이다. 그들이 일본인을 위해 훌륭히 업무를 수행했다면 우리를 위해서도 그럴 수 있으리라고 확신한다. 그러므로 이들을 경찰에서 몰아내는 것은 어리석은 일이다"고 언급할 정도였다.[61]

1948년 5·10 선거 당시 남제주군 선거구에서 무소속으로 출마했던 양기하는 4·3 발발 원인을 언급하면서 "민주주의의 정치 원칙 하에는 행정은 인민과 유리하여서는 안 되는 것이다. 제주도 실정을 잘 모르는 인사들이 당도(當島)에서 행정을 담당한 데 사건 발생의 원인이 있다. 혹독한 왜인(倭人)들도 제주도민에게는 과도한 압제를 쓰지 못하였다. (중략) 제주도에는 극히 일부이겠지만 교양이 충분치 못할 뿐 아니라 경찰관리로서의 훈련받지 못한 사람들이 있어서 일반 인민의 악감정을 유인(誘引)시켰다"고 말했다.[62]

국가건설 과정에서 핵심적 역할을 한 미군정의 경찰 고문관은 경찰이 일제에 충성했던 것처럼 미국을 위해서도 일할 수 있다고 믿었으며, 이 때문에 친일 경찰을 적극 수용하고 옹호했다. 경찰은 군정당국의 통치와 우익세력의 정치적 결집을 위한 도구가 됐으며 이에 따라 민중들의 군정당국에 대한 혐오감도 증폭됐다.[63] 미군정의 이러한 점령정책은 제주도 인민위원회와의 균열을 예고하는 것이었다.

미군정, 친일 경찰과 모리배…부패의 결합체

해방은 압제와 종속으로부터의 자유를 가져왔지만 일반 민중들에게는 혼

돈의 시작이기도 했다. 제주도에 대한 지식이나 정보가 없었던 무능한 제주
도 미군정, 그리고 부패한 친일 경찰과 사리사욕에 눈이 먼 모리배, 이들 삼
자의 연합은 제주 사회를 혼탁하게 만들었다.

해방 공간 제주 사회를 뒤흔들었던 대표적 부정부패 사건인 1947년 복시
환 사건[64]의 주인공 원만영과 한중옥은 이미 그 이전부터 제주도 미군정 장교
들과 결탁해 부정부패를 일삼았다. 이들은 일본에서 제주도로 갖고 오던 복
시환의 적재 물품을 빼돌리기 위해 1월 복시환 하주 대표 변성익에게 "조선
인 관리도 무서울 게 하나도 없다. 그자들이 무슨 힘이 있겠나. 나는 그래도
일제시대에도 그보다 더한 놈들을 내 손에서 녹여내었는데 지금 미국인들이
야 문제가 되나"라며 사례금을 강요하는가 하면 "미군에게 내가 한마디만 말
하면 너희 하물은 모조리 압수된다"고 하는 등 제주도 미군정 관리들과의 관
계를 거론하며 물품 양도를 강요했다.[65] 미군정과 밀접한 관련을 맺고 있었던
이들은 최소한 두 차례 불법 혐의로 체포됐다가 미군정의 명령으로 곧바로
풀려났다.

1946년 12월 4~6일 제주도 시찰에 나선 중앙 미군정청 공보부 소속 페
라루는 12월 5일 우익단체인 제주도 독촉 청년 관계자 3명과 면담한 결과
이들과 미군정의 연관성을 확인했다. 이들이 밝힌 사례를 보면 (1) 제59군정
중대 사령관 스타우트 소령과 치안관 파트릿지 대위에게 여러 차례에 걸친
화려한 향응 접대와 매춘 소문 (2) 원만영이 제주도 재산관리관이었던 마틴
(Martin) 대위와 교제를 거절한 술집 여성 폭행 사건 (3) 콜레라 유행 기간 원
만영이 일본제 의약품 과다 보유 혐의로 체포됐다가 스타우트 소령의 명령
으로 석방된 사건 (4) 상당량의 밀수품을 사들인 한중옥이 제3자에게 매매하
려다 이를 파기하고 파트릿지 대위에게 밀고해 제3자가 체포되고, 그에게서
1만 5천 원의 위자료를 받은 사건 (5) 한중옥은 이 일로 경찰에 체포됐으나 파
트릿지 대위의 명령으로 석방된 사건 (6) 스타우트 소령의 명령으로 재판 대기
중인 유치장 수감자들을 유·무죄에 관계없이 미군 경비병의 감시 아래 강제

노역에 동원하고, 수감자들을 노역에 동원하지 않으면 제주감찰청장을 해고하겠다고 위협한 사건 ⑺ 미군 경비병이 초등학교에서 그릇 절도혐의로 수감된 재소자가 게으르다는 이유로 그의 다리에 총을 쏜 사건(사건 조사 결과 미군이 수감자의 다리 사이로 총을 쏘았고, 돌이 튀면서 병원에 입원시킬 만큼 심각할 정도로 다치게 한 일) 등이었다. 이들은 페라루 일행을 만나 제주도 주둔 미군 활동을 조사하기 위해 미군 방첩대(Counter Intelligence Corps·이하 CIC)와 헌병대 파견을 요청했다. 페라루는 원만영의 사건에 대해 "이러한 부정의의 이행 때문에 완전히 혼란스럽고 혐오스러운 일"이라고 언급했다. 스타우트는 자신은 이미 유죄 판결을 받은 남성들만 노역에 동원하도록 명령했는데 언어 장벽 때문에 오해가 있을 수도 있다고 해명했다. 페라루는 보고서에서 "위에 열거한 미군의 행위들은 좌익단체들이 미국식 정부가 한국에는 바람직한 것이 아니라는 선전활동을 통해 악용할 가능성이 있다고 여겨진다"고 평가했다.[66]

경찰과 모리배들은 자신들의 비리를 보도한 언론사를 협박하기도 했다. 원만영과 한중옥은 1947년 1월 28일 자 1면 머리기사로 '모리 천하인가?'라는 사설을 실은 제주신보사에 들이닥쳐 '신문사 말살'을 운운하는 등 협박했다. 제주감찰청장 신우균도 "이런 기사를 실으면 폐간하겠다"고 협박하며 동조했다.[67] 신우균은 제1관구경찰청의 체포 명령에도 원만영의 체포를 미뤘고, 파트릿지 대위는 2월 4일 오후 6시 자택 앞에서 경찰에 체포된 원만영을 1시간 만에 병중이라는 이유를 들어 석방하도록 지시했다. 반면 하주 대표 변성익은 같은 날 오후 9시께 군정청의 명령으로 수감됐다.

변성익이 수감되기 1시간 전인 오후 8시께 신우균의 관사에서는 파트릿지 대위와 한중옥이 만났다. 심지어 한중옥은 다음 날인 5일 제주물가감찰서장 권헌의 자택을 찾아가 "미군정이 있는 이상 물가감찰서가 무슨 권한이 있소. 밀수물자에 대해서는 직접 미군정이 취급할 것이니 조선인 관리들은 손을 대지 말라는 공문도 왔소"라며 협박했다. 같은 날 신우균의 여동생은 시가

50만 원에 상당하는 비단 17필을 단속 경찰들이 제지하는데도 태안환을 이용해 불법 반출했다. 언론은 "모장관 매(妹)씨는 서울서 왔을터인데 다액인 물품을 반출하는 사실만으로도 그 이면을 추측할 수 있다"고 전했다.[68] 여론이 급격히 악화되자 한중옥이 2월 8일 체포되고, 변성익은 12일 석방됐다.

제주도 미군정과 끈끈한 관계를 유지해오던 원만영과 한중옥은 결국 복시환 사건으로 구속될 수밖에 없었다. 그러나 제주도 미군정 장교들의 일탈행위를 저지할 방법은 없었고 1947년 3·1사건 무렵에도 이들은 제주도 미군정의 주요 간부로 활동했다. 이 시기 경찰은 경찰대로 제주도 인민위원회를 탄압하는 데 혈안이 돼 있었다.

이런 불법사건의 주역 가운데 한 명인 제주감찰청장 신우균은 이해 신년 초 "정신이 부패한 불령경관이 있다면 무자비하다 싶은 처단을 할 것이다"라고 큰소리쳤지만, 정작 자신은 해방공간 제주 최대의 부패사건의 주인공이 됐다. 당시 기자가 신우균에게 "경찰의 태도가 권력의 행사에만 급급하고, 지나친 간섭이나 단속 태도로 '암이 되고 있는 한(恨)이 없지 않다'는 것이 인민의 소리"라고 한 말 속에서 당시 경찰이 도민을 어떻게 대했는지 알 수 있다.[69] 심지어 제주도가 1947년 2월 5일 각계 유지를 초청해 연 경제좌담회에서조차 모리배 문제가 중점적으로 다뤄졌으며 "모리배를 옹호하는 탐관오리를 숙청하라"는 요구가 나오기도 했다.

1947년 초 경찰의 일탈행위는 도를 넘고 있었다. 복시환 밀수물자 사건과 관련해 신우균은 "사회에서는 경찰이 공수방관하고, 혹은 경찰 간부가 그들의 교묘한 수단에 매수당하였다는 여론도 있는 것 같으나 그러한 풍설이 전혀 사실무근인 오해인 점은 금후 본 사건 취조에 있어서 나의 태도로서 충분히 규명될 것이다"라며 사건 해결에 공정을 기하겠다고 밝혔으나, 고양이한테 생선을 맡긴 꼴이었음이 드러났다. 신우균은 2월 18일에는 전 삼양리 경찰파견소 주임을 몽둥이로 구타해 4개월의 중상을 입혀 물의를 빚었다.[70] 제주경찰 최고 책임자의 이런 행동은 경찰에 대한 주민들의 반감을 키워갔다.

제주도의 인구 변동과 사회적 동요

해방 이후 남한 사회는 토지개혁 문제에 직면했다. 전국 각지에서 토지 소유의 집중화를 막기 위해 토지개혁을 통한 농지 소유 보장 요구가 분출됐으나 제주도에서만큼은 토지개혁이 시급한 의제가 아니었다. 남조선과도정부 농무부가 1946년 12월 31일 현재 남한의 농지소유상황을 조사한 결과를 보면 213만 7,288 농가 가운데 43%는 소작농이고, 38%는 일부 소유, 일부 임대한 농민이며, 16% 정도만이 자작농이었다. 반면 제주도는 자작농(자소작농 포함)이 절대다수였기 때문에 토지문제를 두고 도민과 미군정이 대립할 가능성이 낮았다. 제주도의 자작농 비율은 72.8%로 육지부의 다른 지역보다 훨씬 높았고, 반면 소작농은 6.3%에 지나지 않았다.

〈표 2-2〉 1946년 12월 31일 현재 남한의 임차별 농가수[71]

도별	자작농	50% 이상 자작농	50% 미만 자작농	소작농	기타	합계
서울	90(3.1%)	157(5.4%)	220(7.6%)	2,361(81.9%)	56(1.9%)	2,884
경기	23,836(8.5%)	38,478(13.8%)	44,252(15.8%)	160,725(57.4%)	12,495(4.5%)	279,786
충북	17,374(12.6%)	24,901(18.1%)	31,164(22.6%)	63,096(45.8%)	1,186(0.9%)	137,721
충남	19,996(8.8%)	33,388(14.7%)	43,129(18.9%)	126,431(55.5%)	4,871(2.1%)	227,815
전북	14,092(5.3%)	29,089(10.8%)	43,228(16.1%)	156,236(58.2%)	25,638(9.6%)	268,283
전남	52,661(13.9%)	69,099(18.3%)	74,881(19.8%)	163,992(43.4%)	17,171(4.5%)	377,804
경북	66,838(18.8%)	79,322(22.3%)	80,810(22.8%)	123,734(34.9%)	4,231(1.2%)	354,935
경남	82,661(25.6%)	80,177(24.8%)	78,502(24.3%)	81,366(25.2%)	-(0%)	322,706
강원	28,823(23.4%)	26,720(21.7%)	23,976(19.5%)	43,059(35.0%)	356(0.3%)	122,934
제주	30,900(72.8%)	5,574(13.1%)	3,114(7.3%)	2,686(6.3%)	146(0.3%)	42,420
1946 총계	337,271(15.8%)	386,905(18.1%)	423,276(19.8%)	923,686(43.2%)	66,150(3.1%)	2,137,288
1945 총계	284,509(13.8%)	337,506(16.3%)	378,574(18.3%)	1,009,604(48.9%)	55,284(2.7%)	2,065,477

*주: 1가구는 5인 가족
**출처: 농무무 농업경제국 통계과

1930년 부산상업회의소가 펴낸 '제주도와 경제' 편에는 "제주도의 흥미로운 점은 가난한 사람이나 부유한 사람이 없는, 아무런 (두드러진) 사회계급이 존재하지 않는다는 점이다. 주민들 간에는 인간은 평등하다는 개념이 매우 강하다. 주민들의 소득은 주로 농업과 어업, 소규모 공장과 이주(일본 진출─필자)에서 나온다"[72]며 제주도민들 사이에 계급 갈등이 심하지 않다고 분석했다. 비록 생활 형편은 다른 지역에 견줘 떨어지지만 일제 강점기 때부터 제주지역에 계급갈등이 없고, 평등개념이 제주 사회 전반에 깔려 있다는 분석은 해방 이후 농지 조사에서도 입증된다. 제주도는 섬이라는 조건에서 빚어진 독자적 정치·사회·경제구조를 오래도록 유지해왔기 때문에 문화적 연대감과 공동체 의식이 다른 지역에 비해 매우 강했다.[73]

1947년 제주도에 특파됐던 기자 이선구도 '파업 후의 제주도 현지답사 보고'라는 기사에서 제주 사회를 "그들 가운데 특권계급이라는 것이 없다. 섬 안에 메마른 황무지는 골고루 분배되어 바다와 싸우는 틈틈이 힘자라는 한 도에서 개척되었으며 생활은 자작자급의 상태에서 근로의 땀이 없이는 누구나 면전에 잔인한 대자연의 험위를 느끼는 실정이다"고 제주공동체의 특성을 지적했다.[74] 1949년 말에는 제주도의 자작농 비율이 더 늘어나 제주도청 농림과 조사 결과 자작농(지주)은 전체 농가의 96%에 이르고 소작농의 비율은 4%에 불과한 것으로 나타났다. 사실상 제주도민들은 모두 자작농이나 다름없었다. 이를 구체적으로 보면 다음과 같다.[75]

〈표2-3〉 1949년 현재 제주도의 자·소작농수

		지주(자작농)	소작농	합계
호수		43,587호	2,183호	45,770호
인수	경지 5단보 이상	127,170인	4,051인	131,221인
	동 미만	70,833인	6,509인	77,342인
	계	198,003인	10,560인	208,563인

경지면적	답	7,386단	669단	8,055단
	전	366,722단	16,635단	383,357단
	계	374,108단	17,304단	391,412단

* 1단=0.245에이커(300평) * 지주는 대개 자기 농업을 영위하고 있으므로 자작농으로 판단함.
* (1) 제주읍 전호수에 대한 농가의 백분율 – 81%(강)
　(2) 농가 전호수에 대한 자작농가의 백분율 – 96%, 농가 전호수에 대한 소작농가의 백분율 – 4%
　(3) 전경지면적에 대한 지주(자작인) 소유 경지면적 – 96%, 소작인 소유 경지면적 – 4%

　해방 직후 제주도가 직면했던 문제는 급격한 인구의 증가였다. 이는 정치적, 경제적으로 제주지역에 상당한 영향을 미쳤다. 〈표 2-4〉를 보면 1944년과 1946년 인구 증가율은 서울(38.2%), 경남(37.4%), 제주(25.8%) 등의 순으로 나타났다. 이처럼 전국적으로 징병자와 징용자, 또는 생계를 위해 일본에 진출했던 조선인들이 속속 귀환하면서 남한의 인구는 크게 늘어났다.

〈표 2-4〉 1944년 5월과 1946년 9월의 남한 인구 및 변화율[76]

지역	합계		증가율	남자		증가율	여자		증가율
	1944	1946		1944	1946		1944	1946	
총계	15,879,110	19,369,270	22.0	7,847,242	9,791,707	24.8	8,031,868	9,577,563	19.2
도별									
경기	2,264,336	2,486,369	9.8	1,133,160	1,265,326	11.7	1,131,176	1,221,043	7.9
서울	826,118	1,141,766	38.2	410,015	576,608	40.6	416,103	565,158	35.8
충북	970,623	1,112,894	14.7	482,985	566,784	17.4	487,638	546,110	12.0
충남	1,647,044	1,909,405	15.9	814,178	967,843	18.9	832,866	941,562	13.1
전북	1,639,213	2,016,428	23.0	804,299	1,025,041	27.4	834,914	991,387	18.7
전남	2,486,188	2,944,842	18.4	1,216,646	1,481,009	21.7	1,269,542	1,463,833	15.3
경북	2,561,251	3,178,750	24.1	1,259,638	1,602,361	27.2	1,301,613	1,576,389	21.1
경남	2,318,146	3,185,832	37.4	1,143,126	1,604,885	40.4	1,175,020	1,580,947	34.5
강원	946,643	1,116,836	18.0	481,763	572,171	18.8	464,880	544,665	17.2
제주	219,548	276,148	25.8	101,432	129,679	27.8	118,116	146,469	24.0

*경기도와 강원도의 1944년 통계는 현재 구성된 지역으로서 이들 지역의 영역만을 포함해 정정될 예정이다. 이것은 현재 경기도 관할 하의 황해도 일부를 포함하고 있다.
**출처: 1946년 9월 주한 미 육군사령부 군정청 보건후생국이 조사한 남한 인구조사.

1944년과 1946년의 인구 변동률을 보면 남자 증가율이 24.8%로 여자 증가율 19.2%에 견줘 높다. 제주도도 예외가 아니었다. 제주도에서는 일제 강점기였던 1938년 현재 가구당 1명 정도가 생계를 위해 일본으로 갔을 만큼 일본에는 제주도 출신자들이 많았다.[77]

1944년과 1946년의 제주도 인구변동을 비교하면 5만 6,600명의 인구가 제주도에 유입된 것으로 나타났다. 그러나 중앙 미군정청 공보부가 1946년 4월 26일 제주도를 시찰해 밝힌 보고서에서는 8만여 명이 귀환했고, 이 가운데 2만여 명만이 집계됐다고 할 정도로 당시 통계는 부실했다.[78] 국내 언론도 5만~8만여 명 정도가 귀환했다고 보도했지만[79] 정확한 통계가 이뤄졌다고 보기는 어렵다. 하지만 최소한 5만여 명 이상은 제주도로 귀환한 것으로 보인다.

〈표 2-5〉 1938~1960년 제주도의 인구변동[80]

연도	1938[1]	1940[2]	1944[3]	1946[4]	1947[5]	1948[6]	1949[7]	1950[8]	1951[9]	1960[10]
인구	203,651	212,000	219,548	276,148	275,899	282,000	254,589	254,596	245,861 (289,901 –피난민 포함)	281,720

인구의 양적 팽창은 정치적 측면에서는 물론 사회·경제적 측면에서도 제주 사회를 압박하는 요인이 됐다. 일제 강점기 타지로 나갔던 사람들이 귀환하고 제주도에 잔류했던 일본군과 일본 민간인들이 1945년 10월 말부터 11월 초까지 빠져나가자 제주도의 경제상황은 혼란에 빠져들어 갔다.[81] 1938년 일본에 건너간 제주 출신 4만 5,950명이 우체국을 통해 제주도에 보낸 송금액은 147만 730원으로, 1인당 32.01원에 이르렀으나,[82] 해방 이후에는 송금 자체가 차단됐다. 이러한 사태는 귀환자들은 물론 이들로부터 재정적 지원을 받았던 제주도의 가족 생계, 더 나아가 제주 사회 전반에 커다란 영향을 끼쳤다.

이런 상황에서 태평양전쟁 말기 미군의 공습에 의한 산업시설의 파괴는 제주도 경제를 마비시켰다. 제주도의 산업시설이 마비되고 인구가 급증하자 제주도민들은 일자리를 찾지 못해 생계를 해결해야 할 절박한 상황에 놓이게 됐다. 1946년 11월 현재 실업률은 제주도가 7.5%로 경남의 8.9%에 이어 두 번째로 높았다. 더욱이 일본군의 철수와 태평양전쟁 당시 제주도 내 산업시설의 파괴로 인해 제조업체의 가동률은 크게 떨어졌다. 1944년 6월 현재 72곳에 이르던 제주도 내 제조업체 가운데 1946년 11월 현재 가동 중인 제조업체는 32곳에 불과해 감소율이 55.6%에 이르러 전국 최고를 기록했다.[83] 제주도 최대의 제조업체였던 제주 주정공장의 가동상태를 보면 당시의 상황을 엿볼 수 있다. 제주 주정공장은 해방 전 한때 매달 1,000드럼의 주정을 생산했으나 1946년 하반기에는 한 달 240드럼을 생산하는 데 그쳤고, 이해 12월이 되자 가동조차 하지 못하는 형편에 놓였다.[84]

해방 이후 이러한 공장의 가동이 중단되고, 제주도 경제상황이 일제 강점기 보다 오히려 악화되자 사회는 혼돈상태에 빠졌다. 1946년 말 제주도에 파견됐던 한 기자는 당시 심각했던 제주도의 경제상황을 이렇게 묘사했다.

"제주도 인민 30만은 지금 역경 속에서 신음하고 있다. 모든 공장은 대부분이 움직이지 않고 친일파 민족반역자들이 발호하여 이 땅의 민주주의를 방해하고 있다. (중략) 이 땅의 특수한 공장시설을 본다면 작년 6월에 연합군의 폭격으로 일부 파괴당한 무수알코올공장, 조선에서 유일한 통조림을 만드는 관힐(罐詰)공장, 전분공장, 조선의 수요량을 훨씬 초과 생산하는 옥도정기 공장, 자개단추 공장 등이 있으나 무수알코올공장이 지난 11월 해방 후 처음으로 작업을 시작하였을 뿐이고 나머지 제 공장은 좋은 계획은 있으나 기술 부족, 원료난으로 아직까지도 공장문을 열지 못하고 있다. (중략) 제주도의 노동자들은 공장문을 열라고 외치고 있다."[85]

경제상황이 악화일로로 치닫는 가운데 1946년 전국을 휩쓴 콜레라의 창궐은 제주도에서도 수백여 명의 목숨을 앗아갔다. 1946년 6월부터 8월까지 제주도 전역을 휩쓴 콜레라는 최악의 전염병이었다. 치사율 60% 이상을 보인 콜레라로 전국적으로 1946년 8월 27일까지 1만 995명의 환자가 발생해 7,193명이 목숨을 잃었다. 제주지역의 콜레라 환자 발생과 사망자 수는 1946년 6월 중순 무렵 18명의 환자가 발생해 7명이 사망한 이후 마지막으로 보고된 8월 27일까지 2개월여 동안 사망자가 최소한 369명에 이르렀다.[86] 이해 8월 중순에는 제주도 내에서 하루 평균 50명의 콜레라 신규 환자가 발생했다. 이처럼 제주도의 콜레라 환자가 급증한 것은 검역을 받지 않은 어선을 통해 콜레라 보균자들이 비밀리에 제주도로 들어왔기 때문이다. 콜레라가 창궐하자 경찰은 8월 31일 현재 콜레라 전염을 막기 위해 더러운 물을 마시지 못하도록 제주읍 내의 모든 급수원에 대한 경비를 섰다.[87] 해방 전 전남 순천중학교에 다녔던 제주읍 거로마을 출신 부원휴는 해방 뒤 1946년 여름 여수에서 배를 타고 귀향하는데 산지항이 아닌 성산포 신양으로 들어왔다. 그는 방역 차원에서 신양리 모래사장에 설치한 천막에서 일주일 남짓 격리돼 생활하다가 귀향했다. 거로마을 입구에 와서도 가시를 쳐서 외부인들의 출입을 금지해 집으로 들어오는 데 애를 먹었다고 기억했다.[88] 콜레라 때문에 어민들의 어로활동도 금지돼 생활에 커다란 어려움을 겪었다.[89] 10월 중순 들어 1개월 이상 제주도에서 새로운 콜레라 환자가 나타나지 않자 일부 지역을 제외하고 검역 제한이 해제됐다.[90]

콜레라가 기승을 부리던 시기 제주도의 보리농사 또한 대흉작이었다. 이 해 제주도의 보리 수확량은 8만 3,785석으로 해방 이전인 1943년 20만 4,796석, 1944년 26만 8,133석에 비해 각각 41%, 31%에 그쳤고, 해방되던 해인 1945년 18만 7,480석에 비해서도 44.7%에 지나지 않았다.[91]

그러나 미군정 관리들의 인식과 언론 보도는 제주도와 서울의 거리만큼이나 괴리가 큰 것이었다. 이들은 제주도민들이 굶주림에 허덕이는 가운데 쌀이 부족하지만 건강을 유지하고, 근로정신과 자급자족심이 강해 구제방안이 없어도 살아간다고 인식했다.[92] 구제방안이 없어도 잘 살아간다는 미군정 관리들의 태도는 전형적인 무책임성을 보여준다. 반면 제주도 현지 언론은 식량의 절대부족으로 기아상태 직전의 어려움에 처한 제주도민들의 목소리를 생생하게 전했다.

> "생활면에 있어서 생지옥의 도탄에 신음하는 일반 소비층 대중에 심각한 타격을 주어 기아를 앞에 한 인민의 비참한 아우성 소리 날로 높아가고 있음을 보는 요즘 (중략) 무산대중의 애용을 보고 있는 읍 후생식당을 엿보면 정각 수 시간 전부터 남녀노소를 물론하고 취중(就中: 그 가운데서도 특히─필자)에 영아를 부둥켜안은 가여운 여인들이 찬바람에 쏠린 나머지 안색을 변하다시피 추위에 떨며, 그 귀한 일식(一食)을 구하려 엄한의 노상에 장사의 열을 짓고 있다."[93]

제주도의 식량난이 계속된 것은 대흉년과 함께 미군정의 미곡정책 실패로 다른 지방에서 쌀을 도입할 수가 없었기 때문이었다. 미군정은 남한 사회의 미곡관리체제에 대한 충분한 검토 없이 1945년 10월 5일 '미곡의 자유시장에 관한 건'(일반고시 제1호)을 통해 미곡의 자유판매제도를 도입했으나, 이 정책은 식량재고의 고갈, 미곡의 감소, 해외동포의 귀환 등으로 심각한 인플레이션과 기아, 전반적인 경기침체를 유발시켰다. 소매물가는 1945년 8월부터 1946년 12월 사이 10배 올랐으며, 도매물가는 28배나 뛰었다.[94]

전국적으로 식량난이 가중되자 미군정은 문제 해결을 위해 일제가 실시했던 미곡수집체제, 즉 공출제도를 부활시켰다.[95] 1946년 1월 25일 군정 법령 제45호로 '미곡수집령'을 공포하고 2월 1일부터 발효했다. 이 법령은 "광범한 기아, 영양불량, 질병, 민심불안을 제거하기 위하여 조선군정청은 북위 38도 이남의 조선에 있는 미곡을 수집하되, 적당한 가격을 지불함"을 목적으로 했다. 이는 강권적으로 미곡을 수집하려는 것이었다.[96] 그러나 곡식의 강제수집은 순탄치 않았다. 더욱이 일제 강점기 때의 강제공출에 대한 기억은 당시 제주도민들에게 강렬하게 남아있었다. 해방 직후 강제공출이나 징병·징용에 앞장섰던 면장들은 마을청년들에게 곤욕을 치렀고, 일부 마을에서는 폭행을 당하거나 마을에서 살지 못해 떠나는 경우도 있었다.[97]

1946~1947년의 미곡 수집결과 전국 할당량은 429만 5,500석으로 361만

5,258석(54만 7,766t)이 수집돼 84.2%의 수집률을 보였다. 그러나 제주도의 수집량은 2,500석 목표에 1,207석을 수집하는 데 그쳐 48.2%의 수집률로 전국 최하위를 기록했다.[98] 곡식 수집이 저조하자 1947년 1월 7일 제주읍에서는 추곡 수집을 개시하면서 1인당 3합 5작씩을 제외한 남은 곡식만 수집하되 대두 1석 '성출자'(誠出者)에게는 광목 반 필이나 석유 1관(罐)으로 보상한다는 당근책을 내놓기도 했다.[99] 박경훈 지사는 1947년 2월 10일 미곡수집이 순조롭게 진행되지 않는 이유에 대해 "본도(제주도)의 추획(秋獲) 7천 석에다 할당 5천 석은 무리한 할당이었다"고 토로했다.[100]

> "해방은 됐지만 야단이 났네/이 집 가도 저 집 가도 먹을 걱정/보리쌀은 없고 감자도 없고/이렇게 해서는 안 되겠네/코 큰 놈을 믿어서 앉아 있으면/굶어 죽은 사람이 2천8백 명/우리들이, 근로대중이 힘을 합쳐서……."[101]

당시 학생들은 제주도가 처한 경제상황을 빗대 이런 노래를 만들어 부를 정도로 제주 사회는 최악의 상태에 빠져들어 가고 있었다.

강제공출은 일제 관리들(주로 면사무소)과 주민들의 분리, 더 나아가 해방 이후까지도 행정기관에 대한 불신이 남게 한 요소였다. 해방 이전과 이후 공직생활을 한 남인희는 이렇게 말했다.

> "공출 때문에 관에 대한 반발심이 컸어요. 해방돼서 절실히 느꼈는데 우리가 농촌지도사업을 하는데 전혀 먹혀들어 가질 않아요. (중략) 왜정시대 때 그렇게 (공출을) 해놓으니까 해방된 다음에 반발심이 상당히 심하더라고. 관에서 무슨 얘기하면 아주 반대해버리고. 그것이 왜정 때는 관에서 강제로 하니까 듣잖아. 안 들으면 때리고 말이죠."[102]

이런 상황에서 제주도민들은 미 해군 구축함의 경계에도 불구하고 목숨을 걸고 일본행을 택했다. 소형어선이나 화물선을 이용해 제주와 일본에 오가며 밀무역을 하거나 사람들을 실어나르다 적발되는가 하면 목숨을 잃기도

했다. 제주도 출신으로 생활고를 겪다 4·3 당시 일본으로 건너간 한 체험자는 이렇게 증언했다.

"해방되니까 우리가 굶었지. 일제시대에는 우리가 굶은 예가 있었나 하는 말들이 떠돌았어요. 그리고 얄궂게도 해방 이후 46년인가 제주도에는 호열자병(콜레라)이 유행됐고, 농사가 잘되지 않아 기근 현상이 제주를 휩쓸었잖아요. 그러니까 어떻게 해서든지 제주도를 빠져나가야겠다고 생각을 하고 있었어요."[103]

4·3을 체험하고 일본으로 건너간 재일동포 양애정(오사카 거주)은 이렇게 말했다.

"제주도에 일본에서 살던 사람들이 귀국해 오니까 그와 동시에 인구가 늘어나 경제적으로 아주 어려웠어. 종전 후에 1년인가 2년간은 쌀을 수확하지 못했거든. 작황도 좋지 않고, 흉작이었지. 비가 많이 와서 그런지는 잘 모르겠지만, 식량난이 아주 심각해서 정말 어려운 시절이었어. 출가 노동의 형태로 제주도 사람들이 일본에 많이들 건너갔잖아. 그런 사람이 돌아오고, 일은 없고 말이지. 나라는 독립했다지만, 쌀은 흉작이지, 식량난이지, 일자리는 없지."[104]

밀항자가 속출하자 주한미군사령관 하지는 1946년 8월 조선 해상의 밀항 통상을 근절하기 위해 미 해군 제7함대에 명령하여 이를 철저히 단속하겠다고 밝혔다.[105] 영연방군도 일본해를 순찰하며 조선에서 건너오는 밀항자들을 검거했다.[106] 1946년 7월 하순부터 한국과 일본 간 밀무역을 막기 위해 미 해군 제7함대 소속 스웬슨(SWENSON)과 매독스(MADDOX) 등 구축함들이 조선해안경비대 대원들을 태우고 제주도와 목포, 여수 주변의 해역에서 정찰 활동을 시작했다.[107] 8월 하순에는 제주도 연안에서 일본으로 밀항하려던 한국인 175명을 태운 선박 4척이 미 제7함대 소속 구축함에 검거됐다.[108] 9월 3일에는 제주환이 등록서류 미소지 혐의로 구축함 베리(Barry)에 나포됐다.[109] 같은 달 5일에는 30명이 승선해 일본에서 제주도로 들어오던 정복환이 등록서류 미소지 혐의로, 9일에는 일본에서 목재를 싣고 제주도로 들어오던 제2북수환이, 11일에는 승객 2명과 소금과 비누 등 화물을 싣고 제주도로 들어오던 혼장환이 구축함 노리스(Norris)에 잇따라 붙잡혔다.[110] 같은 해 12월 12일에는 100만 엔 상당의 화물과 승객 38명을 싣고 일본 오사카에서 성산포로 들어온 헌진환이 구축함 브러쉬(Brush)에 검거됐다.[111] 이런 단속에도 밀항선은 계속해서 대한해협을 건너 일본으로 갔다.

밀항자들은 1인당 700~3천 원의 선임을 냈다.[112] 1946년 8월 7일 자 일본 도쿄 일일신문의 보도에 따르면 한 달에 1만여 명의 조선인이 발동선이나 어선, 운송선 등을 이용해 일본 야마구치현이나 시마네현 등지로 밀항했다. 일본 경찰에 적발된 밀항자 수만 해도 1946년 4월 488명, 5월 1,357명, 6월 751명, 7월 7,378명으로 급증했다.[113] 같은 해 10월 보도된 '적국으로 가는 만여 명, 밀항하는 그들의 심정은?'이라는 제목의 일본 사세보발 AP통신 기사를 보면 사세보 점령당국이 일본 혼슈 및 규슈로 불법입국한 조선인 7천여 명이 10월 17일 사세보에서 조선으로 송환했다. 또 지난 6월부터 단속을 시작해 혼슈 영연방군에 체포된 밀항자는 8,250명, 규슈에서는 제24군단의 지시에 따라 일본 경찰에 체포된 밀항자는 6,628명에 이르는 것으로 나타났다.[114]

1947년 5월 20일께는 함덕포구를 출항해 일본으로 가던 밀항선이 쓰시마 부근에서 파도에 휩쓸려 승객 40여 명 가운데 20여 명이 희생됐다.[115]

해방 이후 정치적으로는 미군정과 결탁한 모리배들의 공공연한 활동과 인민위원회에 대한 탄압, 사회·경제적으로는 인구의 급증과 높은 실업률, 미군정의 미곡정책 실패와 대흉년에 따른 식량난, 제조업체의 가동 중단, 콜레라의 창궐, 강제공출 등이 얽히고설켜 빈사상태의 제주지역 경제상황은 호전의 기미를 보이지 않은 채 제주도민들은 공황상태에 빠지고 사회적 긴장감이 조성되어 나갔다.

3

5·10 선거와 제주도

미군정, "5·10 선거 성공은 핵심 과제"

유엔조선임시위원단을 환영하기 위해 1948년 1월 14일 2만여 명의 시민이 참가한 가운데 서울운동장에서 열린 환영집회에 참석한 주한미군사령부 부사령관 브라운 소장(왼쪽부터), 군정장관 딘 소장, 주한미군사령관 하지 중장.

　　1948년 5·10 선거는 해방 3년사 정치과정의 완결판이었다. 미군정은 5·10 선거를 남한에 주둔한 이후 가장 중요한 사안으로 인식하고 최대의 노력을 기울였다. 1947년 11월 14일의 유엔 총회 결의안에 따라 구성된 유엔조선임시위원단(United Nations Temporary Commission On Korea)은 중국, 필리핀, 오스트레일리아, 캐나다, 인도, 시리아, 프랑스, 엘살바도르 등 8개국 위원과 사무국으로 구성됐다.[1] 주한미군사령관 하지 중장은 1947년 11월 20일 성명을 통해 "본관은 본국 정부로부터 유엔조선위원회의 감시하에 총선거를 실시할 것을 포함한 조선에 관한 결의안의 각 조를 미국 정부가 필히 준수할 것이라는 것을 조선 국민 및 조선 지도자에게 전하도록 명령을 받았다. 미국 정부의 대표자로서 본관은 유엔조선위원회가 조선국민에게 설치된 목적을 준수하기 위하여 전력을 다하여 원조할 것을 보장하는바"라고 발표했다.[2]

1948년 1월 12일 서울에서 열린 유엔조위 제1차 회의에서 임시 의장으로 선출된 인도 대표 메논(K. P. S. Menon)은 유엔조위의 업무와 관련해 남북한 전역을 통한 활동과 공정선거 감시를 유엔조위의 권한으로 확인했다.[3] 유엔조위의 또 다른 한 축은 사무국으로, 사무국장(유엔 부사무총장) 후스쩌(胡世澤)와 수석비서 슈미트(Petrus J. Schmidt)의 통솔 아래 수석비서 보좌관, 법률고문관, 정보관, 재정관, 통역관, 비서 등 모두 27명으로 구성됐다.[4]

미 국무장관은 유엔조위가 남한에 들어오기 전인 1948년 1월 6일 주한 미군사령관 정치고문관 대리 랭던(Langdon)에게 전문을 보내 "유엔조위 대표

남한에 들어온 유엔조선임시위원단 대표들과 사무국 직원들. 1948년 3월 10일.

들과의 대화를 통해 유엔조위가 총회 결의안에 따라 선거를 개시할 권한을 가지고 있다고 주장하고 지체하지 말고 선거 감시의 중요성과 시급성에 관해 대표들과 후스쩌 사무국장의 관심을 모으는데 부단한 노력을 기울일 것"을 지시했다.[5]

유엔조위는 1948년 2월 6일 제11차 전체회의에서 조선문제의 유엔 소총회 상정을 결정했다.[6] 이에 유엔 소총회는 2월 26일 "조선 문제에 관한 1947년 11월 14일부 유엔 총회 결의와 동일 이후의 사태진전에 비추어 소총회의 견해는 유엔조위에게 가능한 조선지역 내에서 동 결의 제2호에 규정된 사항을 실시하는 것이 유엔조위의 임무라고 간주함"[7]으로써 남한 단독선거 결의안을 통과시켰다.[8] 소총회에서의 미국의 승리는 남한 단독선거가 유엔조위의 독자적 결정에 의한 것이 아닌 총회급 회의의 결정이라는 명분을 제공했다.

유엔조위의 선거준비와 감시활동에서 쟁점이 된 것은 '자유 분위기' 조성과 이의 이행 여부에 대한 결정이었다. 유엔 소총회 결의도 남한 단독선거의 정당성과 합법성을 강화하기 위한 선거의 자유 분위기를 강조했다.[9] 이를 위해 유엔조위는 의장 메논 명의로 3월 17일 남한의 선거 실시에 따른 '자유 분위기' 조성을 위해 주한미군사령관 하지 중장에게 법률, 법 집행, 정보의 자유, 정치적 압력 문제 등과 관련해 4대 건의안을 보냈고, 이에 하지는 다음과 같이 회답했다.[10]

첫째, '법률문제'에 대해 유엔조위는 '형사소송법의 개정'이라는 제목의 포고를 상기시키고 이 포고가 '시민의 자유를 보호하기 위한 중요한 단계'로 인식했다. 하지 중장은 유엔조위에 "포고는 이미 군정장관이 서명했다"[11]고 통보하고 "현재 계속되는 조직적 압력이나 테러가 용인돼 수행된다면, 어떠한 또는 모든 선거 반대의 자유가 효과적이고 자유로운 선거 실시 노력을 무효화시킬 수도 있는 확실한 가능성이나 개연성이 예견된다"고 밝혔다.[12] 이는 '반대의 자유'를 인정하지 않겠다는 것을 시사하는 것이기도 했다.

둘째, '법집행문제'에 대해 유엔조위는 선거 기간 경찰과 청년단체의 역할이 자유 분위기 속에서 선거가 실시됐는지 결정하는 중요한 요소가 될 것이라고 밝혔다. 자유 분위기를 위한 경찰의 재교육을 건의하고, 청년단체도 '유엔조위 감시 아래' 있어야 하며 불법 활동은 용납될 수 없다고 경고할 것을 건의했다.[13] 그러나 하지 중장은 딘 장관에게 보낸 훈령에서 "공산주의자들의 강력한 파괴공격과 폭력행위가 계속되는 입장에서 보건대 본관은 경찰의 조직과 구조에 급격한 변화가 없을 것임을 확신한다"[14]고 밝혀 유엔조위의 건의를 애둘러 거부했다.

셋째, '정보의 자유문제'에 대해 유엔조위는 미국 기관들이 지속적이고 적극적으로 선거에 관한 공정한 선전활동을 수행할 것을 건의했고, 이에 공보원이 마련한 광범위한 홍보계획이 유엔조위 사무국장에게 제출됐다.[15]

넷째, '정치적 압력문제'에 대해 유엔조위는 범죄 행위나 범죄 선동을 수반하지 않는 한 불법집회 참가나 유인물을 살포하는 행위는 정치적 행위로 간주한다는 견해를 밝혔다. 또 폭력 행위나 사기 등의 범죄혐의가 없이 투옥된 정치범들은 무조건 석방돼야 한다고 건의했다.[16] 이와 관련해 군정장관은 1948년 3월 31일 3,140명을 사면해 투표에 참가할 수 있게 했다.[17]

유엔조위는 3월 20일 제27차 전체회의에서 각 도의 선거경과를 감시할 지방 감시반 설치를 결의함에 따라 제주도에서 강원도까지 전국의 주요 도시를 시찰했다. 미군정은 대표들에게 격조 있는 숙식과 교통편을 제공[18]하고 대표단의 활동을 보호·감시함으로써 단선 실시에 비판적인 조선인들과의 교류를 사실상 차단했다. 유엔조위는 전적으로 미군정의 정보에 의존해야 했기 때문에 정보 수집 능력 부족과 남한 사회의 '자유 분위기'에 대한 확인이 미흡한 것은 애초부터 예견됐다.

미군정은 투표율이 낮으면 남한 단독정부의 국제적 승인을 기대할 수 없을 것으로 보았다. 이에 따라 보다 많은 유권자를 투표에 참여토록 해 선거를 통한 남한 정부 수립의 정당성을 담보할 수 있는 선거를 치러내야 했다. 미군정은 국회선거위원회 설치(3월 3일)[19], 딘 소장의 중앙선거위원에 대한 임명장 교부(3월 3일),[20] 국회의원 선거법 제정(3월 17일)[21], 형사소송법의 개정(3월 20일)[22], 정치범 사면(3월 30일)[23] 등 선거 실시에 따른 준비절차를 이행해 나갔다. 남조선과도정부 수석고문관실도 3월 8일 선거업무의 실시를 위한 필요한 예비조치를 즉각 취할 것을 요구하는 군정장관의 내부비망록에 따라 선거 국면에 참여했다. 유엔조위와의 선거업무 연락을 담당할 연락장교로 웩컬링(John Weckerling) 준장을 군정장관 대리인으로 임명했다.[24]

유엔조위 캐나다 대표 패터슨과 유엔조위 미군 연락장교 웩컬링 준장이 1948년 4월 30일 서울에서 열린 한 연회에서 담소를 나누고 있다.

　　선거일이 가까워지면서 남한 주둔 미군 수뇌부의 성명과 특별발표 등이 잇따랐다. 하지 중장은 3월 4일 선거실시안과 관련한 성명을 통해 투표는 적령기 시민의 의무이며, 투표를 거부하는 자는 불참한 선거에 의해 수립될 정부의 행동이나 정책을 비난할 권리를 상실하게 될 것이라며 경고했다.[25] 하지는 미국 ABC방송과의 대담에서도 "남조선 선거의 참가를 거부하고 있는 분자는 누구입니까?"라는 질문에 "그것은 자유이다. 그러나 모든 성인이 선거에 투표함은 애국자의 의무일 것이다. 기권자는 누구나 막론하고 선거의 결과로 수립된 정부를 논평할 권리를 상실하는 것이다"고 재차 강조했다.[26]

미군정은 '자유 분위기' 조성을 위한 여론 환기에 관심을 쏟았다. 군정장관 딘은 1948년 1월 29일 기자회견에서 "남조선 사태가 자유선거에 적당한 분위기라고 볼 수 있는가"라는 질문에 "유엔 총회의 결의에 의하여 내조한 유엔조선임시위원단의 사명이 곧 자유선거를 감시하는 데 있다. (중략) 현 남조선 사태를 우려하여 자유선거에 부적하다고 생각하는 사람도 있으나 본관의 견해로서는 자유로운 분위기라고 본다"고 답변했다.[27] 하지 중장도 3월 12일 "유엔총회와 유엔조선위원단은 무엇보다도 (자유 분위기에) 더 큰 관심을 가지고 있다. 자유선거가 없다면 하등의 소득이 없다. (중략) 유엔위원단의 현지 중요 사명은 선거를 감시하여 사실 국민대표를 선출하는데 민의가 십분 발표되었나를 보려 함이다"며 "조선 국민의 참된 대표가 선발되지 못한 선거를 유엔위원단이 승인하리라고 기대하기는 불가능하다"고 강조했다.[28]

딘 장관은 3월 25일 정례 기자회견에서 "(선거에) 반대하는 태도는 옳지 못하다고 본다. 반대자는 의식적이든 무의식적이든 북로당의 모략에 넘어가는 것"[29]이며, "본관은 (선거에) 반대하는 자는 북로당의 지령을 받아서 반대하는 행동으로 본다"[30]라고 하는 등 '선거 반대' 자체를 북한과 연계시킴으로써 이들에 대한 강력한 조치를 예고했다. 이런 딘 장관의 인식은 5월 5일 제주도를 방문한 뒤 가진 기자회견에서 제주도 사태를 북조선 간자(間者)에 의한 것이라는 인식과도 일치한다.[31] 하지 중장은 이어 4월 7일에도 공보부를 통해 법의 평등, 신체의 자유, 주소 불가침, 집회 결사 언론 종교 등 11개 조의 자유를 열거하고, 국가 비상시나 공안의 이유로 필요한 때에 한해서만 임시로 이러한 권리를 정지할 수 있다고 규정한 '조선 인민의 권리에 관한 포고'를 발표했다.[32]

미군정은 대외적으로는 '자유 분위기'의 조성을 위한 계획을 실행에 옮기는 한편, 내부적으로는 미군 지휘계통을 통해 선거 감시 활동을 독려했다. 딘 장관은 4월 1일 전국의 민정장관들에게 '미국인 요원에 의한 선거과정 감시' 공문을 보내 선거감시 활동과 관련한 사항을 시달했다. 딘은 이 공문에서 "각 도의 민정장관들은 관할 내에서 선거절차를 지속적으로 감시하는데 직접 책임이 있다"며 2단계로 나눠 선거과정을 감시토록 했다.[33] 1단계인 선거 전 감시는 (1) 일반인들에 대한 선거정보 홍보 (2) 선거반대 계획, 정강, 선거민 위협을 포함한 선거에 참여하는 정당, 단체, 청년조직 등의 활동 (3) (2)와 같지만 선거를 반대하는 자에게 적용하는 것과 동일 (4) 투표구·면·군·도 선거위원회의 운영 (5) (4)의 모든 단계를 포함한 전술한 시기의 선거등록 절차에 대한 지속적인 조사 (6) 선거인 등록이 끝난 뒤 선거법 제 15조와 제16조의 이행에 대한 조사를 활용 가능한 장교와 동급의 군무원을 동원해 실시하도록 했다. 또 2단계는 선거일과 투표명부 감시로서 (1) 각 민정장관은 장교, 동급의 군무원뿐 아니라 군정장관이 배치할 추가 인원도 활용해 ① 전 선거구의 투표구 현장조사를 위해 선거구별로 2명의 감시원을 두며, ② 도선거위원회에는 1명의 감시원을 배치한다. (2) (1)의 ①과 같은 감시요원

미군정 공보부의 1948년 5·10 선거 투표를 독려하기 위한 포스터.

들은 선거종료와 함께 선거구 선거위원회에 보고하고 투표함 개함과 투표명부 등을 감시하도록 했다.

주한미군사령관 하지 중장은 4월 2일 산하 지휘관들에게 보낸 전문에서 5·10 선거 기간을 미군 점령기의 중요한 시기(critical period)가 될 것이라고 언급했다. 그는 선거의 성공은 미합중국 사절단의 성과에 핵심적인 (essential) 사안으로 간주하는 한편 군정장관이 선거와 관련해 미국 측의 감시 집행에 책임이 있다고 강조했다.[34]

미군정은 단선 단정 반대세력의 물리적인 선거반대투쟁이 치열하게 전개되자 성공적인 선거의 실시를 위해 경찰력을 강화시켰다. 하지 중장은 현재 남한의 실제 상황을 보면 강력한 중앙집권적 요소로서 경찰력을 강화시키는 이외의 다른 대안은 없다고 간주했다.[35] 선거가 다가오자 미군정 수뇌부와 경무부의 강경 발언이 속속 나왔다. 경무부장 조병옥은 국책 수행에 반대되는 행동은 위법행위로 엄중 처단한다는 국립경찰의 임무(3월 2일)[36], 각 관구 경찰청장회의를 소집해 선거 불참이나 반대 행위, 기권 권고 및 강요 행위, 선거를 반대하는 언론 등 모든 행동에 대한 엄중 처단 방침(3월 12일)[37], 라디오방송을 통한 선거 반대 행위자에 대한 처벌 방침(3월 27일)[38] 등을 천명했다.

조병옥은 4월 2일에도 라디오 연설을 통해 선거의 '자유 분위기'를 파괴하는 요인들로 (1) 공산주의자들의 방해 (2) 선거를 반대하는 일부 우익 (3) 자신들의 정치적 야망을 달성하기 위해 위협, 매수, 지주와 소작농 등의 관계로 압력을 받는 정당이나 개인 등이라고 지적했다.[39] 하지는 이런 조병옥의 활동에 대해 4월 12일 친서를 보내 선거를 위한 '자유 분위기'의 보장과 유지에 대한 경찰의 노력에 감사한다고 전했다.[40]

선거일이 다가오면서 군정장관 딘의 강경방침은 더 거세졌다. 딘은 4월 27일 남조선과도정부 공보부 특별발표를 통해 경무부장과 사법부장에게 경무당국 심판관 및 검찰관은 선거사무 수행과 관련해 선거관리 방해자에 대한 조사와 재판을 최우선적으로 처리하도록 하는 지령을 내렸다.[41] 좌익의 선거

반대와 대부분의 우익 및 중도파가 선거에 불참한 가운데 5·10 선거는 미군정과 이승만 계열에 의해 주도적으로 준비되고 실행됐다. 이들은 선거의 '자유 분위기' 조성보다는 경찰과 우익청년단체를 이용해 무리가 따르더라도 선거를 성공시키는 데 목적이 있었다.[42]

군정장관의 명령으로 경무부 지시에 의해 설치된 '향보단' 조직은 그 일환이었다. 제24군단 정치고문관 제이콥스가 향보단을 두고 "공산주의자들의 기도에 대처하고 선거준비를 보호하기 위해 새롭고 비상한 조치가 취해졌다"[43]고 할 정도로 향보단은 선거과정에 깊숙이 개입했다. 선거에 대비해 향토 치안을 보전하기 위한 명분으로 조직한 향보단에는 만 18세 이상 55세 이하의 남자들이 의무적으로 가입됐다. 그러나 미군정의 향보단 조직 결성 사실이 알려지자 "일제가 패망하면서 마지막 발악으로 허울 좋은 명목을 내걸고 인민을 속이며 조직했던 경방단을 방불"시키는 '경방단의 재판(再版)'이라거나 "향보단 조직은 관권 발동에 의한 국민동원 조직이라는 점에서 파쇼화 과정을 지향하는 것이며, 일제가 패망 직전에 발악적으로 시도한 국민의용대 조직을 방불케 하는 것"(민독당)이라는 등의 비판이 쏟아졌다.[44] 언론과 각계의 우려처럼 향보단에 대한 비난 여론도 높아갔다. 향보단 가입 요구를 거부했다가 청년단과 경찰에 테러를 당하기도 했으며, 향보단원들이 길거리를 다니는 행인을 폭행하는가 하면 향보단원에 폭행당해 검찰에 고발하는 사례도 나타났다.[45] 5·10 선거가 끝난 뒤 향보단의 구타, 위협, 강탈 등 불법행위가 유엔조위에 보고[46]되는 등 비판의 목소리가 높아지자 5월 22일 군정장관 딘의 승인에 따라 남조선과도정부 민정장관 안재홍이 향보단을 해산했다.[47]

남한의 선거 결과와 미국의 평가

1948년 5월 10일 무장경찰, 향보단원, 미군의 경비태세 등 삼엄한 경계 하에 첫 총선거가 남한에서 실시됐다. 유권자 등록을 한 전체 유권자의 95.2%인 703만 6,750명이 투표에 참가했다. 미 국무부와 주한미군, 유엔조위 등은 연일 남한의 5·10 선거를 성공적이라며 찬사를 보냈다. 주한미군사령관 하지 중장은 5월 12일 선거 결과와 관련한 성명을 발표하고 "선거반대공작의 대대적 노력에도 불구하고 만고(萬古) 미증유의 민주주의의 승리"라고 선언했다.[48] 유엔조위 시리아 대표 무길은 선거가 끝난 바로 다음 날 "남조선 선거는 성공이었다. 여(余)는 서울에서 투표장을 순시하였는데 투표는 극히 원활하고 조직적이었다."라고 말했다.[49] 13일에는 군정장관 딘이 "세계 어느 나라에서도 볼 수 없는 훌륭한 비율로 총선거가 된 것"이라고 자찬했다.[50] 14일에는 미 국무장관 마샬이 남조선과도정부 공보부를 통해 발표한 특별발표에서 "등록유권자의 90%가 선거를 반대 또는 방해하기 위하여 공산당의 지령을 받은 소수분자의 불법적 공작에도 불구하고 투표를 하였다는 사실은 오로지 조선국민이 민주주의적 방법으로 그들 자신의 정부를 형성하기로 결심하였다"는 것이라며 찬사를 보냈다.[51] 유엔조위도 5월 13일 공보 제59호를 통해 "선거는 원활히, 또 상당한 조직과 능률로 실시되었다"[52]고 밝히는 등 5·10 선거에 대한 긍정적 평가가 이어졌다.[53]

정치고문관 제이콥스는 선거 전날인 5월 9일 국무부에 "유권자들에게 투표를 회피하도록 협박하려고 폭력을 부추기는 공산주의자들이 보다 심각하다. 대구와 제주의 보고들은 고무적이 아니다"라며 우려스런 보고를 했지만,[54] 5월 12일에는 "훌륭한 투표시설과 주민들의 반응, 자유롭고 평화스런 선거분위기가 있었다. 선거는 기대했던 것보다 훨씬 만족스럽다"고 평가했다. 부영사 마크(David E. Mark)는 선거 비망록을 통해 "과거 미국의 정책이 조선사회에서 우익정치집단의 장악을 불러오고, 이승만에 대한 반대세력으로서 공산주의자뿐 아니라 반이승만 진영의 기를 꺾는데 많은 일을 했다"고 분석했다.[55]

이런 남한의 선거 모습에 대해 국내의 언론들은 남한과 그리스의 유사성을 지적한 UP통신 특파원 로퍼(James Roper)의 기사를 전했다.

"조선은 희랍사태의 완전한 재연이다. 양국에서의 공산당 전술은 동일한 것이며 희랍에서 발생한 전투는 조선에서도 발생할지 모른다. 양국은 지리적으로도 근사하다. 양국은 다 산악이 많은 반도이다. (중략) 양국에서 공산주의자들은 보이코트 행동으로 투표를 회피하려고 기도하였다. 이는 미·소 양국지대로 분열된 조선에 있어서 특히 현저하다. 소련은 그들 지대에 투표 허가를 거절하고 조선 미국지대 내 공산주의자에게 투표 거부를 명령하였다. (중략) 미국당국은 경찰이 특히 소란한 제주도에서 수인(囚人)을 구타함을 억제하려고 노력했다. 경찰은 관인(寬仁)을 약속하고 있으나 그들이 복종함은 곤란 시 된다. 그러므로 공산주의자들은 경찰에 대한 증오감을 선동시키기가 용이하다. 이는 희랍에서도 마찬가지였으며 희랍에는 조야(粗野)하고 난폭한 경찰부대가 있었다. 아테네에서는 1944년 12월 3일에 경찰이 좌익 시위군중에 발포하였다. (중략) 조선 미국점령군사령관 하지 중장은 희랍과 조선 간의 사태 상사(相似)에 놀라고 있는데 아직 좌익과 점령부대 간 사격전은 없다."[56]

반면 소련의 두르트지는 5월 8일 "희랍에서의 군주파쇼의회의 국민투표와 선거는 우리 기억에 생생한 것이 있다. 소위 남조선 선거도 또 한 예를 가하는 것밖에 아무것도 아니다"라고 보도했다. 『조선중앙일보』(1948.5.12)는 1면 머리기사로 '남조선 선거는 희(希·그리스) 선거의 동례, 조선 인민은 노예화 원치 않는다'라는 제목으로 이 기사를 인용 보도했다.

미군정과 유엔조위가 "선거가 공정하게 치러졌으며, 자유 분위기가 존재했다"고 평가했지만, 선거 당일 전국적으로 35명(경찰관 5명, 공산주의자 16명, 우익 14명)이 숨진 것으로 보고될 정도로 5·10 선거는 유혈적인 상황 속에서 치러졌다.[57] 전국 대부분의 도시에서 선거사무소 습격, 인명피해, 방화사건, 선거반대 시위 등이 일어났다. 이에 대해 정치고문관 제이콥스는 이 정도의 폭력행위는 인구 2천만 명을 고려할 때 중요하지 않다며 평가절하했다.

유엔조위의 제주도 사태 외면

단선 단정에 반대하는 무장봉기가 발발한 제주도 5·10 선거는 다른 지방 선거와는 달랐다. 선거 기간 폭력행위가 가장 심했던 지역은 제주도와 경상북도였다.[58] 딘 장관은 하지 중장에게 보낸 보고서를 통해 "공산주의자들은 제주도에서 선거를 저지하기 위해 최대의 노력을 기울인 것이 분명하다"[59]고 밝힐 정도로 제주도 소요를 예의주시했다. '자유 분위기' 속에서의 5·10 선거를 감시하기 위해 남한에 들어온 유엔조위는 지방 감시 활동을 벌였지만 정보의 제약과 인력의 제한 등으로 한계를 지니고 있었다. 더욱이 상당수의 대표는 미군정의 의도와 활동에 호의적이었다. 유엔조위 프랑스 대표 마네는 4월 9~10일 제주도 감시 활동을 통해 경찰 통제와 주민들에게 선거인 등록을 강요하는 물리적 폭력행위를 인지했으면서도 부수적인 문제로 치부했고, 선거 업무가 원활히 이뤄지고 있다고 보고했다. 마네는 보고서에서 "제주도에는 폭동행위가 많다. 그러나 우리는 개인적으로 아무것도 보지 못했다. 그러나 귀하(하지)의 현지 민정장관(맨스필드)은 우리들에게 공산주의자들이 프랑스의 마키(Maquis·제2차 세계대전 중 프랑스의 농촌지역 레지스탕스─필자)와 같은 조직을 가지고 있다고 말했다. 그는 2,000여 명이 산속에 있으며, 일본제 탄약과 장비, 총, 수류탄, 지뢰들을 갖고 있다고 밝혔다. 우리는 지뢰 가운데 하나를 봤다"고 보고했다.[60] 유엔조위는 제주도에서 선거에 반대하는 폭동이 많이 일어난다면서도 그러한 행위를 보지 못했다는 모순된 보고를 통해 미군정에 우호적인 태도를 견지했다. 또 제주도 민정장관의 말을 빌려 2,000여 명에 이르는 무장대가 일본제 무기를 갖추고 있다고 했지만 이 정도 규모의 무장대가 존재했던 적은 없었다. 그는 이 보고서에서 "(제주도) 폭동이 실제 너무 심각하기 때문에 본인은 하지 장군이 제주도에 계엄령을 선포하는 것이 당연하며, 이런 이유 때문에 선거를 중지할 수 있다고 생각한다"고 밝혔다. 제주도에 계엄령을 선포해 선거 분위기를 조성해야 한다는 마네의 보고는 유엔조위가 강조해온 선거의 '자유 분위기'와는 거리가 먼 것이었다.

제주도 사건으로 인해 남한 전체 선거를 그르칠 경우 남한 정부의 국제적 승인은 어려울 것이며, 남한 현지 미군 당국은 책임에서 자유로울 수 없었다. 이는 제주도에 대한 강력한 토벌이 이뤄진 이유이기도 했다. 마네는 또 "주민들로 하여금 강제로 선거인 등록을 하도록 압력을 행사하는 많은 증거들을 입수했다. 귀하(하지)는 몽둥이로 무장한 경찰이나 청년단체원이 다가와 '당신은 등록해야 해'라고 말할 때 이들 주민은 그들의 말이 '당신은 반드시 등록해야 해'라는 것을 의미한다는 점을 충분히 인지하고 있다"고 했다. 이는 유엔조위 스스로 선거의 '자유 분위기'와는 다른 제주도 5·10 선거의 강제 등록을 인정하는 것이나 마찬가지였다.

마네는 이와 함께 "귀하의 부하(맨스필드)는 '위원단이 본인에게 이런 문제점들을 질문했기 때문에 진실을 말할 수밖에 없다. 경찰이 주민들을 구타하는 것을 알고 여러 차례 이를 중단하도록 시도했다. 이들 구타행위는 대체적으로 새벽 3시께 일어난다. 본인은 현장을 잡기 위해 그 시간에 자주 감찰을 실시한다. 그리고 그런 현장을 많이 목격했다. (중략) 본인이 알고 있는 한 2건의 폭행치사 사건이 있었다. 경찰은 의사들과 함께 일을 처리했는데, 의사들은 다른 이유 때문에 사망확인서를 제출했다. 본인은 경찰이 항상 특정행위에 대해 협력하고 있으며, 본인이 제안할 때마다 그 제안들을 실행에 옮기는 것을 알고 있다. 그러나 이들 구타사건에 대한 그들의 정신은 본인의 정서와 반대되는 것 가운데 하나다. 그들은 우리가 호의를 가지고 있다고 생각하지만 우리가 어떻게 사람들을 다루는지 모른다고 믿고 있다. 우리는 경찰에 대해 종종 같은 방법으로 생각할 기회가 있다. 대체적으로 경찰은 이런 점에서 나쁘지만 정부에는 충성한다'고 말했다"고 밝혔다. 이 보고서에 따르면 제주도 민정장관 맨스필드는 경찰의 주민 폭행을 막기 위해 한밤중 수시로 감찰 활동을 하고, 경찰에 의한 김용철과 양은하 고문치사사건에 대해 유엔조위 제주 감시반의 의문에 자세하게 보고했다고 한다. 다시 말해 미군정은 유엔조위의 지방 감시 활동에 숨김없이 진실을 얘기하고 있다는 것이다. 그러면서 맨스필드는 유엔조위에 경찰의 행위가 나쁘지만 미군정에 협력적이라고 언급했다. 유엔조위의 제주도 감시 활동에 대해 웩컬링 준장은 "제주도에서 그들이 본 모든 것은 유권자들의 선거인 등록이 많은 호응을 얻고 있다는 데 동의했다. 그들은 제주도에서 일어났던 소요를 전혀 보지 못했다. 이 감시반은 확실히 '선거인 강제 등록'에 관한 어떠한 보고서도 만들지 않았다"고 보고했다.[61] 웩컬링의 보고서는 유엔조위는 경찰의 고문치사사건, 경찰의 주민 구타 행위 등에도 불구하고 최종적으로 제주도에서 주민들의 강제적인 선거인 등록은 없었고, 오히려 주민들의 호응 속에 선거인 등록이 이뤄지고 있다는 결론을 내린 데 대해 만족해했다. 유엔조위는 미군정의 의도에 따라 무장봉기 발발 이후 제주도에서 숱한 충돌이 일어나고 있는데도 긍정적인 면만을 봤다. 유엔조위가 제주도에서 선거가 실패했는데도 투표율이 낮지만 선거가 훌륭하게 치러졌기 때문에 이런 결점들에 대해 보고할 의사가 없다[62]고 밝힌 가운데 6월 25일에는 선거 결과에 대해 "선거인의 유효한 자유의사의 표현이며 그들의 자유의사를 정확히 표현한 것"이라고 결론을 내렸다.[63] 국회가 수립되고 정부수립 절차가 진행되는 때에 나온 유엔조위의 이와 같은 결론은 남한 단독정부 수립을 위한 선거의 국제적 정당성을 획득하려는 미국의 의도에 기여했다고 볼 수 있다.

제주도 5·10 선거와 미군정의 감시 활동

국회선거위원회는 1948년 4월 9일 선거등록을 마감한 결과 877만 1,126명의 유권자 가운데 805만 5,295명이 등록해 등록률이 91.8%를 보였다고 4월 14일 발표했다.[64] 이러한 선거등록 결과에 대해 하지 중장은 "전유권자의 90% 이상이 등록을 완료하였으므로 5월 10일 시행될 총선거에 투표할 자격을 가지게 되었다. (중략) 이러한 조선국민의 압도적인 투표등록 성과는 어떠한 강요에 의해서는 도저히 불가능하였을 것이라는 것도 자타가 모두 다 공인하는 바이며 또 그 투표 등록은 민주주의적 제 과정에 대한 위대한 초보적 승리"라고 발표했다.[65]

하지 중장이 '강요'가 아닌 자발적 등록이라고 강조했지만 한국여론조사협회의 여론조사 결과는 90%가 넘는 응답자가 강제등록을 했다고 밝혀 이런 주장을 무색케 했다. 한국여론조사협회가 선거 등록이 끝난 뒤인 4월 12일 서울에서 통행인 1,262명을 대상으로 한 5·10 선거 실시에 대한 여론조사 결과 선거인 등록을 한 응답자 934명 가운데 91%인 850명이 등록을 강요당했다고 대답했으며, 9%인 84명만이 자발적으로 등록했다고 응답했다. 등록을 강요한 주체는 청년단체나 반장이 55%, 기타 18%, 불명 27%로 나타났

1948년 5·10 선거를 앞두고 시민들이 투표 참여를 독려하는 벽보를 보고 있다.

다.[66] 김구도 "국민들은 경찰과 향보단에 의한 강압적 분위기 하에서 선거에 등록, 투표할 것을 강요당했다. 국민들이 자유로웠다면 단독선거에 반대했을 것"이라며 5·10 선거의 강제성을 주장했다.[67]

앞서 이 협회는 전년도인 1947년 9월 11일 서울 시내 정당 및 사회단체, 관공서, 언론계, 교육계, 산업계 등 저명인사 624명을 대상으로 "남조선 단독정부 과정으로 향하고 있는 총선거는 당연히 중지돼야 한다"는 김구의 주장에 대한 찬부를 묻는 조사 결과 '단정 반대'가 58%로 나온 반면 찬성은 22%에 지나지 않았다.[68] 하지 중장이 '민주주의적 과정에 대한 승리'라며 선거 등록 결과를 자찬했지만 제주도의 선거인 등록률은 전국 시·도 가운데 가장 낮은 64.9%에 그쳤다.

미군정은 5·10 선거 감시 요원을 지방에 파견해 선거 감시 업무에 들어갔다. 미군정은 제주도 선거에 각별한 관심을 기울였다. 4·3 무장봉기가 발발한

1948년 5·10 선거를 피해 제주도민들이 중산간으로 피신했다. 이 사진은 미군이 1948년 5월 15일 촬영한 것으로 유아들과 초등학생으로 보이는 소년소녀들이 많이 보인다.

지 1개월이 넘었지만, 사태는 진정되지 않은 채 점점 확산되고 있었기 때문이다. 선거를 앞두고 딘 소장이 직접 두 차례나 제주도를 방문할 정도로 미군정은 제주도 선거에 신경을 집중했다. 미군정은 제주도를 3개 반으로 나눠 선거감시활동을 벌였다. 그리고 이들은 종합보고서와 함께 반별로 작성한 선거감시보고서를 중앙 미군정청에 제출했다. 서울에서 파견된 군정장교 스피어(T.J. Speer) 대위, 테일러(Herbert W. Taylor) 대위, 번하이젤(Charles K. Bernheisel) 중위 등 3명은 딘 장관 등 미군정 수뇌부가 제주도에서 대책회의를 했던 5월 5일 입도했다. 이들은 제59군정중대 장교들과 합류해 열흘 동안 머물면서 선거감시활동을 벌인 뒤 5월 15일 서울로 돌아갔다.

제주도 민정장관 맨스필드 중령은 이들이 도착한 다음 날인 5월 6일 감시활동을 벌일 지역을 배정했다. 번하이젤 중위는 구좌면, 제59군정중대 켈리(David C. Kelly Jr.) 대위는 조천면에 배치됐다. 5월 7일 이들 장교 2명은 자신들이 담당한 지역에서 하루종일 투표소를 방문하고 각 면사무소로 투표용지를 전달했다. 이들의 선거감시활동은 통역자를 대동한 채 선거관련 사무소와 일부 유권자들만을 만났기 때문에 당시의 자세한 선거상황이 담겼다고 보기에는 무리지만 제주도의 투표준비 및 선거 당일 실시간 투표상황을 파악하는 데 도움을 준다.

켈리 대위는 조천면 상황에 대해 "파괴분자들에 의해 완전히 장악된 것으로 보인다"면서 "조천면은 규정된 선거절차에 대해 희망이 없는 혼란상태에 빠졌다"고 평가했다. 선거 전날 밤 선거반대 유인물이 면내 곳곳에 뿌려졌고, 도로장애물 설치와 함께 여러 곳의 전화선이 절단됐다. 반면 구좌면에서는 선거전 단계가 '국회의원 선거 시행규칙'에 지시된 제반 절차를 따르는 등 선거준비가 훌륭하게 이뤄졌다고 평가했다. 미군정 요원들은 구좌면 지역의 선거이행절차에 대해 (1) 선거정보가 광범위하게 홍보됐다. (2) 투표용지와 투표함이 선거일 전 충분한 시간에 전달됐다. (3) 자체 경비가 잘 조직돼 있다. (4) 벽보가 눈에 띄게 잘 전시돼 있고, 후보들의 사진이 각 투표소에 게재돼

있다고 보고했다.[69]

북제주군 애월면과 한림면, 추자면은 스피어 대위가 맡았다. 5월 7일 애월면과 한림면을 방문한 스피어 대위는 각종 도로 장애물과 무장대가 뿌린 삐라를 발견하고, 2개 마을 주민들이 산으로 올라간 사실을 확인했다. 선거가 끝난 뒤인 5월 12일에는 애월면 주민들이 산에 올라갔다가 내려온 사실도 확인했다. 그의 보고서 내용을 보면 다음과 같다.[70]

1. 본인(스피어 대위)은 1948년 5월 10일 실시하는 선거 감시를 목적으로 1948년 5월 5일 오후 3시 제주도에 도착했다.
2. 제주도 민정장관은 1948년 5월 6일 투표구를 배치했다. 애월면과 한림면, 추자면은 보고담당 장교인 스피어 대위에게 할당됐다.
3. 1948년 5월 7일, 애월면과 한림면을 방문해 다음을 감시했다.
   (1) 제주에서 서쪽으로 5마일 정도 떨어진 곳에서 도로 장애물을 마주쳤고, 차량 통행을 위해 제거했다.
   (2) 그곳에서 약 1.5마일(약 2.4km) 정도 더 가자 첫 번째 마주쳤던 장애물보다 작은 도로 장애물이 나타났다. 파괴와 관련한 내용을 담은 많은 삐라가 마을 안 돌담 틈과 여러 곳에서 산발적으로 발견됐다. 일부 삐라를 수거해 제주도 민정장관에게 제출했다. 도로 장애물을 제거한 뒤 시찰이 재개됐다. 도로 장애물 다음에 나타난 2개 마을 주민들이 산으로 피신한 사실을 파악했다. 다음 마을에서는 소규모 경찰파견대가 저격수들이 사격을 가해왔다고 보고했다. 이 마을 주민들은 집에 머물러 있었다. 더 이상 도로 장애물은 없었으나 삐라는 도로 곳곳에서 발견됐다. 애월리는 면내에 경찰과 경비대가 주둔해 대체로 정상 상태를 유지하고 있었다. 투표구 선거위원회는 모든 투표함을 접수했으며 일요일인 1948년 5월 9일 배분할 것이라고 보고했다. 1948년 5월 8일, 다음날 갖고 올 투표용지 보호를 위해 현지 경찰과 경비대가 배치됐다. 한림면 방문에서는 파괴활동이 없었다고 보고했다.
   (3) 투표용지와 연필, 벽보, 기타 서류 등이 묶음으로 투표구 선거위원회에 전달됐다. 도로 장애물과 삐라가 또 발견됐으며 경찰은 소총과 기관총 사격이 있었다고 보고했다. 어려움은 없었고 투표용지는 애월과 한림면 선거위원회에 전달됐다. 그러나 추자면의 투표용지는 제주에서 직접 해안경비대 순시선으로 전달됐으며, 개표를 위해 한림면으로 이송될 예정이다.
4. 1948년 5월 9일, 투표함과 투표용지 배포상황을 조사하기 위해 애월면과 한림면을 방문했다. 애월 바로 동쪽의 보호받지 못한 마을의 모든 투표용지와 투표함이 투표구 선거위원회로 반송됐다. 이유는 주민들이 파괴분자들에 의

해 산으로 내몰렸기 때문이다. 경찰 파견대와 경비대가 있는 애월 인근 지역과 마을에서는 투표함과 투표용지 배포가 정상적으로 진행됐다.

5. 1948년 5월 10일. 투표가 계획대로 실시됐으나 애월면에서는 등록 유권자의 32%만이 투표에 참가했다. 한림면은 이보다 높은 전체 등록 유권자 가운데 70% 정도의 투표율을 보였다. 애월 인근 2곳과 한림 1곳 등 모두 3곳의 투표소를 방문했다. 투표는 정상적이고, 투표 절차는 위원회의 지시에 따라 이뤄지고 있었다. 늑장을 부리거나 선거운동을 하거나 괴롭히는 유권자들은 관찰되지 않았다. 투표소는 정해진 시간에 폐쇄됐고 개표를 위해 한림의 선거위원회로 수송됐다. 한림 투표함들이 도착하자 개표가 시작돼 밤새 계속됐다. 추자면 투표함은 해안경비대 순시선을 이용해 한림항으로 수송돼 1948년 5월 11일 오전 10시께 도착했다. 이들 투표함은 곧바로 추자선거위원들이 동승한 지프를 이용해 한림선거위원회로 급송됐다. 투표함 개표는 1948년 5월 11일 오후 8시 완료됐고, 보고서는 제주도선거위원회로 보내졌다.

6. 1948년 5월 12일. 제주도선거위원회로 모든 투표함을 옮기기 위해 한림을 방문했다. 이번 방문에서도 도로 장애물이 발견됐으나 애월 동쪽 주민들이 마을로 돌아온 사실이 주목됐다. 어디에 있었느냐고 묻자 산에 있었다고 대답했고, 더 이상 말하지 않았다.

7. 제주의 투표구에 대한 추가 방문은 없었다.

8. 1948년 5월 15일 오후 5시 서울 도착.

남제주군 선거구의 선거는 제주지역 3개 선거구 가운데 북제주군 갑구와 을구에 비해 선거가 대체로 원활하게 이뤄진 만큼 잘 진행됐다고 평가됐다. 남제주군에 배치된 미군 선거감시반원들의 보고서 작성은 테일러 대위가 맡았다. 선거감시반원들은 2개조로 편성돼 제주도를 동·서로 나눠 시찰하고 별다른 특이사항이 발생하지 않았으며, 투표 참관 결과 투표가 잘 이뤄졌다고 보고했다.

1. 위벨(George Wibel) 소위와 사보티(William Sabotay) 소위, 그리고 본인(테일러 대위)은 1948년 5월 10일 실시하는 선거감시지역으로 제주도 남제주군에 배치됐다. 임무 수행을 위해 지프 1대와 3/4톤 트럭 등 차량 2대와 운전사 2명, 통역사 3명이 배당됐다.

2. 이 계획을 위해 우리는 2개 반으로 나눴다. 제1반은 사보티 소위와 통역사, 운전사로 구성돼 서쪽 일주도로를 따라 시찰했고, 제2반은 테일러 대위와 위벨 소위, 통역사, 운전사로 구성돼 동쪽 일주도로를 따라 가며 남제주군의 여러

선거사무소에 투표용지를 배분했다.

제2반은 서귀포에 본부를 설치하고, 제1반은 선거 전과 선거 기간에 모슬포에 본부를 설치한 뒤 투표함이 오면 선거 당일 저녁 서귀포에서 제2반과 합류하기로 했다.

3. 1948년 5월 8일 오전 8시 30분. 양쪽 반은 계획대로 출발했다. 1948년 5월 8일 오후 1시 30분. 제2반은 서귀포에 도착해 여관에 숙소를 정했다. 투표용지가 배포됐다. 우리가 방문했던 군 본부의 선거관리위원들은 어떠한 충돌도 없으며 예상되지도 않는다고 말했다. 모든 투표용지와 연필, 서류 등이 계획대로 배분됐다.

4. 1948년 5월 9일. 위벨 소위는 인근 지역의 여러 선거사무소를 방문했다. 본인은 본부에 잔류했으며 이날 어떠한 문제도 발생하지 않았다.

5. 1948년 5월 10일. 차량 부족으로 1대만 운행할 수 있어서 위벨 소위는 서귀포 인근 교외의 투표소를 방문하기 위해 오전 6시 30분 출발했다. 이 시간에 본인은 서귀포의 2개 투표소를 감시하기 위해 출발했다. 제1투표소는 오전 6시 50분에 감시했다. 투표함은 선거위원들이 검사해 규정에 따라 비어있음을 확인했다. 투표는 오전 7시 시작돼 규정에 따라 진행됐다. 후보자들 가운데 한 명만 그 시간에 나타났다. 오전 7시 30분 본인은 서귀포의 제2투표소를 방문했는데 이곳도 규정에 따라 선거가 이뤄졌다. 사실 본인은 이 지역의 선거가 매우 잘 진행되리라 생각했다. 이날의 나머지 시간에도 본인은 도보로 2개 투표소를 방문했으며, 선거 당일 동안 이들 투표소는 잘 진행됐다.

6. 제2투표소에 후보자들의 대표 2명이 밤 10시 30분에 나타난 것으로 보고했다."[71]

번하이젤 중위의 북제주군 구좌면 선거감시 활동에 대한 보고서는 몇십 분 단위로 자세하게 투표율을 기록한 것이 특징이다. 이 지역은 인근 조천면 지역에 비해 선거절차가 순조롭게 진행됨에 따라 일부 소요만을 제외하고는 제대로 치러졌다고 평가했다. 다음은 번하이젤 중위의 보고서 내용이다.

개요: 선거 당일의 활동에 대한 대체적인 내용은 위에 언급된 이유 때문에 별다른 일이 일어나지 않은 것으로 특징된다. 전체 투표소 18곳 가운데 14곳을 방문했다. 전체 유권자의 96%인 8,734명이 등록한 것으로 보고됐다. 오전 7시 시작돼 오후 4시까지 구좌면 전역의 투표가 완료됐다.

　⑴ 오전 9시 30분께 구좌면 도착. 오전 9시 45분 제2투표소 방문. 150명이 우리가 방문한 시간에 투표했다. 전체 유권자의 98%(687명) 등록. 정상.
　⑵ 오전 10시 제4투표소 방문. 전체 유권자의 98%(369명) 등록. 순조롭게 진행.

⑶ 오전 10시 10분 제3투표소 방문. 100%(350명) 등록. 특이사항 없음.

⑷ 오전 10시 30분 세화에 있는 제10투표소 방문(면사무소). 90%(561명) 등록. 방문 당시 270명이 투표. 순조로운 상태.

⑸ 오전 10시 50분 제12투표소 방문. 96%(577명) 등록. 방문 당시 400명 투표. 정상.

⑹ 오전 11시. 98%(278명) 등록. 방문 당시 200명 투표. 정상.

⑺ 오전 11시 10분. 제14투표소 방문. 98%(534명) 등록. 방문 당시 270명 투표. 정상.

⑻ 오전 11시 40분. 제16투표소 방문. 634명(90%) 등록. 방문 당시 250명 투표. 정상.

⑼ 오래지 않아 나머지 5곳의 투표소를 방문했다. 방문 당시 특이사항은 없었다. 제17, 18투표소는 제주도 외곽의 작은 섬(우도-필자)에 위치해 있어 방문하지 않았다. 제8투표소에서의 사건은 정오 직전에 받았다. 감시자(번하이젤-필자)는 도움을 얻기 위해 면 감시를 중단하고 제주로 돌아가 보고했다. 이에 따라 경찰이 전날 밤 문제가 발생한 지역에 파견됐다.

⑽ 10일 오후에 투표가 끝나면서 마을 선거위원들이 상당한 불안감을 표출했다. 외부의 위협 때문에 선거위원들이 투표함의 안전에 두려움을 느끼고 있다고 보고됐다. 제주도 관리들이 경비대와 함께 투표가 끝나는 대로 가능한 한 빨리 투표함을 수거하기 위한 모든 사전 준비를 끝냈다. 감시자는 투표함들을 수거하기 위해 할 수 있는 모든 조치를 취하겠다고 약속했다. 11일 오전 투표함을 수송하기 위해 군정중대 본부트럭을 타고 왔으나 구좌면으로 들어가다가 제주읍 선거위원회로 투표함을 모두 싣고 가는 경비대 트럭을 만났다.

⑾ 5월 11일 오후와 5월 12일 감시자는 3개 투표구의 개표 감시를 지원했다. 이들 3개 투표구는 제주읍, 조천면, 구좌면이다. 시간이 상당히 지연된 뒤 선거위원들은 진행방법에 대한 확신을 갖고 체계적인 방법으로 개표하기 시작했다. 후보 대표자들과 일부의 구두 방해를 제외하고는 선거절차의 이 단계는 정상적으로 끝났다.[72]

미군정 요원들의 선거감시활동은 단지 선거가 치러진 투표소와 주변 등에 국한되고, 이를 설명하고 있을 뿐 주민들이 선거를 반대하거나 무장대에 의한 선거반대 투쟁에 대한 설명은 없다. 그럼에도 미군정 요원들의 선거 감시 활동은 긴박한 상황에서 벌어졌음을 보여주고 있다.

제주도 선거의 실패와 유엔에서의 '제주도 선거' 발언

　5·10 선거를 반대하는 좌익세력의 공세가 거세질수록 미군정의 압박도 강도를 더했다. 선거일을 전후로 한 5월 7일부터 5월 11일 오후 2시까지 선거 관련 인명피해는 제주도가 전국에서 가장 심했음을 〈표 3-1〉에서 알 수 있다.[73] 표를 보면 제주지역에서는 사망자가 '경찰관' 1명, '우익인사' 14명, '공산주의자' 21명 등 모두 36명이나 되는 것으로 집계됐다.

〈표 3-1〉 5월 7일~5월 11일 오후 2시까지 선거관련 소요현황

		경북	경남	전북	전남	서울	충북	충남	강원	경기	제주
경찰	사망	1	3		2					1	1
	부상	2		1						4	21
	행불										
후보	사망					1					
	부상								1		
	행불										
선거위원	사망	1	1		2						
	부상		1								
	행불		2								
우익인사	사망	8	1		2	2			2		14
	부상	18	1	2		1		1	2	2	5
	행불										
공산주의자	사망	20				3			2	2	21
	부상	4			1	2				3	
	행불										
	체포	177	56			110		4	29	17	
지서 습격		5	4			6				1	7
기관차 파괴		17		2	2			2		1	
철로 절단		2			1						
교량 파괴										1	
전화선 절단		3	6	3	5				1	5	
투표함 파괴		1	2		5					1	

공투표용지분실(100매 단위)	7			60					
투표용지 분실(100매 단위)									
파업	11	2		2					
전력 차단	3			3					
투표소 습격	13	4		9			2	7	1
방화 — 주택	2						2	1	22
방화 — 관공서				1			2	4	
방화 — 주택습격	1						1	8	

출처: Hq. USAFIK, G-2 P/R No. 831, 11 May 1948.

〈표 3-2〉는 5·10 선거를 앞두고 제주도 내 12개 읍·면(당시 한경면은 한림면에 포함) 가운데 7개 읍·면에서 무장대의 활동이 활발했음을 보여주고 있다. 표에서 보듯이 주한미군사령부 정보참모부 보고서에 언급된 것만 집계해도 제주읍 관내 10건, 조천면 4건, 애월면 3건, 대정면과 성산면 각 2건, 중문면과 표선면 각 1건 등 7개 읍·면에서 모두 23건의 소요가 발생했다.

〈표 3-2〉 제주도 소요 현황(1948.5.1~5.11)[74]

일자	지역	상황	출처
5.1	제주읍	제주읍-하귀리 사이 전화선 절단	①
	제주읍	도평리 선거위원장 피살	①
	제주읍	오라리에서 민간인 6명 (남자 2명, 여자 4명)피살	①,⑨
5.3	조천면	선거위원 전원 사퇴	②
	애월면	애월리, 100여 명의 무리가 마을 공격, 경비대·경찰과교전	②
	제주읍	용담리, 폭도 60명이 마을공격	⑩
5.4	대정면	모슬포, 지서에 다이나마이트 투척. 피해없음	③
	조천면	함덕리, 50여 명의 무리가 마을 공격해 대청단원 2명 납치	③
	제주읍	도두리, 전화선 수리하던 경찰 총격받아 교전. 무장대 1명 체포	③,⑪
5.5	제주읍	화북리, 새벽 1시 습격. 선거위원장 등 주민 3명 피살, 1명 부상	⑪
	제주읍	삼양리, 새벽 2시 습격. 대청단원 2명 피살	⑪
5.6	대정면	무릉리, 폭도들이 지서 공격. 폭도 1명 사살	④
5.7	애월면	장전리, 경찰과 무장대 교전. 경찰 1명 피살, 5명 부상	⑤
5.8	제주읍	제주읍-신엄리 사이 교량 파괴	⑥

	중문면	투표소 습격, 투표용지 전체 훼손	⑦
	성산면	투표소 방화	⑦
	성산면	투표소 습격, 4명 피살	⑧
	제주읍	읍사무소 근처 다이나마이트 폭발	⑦
5.10	제주읍	비행장 활주로, 250명과 50명 그룹이 사격. 사상자 없음.	⑦
	표선면	가시리, 투표소 습격, 2명 피살, 1명 부상, 투표용지 훼손	⑦,⑧
	조천면	송당리, 주민 2명 피살, 1명 부상, 주택 7채 방화	⑦
	조천면	조천리, 경비대 조사받다 탈출 기도 남자 1명 사살	⑧
	애월면	신엄리, 미군장교가 경비대원 조우. 경비대원 근무지 이탈	⑧

선거일인 5월 10일에는 6개 읍·면에서 선거반대 활동이 벌어졌다. 5·10
선거가 다가오자 주민들은 선거반대세력에 의해 강제적으로, 혹은 자발적으
로 '단선 거부'라는 당위성을 갖고 곶자왈이나 궤(작은 동굴) 등으로 임시 피
신했다. 한 증언자는 무장대가 선거를 반대하도록 몰아갔다고 말하면서도 주
민들의 입장에서도 분단을 원치 않아 선거를 반대했다고 말했다.

"4월 말쯤에 동네에서는 다 산으로 피난갔어. 그때는 선거를 반대해야 된다고
해가지고 간거지. 반대하는 이유는 단선반대로, 반대를 하도록 산에서 몰아간거
지. 주민들은 타의에 의해서 간거지. (그러나) 주민들도 분단이 되는 걸 원치는
않았지. 5~6일 정도 살았을 거라. 선거 가까워지니까 올라가서 선거 끝나니까
바로 내려가라 해서 내려왔지"[75]

미군정은 미국인 관리들에게 투표소 출입금지 명령을 내렸지만[76] 제주도
에서는 사태의 심각성을 인식하고 미군이 직접 선거에 개입했다. 미군들은
제주도에서 선거현장 감시는 물론 선거 실시를 위한 투표함 수송 및 점검 등
에도 참여했는가 하면 투표장에서 투표를 감시하기도 했다. 안덕면에서는 미
군이 부면장과 광평마을까지 투표함을 직접 싣고 가 선거를 치렀다. 당시 안
덕면 부면장 김봉석은 "안덕면에서도 그럭저럭 투표업무가 진행되었는데, 다
만 광평에 보낸 투표함이 두 차례나 탈취당해 고민을 하고 있었습니다. 그러

던 차에 선거일이 다가오자 부대에서 나왔다는 미군 여자 1명이 직접 스리쿼터를 몰고 와 광평마을까지 투표함을 수송하겠다고 나섰습니다. 선거 전에도 무장한 미군들이 면사무소에 자주 들렀습니다. 그들은 선거에 관한 여론조사도 한 적이 있었습니다. (중략) 그 여군은 우리말을 잘했습니다. 내가 위험하다고 했더니 걱정할 것이 없다면서 적극적으로 나서더군요. 할 수 없이 투표함을 스리쿼터에 싣고 나하고 둘이서 광평까지 갔습니다. 리사무소에 투표함을 설치하고 그 미군 여자와 내가 지켜보는 가운데 5·10 선거가 치러졌습니다"고 말했다.[77]

남제주군 지역의 선거 감시 활동을 벌인 미군정 장교들의 보고서에도 3/4톤 트럭을 이용했으며, 5월 10일 선거 당일 차량을 이용해 서귀포 외곽 지역으로 감시 활동을 나섰다고 돼 있다. 선거반대세력의 물리적인 반대 활동으로 선거관리위원과 유권자들이 두려워하는[78] 가운데 북제주군 지역에서는 일부 투표소가 완전히 파괴됐다.[79] 신경이 날카로워진 미군들은 조천면 대흘, 와흘, 와산 등 관내 중산간 마을로 투표함을 운반하지 못해 고민을 하던 면장을 위협하기도 했다.[80] 주민들이 중산간 지역으로 피신하자 투표율을 높이기 위해 무더기 대리투표와 투표함 바꿔치기 등 부정선거도 나타났다. 선거 반대 분위기가 압도적이었던 제주도 3개 선거구에 출마한 13명의 신상과 득표 현황은 〈표 3-3〉과 같다.

〈표 3-3〉 제주도 5·10 선거 후보자의 정당 및 득표수, 선거구별 투표율[81]

선거구	후보자	나이	소속정당	득표수	등록 유권자수	투표자수 (투표율)	투표구[4]	
							투표소	입수 및 검표투표소
북제주군 갑[1]	김충희	59	독촉	2,147	27,650	11,912 (43%)	73	31
	문대유	41	독촉	1,693				
	양귀진	41	독촉	3,647				
	김시학	70	무소속	3,479				
북제주군 을[2]	박창희	53	독촉	3,190	20,917	9724 (46.5%)	61	32
	김덕준	34	대청	691				
	임창현	64	독촉					

북제주군 을	양병직	40	대청	3,774				
	현주선	44	독촉					
	김인선	27	대청					
남제주군[3]	오용국	44	무소속	12,888	37,040	32,062 (86.6%)	87	86
	양기하	34	무소속	6,748[4]				
	강성건	34	대청	7,063[4]				
	무효			1,499[4]				

　　북제주군 갑 선거구에서는 73개 투표구 가운데 31곳에서만 투표가 이뤄졌고, 북제주군 을 선거구에서는 61개 투표구 가운데 32곳에서 투표가 이뤄졌다. 제주도 선거 결과 남제주군 선거구에서는 오용국이 당선됐으나 북제주군 갑 선거구는 43%의 투표율을, 을 선거구는 46.5%의 투표율을 보임으로써 과반수에 미달했다. 미군정이 투표함 직접 호송, 투표소 직접 감시 등의 노력에도 유효투표의 과반수를 넘지 못했다.

　　제주지역의 선거 결과가 서울의 국회선거위원회에 도달하기까지는 선거일로부터 일주일이 더 걸렸다. 남제주군 선거구의 오용국 후보가 당선됐다는 선거 결과가 언론에 보도된 시점은 제주도 선거위원 홍순재가 국회선거위원회에 선거 결과를 보고하기 위해 5월 17일 서울에 도착하고 다음 날 기자들과 만난 뒤 비로소 알려졌다.[82] 홍순재가 서울에 도착한 뒤

남제주군 선거구에서 출마했다 낙선한 양기하의 낙선 사례 광고 (『민중일보』, 1948.5.27)

에야 국회선거위원회는 제주도의 선거 무효를 건의하기에 이르렀다.

국회선거위원회 위원장 노진설은 선거법에 따라 5월 19일 딘 소장에게 제주도 북제주군 갑과 을 선거구의 선거무효를 건의했다.[83] 미군정은 제주도의 선거 거부가 남한의 전체 구도를 근본적으로 변화시키지 못할 것[84]이라고 전망하면서도 상황을 예의주시했다. 국회선거위원회가 딘 소장에게 제주도 선거의 무효를 건의한 5월 19일 철도관구 경찰관 350명과 제6, 8관구 경찰관 100명 등 모두 450명이 전투응원대로 제주도에 파견됐다.[85]

유엔조위조차 "선거가 비교적 훌륭하게 치러졌다"[86]고 한 제주도의 선거에 대해 딘 장관은 5월 24일 "이들 선거구는 파괴분자들의 활동과 폭력행위 때문에 인민의 진정한 의사표현으로 볼 수 없다"며 선거무효를 선언했다.[87] 이어 미군정은 5월 26일 포고문을 발표하고 6월 23일 재선거 실시를 명령했다.[88] 이 과정에서 북제주군 갑과 을 선거구에서 각각 1위를 한 양귀진과 양병직은 선거재심위원회에 소송을 제기했으나 같은 해 7월 30일 무효처리됐다.[89]

남한 단독정부 수립을 위한 5·10 선거가 제주도에서만 실패한 것이다. 주한미군사령관 하지 중장은 5월 28일 합동참모본부와 극동사령부에 보낸 '정치상황 요약' 전문을 통해 "제주도는 투표율이 평균보다 낮은 유일한 지역이었다. 30만여 명이 거주하는 제주도는 육지부의 반목에 대항한 긴 반란의 역사와 지역성을 갖고 있다. 공산주의자들은 선동가들을 제주도에 끌어들일 수 있었고, 여기에 주민들을 테러하기 위해 폭도 무리들을 결집하기 위해 실제의 불만과 가상의 불만을 활용했다"고 언급했다.[90] 무장봉기의 원인이나 그 이후의 진행과정에 대한 설명은 없었다.

미군정은 제주도의 선거무효에 신경을 곤두세웠다. 이는 유엔에서의 남한 정부 승인과 관련해 제주도의 선거실패가 거론될 것을 우려했기 때문으로 분석된다. 실제로 1948년 12월 8일 유엔 총회에서 미국 대표와 소련 대표는 논쟁을 벌였다.[91] 소련 대표는 이날 제주도의 5·10 선거를 거론하며 선거의 정당성에 문제를 제기했다. 소련 대표 말리크(Y.A. Malik)는 유엔 총회 정치

제주도 내 기관·단체들이 1948년 5·10 선거를 기념해 일간지에 낸 축하광고이다. '서북청년회 한림지부' 명의로 실린 광고가 눈에 띈다 (『민중일보』, 1948.5.18).

위원회에서 다음과 같이 연설했다.

"남한의 선거는 경찰의 테러 상황뿐 아니라 허위로 실시됐다. 5월 11일 국회선거위원회는 등록 유권자의 92%가, 특히 유권자 70%가 참가한 제주도를 포함해 남한 전역에서 선거가 실시됐다고 선언했다. 그러나 제주도에서는 3개 선거구 가운데 2개 선거구가 5월 10일 전혀 투표를 못 한 것으로 나중에 드러났다. 미군 사령부는 6월 23일 이들 선거구에 대한 선거를 명하지 않으면 안 됐다. 따라서 70%라는 수치는 명백히 날조된 것이었다. 이로 미뤄 유권자들의 전체 투표 참여율 또한 날조된 것이다."[92]

유엔 주재 소련 대표의 이런 발언은 대한민국 정부의 유엔 승인을 앞둔 시점이었다. 소련 대표의 발언이 나오는 시기에 제주도에서는 초토화가 이뤄져 곳곳에서 학살이 자행되고 있었다.

미군정이 5·10 선거의 성공을 강조하는 이면에서는 제주도에서 공산주의 세력의 척결을 구실로 제주도민들을 배제·탄압하는 정책이 진행됐다. 미군정은 단독선거 반대를 슬로건으로 내건 무장봉기 이후 제주도 5·10 선거를 관철시키기 위해 경비대의 증강과 작전, 주한미군사령부 작전참모의 현지 시찰, 군정장관 딘 소장의 2차례에 걸친 방문 등 제주도 5·10 선거의 성공적인 실시를 위해 노력을 기울였으나 전국에서 유일하게 선거 실패 지역이 되면서 미군정과 미국의 '위신'은 상처를 입었다. 제주도민의 자발적 또는 비자발적 불참으로 인한 5·10 선거 실패는 결과적으로 국가건설과정에서 남한 내 정치 주도 세력에 의해 배제되는 결과를 가져오게 됐다. 제주도 5·10 선거의 실패는 국내적으로는 당시 정치 주도 세력뿐 아니라 미국에 대한 직접적인 도전을 의미하는 것이기도 했으며, 이는 미군정의 전면적이고 강력한 진압을 예고하는 것이었다.

4

미국의 국면별 개입

제1국면(1947. 3~1948. 4): 미군정의 초기 실책

38발의 총성과 미군정의 책임자 처벌 외면

1947년 3월 1일 오후 2시 45분. 제주읍 관덕정 광장에 38발의 총성이 울렸다.[1] 어느 누구도 관덕정 광장을 뒤덮은 이날의 총성이 제주도 유사 이래 최대의 비극인 4·3으로 가는 신호탄인 줄은 몰랐다. 지금의 제주목관아 입구에는 '수령이하개하마'(首領以下皆下馬)라는 비가 있고, 울타리 안쪽에 일제 때 만든 철제 망루가 있었다. 그 옆에는 제1구서가 있었다. 시위행렬이 지나간 뒤 일어난 발포는 망루와 1구서 앞에서 일어났다.

이날 경찰의 발포로 시위 구경을 하던 허두용(당시 16세·오라리), 박재옥(21세·여·도두리), 오영수(34세·건입리), 김태진(40세·도남리), 송덕윤(49세·도남리), 양무봉(50세·오라리) 등 6명이 목숨을 잃었고, 십수 명의 중경상자가 발생했다. 희생자 오영수는 3·1절 기념대회 전날 제주도에 있는 가족을 데리러 일본에서 돌아와 집에서 쉬고 있다가 동네 주민이 구경 가자고 해서 따라나선 것이 마지막이 됐다. 가정주부 박재옥은 어린아이를 안고 구경하다가 총탄에 쓰러졌다. 박재옥은 제주도립의원으로 옮겨졌으나 몇 시간 뒤 숨졌다. 총알은 옆구리에서 왼쪽 둔부 쪽으로 관통했다. 도남리 송덕윤도 구경 갔다가 희생됐다. 당시 남교 4학년이던 아들 송경호는 3·1절 기념대회에 참가했다가 부친의 총격 사실을 듣고 도립의원으로 달려갔다. 송씨는 "총알이 팔에서 허리 쪽으로 관통했다. 당시 경찰서에 망루가 있었는데 망루에서 표적 사격한 것"이라고 했다. 최연소 희생자인 허두용은 이날 아침부터 동네 친구들과 함께 3·1절 기념대회를 구경하러 갔다가 희생됐다.

시위를 구경하던 6명이 한꺼번에 경찰이 쏜 총에 희생되자 발포 경찰 처벌과 진상규명을 요구하는 제주 사회의 목소리가 터져 나왔다. 갓난 아기를 안고 있다가 희생된 박재옥의 장례식은 도두리에서 '전 리민의 격분과 애도 속에 인민장'으로 거행됐다. 언론의 표현처럼 제주 사회는 '격분'했다. 미군정의 시위대 해산 지원과 경찰의 발포로 3·1절 기념대회 소요는 가라앉았으나 제주 사회의 공기는 무거웠다. 그러나 미군정의 대응은 불에 기름을 끼얹는 것이나 다름없었다. 더욱이 경찰은 3·1절 발포사건의 진상을 밝히기는커녕 참가자들을 무차별 연행으로 대응했다.[2] 미군정은 3·1절 기념대회 당시 제주 도에 경찰 330명이 있었지만, 3·1절 기념대회를 앞두고 2월 27일 충남과 충북 경찰 100명을 파견했다.[3]

제주도 3·1절 발포사건 진상조사는 관 주도의 진상조사와 중앙 미군정청 특별감찰실의 진상조사, 그리고 경무부장 조병옥 등이 구성한 공동위원회의 진상조사 등 최소한 3차례에 걸쳐 진행됐다. 그러나 경찰의 잘못으로 드러난 이날의 진실을 밝히는 진상조사는 쉽지 않았다. 첫 번째 관 주도 진상조사단은 애초 민주주의민족전선(이하 민전) 등 좌파 쪽에서 각계를 망라해 조사단을 구성하려 했으나 경찰의 반대로 이뤄지지 않았다. 이 진상조사단에 누가 참여했는지는 알려지지 않았으나 언론 보도에 '관계(官界) 주최'라는 표현이 있는 점을 고려하면 제주도청과 경찰, 그리고 제주도 미군정청이 참여했을 것으로 보인다. 제주도청 직원들이 3월 7일 박경훈 지사에게 '3·1 불상사건'의 진상을 보고해달라고 요청한 데 대해 조사단의 조사가 끝나는대로 보고하기로 했다거나, 10일 도청 직원들이 좌담회를 열고 3·1사건 진상조사단에 진상보고를 요청했지만 조사단은 지금 발표할 수 없다고 거부한 점을 고려하면 제주도청이나 제주읍 관계자들이 참여한 것으로 보인다. '관 주도 진상조사단'의 진상조사는 적어도 12일 이전에 끝나 조사보고서가 스타우트 소령에게 전달됐다. 스타우트는 12일 기자와 만나 "조사단에서 조사가 완료되어 보고서를 제출하여 왔으나 내용을 읽어본 즉 조사에서 탈락된 점이 많으므로 보고서를 조사단에 반환하고 재조사를 명령하였다"고 말했다. 스타우트는 이 조사단의 보고서를 신뢰하지 않았으며, 신속하게 진상조사 결과를 발표하겠다던 자신의 말과는 달리 공개하지 않았다. 스타우트는 당시 3·1절 발포사건을 조사할 권한과 책임이 있었는데도 이를 방기했다. 두 번째는 카스틸 대령을 대표로 한 중앙 미군정청 특별감찰실의 진상조사다. 3·1절 발포사건 이후 경찰의 검거가 잇따르는 가운데 제주 사회가 동요하자 중앙 미군정청 특별감찰실장 카스틸(James A. Casteel) 대령을 단장으로 한 조사단이 3월 8일 제주도에 파견됐다. 이 조사단에는 후일 제주경찰감찰청 고문관으로 부임한 코페닝(Lester Chorpening)도 있었다. 중앙 미군정청 조사단의 제주도 체류 기간은 13일까지 5박 6일이지만 이들의 활동이 구체적으로 나온 자료는 없다. 당시 언론 보도를 보면 카스틸은 박경훈 지사가 10일 오후 1시 파업을 결의하는 제주도청 직원대회에 참석하기에 앞서 오전 11시 박 지사, 스타우트 소령, 기존 조사단과 함께 3·1사건 당시 6명이 희생된 장소와 도립의원 앞 경찰이 발포한 장소를 찾아 목격자 참여하에 조사를 벌였다. 사건 발생 열흘이 지났지만 현장에는 여전히 혈흔이 남아 있었다. 카스틸은 제주도청이 파업에 들어간 이날 오후에는 3·1절 기념대회 집행부를 제주도 민정장관실로 불러 조사했다.[4] 이 조사단은 제주도에서 경찰과 3·1절 기념대회 집행부, 목격자 등을 상대로 광범하고 집중적인 조사를 벌였다. 특히 카스틸이 제주도에 있는 기간은 민·관 총파업이 단행됐고, 사태가 확대일로를 걷는 중요한 시기였으나 이들의 진상조사 결과는 공개되지 않았고, 주한미군사령부 정보참모부 보고서에도 나와 있지 않다.

세 번째 조사단은 조병옥 경무부장과 박경훈 지사, 스타우트 소령 등 3자 합의에 의해 꾸려진 진상조사단이다. 일반에 공개된 것은 이 조사단의 조사 결과가 유일한 것으로, 조병옥이 서울로 돌아간 뒤 담화문 형식을 통해 발표했다. 사상 초유의 민·관 총파업을 불러일으킨 3·1사건 진상에 대한 미군정의 시각은 이 담화문에서 드러난다. 그러나 일련의 보도를 보면 이 진상조사위원회의 구성과 활동에 의문이 간다. 담화문은 경무부장과 제주도지사, 제주도 민정장관 등 3자가 임명한 '제주도 제주읍 3·1절 발포사건조사위원회'

1948년 3월 15일 장덕수 암살사건 재판을 참관 중인 미군정 장교들. 왼쪽 첫번째가 미군정 특별감찰실장 카스틸 대령으로 1947년 3월 제주도 3·1절 발포사건을 조사하기 위해 제주도에 왔었다. 왼쪽 두 번째는 통위부 고문관 프라이스 대령이다.

가 합의한 내용으로, 조병옥이 제주도에 있던 18일 작성되고 20일 발표됐다. 조사위원회는 위원장에 제주도지방검찰청장 박종훈, 위원에는 제주읍내 박명효, 제주고녀교장 홍순녕, 경무부 공안국 부국장 장영주, 경무부 수사국 고문 쇼타(쇼터) 대위 등 5명이었다.[5] 경무부장 조병옥이 발표한 이 담화문의 요지는 제1구경찰서에서 발포한 행위는 '치안유지의 대국에 입각한 정당방위로 인정'한다는 것이었다.[6] 그런데 담화문이 작성된 18일 발행된 『제주신보』에는 조병옥이 공정하게 조사하기 위해 '좌·우익을 초월한 인사'로 진상조사위원회를 조직할 것이라고 돼 있다. 조병옥은 또 이날 제주도에서 파업 해결책과 재판 관련 협의를 벌였다. 다시 말해 진상조사위원회 구성 계획이 언급된 날짜와 진상조사 결과가 담긴 담화문이 작성된 날짜가 같다.

진상조사위원에는 경무부장이 5명 가운데 경무부 인사 2명을 추천한 것으로 보이지만, 제주도 민정장관과 제주도지사가 지명한 위원이 누구인지는 언급되지 않았다. 그러나 진상조사위원들을 보면 '좌·우익을 초월한 인사'로 구성하겠다는 언론보도와는 달리 좌파는 배제된 것으로 보인다. 또 조사위원회가 제대로 기능했는지도 의문이다. 박경훈은 나중에 "관직에 있는 나로서는 무어라고 비판을 가할 수는 없으나 발포사건이 일어난 것은 시위행렬이 경찰서 앞을 지난 다음이었던 것과 총탄의 피해자는 시위군중이 아니고 관람군중이었던 것은 사실이다"[7]라며 당시 희생자들이 관람 군중이라고 언급한 점을 고려하면 진상조사위원회가 담화문에서 언급한 대로 '정당방위'였다는 주장은 설득력을 잃는다. 결국 이 진상조사위원회의 발표는 경무부가 주도했던 것으로 보인다.

카스틸 대령의 조사결과가 발표되지 않은 가운데 3·1절 발포사건의 진상을 밝히는 합의문 작성에 고문관 자격으로 미군 대위가 포함된 것은 3·1사건에 대한 미군정의 시각을 대변한다. 담화문 발표와 함께 조병옥은 근거도 제시하지 않은 채 "제주도 사건은 북조선 세력과 통모하고 미군정을 전복하여 사회적 혼란을 유치하려는 책동으로 말미암아 발생된 것"이라고 단정지었다.[8] 그는 3·1사건의 발발 원인을 '북조선 세력'과 '통모'한 데서 찾고 있으나 이를 입증할 증거는 제시하지 않았다. 그는 사건의 원인을 규명하고 해결하려는 모습이 아닌 이념적이고 정치적 시각으로만 접근했다.[9]

발포 명령의 주체도 여전히 알려지지 않았다. 3·1절 기념대회 당일 경찰은 경찰서 망루와 경찰서 앞을 지키고 있었다. 경찰 고문관 파트릿지 대위도 현장에 있었다. 조병옥의 담화문에서는 '정당방위'라고 강변하고, 일부 언론도 이 사건의 경위를 보도했지만 누가 발포 명령을 내렸는지에 대해서는 기록이 없다. 3·1절 기념대회에 구경갔던 강상문은 "우리도 가서 구경을 했다. 나도 북교(북국민학교)까지 들어가서 보았다. 바드리치인가 패트리치인가 그 양반이 지금 북교 동녘편에서 지프에다가 공포를 쏘라고 했다"고 말했다.[10] 강상문이 말한 '패트리치'는 제59군정중대 소속 선임장교겸 경찰 고문관 파트릿지 대위다. 그는 이날 오전 학생과 주민 등 2천여 명이 집회를 여는 오현

중에도 나타나 해산명령을 내리는가 하면 제주감찰청 앞에서도 경찰을 지휘했다.[11] 3·1절 기념대회가 열린 북교에서 마지막으로 나왔다는 당시 제주북교 5학년 양유길은 "미군이 하늘로 공포를 쏘고 식산은행 앞에서 어린 아이를 안은 아줌마(박재옥)가 쓰러지는 모습을 숨어서 지켜봤다"고 말했다. 주한미군사령부 정보참모부 보고서도 "미군은 군중을 해산시켰지만 무기를 사용하지는 않았다"며 군중 해산에 미군이 동원된 사실을 밝혔다.[12]

미군은 무기를 사용하지 않고 어떻게 군중을 해산시켰을까. 제주도 3·1절 발포사건에 대한 중앙 미군정청 특별감찰실의 진상조사보고서가 발굴되지 않았으나, 학생 집회나 제주감찰청 앞에서 참가자들에게 해산을 종용했다는 신문보도와 공포를 쐈다는 목격자들의 증언을 종합하면 경찰 고문관 파트릿지 대위가 사실상 경찰을 지휘한 것만은 틀림없다. 해방 이후 제주도에서 초유의 대규모 집회가 열렸고, 박경훈 지사와 스타우트 소령도 현장에 있었을 개연성은 크다.

1947년 3월 10일 '3·1절 발포사건' 책임자 처벌과 진상조사를 요구하는 민·관 총파업이 제주도청을 시작으로 제주도 전역으로 확산되기 시작했다. 제주도청 직원들은 파업에 돌입한 3월 10일 정오가 되자 좌담회를 열어 "3·1사건 진상조사단에 진상보고를 요청했으나 이를 거부했다. 직원들이 발포현장을 목격한 만큼 관공리로서 수수방관할 수 없다"는데 의견을 모았다. 이어 오후 1시가 되자 이번에는 박경훈 지사와 김두현 총무국장을 비롯한 직원 100여 명이 참석한 가운데 직원대회를 열고 파업에 들어갔다.[13] 파업은 남로당 제주도위원회가 주도했으나, 좌·우익이 모두 참여할 정도로 제주 사회의 3·1절 발포사건에 대한 분노는 높았다. 3·1사건 이후 총파업 기간을 전후해 경찰관 64명이 사임했고, 파업은 삽시간에 제주도 전역으로 확산됐다.[14] 파업 참여기관들은 투쟁위원회를 조직하고 요구 조건과 결의문, 성명서 등을 제주도 민정장관 스타우트 소령과 중앙 군정장관 러치 소장에게 보냈다.[15]

미군정은 총파업에 민감하게 반응했다. CIC는 제주도 총파업을 "남한 전역의 파업으로 번질 수 있는 시금석일 수 있다"며 3·1절 기념대회 발포사건을 계기로 좌파가 도민들을 상대로 경찰과 당국에 대항하도록 선동함으로써 3·10총파업이 일어났다고 평가했다.[16] 주한미군사령부 정보참모부 보고서나 CIC 보고서 어디에도 3·1사건 이후 제주도민들이 요구해온 진상규명과 가해자 처벌에 대한 언급은 없었다. 이러한 미군정의 태도는 제주 사회의 상황을 잘못 판단한 것이며, 강경대응을 통해 대량 검거에 나섬으로써 제주도민들을 막다른 골목으로 몰아갔다.

경찰은 3월 14일 경무부장 조병옥의 제주도 방문을 계기로 파업 주도자들을 검거하기 시작했다.[17] 조병옥의 방문에는 경무부 공안국 부국장 총경 장영복과 서울경찰학교 소속 경감, 경무부 수사과 고문관 쇼터 대위 등이 동행했다.[18] 조병옥이 제주도를 방문한 다음 날인 15일에는 전남 경찰 122명과 전북 경찰 100명, 18일에는 제1관구 경찰청 소속 경찰 99명이 김태일 부청장의 지휘 아래 급파됐다. 3·1사건 이전 파견된 충남·북 경찰 100명을 합치면 모두 421명의 경찰이 다른 지방에서 제주도에 파견돼 검거와 경계에 나섰다.[19] 경찰이 18일까지 3·1절 기념대회 및 파업 관련자 200여 명을 검거한 가운데[20] 제주도를 일주하는 등 파업을 진정시켰다고 판단한 조병옥은 19일 귀경했다.[21] 경무부가 밝힌 파업 참여 기관과 해제 수는 다음과 같다.

〈표 4-1.1〉 파업 참여 기관 및 복귀 기관(3월 18일 오후 6시 현재)[22]

현재 수	파업	해제 수
도청	1	1
군청	2	2
읍사무소	1	1
면사무소	12	8
학교	108	10
우편국	12	6
무전국	1	1

기타 관공서	10	9
산업기관	13	7
금융기관	9	7
교통기관	5	4
합계	174	56

군정장관 러치 소장은 기자단에 "18일 오전 9시 현재 도청 직원은 전부 복직했고, 산업기관 90%, 운수부문 50%가 복구됐다"고 발표했다.[23] 그러나 위 표에서 알 수 있듯이 각급학교는 도내 108곳 가운데 10곳만이 다시 문을 열었다. 스타우트는 총파업 시기 모슬포에 갔다가 경찰관들이 파업에 참여한 사실을 확인했다.[24] 또 조병옥은 파업에 참가한 경찰에 대해 "파업 경관들은 조직적으로 단체 간판을 내걸고 성명서를 발표하는 등 행동을 감행했는데 이들은 거의 해방 이후 임명된 신진 경관이다"라고 밝혔다.[25] 파업에 참가한 경찰들은 일제 때부터 활동했던 경찰이 아니라 해방 이후 경찰에 들어간 이들이었다. 1947년 3·1절 발포사건 이후 제주 사회의 긴박한 정세를 정리하면 다음과 같다.

〈표 4-1.2〉 1947년 3·1절 발포사건 이후 제주 상황

일	상황
3.1	오후 2시 45분 3·1절 발포사건 발생 오후 7시 통행금지령 발표
3.2	경찰, 제주도 내 학생 검거 돌입, 학생 25명 검거
3.3	관 중심 3·1사건 조사단 구성
3.4	초등학교장회의, 교원 정치운동 불참가 당부 오후 3시 도두리에서 3·1사건 희생자 박재옥 장례식
3.5	남로당 제주도위원회, 제주도 3·1사건 대책 남로당투쟁위원회 결성 경찰, 검거 학생 중 21명 석방
3.6	오전 11시 북제주군청에서 읍·면장회의. 전재동포구호회 읍·면분회 조직
3.7	남로당 제주도위원회, 3·1사건 대책 투쟁 지령서 읍면위원회 전달 경찰, 검거 학생 중 나머지 4명 석방 오후 3시 제주도청 직원들, 3·1사건 진상보고 요구

3.8	중앙 미군정청 조사단(단장 카스틸 대령) 3·1사건 조사 차 내도
3.9	제주3·1사건 대책위원회 구성(위원장 홍순용) 제주감찰청, 제주경찰감찰청으로 명칭 변경
3.10	오전 11시 미군정청 조사단, 스타우트, 박경훈과 함께 현장조사 오후 1시 제주도청, 3·1대책위원회 구성하고 파업 단행 대법관 김찬영, 제주도 출장
3.11	제주읍 공동투쟁위원회(위원장 고예구) 결성
3.12	오전 11시 도지사실에서 파업 중 민생문제 해결 위한 임시대책위 조직 스타우트, 기자와 만나 진상조사 언급 목포-제주도 간 항로 운항 중단
3.13	중문지서 주임 등 3·1사건 항의 사임 중앙 미군정청 조사단 이도
3.14	경무부장 조병옥 내도, 도지사 심리원장 감찰청장 북군수 면담 박경훈 지사, 스타우트에게 사직서 제출 우도 주민 1천 명, 3·1사건 대책위 결성 및 경찰 발포 항의 성명 체신관계 직원 파업 동참으로 제주도와 지방 통신 두절
3.15	조병옥, 파업 주모자 검거 명령 및 18일까지 200여 명 검거 미군정 장교, 박 지사 방문해 파업 견해 조사 전남·전북 경찰 222명 제주도착 오후 4시 조병옥 북교에서 시국강연
3.16	조병옥, 공안국 부국장 장영복 대동해 1박 2일 일정 제주도 일주 시찰 경찰, 응원경찰 중심 특별수사과(과장 이호) 설치
3.17	중문리 주민 1천여 명, 3·1사건 수감자 석방 요구 및 경찰 발포로 부상자 발생 우도에서 경찰 파견소 간판 파괴사건 발생
3.18	1관구경찰청 김태일 부청장 등 경찰관 99명 제주 입도 조병옥, 총파업 해결책 및 재판 관련 제주도와 협의, 진상조사위원회 조직 러치 군정장관, 기자회견에서 제주도 파업 복구 중 언급
3.19	중앙민전, 3·1절 발포 사건 및 총파업 관련 특별조사반 파견 결정 조병옥, 오후 귀경
3.20	3·1절 도립병원 앞 발포 순경 이문규 파면 경찰 고문관 파트릿지 대위, 강인수 감찰청장과 중문면 발포사건 출장 조사

이 표를 보면 알 수 있듯이 1947년 3월은 제주도가 역사의 소용돌이로 휘말려 들어가고 있었다. 남조선과도정부 입법의원 본회의에서도 3월 17일 입법의원 강순이 제주도 3·1절 발포사건과 총파업에 따른 제주도민들의 요구사항을 언급하면서 (1) 민간인을 살해한 경찰을 처단할 것 (2) 경찰은 무장해제할 것 (3) 경찰서장은 사임할 것 (4) 경찰은 야만적인 행위를 중단할 것 (5) 모든 일제 경찰 출신 경찰을 파면할 것 (6) 사상자 가족들에게 보상할 것 등을

요구했다.[26] 하지만 미군정은 이러한 도내외의 요구를 받아들이지 않았다.

　3·1절 발포사건과 3·10 민·관 총파업의 영향은 컸다. 두 사건은 서로 얽혀 확대·발전해 나갔고, 미군정의 물리적 탄압의 강도 역시 비례했다. 3월 22일 오전에도 제주도 군정청 관리 150여 명이 제주도 청사 뒤편에서 20여 분 동안 집회를 열다가 스타우트가 나타나자 자진 해산했다.[27] 파업의 여파는 지속되고 있었다. 민전은 3월 28일 주한미군사령관에게 보낸 서한을 통해 "최근의 파업은 정당하며 일제 관리에서 미군정 관리로 변신한 반동경찰과 관공리들의 파시스트적 억압에 대항해 일어난 필연적인 반발이다. 제주도 총파업이 미군정에 대항해서 일어난 것은 아니며 폭압적 우익인사들에 대한 반발의 의미도 포함돼 있다"고 주장했다.[28] 민전은 이 시기까지도 파업이 미군정에 대항해 일어난 것이 아니라 경찰과 관공리들의 억압과 우익인사들의 폭압에 항거해 일어났다는 점을 강조하며 미군정과 타협의 가능성을 열어두고 있었다.

　제주도 민정장관 스타우트는 경찰을 제어할 수 있는 위치에 있었는데도 3·1사건 이전부터 모리배들한테 휘둘렸고 무능했다. 미군은 총파업의 원인을 "파업 참가자들의 요구가 다양하지만 파업의 근본 원인은 3월 1일 폭동 당시 경찰의 행동에 대한 증오심 때문으로 보인다. 최근 남로당이 이러한 증오심을 주민 선동에 이용하고 있다"고 분석했다. 스타우트는 '관 중심 조사단'의 진상조사보고서가 부실하다면서도 3·1절 발포사건을 신속하게 조사할 권한을 포기한 채 책임을 방기하면서 민심 수습과는 다른 방향으로 나갔다. 스타우트는 3월 12일 기자와 만나 총파업과 관련해 "조선인의 이익을 보호하는 미군정인 만큼 이 질식 상태를 완화하는 것이 군정의 의무가 아니냐"는 질문에 "그것은 질문이 안 된다. (중략) 진정서에 기입된 요구조건은 정확한 근거가 없다고 본다. 각 진정서를 보면 사실과 맞지 않는 점이 많고 그 근거는 전부 1개소의 근원으로 나온 것 같다"고 발언했다.[29] 3·1절 발포사건으로 시작해 진상조사가 제대로 이뤄지지 않아 유례없는 민·관 총파업이 전개된 상황에서 도민들의 진상조사 요구를 무시하는가 하면 이러한 도민의 요구를 남로당과 연계시켜 이념적으로만 바라보았다.

제주도의 총파업은 3월 하순에 이르러 표면상 진정국면을 맞았으나 파업에 참가했던 도민들이 직장에 복귀했다고 끝난 것이 아니었다. 총파업과 관련된 검거인원은 4월 10일까지 500여 명에 이르렀다.[30] 주한미군사령부 정보참모부 보고서는 총파업에 대해 "공산분자들이 선동한 것으로 보이지만, 제주읍에서 치러진 3·1절의 불법시위와 폭동으로 6명이 사망하고, 6명이 부상을 입은 데 대한 항의로 좌·우익 모두 참가했다"고 밝혔다.[31]

하지의 경제고문관 번스(Arthur C. Bunce)는 "하지가 기본적으로 모든 자유주의자는 공산주의자라는 '편견'을 갖고 있다"며 "이 때문에 하지는 정보참모부(G-2)와 방첩대(CIC)를 통해 많은 '주관적 편견'을 '정보'로 만들어 내고 있다"고 분석했다.[32] 이러한 편견을 갖고 있던 미군정은 제주도를 좌익의 근거지로 간주했다. 미군정이 제주도를 좌익의 근거지로 간주하게 된 것은 1946년으로 거슬러 올라간다. 이해 10월 29일 제주도 입법의원으로 선출된 구좌면 인민위원장 문도배와 조천면 인민위원회 문교부장 김시탁은 12월 14일 서울 민전회관에서 입법의원 참여를 거부했고, 이듬해 1월 27일 치러진 재선거 과정에서도 "입법의원은 중추원의 변신이니 당선을 희망하는 자는 매국노다"라는 말이 나왔는가 하면 제주읍과 애월면의 10개 마을이 기권하기도 했다.[33] 같은 해 12월 4~6일 제주도를 방문한 중앙 미군정청 관리는 "서울의 일반적인 시각은 제주도가 정서상 대부분 극좌파이다. 제주도의 다수당이 스스로를 인민위원회라고 부르는 점만을 고려하면 이는 사실이다"라고 하면서도 이들에 대해 '온건 좌파 사회주의적 성향의 사람들'(mild leftist socialistic minded people)이며 여운형과 안재홍이 조직한 건준의 계보를 잇고 있다고 분석했다.[34]

이런 상황에서 미군정은 "제주도는 전체 인구의 70%가 좌익단체의 동조자이거나 관련 있는 좌익분자들의 거점으로 알려져 있다"는 보고[35], "제주도 좌익과 관련한 여러 보고서에 따르면 좌익은 제주도 인구의 60~80%에 이르고 있다"는 보고,[36] 심지어 민·관 총파업 직후 경무부 2인자인 경무부 차장 최경진의 입에서 나온 '제주도 주민의 90%가 좌익'이라는 발언을 보고한 정보 보고서[37] 등을 통해 제주도를 좌익의 근거지로 간주해갔다.

3·1절 발포사건에 대한 대응을 정당방위라고 강변한 미군정은 제주도를 좌익 거점으로 간주하고, 총파업을 '조직적인 전술' '남한 파업의 시금석' 등으로 평가했다. 사건의 본질을 꿰뚫지 못한 채 미군정의 3·1사건에 대한 미숙하고 무모한 대응은 '4·3 무장봉기'의 도화선이 됐다. 3·10 총파업에 제주 사회의 좌·우파 진영이 모두 참가했다는 것은 이데올로기의 문제보다는 제주공동체를 깨뜨리는데 대한 항의였다. 미군정의 3·1절 경찰 발포사건에 대한 '부정의'의 사후처리는 4·3으로 가는 길이었다.

극우 도지사의 우익 강화와 독재적 행태

3·1절 발포사건과 총파업, 그리고 이어진 대량 검거사태로 제주 사회의 불안감이 증폭되는 가운데 미군정은 1947년 4월 2일 제주도 민정장관에 베로스(Russell D. Barros) 중령을 임명했다. 태평양전쟁 당시 필리핀에서 항일게릴라부대를 이끌었던 베로스는 국방경비대 고문관으로 있다가 부임했고, 스타우트는 차석으로 잔류했다. 미군정은 또 총파업 이후 3월 14일부터 스타우트에게 사직서를 제출했다는 소문이 나돈 박경훈 지사의 사표를 수리하고, 1947년 4월 10일 후임에 한독당 농림부장 출신의 유해진을 임명했다.[38] CIC가 극우주의자(extreme rightist)로 평가한 극우파 유해진의 도지사 부임은 제주 사회를 돌이킬 수 없는 상황으로 몰고 갔다. 유해진은 부임하기 전 "극좌와 극우를 배제해 행정을 추진하겠다"고 공표했지만 재임 기간내내 극단적 우익강화 및 좌익탄압정책으로 일관했다.[39]

유해진에 대한 비판은 당시 제주도청 공무원이나 남로당 관련자도 같은 의견을 나타냈다. 1947년 제주도청 공무원이었던 양승훈은 "이 사람이 와서 폭정을 했거든. 이건 우리 도민을 위해서 도지사가 일을 해야 하는데, 그렇게 하니까 도민들이 '아, 이럴 수가 있는가!' 해서 더 봉변을 본 겁니다. 유해진이는 우리 직원들을 속으로 사람 취급 안하고"라고 회고했다.[40] 남로당 제주도위원회에 있었던 김생민은 "도지사 유해진이 온 덕분에 제주도가 그 참상이 일어난 겁니다. 극우주의자! 맞아요. 유해진이가 와서 제주도에 대한독립촉성국민회(독촉국민회)니 뭐니 만들어서 우익 전위세력을 형성했습니다"라고 말했다.[41]

해방 이후 민족해방운동세력이 제주도의 청년단체와 정당 결성을 주도한 반면 유해진의 부임 이후에는 우익진영이 대대적인 선전활동을 벌이며 조직을 확대했고, 경찰의 체포도 크게 늘었다. 대한민주청년동맹은 활동을 하지 못했던 지역에서 공개적으로 연설하는 등 선전활동을 벌였다. 한독당은 제주도지부에 당원과 자금 확충을 지시했고, 대한독립촉성국민회도 한림면에 지부를 설치하는 등 조직을 확대했다.[42] 한독당 도지부와 독촉국민회는 조직력이나 자금력이 빈약해 1947년 3월 하순 현재 각 1천여 명의 회원을 확보하는데 그쳤으나, 3·1사건과 총파업의 여파로 좌익 인사들이 대거 체포되고, 유해진의 지원으로 조직을 강화할 수 있었다. 대동청년단은 제주도 동부지역에서 테러 행위를 하며 회원 모집을 강요하고, 제주읍에서는 경찰과 우익 한독당이 학교에 주민들을 모아놓고 한독당 가입을 강요하기도 했다.[43]

유해진의 우익강화정책과 경찰·우익의 좌파 탄압으로 우익단체들이 우후죽순처럼 생겨났다. 군(郡) 또는 전도(全島) 단위 단체만 보더라도 1947년 3월 남제주군 독청, 8월에 한독당 남군당부, 애국부녀연맹 남군지부, 학련 도지부 준비위원회 등이 결성됐으며, 9월에는 대청 도지부 준비위원회, 조선민족청년단 도지단부가 구성됐다. 또 10월에는 군사후원회 준비모임, 경찰후원회, 대청 남군지단부, 이북인친목회 등이 잇따라 결성됐고, 11월에는 서북청년회 도본부, 족청 도단부, 대동학생단 제주지부가, 12월에는 민독당 도당부 결성준비위원회, 대청 도단부 임시대회 등이 열렸다.

유해진의 독재적 행정행위에 대한 비난여론이 높아지자 중앙 미군정청은 특별감찰을 실시했다. '제주도 정치 상황'이라는 제목의 중앙 미군정청 특별감찰실 보고서인 이른바 '넬슨 보고서'는 1947년의 제주도의 정치·사회 분위기를 잘 보여주고 있다. 남조선과도정부 수석고문관 존슨(Edgar J. Johnson)이 지시하고 특별감찰실 소속 감찰관 넬슨(Lawrence A. Nelson) 중령이 실시한 이 조사는 1947년 11월 12일부터 1948년 2월 28일까지 진행됐다.[44] 유해진에 대한 특별감찰은 제주도 민정장관 베로스의 요청에 의한 것이었다. 이 감찰보고서는 폭발 직전의 제주 사회상을 보여준다. 조사결과는 유해진의 극단적 우익강화정책이 4·3 발발에 직접적인 영향을 끼쳤음을 시사하고 있다.

베로스는 제주도의 정치 상황에 대해 "내가 1947년 4월 부임한 이후 제주도 농민과 지식인들은 일본인들이 육지 사람들보다 제주도민들을 심하게 다루지 않았다는 데 같은 의견을 갖고 있다"며 "군정하에서의 (제주도) 상황이 일제 때보다 좋지 않다"고 평가할 정도로 유해진의 행위를 비판했다.

> "(중략) 본인이 제주도에 부임한지 일주일이 지나 신임 도지사가 부임했지만 몰랐다. 유 지사와 첫 면담에서 그는 자신은 정치가일 뿐이지 사업가가 아니라고 했다. (중략) 그는 자신의 편과 가까운 단체를 제외하고는 모든 단체의 집회도 금지했다. 이러한 유 지사의 행동은 제주도민들과 더불어 본인을 당혹하게 했다. 제주도 우익의 테러행위는 증가했고, 도지사는 이런 행위를 막기 위한 조처를 취하지 않고 있다. 도지사가 부임한 이후 많은 이들이 공직에서 축출되고 있고, 한국식으로 쫓겨났다. (중략) 모든 상황을 요약하면 유 지사는 고압적인 태도로 제주도에서 정치 활동을 개시했고, 오늘까지 같은 태도로 임하고 있다. 그의 태도와 활동은 가난한 사람들에게는 독재적(dictatorial)이다."[45]

베로스는 제주도의 정치적 상황이 일제 강점기 때보다 악화됐으며, 우익 테러가 증가하는데도 유해진이 이를 저지하기 위한 시도를 하지 않고 있다고 지적하는 한편 그의 활동을 '독재적'이라고 비판했다. 이런 견해는 베로스의 참모인 법무관 스티븐슨(Samuel J. Stevenson) 대위도 마찬가지다. 군정재판에서 3·1사건 관련자의 재판에 주심으로 참여했던 스티븐슨은 제주도의 정치적 상황과 관련해 자신의 견해라며, "1년 전 제주도민의 50%가 좌익 동조자였던 것과 비교하면 1947년 11월 현재는 제주도민의 3분의 2정도가 온건 좌익으로 기울었다"고 분석했다.

"제주도지사(유해진)는 심지어 한독당이나 독촉의 소수의견과 다른 사람들조차 자동적으로 좌익분자로 간주하는 극우적 구호를 채택하고 있다. (중략) 경찰은 이와 함께 제주도민들에게 좌익을 동정하고 좌익 정서를 불러일으키는 데 상당한 책임이 있다. (중략) 극우단체 테러리스트에 의한 폭력사건도 일어나고 있다. (중략) 결론적으로 표면적으로는 현 정치 상황이 비교적 조용하지만 본인은 중도 및 온건 단체에 대한 지속적인 탄압이 극좌로 빠지도록 하는 결과를 초래해 파괴활동을 할 것으로 믿는다."[46]

스티븐슨은 유해진과 경찰의 제주도 내 중도 및 온건 단체에 대한 지속적인 탄압이 결국 제주도민들을 극좌로 기울도록 할 것이며, 이는 파괴 활동으로 이어질 것으로 보았다. 1947년 6월 제주도에 부임한 제주CIC 대장 메리트(Henry C. Merritt)도 베로스나 스티븐슨의 견해와 다르지 않았다.

"유 지사는 극우인사이며 많은 우익단체의 활동에 적극적이다. 유 지사는 광복청년회와 대동청년단의 고문으로 있다. (중략) 제주도에 부임한 이래 본인은 집회 허용을 요구한 좌익 단체를 알고 있지만 결코 허용된 적이 없다. 이는 자동적으로 모든 좌익분자의 집회가 불법이라는 것이다. 우익 단체들은 (집회) 허가를 요청하면 아무런 문제없이 보장된다. 추측컨대 유 지사는 매우 독단적(arbitrary)이며, 누군가의 의견이 자신의 의견과 완전히 일치하지 않으면 그 사람은 자동적으로 강력한 좌익분자로 분류되기 쉽다."[47]

1947년 7월 4일에는 집회 허가권이 경찰에서 도지사에게로 이관됐다. 극우파 유해진은 자신의 정치이념과 맞지 않은 모든 단체의 집회를 허가하지 않았다. 유해진은 관공서에서 이른바 좌파로 분류되는 직원들을 축출했으며, 이에 대한 불만의 목소리가 높아갔다. 베로스는 7월 28일 기자와의 인터뷰에서 이렇게 말했다.[48]

> 문: 정당 및 사회단체에 가입한 자로서 관공리 직원 혹은 교원에 취직할 수 없는가?
> 답: 좌우익의 정당을 물론하고 그 관계자가 관공리 직원으로 취직할 수가 있다. 이것이 즉 민주주의 원칙이다.
> 문: 유 지사는 도청 행정 운영에 있어서, 즉 집회 관계에 있어서도 편당적이라는 세평이 자자한데.
> 답: 유 지사는 일체 나에게 말하여 준 바 없다. 그러나 나는 다른 인사로부터도 편당적 행동을 취한다는 보고가 있어 조사 중이다. 또 집회는 중앙의 지시에 의하여 정식 수속만 하면 허가는 하게 되었다. 차후 집회 허가원을 신청하고 유 지사가 무조건 불응 시는 나에게 말하여 주기 바란다. 이에 대하여는 유 지사하고도 협의하겠다.
> 문: 유 지사는 모 중학교 교장에게 민전에 가입했다고 하여 권고사직을 시켰다는데 이것도 민주주의 원칙인가?
> 답: 사실 내용을 모르기 때문에 무어라고 말할 수 없다. 이러한 사실은 절대 없으리라고 믿는다.

이러한 기자의 질문에서도 유해진이 자신이 좌파로 규정한 이들을 축출하고, 집회도 금지해왔음을 알 수 있다. 제주도에서 좌익으로 분류되는 인사에 대한 공격은 백색테러로 일어났으며, 당사자만이 아니라 그 가족들도 대상으로 삼았다. 1947년 9월 7, 8일 잇따라 일어난 테러사건은 유해진과 우익단체의 관계를 보여준다. 『제주신보』(1947.9.10)는 이 사건을 두고 "테러는 드디어 평화스러운 본도에까지 파급하여 민심은 극도로 전율과 공포에 둘러싸이고 있다"고 할 정도였다. 신문 보도에 따르면 7일 오후 8시 30분께 제주도식량사무소장 박태훈의 집에 신원미상의 청년 6~7명이 난입해 전등을 부수고 박씨의 얼굴을 구타해 도주했다. 다음 날 오후 8시 30분께에는 제주경찰감찰청 직원이라며 자신을 소개한 이가 제주도 민전 간부 현경호의 집(현경호 부재중)에 전화를 걸어 현씨가 집에 없는 사실을 확인했다. 이어

10여 분 뒤 집에 들이닥쳐 현씨의 부인을 곤봉으로 머리를 내리쳐 중상을 입하고 집 안 가구 등을 파괴했다. 이와 관련해 주한미군사령부 정보참모부 보고서(1947.9.13)는 "제주읍에 거주하는 한 저명한 좌익인사의 아내(47세)가 9월 7일 폭행당해 팔이 골절돼 치료를 받고 있다. 예비조사 결과 그 여성은 자신을 경찰 책임자라고 주장한 낯선 사람의 전화를 받았다. 그 남성은 문서를 찾을 일이 있다며 방문하겠다고 요청했다. CIC가 전화국을 상대로 조사한 결과 이 집에 전화를 건 유일한 곳은 우익 광복청년회 고문이 된 것으로 알려진 지방 고위 관리의 집으로 알려졌다"고 보고했다.[49] 광복청년회 고문이며 지방 고위 관리는 유해진이었다.

이 테러사건은 제주 사회의 비상한 관심을 모았다. 이를 자세하게 조사한 것은 중앙 미군정청 특별감찰실이다. 넬슨 보고서를 보면 폭행당한 부인은 현경호 제주중학교 교장의 부인 최윤순이다. 그녀는 처음 자택 문을 열 것을 요구받았으나 남편이 없다고 거절했다. 이어 10~15분이 지난 뒤 제주경찰감찰청이라며 전화가 걸려와 자택을 압수수색하겠다고 말했다. 몇 분 뒤 7~8명이 자택에 난입해 부인 최씨와 어린 가정부를 폭행했다. 제주CIC 대장 메리트가 직접 전화국을 조사한 결과 도지사 유해진의 자택에서 전화한 사실이 확인됐다. 그러나 유해진은 전화에 대해 전혀 모른다고 부인했다. 메리트는 유해진이 도지사로 부임한 이후 우익단체들이 좌익단체 회원이거나 회원으로 추정되는 사람들을 폭행할 때는 경찰이 아무런 조치를 취하지 않았으나 우익인사가 좌익인사로부터 폭행을 당하면 즉각적인 조처가 이뤄진다고 지적했다.[50]

유해진을 두 차례에 걸쳐 조사한 특별감찰관 넬슨도 같은 입장이었다. 넬슨은 "반대 단체에 대한 그의 태도는 전형적인 일본식이다. 최근 서울의 공보부는 모든 집회는 경찰의 허가를 받아야 한다고 지시했다. 어떤 성향의 집회든지 자신이 승인해야 한다고 말한 도지사는 이러한 지시에 대해 분개했다. 반대세력을 지하로 몰고 갔다"고 지적했다.[51] 이들 주목할 만한 보고서의 결론은 유해진의 극단적인 우익강화정책이 4개월여 뒤에 일어난 무장봉기에 제주도민들을 내몰 수밖에 없는 상황을 시사하고 있다.

1947년 제주에 휘몰아친 정치적 상황뿐 아니라 식량배급도 심각한 문제였다. 중앙식량행정처 기획서 보좌관 캐롤(Peter J. Carroll)은 제주도의 식량 배급 상황을 '대혼란'(chaotic)이라고 표현할 정도로, 단 한 차례도 제주도가 언급한 기간에 주민들에게 식량이 배급된 적이 없었다. 실제 제주도 당국은 2월 식량배급을 2월 1일부터 배급하겠다고 했지만, 14일부터 배급을 시작해 28일분 배급에 들어갔다. 3·1사건이 발생한 3월 들어서는 제주도청 산업국장 임관호가 "전남 지방에서 미곡 5만 석을 입하하게 됐는데 26일 현재까지 입하한 미곡은 5천여 석에 불과하다"고 밝혔다. 이 미곡은 이해 1월부터 계속해서 입하를 추진했던 것으로 3월 말까지도 계획량의 10%만이 입하된 것이었다. 더욱이 제주도 민정장관 스타우트 소령이 파업이 복구될 때까지 식량 배급을 중지시켰다가 18일 해제됨에 따라 제주도는 18일부터 식량배급을 지시해 3월 상반기분을 배급하게 됐다고 했지만 이마저도 지연돼 3월이 다 끝난 28일에야 상반기분(15일치)을 지급하기 시작했다.[52] 당시 언론 등에 보도된 1947년의 월별 배급량을 표로 재구성하면 다음과 같다.

〈표 4-1.3〉 1947년 월별 제주지역 1인당 1일 식량 배급 상황

월	배급종류(합)				배급량 (합)	배급 시기	출처 (제주신보 등, 연월일)
	백미	소맥	소맥분	잡곡			
1	1.0	−	−	−	1.0	−	1947.2.2
2	1.5	0.5	0.5	−	2.5	14일부터 배급	1947.2.16
3	1.0	0.5	1.0	−	2.5	28일부터(상반기분) 배급	1947.3.28
4	1.5	−	−	1.0	2.5	20일부터 배급	1947.4.12, 4.18
5	−	−	−	−	2.5	17일부터 배급	1947.5.14
6	1.4	−	−	−	1.4	15일부터 배급	1947.6.14
7	−	−	−	−	−	중순께부터 배급	1947.7.12

8	1.0	–	–	1.0	2.0	20일부터 배급	1947.8.20
9	–	–	–	–	–	–	–
10	0.8	–	–	1.2	2.0	20일부터 배급	1947.10.18
11	1.0	–	–	1.0	2.0	–	넬슨보고서
12	1.5	–	–	1.0	2.5	–	1947.12.4

주민들은 식량을 받기 위해 제주읍내에 4곳에 불과한 식량배급소에서 하루 종일 기다려야 했고, 주민들의 원성이 높아지자 4월 배급분부터 14곳으로 증설해 배급했다.[53] 〈표 4-1.3〉에서 보듯이 식량배급이 제대로 이뤄진 적은 없었고, 식량 배급량도 들쭉날쭉 했다. 매달 하반기가 되거나 끝나갈 무렵에 그 달치 상반기분을 배급받는 식이었기 때문에 식량 기근은 심각한 사회 문제였다. 최대 배급량은 2합5작이지만 1합만 배급될 때도 있었다.[54]

캐롤은 처장 지용은과 동처 고문관 힐(Carroll V. Hill)에게 보낸 비망록에서 제주도 차원에서는 모든 주민의 배급량이 같고, 비경작자 수에 따라 남제주군과 북제주군에 할당하고, 군에서 면으로 배급하는 양도 같은 기준에 따라 할당한다고 하지만 사실상 '무정부'(anarchy) 상태라고 지적했다. 그는 개인의 손에 들어가는 배급량은 읍·면별로 다르고, 같은 면 안에서도 마을별로, 세 유형(비경작자, 부분 경작자, 재산가)의 배급자 간에도 배급량이 다르다고 밝혔다. 11월 1인당 1일 배급량은 백미 1합과 잡곡 1합 등 모두 2합이었으나, 5개 읍·면의 실제 배급량과 같은 면 지역 내 세 유형의 배급자 간에도 다르게 나타났다.

〈표 4-1.4〉를 보면 제주읍은 1인당 1합을, 중문면은 1합, 1합5작, 2합 등으로 세 유형으로 주민들마다 다르게 배급됐다. 또 위 표의 배분이 실제 배급자가 받은 배급량을 의미하지도 않았다. 면에서 잡곡이 부족할 경우에는 배급자는 백미 1합과 잡곡 1합 대신에 백미 2합을 받기도 했다. 유해진도 1948년 1월 넬슨 중령과의 면담을 통해 생산량, 운송수단 부족, 지역 차이 등을 명분으로 읍·면별로 식량 배급량이 다르다는 점을 시인했다.

〈표 4-1.4〉 1947년 11월의 제주도 5개 읍·면 식량 배급현황

읍·면	비경작자(합)			부분경작자(합)			재산가(합)*		
	백미	잡곡	배급량	백미	잡곡	배급량	백미	잡곡	배급량
제주읍	1.0	–	1.0	–	–		–	–	
중문면	1.0	1.0	2.0	0.7	0.8	1.5	0.5	0.5	1.0
남원면	1.0	1.0	2.0	0.8	0.7	1.5	0.5	0.5	1.0
서귀면	1.0	1.0	2.0	–	–		0.8	0.7	1.5
구좌면	1.0	1.0	2.0	–	–		–	–	

* 재산가는 암시장에서 필요한 추가 식량을 구매할 수단이 있는 비농가. 서귀면 내 부자수를 요청한 결과 5520명의 비경작자 중 부자는 700명. 이 수치는 각 재산가의 가족 수를 보여주지 않기 때문에 차별받는 주민들이 비경작자의 상당한 비율로 보임.

캐롤 일행이 방문했던 8개 면 가운데 1개 면을 제외하고 모든 면에서 배급이 지연됐다. 심지어 제주읍의 11월분 식량 배급량인 백미 1합은 12월 8일까지도 배급되지 않았다. 캐롤 일행은 한림면의 배급소에서 백미 30합과 잡곡 80합을 받고 있는 여성을 면담했는데 이 여성은 배급을 기다리는 동안 먹고 살 잡곡을 빌렸다고 했다.[55] 유해진의 하곡 수집과 관련한 조사를 벌인 중앙식량행정처 기획서장 안창수와 보좌관 캐롤은 "제주도에서 인구가 가장 많은 제주읍내 주민들의 11월 식량배급량은 1일 1인당 백미 1합으로 안타깝게도 한계에 이르게 됐다. 제주읍의 이런 식량 배급량 감축은 도지사가 명령했다"고 지적했다.[56]

식량 배급을 받는 세대주는 가족의 식량배급표를 받기 위해 배급 때마다 면사무소를 방문해야 했고, 구매한 배급소에 전표를 남겨둔 1개 면을 제외하고는 면장이나 면 직원이 허가된 곡식 구매량을 배급표에 기재했다. 식량을 구매한 뒤에는 배급표를 면사무소에 반납하기 위해 구장에게 돌려줬다. 유해진은 식량배급표를 면장실에 보관하는 이유에 대해 회계 때문이라고 했지만, 식량배급표는 월 배급량을 구매할 수 있는 유일한 허가증이어서 이러한 운영 방식은 관리들에게 주민 통제를 위한 강력한 무기(powerful weapon)를 주는 것이나 다름없었다. 이에 따라 중앙 미군정청 특별감찰실은 식량배급표를

개인이 보관하도록 요구했고, 유 지사는 이에 동의했다. 넬슨 중령은 유 지사에게 농무부가 전남에서 들여올 3만 석의 추가분 미곡을 저장할 창고가 확보되지 않으면 제공하지 않겠다고 했지만, 유 지사의 무관심한 태도를 보면 계획이나 관리가 철저히 결핍돼 있음을 알 수 있다고 지적했다.[57]

박경훈 전 지사 기소를 둘러싼 미군정 내부의 이견

제주도 민정장관 베로스 중령이 제주도를 바라보는 시각은 중앙 미군정청 관리들과는 달랐다. 제주4·3위원회의 『제주4·3사건진상조사보고서』에는 1946년 11월 제주도 제9연대 초대 연대장으로 부임하는 장창국 부위가 인사차 국방경비대 사령관실에 들렀을 때 사령관이던 베로스가 제주도에는 좌익 세력이 강하니 조심하라고 주의를 줬던 인물이라고 언급돼 있다.[58] 그러나 베로스는 오히려 "좌파도 관공리로 취직할 수 있다"며 극우파 유해진의 독단적이고 독재적인 행정 행위를 강하게 비판했다.

베로스의 박경훈 전 지사에 대한 시각은 그에 대한 경찰의 검거와 뒤이은 검찰의 공판 청구에 이의를 제기한데서 드러난다. 박경훈 등에 대한 기소는 제주도 민정장관 베로스와 중앙 미군정청 사법부 고문관들 간에 뚜렷한 시각차를 노출시킨 사건이다. 박경훈은 1947년 7월 제주도 민전 의장으로 등장해 미·소공동위원회에 보낼 진정서 서명 날인 모집을 준비했다. 이들은 김영배 제주경찰감찰청장을 만나 서명 날인 모집을 승인받았다. 이들의 진정서에는 향후 수립될 조선의 국호는 조선인민공화국, 행정기관은 인민위원회가 돼야 한다는 내용이 포함돼 있었다. 경찰은 민전 회원에 한해 서명받도록 승인했으나, 일반 도민까지 서명을 받음으로써 경찰이 진정서의 내용에 찬성해 승인한 것 같은 오해를 준다고 지적했다. 검찰은 형법 제105조 2항 위반 혐의로 공판을 청구했다. 이 조항은 "인심(人心)을 혹란(惑亂)할 목적으로 허위

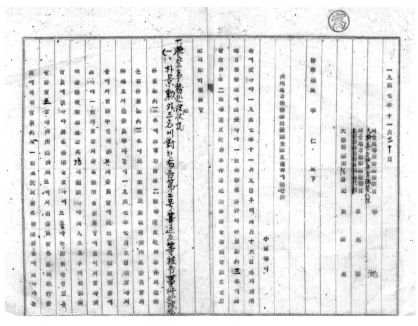

박경훈 전 지사의 기소 등과 관련한 이호의 출장조사 사건 보고서.

의 사실을 유포한 자는 5년 이하의 징역 또는 금고 또는 5천 원 이하의 벌금에 처한다"고 돼 있다. 이 사건은 1947년 9월 15일 제주지방검찰청이 제주경찰감찰청으로부터 넘겨받아 주임검찰관 박종훈이 조사하고, 같은 달 25일 제주지방심리원에 소를 제기했다. 그러나 제주도 민정장관 베로스와 법무관 스티븐슨 등의 강력한 요구로 같은 해 11월 8일 공소를 취소하고 이어 같은 달 12일 공소 기각을 결정했다. 이 사건과 관련해 서울고등검찰청 검찰관 이호 등 3명은 같은 해 11월 9일부터 16일까지 제주도에 파견돼 '박경훈 외 3명에 대한 포고 제2호 위반 등 피고사건 처리상황' 등에 대한 조사를 벌였다. 이호는 12월 5일 '제주지방검찰청 출장조사 전말 보고 사건'이라는 제목으로 미군정청 사법부 미국인 고문관(소령 콘넬리)에게 제출했다. 이호는 보고서에서 사건 공판을 청구한 이상 특별한 사유가 발생하지 않는 한 무죄 판결 가능성이 있어도 공소를 유지하는 것이 타당하며, 미국인 고문관 등이 충고해도 이를 설득시켜야 한다고 지적했다.[59]

이호의 제주도 출장에 앞서 제주도 미군정청 법무관 스티븐슨 대위는 사법부 부고문관 길리엄(Richard D. Gilliam. Jr)에게 박경훈 등의 기소 이유에 대해 민전 회원이라는 이유와 미·소공동위원회에 보내는 진정서의 서명 날인을 회람시켰기 때문이라고 밝혔다.[60] 베로스는 박경훈이 제주도 민전 의장이라는 것을 알고 있었지만 그가 타인의 조언을 경청하고 따르는 인물이며, 민전 대표로 있는 데 대해 긍정적으로 보았다.

베로스는 1947년 11월 21일 중앙 미군정청 특별감찰실 감찰관 넬슨 중령에게 제출한 비망록에서 "박 전지사는 공산주의자가 아니며 매우 친미적(very pro-American) 인사이다. 그는 단지 정치적 이유와 우익 인사가 아니기 때문에 좌익 인사가 됐다. 그는 조선이나 군정에 위험한 인물이 아니다"고 말했다. 베로스는 "박 전지사는 사실상 중도파 인물이며 가장 훌륭한 제주도민 가운데 한명"이라고 평가했다.[61] 주한미군사령부 정보참모부는 "우익 단체들은 '빨갱이 공포'(red scare)를 강조하며 청년단체와 공직사회에서 좌익인사를 척결하려고 애쓰고 있다"며 "제주도는 우익과 좌익세력으로 나뉘지만, 많은 지도층 인사와 대중은 어느 한쪽으로 치우치지 않는다. 좌익인사들과 눈에 보이는 충돌은 없으며, 이른바 좌익인사들도 대부분 공산주의자들이 아니다. (중략) 제주도의 좌파가 반미주의자들이 아니라는 사실은 의미심장하다. 최근의 테러는 우익이 선동한 것이다"라고 밝혔다.[62] 이처럼 제주도 미군정은 이 시기까지도 박경훈 등 민전 소속 인사들에게 우호적이었다.

그러나 중앙 미군정청 사법부 부고문관 길리엄은 베로스의 입장과 확연히 다른 태도를 취했다. 그는 제주도 미군정청 장교들이 잘못 판단하고 있다고 단언했다. 그는 사법부 고문관 콘넬리 소령에게 보낸 비망록에서 "(스티븐슨) 법무관과의 대화를 통해 (제주도) 미군정 장교들이 특정 단체가 중도라는 주장에 오도(誤導)돼 위험에 처해있다는 인상을 받았다"고 밝혔다.[63]

베로스는 박경훈 전 지사를 중도 인사로 보고 지지했지만, 유해진과 경찰, 법원은 그를 공산주의자로 간주했다. 이와 관련해 콘넬리는 (1) 베로스의 좌파 인사 지지 (2) 베로스가 군정장관으로부터 특별 권한을 위임받지 않은 상태에서 법원에 진행 중인 사건과 관련해 명령한 것 등 2가지 문제의 정당성 여부를 지적했다. 콘넬리는 첫 번째 문제에 대해 "형법 제105조 2항을 적용하는 문제는 세계 여론의 심판 앞에서 불확실한 토대에 있다"고 언급했다. 콘넬리는 "그러나 이 조항은 폐지되지 않았고, 우리가 격리시키기를 원하는 사람들을 조선의 경찰이 격리시키는데 매우 유용한 조항이라는 것을 발견했다"며 논란이 있는 이 조항의 적용에 찬성하는 입장을 보였다. 그는 "경찰이 가진 강력한 힘, 그리고 사람들이 이 힘을 두려워하는 것을 고려하면 박 전 지사와 그의 동료들이 사용한 방법은 경찰이 진정서의 뒤에 있다고 믿도록 함으로써 서명 받은 것이 틀림없다. 그래서 박 전지사와 그의 동료들이 제 105조 2항 위반 개연성이 매우 높다"고 주장했다. 특히 콘넬리는 베로스가 취했던 방식으로 개입해서는 안되며, 그러한 개입은 조선인 채널을 통해 군정장관 대리에 의해 공식적인 방법으로만 이뤄져야 한다고 지적했다. 그는 또 군정장관이 안전한 조처를 취할 충분한 시간이 없는 초비상 상태에서만 사용돼야 하며 이 사건과 관련해 고도의 정치적 중요성과 초비상 사태는 없었다고 말했다.[64] 결국 중앙 미군정청 사법부 고문관들은 베로스의 공소 취소 명령이 잘못됐다고 주장했다.

3·1절 발포사건 이후 경찰의 횡포와 반작용

해방 이후 경찰의 각종 불법행위에 대해 제주 사회의 비난 여론이 높아지는 가운데 주민들에 대한 폭행과 금품 갈취 등이 이어져 경찰에 대한 여론이 악화됐다. 1947년 3·1절 발포사건은 결정적으로 제주도민이 경찰에 등을 돌리는 계기가 됐다. 경찰은 3·1사건, 민·관 총파업 관련자에 대한 대대적인 체포와 고문을 자행했다. 우익단체는 미군정의 지원에 힘입어 각종 백색테러를 자행했다. 『뉴욕포스트』 특파원 비치(Keyes Beech)는 1947년 10월 15일 서울발 기사에서 "남한의 형무소는 좌익인사들에 대한 우익경찰의 '선전포고 없는 전쟁(undeclared war)의 결과' 정치범들로 넘치고 있다. (중략) 미군 당국은 악명 높은 경찰의 야만적인 방법을 통탄하고 있지만 이러한 방법들이 공산주의자들을 표적으로 하기 때문에 경찰의 현재 행위를 우호적으로 보고 있다. 정치범들은 수용소에 구금돼 있으며 이에 대해 미국인 관리는 '그들이 말썽을 일으키기 때문'이라고 답변했다"고 보도했다. 그러나 남조선과도정부는 남한에 수천여 명의 정치범이 있다는 비난과 관련해 1947년 10월 31일 현재 1만 7,867명의 기결수 가운데 정치범은 한 명도 없다고 주장했다.

주한미군사령부가 경찰의 야만적이고 악명 높은 방법을 인식하고 있었지만 이들이 공산주의자들이어서 경찰의 행위를 우호적으로 보고 있다는 비치의 분석과 같이 미군정은 '공산주의 척결'이라는 정책을 일관되게 추진했다. 정치고문관 대리 랭던은 1947년 12월 남한의 상황을 "사회는 점점 정치적으로 흥분돼 가고 반항적이며 좌절감을 불러일으키는 한편 경제적으로는 생존의 한계상황"이라고 표현했다.[65]

이런 상황에서 극우파 제주도지사 유해진의 암살을 요구하거나 '자신들의 이익을 위해 한국을 강탈하려는 미군을 몰아내자', '총칼로 인민을 위협하는 경찰을 공격하자', '한민족의 흡혈귀인 우익분자들을 처단하자'는 전단이 뿌려지기도 했다.[66] 제주경찰감찰청의 발표를 보면 1947년 4월 5일 현재 3·1

사건 관련자 313명을 검거했으나, 5월 6일에는 검거자 수가 552명으로 늘었다. 한 달 여 동안 1일 평균 8명에 가까운 도민이 전도에 걸쳐 경찰에 연행된 셈이다. 제주도민에 대한 검거는 이후에도 계속됐으며 검거된 청년 학생들에 대한 고문도 심각한 사회문제로 떠오르고 있었다.

총파업 당시 중등학교생들은 파업 성명을 통해 "평화적이고 진리를 탐구하는 학도들에게 노상에서 혹은 기숙사에서 불법 검속을 하고 고금동서에 예를 볼 수 없는 야만적인 고문을 가하여 이번 살인죄를 학도들에게 책임을 전가시키려는 악질경관의 만행에 대해서는 피 있는 청년학도로서 수수방관할 수 없으며"라며 경찰의 고문을 파업 단행의 이유로 들었다.[67] 3·1사건으로 경찰에 검거돼 재판을 받은 이들은 법정에서 "경찰의 청취서라는 것은 사실 무근인 것이다. 고문이 심하므로 의식불명 상태에 빠지다시피 되었지만 이런 자백을 한 바는 없다"며 고문 사실을 폭로하기도 했다.[68]

그러나 제주도 민정장관 스타우트는 경찰의 구타와 고문에 대해 '비민주적'이라는 원론적인 반응만 보였을 뿐 이를 저지하기 위한 구체적인 조처를 취하지 않았다. 이런 그의 태도는 오히려 경찰로 하여금 구타와 고문을 장려한 것이나 마찬가지였다. 넬슨 보고서의 건의에 따라 경찰 고문관 파트릿지 대위에 이어 제주경찰감찰청 고문관으로 부임한 코페닝은 6월 13일 "삐라사건 등으로 다수가 검거되어 있는데 조사할 때 고문을 감행하는 경관이 있다면 엄벌에 처할 것이며 파면시킬 것이다"라고 했지만, 이런 약속은 지켜지지 않았다.[69]

파트릿지 대위는 경찰에 경도돼 있었으며, 그의 후임자인 코페닝은 고문 근절과 불법행위 엄단 등을 천명했으나 이러한 제주경찰의 불법행위를 억제하지 못했다. 제주읍 외도지서 주임 양순봉과 순경 곽찬석은 4월 28일 애월면 광령리 2구 마을의 한 주택을 방문해 청결상태가 불결하다며 집 주인의 목을 조르고 폭행해 마을주민들의 원성을 샀는가 하면,[70] 3·1사건 응원대로 입도한 제6관구경찰청 소속 경사 김영세와 엄희철 등 경찰관 2명은 5월 10일 구좌면 하도리의 한 주택을 불법 수색해 옷감과 고무신 등을 강탈했다가 구금되는 일도 있었다.[71] 앞서 1월 14일에는 애월면 신엄리 경찰관 파견소 경찰관이 "나의 허가 없이 부락민은 집합할 수 없다"며 구장집에서 교육문제와 계몽운동에 관한 마을 좌담회를 열던 애월면장을 폭행하고 모욕을 줬는가 하면 연단을 엎어버리는 행패를 벌였다. 경찰은 이 폭행사건과 관련한 경사 1명과 순경 2명 등 3명을 징계했으나 경찰에 대한 주민들의 반감은 높아갔다.[72]

한림지서장 경위 김병덕과 그 차석도 고소 사건과 관련해 지역주민 2명을 조사하면서 가혹하게 고문해 중상을 입혔다가 김병덕은 파면됐다. 이에 김차봉 제주경찰감찰청 부청장은 "민주경찰로서 고문을 못함은 상식이다. 경찰의 간부로서 이러한 사건을 야기하였다 함은 유감이 아닐 수 없다"고 했지만, 경찰의 일탈행위는 계속됐다.

이런 사건이 일어난 지 얼마 지나지 않은 5월 22일에는 제주지방검찰청이 제1구경찰서장 강동효 경감과 수사계장 김승문 경위의 자택을 수색했다. 수사 결과 김승문은 삼도리 거주 주민으로부터 밀수품 처리 조건으로 현금 1만 원과 향응을 대접받았고, 강동효는 양복감 한 벌을 받는 한편 응원대 경비 기부를 강요해 5만 원을 받은 것으로 나타났다. 검찰은 6월 3일 김승문을 수뢰 혐의로, 강동효에 대해서는 기부사건이 개인적인 사욕을 채우려는 것이 아니었다며 기소유예 처분할 정도로 경찰은 부패했다.[73] 7월 28일에는 제주경찰감찰청 기동부대 소속 경찰관 3명이 후색식당 취사장에서 식사를 하다 식탁에서 식사를 해 달라고 요청한 급사를 기동부대실로 데려와 장작 위에 무릎을 꿇게 하고 "너는 경관을 멸시하여 대중과 같이 밥을 먹으라고 하여 육지에서 온 경관을 우대하여 주지 않는다"며 무조건 구타하는 일도 있었다.

경찰은 도민을 상대로 횡포를 일삼으면서도 좌파 탄압에는 속도를 냈다. 검찰이 제1구경찰서장과 같은 서 수사계장 자택을 수색한 5월 22일 밤, 경찰은 제주도 민주청년동맹원들의 가택을 수색했다. 경찰은 이어 전단 살포에 따른 포고령 2호 및 군정법령 19호 위반 혐의로 6월 1일 (제주도 초등)교원

양성소 남학생 13명과 여학생 6명, 교사 1명 등 모두 20명을 검거한 데 이어 2일 밤에는 (제주)농업학교 학생 2명을, 3일에는 농업학교 학생 1명과 교원 양성소 남학생 6명과 여학생 4명 등을 잇따라 검거했다. 조천중학원생 2명과 교원양성소 학생 8명은 같은 혐의로 징역형을 구형받았다.[74]

1947년 접어들며 제주도는 '경찰·우경화 사회'로 급변했다. 경찰과 우익 단체의 부패와 주민에 대한 폭력, 3·1사건의 진상을 규명하지 않은 채 청년 학생들을 상대로 자행된 대대적인 체포와 고문, 경찰과 우익단체들의 좌익에 대한 탄압은 제주 사회를 벼랑으로 내몰고 있었다.

군정장관 딘의 제주도 방문과 도지사 경질 건의 거부

유해진은 도지사 부임 이후 일반 도민을 극좌단체로부터 분리시킨다는 명분으로 극우단체를 동원해 조직과 선전 활동을 성공적으로 수행했다고 자 평할 정도[75]로 극단적 우익강화정책을 폈다. 1948년 2월 19일 현재 제주경 찰서 내 유치장 안에는 365명이 수감돼 있었다. 3.4평 정도(10×12피트) 크 기의 한 방에 35명이 초과밀 수용돼 눕기는커녕 발을 뻗지도 못할 정도였다. 유해진은 이들 대부분이 공산주의자라고 밝혔다. 넬슨 중령은 유해진과 함께 유치장을 둘러보는 시간에도 '죄수'를 가득 실은 트럭 2대가 추가로 들어오는 것을 목격했으며, 그는 이를 좌익인사들을 전향시키려는 유해진의 계획을 보 여준다고 보고했다.[76]

넬슨 중령이 유해진에 대한 특별감찰을 실시하던 시기 신임 군정장관 딘 소 장이 참페니(Arthur S. Champeny) 대령과 김준길 고문관을 대동하고 11월 26일 제주도를 방문했다.[77] 이해 10월 군정장관으로 부임한 딘 소장은 지방 상황을 파악하기 위해 참페니 대령 등과 함께 호남과 개성, 영남 지방 등을 시 찰한데[78] 이어 제주도 시찰에 나선 것이다. 주한미군사령부 정보참모부 보고서는 CIC 보고서를 인용해 "군정장관이 방문하는 동안 학교는 휴교하고 회사들은 문을 닫았다. 많은 주민들이 군정장관이 시내를 통과하자 침묵 속에 경원의 눈길로 서 있었다"고 기록했다. 군정장관 딘은 유해진을 만난 자리에서 조선의 독립국가 건설에 난관을 극복하기 위해 팀워크(team-work)의 필요성을 언급했으며, 유해진은 간결하고 공손하게 군

군정장관 딘 소장. 1947년 10월 16일.

정장관이 기대하는 만큼의 전면적 협력(general cooperation)을 약속했다.[79]

딘의 제주도 방문 시기는 제주도 내 청년 학생들과 좌익 인사들은 대대적으로 검거됐고, 경찰의 고문과 우익단체의 공공연한 테러가 제주도를 휩쓸고 있었던 때였다. 당시 중앙 미군정청 특별감찰실은 유해진과 관련한 정치적 상황에 대해 조사 중이었다. 유해진의 각종 일탈행위가 확인되자 특별감찰관 넬슨 중령은 11월 22일 군정장관에게 유해진에 대한 경질을 건의했다.[80] 특별감찰실은 조사 결과를 바탕으로 딘 소장의 제주도 방문을 앞두고 유해진의 경질을 건의한 것이었다. 이 건의는 다시 남조선과도정부 수석고문관 존슨이 군정장관에게 재건의하는 형식을 띠었다. 그러나 딘 장관은 제주도 방문을 마치고 돌아간 직후인 12월 3일 남조선과도정부 수석고문관에게 "도지사에 대한 경질은 간단하지 않고, 내각과 민정장관 안재홍의 추천이 있어야 한다"며 사실상 거부했다.[81]

넬슨 중령은 감찰보고서에서 유해진에 대해 "유 지사는 지사로서 도정 업무를 수행하는데 계속해서 무능력을 드러냈다. 유 지사가 무모하고 독재적인 방법으로 정치사상을 통제하려는 헛된 시도를 해왔다. 그는 좌파를 지하로 몰고 갔으며, 결국 그들의 활동을 더 위험하게 만들었다. 좌익세력의 숫

자와 동조자들이 증가하고 있다. (중략) 유 지사 재임 중 경찰은 많은 테러행위를 일으켜왔다. 경찰 최고위직은 모두 본토에서 모집된 경찰관들로 채워졌다. 유해진 지사는 제주도 출신이 아니며 많은 자리에 제주도민에게 호응 받지 못하는 본토 사람들을 임명했다"고 밝혔다.[82] 넬슨은 유 지사가 식량배급을 교묘하게 통제했고,[83] 심지어 제주도립의원 의사들도 정치적으로 해임하는 등 물의를 빚었는가 하면[84] 미군정이 배분한 트럭 등 차량 유지의 실패, 주택용 대나무의 땔감 사용 및 대나무를 적재한 LST의 미하역, 적산 건물 관리의 실패 등 행정업무 수행에 있어서도 실정을 거듭했다고 지적했다.

넬슨은 이를 바탕으로 1948년 3월 11일 군정장관 딘 소장에게 4개의 건의사항을 포함한 특별감찰보고서를 제출했다. 건의내용은 (1) 유해진 지사의 경질 (2) 제주도 경찰에 대한 경무부의 조사 (3) 미 경찰 고문관의 제59군정중대 사령부 및 사령부 중대 임무의 동시 수행 (4) 과밀 유치장에 대한 사법부의 조사 등이었다. 넬슨 감찰보고서의 핵심은 유해진의 경질이었다. 그러나 군정장관 딘 소장은 3월 23일 모든 건의사항을 받아들였으나 유 지사의 경질 건의만은 받아들이지 않았다.[85] 딘 소장은 두 차례나 유 지사의 경질을 거부했다. 하지 중장이 지사·청장회의에서 정치적 이유로 억압정책을 사용하지 않도록 지시한[86] 가운데 딘 소장은 극단적 우익강화정책으로 현지 미군정과 제주도민들의 지탄을 받고 있던 유 지사를 또다시 유임시켰다. 선거의 성공적인 실시에 초미의 관심을 갖고 있던 미군정 수뇌부로서는 제주도에서 좌익세력을 탄압하고 극우파 도지사의 정책이 남한 단독정부 수립을 위한 선거의 성공적인 실시에 필수적이라고 보았다.

특별감찰실의 건의대로 딘이 유해진을 경질하고 제주도 실정을 아는 인사로 교체했더라면 제주도의 상황은 상당히 달랐을 수도 있다. 그러나 특별감찰실의 건의에도 불구하고 유임된 유해진의 극우편향·강화정책은 제주도민들을 막다른 골목으로 몰아넣으면서 정치적 폭발의 기폭제 역할을 했다.

1947년 말과 1948년 초의 제주도 상황은 파농이 주장하는 "식민지 민중들을 질식시키는 상황"이었으며, 틸리가 말하는 바와 같이 폭력은 집단행동을 야기시키는 단계에 이르고 있었다.[87]

한편 남로당 제주도위원회는 3·1절 기념대회와 3·10 총파업에 주도적 역할을 했으나, 그 이후 경찰의 검거선풍과 우익의 테러로 와해 위기에 몰렸다. 경찰의 대량 검거와 서청 등 우익단체의 테러로 1947년 12월부터는 남로당 탈퇴 성명이 잇따라 나오기 시작했다. 제주농업학교 6년생 전창규는 1947년 1월 10일 남로당에 입당했으나, 기대와는 너무나 거리가 멀었고 학생들이 일개 정권 혹은 단체의 이용물이 될 필요가 없다며 경찰의 '지도에 의하여' 탈당했다. 1948년 3월 10일에는 남로당 탈퇴 및 대동청년단에 성산면 관내 62명이 단체 입단 성명서가 나오기도 했다.[88]

또 1948년 1월 중순께 남로당 제주도위원회 연락책 김생민이 경찰에 검거되면서 남로당의 조직체계가 노출됐다. 그는 경찰에 검거된 지 일주일 동안 '살아있는 것이 기적'이라고 할만큼 온갖 고문을 당했다. 나무토막을 다리 사이에 꽂아 놓고 양쪽에 심문자들이 걸터앉아 시소처럼 타는 고문, 소라 껍데기를 바닥에 깔아서 그 위에 앉혀놓는 고문, 물고문, 잠 안 재우는 고문, 비행기 타기, 전기고문, 뜨거운 물 붓기 등의 온갖 가혹한 고문을 당한 끝에 전향했다.[89] 이에 따라 경찰은 1948년 1월 22일 새벽 조천면에서 열린 남로당의 비밀회합을 급습해 '2월 중순부터 3월 5일 사이 폭동 계획'과 '경찰 간부와 고위 관리들을 암살하고 무기를 확보하라'는 지시 등이 담긴 문서 등 각종 문서를 압수했다고 보고했다. 경찰은 회합 참석자 106명을 현장에서 체포했으며, 26일까지 115명을 추가 검거해 모두 221명을 체포했다. 이들 가운데 63명이 경찰의 심문을 받은 뒤 석방됐다.[90]

경찰의 대규모 검거선풍, 우익의 테러, 잇단 남로당 탈퇴 성명서 발표 등으로 남로당 제주도위원회는 조직의 일대 위기를 맞게 됐다. 이에 따라 남로당은 '앉아서 죽느냐, 일어서 싸우느냐'는 양자택일의 기로에 섰으며, 남한의 정국 상황과 맞물려 무장봉기의 명분은 쌓여갔다.

제2국면(1948. 4~1948. 5): 4·3 무장봉기 발발과 미군정의 전략

잇단 고문치사사건과 4·3 무장봉기 발발

1948년 3월 6일 조천지서에서 조사를 받던 조천중학원생 김용철이 고문
치사당했다.[91] 이 사건은 2·7사건의 여파로 경찰이 비상경계에 들어간 가운
데 도내 곳곳에서 민·경이 충돌하고 시위와 삐라 살포, 소요 등 크고 작은 사
건으로 200여 명을 검거하는 등[92] 제주 사회의 민심이 동요하는 가운데 일어
났다. 조천중학원생들과 리민들은 조천지서 앞에 몰려가 책임자 처벌을 요구
하며 연좌농성을 벌이는 등 주민들의 경찰에 대한 분노는 극에 달했다. 사건
의 여파가 가라앉기도 전인 3월 14일에는 모슬포지서에서 영락리 청년 양은
하가 고문치사당했다.[93] 경찰과 서청의 탄압과 유해진 지사의 극단적 우익강
화정책이 계속되는 가운데 경찰에 의한 2건의 고문치사사건은 성난 민심에
기름을 붓는 것이었다.

1948년 4월 3일 새벽 2시 한라산 기슭마다 봉화가 타올랐다. 한 밤 중 타
오른 봉화는 1954년 9월 21일 한라산 금족지역이 개방될 때까지 지속된 제
주도 유사 이래 최대의 유혈사태를 알리는 신호였다. 남로당 제주도위원회
제주도인민유격대(무장대)는 단선 단정 반대와 통일국가 수립을 요구하는 호
소문을 발표하고[94] 도내 24개 경찰지서 가운데 12개 지서 및 우익단체 간부
의 집과 사무실을 공격하면서 '4·3 무장봉기'를 단행했다.[95]

무장봉기 발발 원인에 대해서는 4·3 당시 남로당 제주도위원회 정치위원이
었던 이삼룡의 증언이 유일하다.[96] 그는 무장봉기 원인에 대해 이렇게 말했다.

"주로 논의한 안건은 단선 반대, 그리고 체포한 사람들에 대한 무조건 석방, 민
주화를 쟁취하자는 것, 그런 여러 가지 조건도 많이 냈다. 5·10 선거를 반대하
는 것이 주목적이지만, 경찰하고 서북청년들이 너무했다. 그리고 그때 우리들이

'앉아서 죽느냐, 싸우다 죽느냐'하는 이런 갈림길에 들어서게 됐다. 왜냐하면 모슬포, 조천에서 바로 고문치사 문제가 나오지 않았나. 고문치사 문제가 나왔다. 남로당이 한동안 기세가 좋았는데 막 검거선풍이 불어서, 48년 2·7투쟁이라고, 그때 상당히 많이 검거됐다. 그 당시에 고문이 보통이 아니었다. 서청 출신 경찰이 돌아다니면서 막 두드려 패고, 미친놈들이야. 그렇게 하니까 우리는 기왕 이렇게 됐으니까 '서서 죽느냐, 앉아서 죽느냐' 이런 기로에 서게 된 것이었다. 제주도 청년으로서 가만히 있을 수 없지 않느냐? 서북청년들이 이렇게 해서 말이야. 처녀들 데려다 놓고 다 까먹고. 말로만 들은 게 아니다. 같은 동족이라고 생각이 안 된다. 어디 그런 못된 짓거리 하는가. 그런 문제가 나오기 때문에 '우리도 활동해보자.' 죽는 게 그땐 (조금도 두렵지 않았다). 서북청년들을 용서할 수가 없었다."(국편 인터뷰, 2005.7)

이삼룡의 증언처럼 테러의 공포가 제주 사회를 뒤덮고 있는 가운데 일어난 고문치사사건은 남로당 제주도위원회의 무장봉기에 명분을 실어줬다. 이삼룡과 함께 무장봉기 결정회의에 참석했던 김양근도 수용소에 수용 중이던 1949년 6월 19일 기자와 인터뷰하면서 "반란 동기는 작년 4월 3일경 민간의 충돌을 발단으로 자연발생적으로 봉기된 제주도 인민의 항쟁이다"라고 주장했다.[97] 무장대는 4·3 발발 직전 제주도 내 8개 읍·면에서 유격대 100명, 자위대 200명, 특경대 20명 등 모두 320명으로 편성됐다.[98] 소대 10명, 중대 20명, 대대 40명 등 소단위 조직체계를 갖췄으나, 무장봉기 초기 이들의 무기는 빈약했다. 후일 토벌대와 함께 대정면 지역의 무장대 본부를 찾아갔던 조선통신 기자 조덕송도 "토벌군이 '대정면 인민군사령부'를 습격해서 압수했다는 무기를 살펴봤더니 곤봉, 구시대의 엽총, 일본도, 죽창, 철창 등이었다. 빈약하기 짝이 없는 그들의 무기, 이로써 최신 무기에 생명을 걸고 버티고 나서야 할 절대성을 도대체 어디에서 찾아야 할 것인가"라고 개탄할 정도였다.[99] 최신식 무기에 무모하게 맞서야 할 정도로 제주도민들은 벼랑 끝으로 내몰렸다. 그러나 무장봉기 주도 세력도, 제주도민들의 삶을 옥죄던 경찰이나 우익단체들도, 그리고 그 사이에 낀 제주도민들도 이날의 봉화가 제주도 역사에 끼칠 영향을 몰랐다.

하지와 딘의 제주도 작전 명령

제주도에서 무장봉기가 발발하자 미군정 경무부는 즉각 대응에 나섰다. 경무부는 4월 5일 제주비상경비사령부(사령관 김정호 경무부 공안국장)를 설치하고 전남 경찰 100명을 파견했다. 경무부장 조병옥은 이튿날 공산주의자들이 선거 등록 사무를 정돈(停頓)상태에 빠뜨리고 있다고 주장했다.[100]

미군정은 제주도 사태를 예의주시하면서 경찰과 경비대 병력을 준비했다. 유엔조위 사무차장 밀너(I. Milner)는 위원단의 예정된 제주도 시찰을 앞두고 4월 7일 제주도의 치안상황에 우려를 표명했다. 누군가 그에게 제주도 상황이 심각해 위원단이 갈 수 없다고 하자 경무부장 조병옥은 그를 진정시키기 위해 노력했다. 미 연락장교 웩컬링 준장은 다음날인 4월 8일 밀너를 만나 제주도의 피해통계보고서를 전달하고, 경찰 증원뿐 아니라 제주도 주둔 경비대도 예비부대로 있어 상황이 잘 통제되고 있다며 안심시켰다. 이에 밀너는 예정된 4월 9일 제주도 시찰을 추진하겠다고 밝혔다.[101] 이러한 내용이 담긴 보고서는 웩컬링 준장이 하지 중장에게 보고한 것으로 제주도 사태에 대한 주한미군사령부를 포함한 미군정 당국 및 유엔조위의 제주도 사태에 대한 관심을 보여준다. 이에 따라 유엔조위 지방 감시단 제1반의 싱(Singh)과 마네(Manet), 빌라바(Villava) 그리고 사무국의 밀너와 추훙티는 계획대로 4월 9~10일 제주도를 시찰했다.[102] 이와 함께 웩컬링 준장이 밀너에게 언급한 이틀 뒤인 4월 10일 국립경찰전문학교 간부후보생 100명이 추가 파견됐다.[103] 4월 19일 현재 제주도 내 경찰은 430명의 남자 경찰과 10명의 여자 경찰 이외에 4월 3일 이후 195명이 합류했다.[104]

하지 중장은 투표율이 좋지 못하면 남한 정부는 압도적인 국제적 승인을 기대할 수 없을 것이라고 생각했다.[105] 이에 따라 미군정은 선거감시활동을 벌이는 유엔조위를 안심시키는 한편 제주도에서의 성공적인 선거 실시를 위한 대응에 들어갔다. 모슬포 주둔 경비대 제9연대 180명은 4월 14일 제주읍

제1구서로, 50명은 서귀포 제2구서로 이동해 경비치안에 들어갔다. 제주비상경비사령부 사령관 김정호의 포고문(4월 8일)[106]과 경무부장 조병옥의 선무문(4월 14일), 경무부 공보실장 김대봉의 담화문(4월 17일)[107], 사령관 김정호의 경고문(4월 18일)과 시국수습을 위한 메시지(4월 19일)가 잇따라 발표됐다. 이들 발표문은 제주도 사태와 관련해 남한을 소련에 예속시키는 공산주의자들의

제주도 민정장관 맨스필드 중령과 부인 (고문관 리치 소장)

음모, 계략과 연계한 것이라고 주장하는 내용으로 김정호는 '폭거'가 계속되면 소탕전을 전개하겠다고 경고했다.[108]

이러한 과정에서 제주도에 파견된 수사국 고문관 코페닝은 1948년 4월 19일 경무부장에게 "경찰과 남조선과도정부의 입장에서 보면 제주도민들에게 정부 수립을 위해 어떤 일을 하고 있는지 알리려는 노력을 전혀 기울이지 않았다. 김영배 제주경찰감찰청장은 제주도에 부임한지 1년 동안 경찰지서 한곳도 방문하지 않았다. 그는 미국인들의 자문을 받아들이기를 매우 꺼려한다"며 제주도의 경찰 상황을 비판하는 보고서를 제출했다.[109] 김영배는 1947년 3월 31일 제주도 경찰 최고 책임자로 발령받고 4월 9일 부임했다.[110] 그러나 대량 검거가 이뤄지고 유치장이 차고 넘치는 상황에서 1년 이상 지서를 한 곳

도 방문하지 않았다는 것은 경찰 책임자로서의 자신의 임무를 방기한 것이었다. 그는 경무부장에게 보낸 이 보고서에서 "4월 19일 현재 제1구서 유치장에 남자 죄수 226명과 여자 죄수 2명이 수감돼 있다"며 제1구서의 개선을 건의하는 한편 과밀 수용문제도 개선돼야 한다고 덧붙였다.[111] 그러나 딘 소장은 회고록에서 "나는 기술적으로 남한의 형무소들을 책임졌지만 직접 운영을 통제하지는 않았다. 형무소는 미국인들의 자문과 감독 아래 한국인들에 의해 운영됐다. 나는 전체적으로 대우가 나쁘지 않다고 생각한다"고 말했다.[112] 딘의 이런 인식은 특별감찰을 했던 넬슨 중령과 경무부 수사국 고문관 코페닝의 제주도 유치장에 대한 인식과는 다른 것이었다. 코페닝은 또 보고서에서 "김영배 청장과 동등하거나 그 이상의 경찰 간부가 선거 이후까지 임시 책임을 맡아야 한다"며 김 청장의 경질을 건의했고, 4월 말께 김영배에서 최천으로 교체됐다. 앞서 1947년 11월 중앙 미군정청 특별감찰실의 넬슨 중령이 제주도 현지를 감찰하고 지적한 바 있으나 유치장 과밀 수용문제가 해소되지 않은 것은 제주도민들에 대한 경찰의 검거가 여전히 강력했음을 의미한다.

유엔조위 일부 대표가 4월 15일 덕수궁에서 열린 주위원회 회의에 군정장관 딘의 참석을 요청해 제주도 경찰의 구타행위를 거론했다.[113] 이날 회의에서 딘 소장은 마네로부터 질문을 받은 뒤 김용철 고문치사사건을 조사해 조만간 군정재판에 회부할 것이며, 두 번째 사건도 조사가 진행 중이라고 밝혔다.[114] 유엔조위가 이 사건을 접하게 된 것은 앞서 4월 9~10일 선거준비 상황을 확인하기 위해 제주도를 방문했던 위원단 대표들이 미 고문관(제주도 민정장관)의 답변을 통해 사건 내용을 인지하게 됐기 때문이다.

이에 딘 소장은 4월 16일 오후 6시 이들의 우려를 불식시키고 5·10 선거를 성공시키기 위해 해안경비대와 국방경비대에 제주도 합동작전을 구두 명령했다.[115] 합동작전은 4월 19일 시작하고 해안경비대의 지원을 받아 국방경비대 1개 대대를 4월 20일까지 제주도에 상륙하도록 하는 것이었다. 경비대원들에게는 카빈과 소총 탄약 90발, 기관총 1정당 탄약 500발을 휴대하도록 했다. 미군정이 진압 작전의 전면에 나선 것은 미국의 제주도 소요 개입의 수준을 파악할 수 있게 한다. 이에 따라 부산 주둔 제5연대 2대대(대대장 오일균 소령)가 '비상사태'를 지원하기 위해 4월 20일 제주도에 도착했다. 또 제5연대의 상급부대인 부산 주둔 제3여단 고문관 드로이스(Clarence D. DeReus) 대위가 통위부장 고문관 프라이스 대령의 지시에 따라 제5연대 2대대와 동행했다.[116] 제주도 민정장관 맨스필드 중령은 딘 소장의 지시에 따라 경비대에 대한 작전지휘권을 부여받았다.

군정장관 딘 소장은 4월 18일 제주도 민정장관 맨스필드에게 전문을 보내 제주도에 배치된 연락기 L-5 2대와 4월 20일 도착 예정인 국방경비대 1개 대대를 제주도 주둔 경비대와 함께 작전 통제하에 두도록 했다. 딘은 또 '제주도의 파괴분자를 섬멸하고 법과 질서를 회복하기 위해' 경비대를 민정장관 임의대로 사용할 수 있도록 하고, 대대적인 공격에 앞서 '불법분자'들의 지도자들과 접촉하기 위한 모든 노력을 기울여 그들에게 귀순할 기회를 주도록 명령했다.[117] 이와 동시에 주한미군사령관 하지 중장은 제6사단장 워드 소장에게 전문을 보내 작전과 관련해 맨스필드 중령에게 지원을 아끼지 말도록 하는 한편 공격을 받지 않는 한 미군부대는 개입하지 않도록 지시했다.[118] 이러한 미군정의 지시는 미군정과 경비대와의 관계, 그리고 제주도 소요 진압에 대한 미군정의 역할을 극명하게 보여주고 있다.

이와 같이 제주도에 대한 대대적인 무력 진압 작전 준비를 마친 끝에 경비대는 경찰과 함께 작전에 들어갔다. 4월 23일 밤 11시 30분부터 다음 날 새벽 5시까지 경비대가 제주읍을 포위한 가운데 경찰은 60명의 '폭도' 혐의자들의 집을 급습하는 합동작전을 벌였다. 이 작전에서 60명을 체포해 이 가운데 30명을 석방했다.[119] 경비대 제5연대 제2대대는 4월 23~30일 제주도 내 해안을 따라 3차례의 도로 행군을 실시하는 동안 행군로 주변에 있는 모든 마을을 포위하고 경찰의 지원을 받아 모든 주민을 심문했다.[120] 각 마을에서는 '공산주의자'와 그 혐의자, 무기, 탄약 등에 대한 수색이 집중됐다. 김익

1948년 8월 29일 남한 근무를 끝내고 이임한 주한미군사령관 하지 중장이 일본 하네다 공항에 영접 나온 인사들에게 손을 흔들며 미소를 짓고 있다.

렬은 『국제신문』(1948.8.6) 기고문에서 "본격적인 전투를 개시한 것은 4월 20일 증원부대가 제주도에서 오고서부터"라고 해 딘의 작전명령 사실을 뒷받침했다.

4월 초순 무장대의 공세에 이어 같은 달 하순이 되자 미군정의 진압 작전이 전개되기 시작했다. 진압 작전의 주체도 경찰에서 경비대로 넘어갔다. 미군정이 경비대에 개입을 명령하기 이전까지 제주도 사태는 무장봉기 주체세력들이 경비대가 아닌 경찰과 서청을 주요 대상으로 삼은 데서 알 수 있듯이 경찰과 무장대 간의 문제였으나 미군정의 본격 개입 이후에는 달랐다.

〈표 4-2.1〉은 경찰과 미군의 통계가 제각각이어서 정확한 수치를 내기

는 어렵지만 4·3 무장봉기 이후 초기 경찰관의 인명피해에서 일반인과 이른 바 '폭도'의 인명피해가 점차 크게 늘어나고 있음을 알 수 있다. 한편 대동청년단(대청) 중앙본부는 4월 3일부터 15일까지 제주도 내 대청과 파견된 대청원 등 모두 14명이 사망하고 51명이 중상을 입었다고 발표했다.[121]

〈표 4-2.1〉 제주경비사령부 발표 등을 토대로 한 4월 3~25일 인명피해 상황[122]

일자		3-4[123]	3-7[124]	3-9[125]	3-15[126]	11-17[127]	3-19[128]	3-25[129]
경찰관	사망	4	4	4	7	3	7	7
	부상	7	7		10	2	9	11
	행불		2					
	납치	2						3
일반인[130]	사망	7	12	12	17	9	25	34
	부상	13	43		49	12	45	57
	행불	3	10			11	23	
	납치	3						15
폭도[131]	사망	3	6	3	5	2	29	47
	부상				1	9	2	71
총계	사망	14	22	19	29	14	61	88
	부상	20	50		60	23	56	139
	행불	3	12			11	23	
	납치	5	.					18
	검거							293

미국의 『워싱턴 포스트』와 『뉴욕 타임스』, 『로스엔젤레스 타임스』 등 유력 언론들은 4월 24일 일제히 제주도 소요가 '심각한 상황'을 만들어내고 있다며, 5·10 선거를 저지하려는 무장대의 공격을 보도하는 등 제주도의 사태 전개를 주목하기 시작했다.

이런 가운데 주한미군사령부와 미군정의 작전계획에 따라 경비대는 4월 27일부터 제주도에서 본격적인 작전에 들어갔다.[132] 제24군단 작전참모부 슈(M. W. Schewe) 중령은 직속상관인 작전참모 타이첸(A.C. Tychen) 대령[133]의 지시에 따라 이날 정오 제주도를 방문해 무장대 진압과 주민 장악에 대한 제주도 민정장관 맨스필드 중령의 작전 계획을 점검했다. 슈 중령이 방문할 당시 제주도에는 제6사단 제20연대장 브라운 대령과 제주도 주둔 제20연대 파견대장 가이스트(Russell C. Geist Jr) 소령, 그리고 4월 20일 군정장관의 명령으로 제주도에 파견된 경비대 제5연대 고문관 드로이스 대위 등 여러명의 미군이 있었다.[134] 하지 중장은 브라운 대령을 통해 맨스필드 중령에게 (1) 국방경비대가 즉시 역할을 할 것 (2) 모든 시민소요를 중지시킬 것 (3) 게릴라 활동을 신속하게 진압하기 위해 경비대와 경찰 사이에 명확한 관계설정을 할 것 (4) 미군은 개입하지 말 것 등 4개항의 지침을 시달했다. 미군은 직접 개입 대신 경비대를 동원해 진압하는 방식을 채택했다.

미군정은 5·10 선거의 성공을 위해 제주도 소요를 하루속히 진압해야 했지만, 미군의 불개입 지시는 2차례나 제주도 민정장관 맨스필드에게 전달됐다. 미군이 직접 전투에 참여하는 것은 국제문제로 비화될 수 있었고, 여론의 비난을 살 수도 있었기 때문에 전투 현장에 출현하지 않도록 했다. 국내 언론

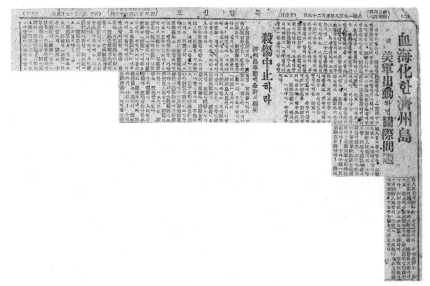

'혈해화 한 제주도, 미군 출동하면 국제문제'라는 제목으로 『독립신보』(1948.4.25) 2면에 보도된 제주도 사태. 그러나 이런 보도와는 달리 미군은 깊숙하게 제주도 사태에 발을 들여놓고 있었다.

도 미군의 움직임을 감지하고 있었다. 『독립신보』(1948. 4. 25)는 '혈해(血海) 화 한 제주도, 미군 출동하면 국제문제'라는 제목으로 "미군까지 출동하여 제주도민을 미군의 총포로 거두게 된다면 이것은 조선 인민을 해방시키러 온 미군이 조선 인민에게 총부리를 대게 되는 결과를 초치하게 되는 것으로 제주도 사건은 국제문제로 될 것으로 그 귀추가 극히 주목된다"고 보도했다.

그리스 내전 시기 국제적인 주목을 의식해 미 국무부가 미군 고문관들에게 전투현장에 나서지 않도록 지시한 것과 일맥상통하는 이러한 정책은 트루먼 독트린 이후 미국이 외국에서 택한 군사전략이기도 했다. 트루먼 행정부는 외국에서의 미군의 출현이 공산주의자들의 비난을 살 것이라며 직접 개입을 반대했다. 주그리스 미국 원조사절단(AMAG) 단장으로 임명된 그리스월드(Dwight P. Griswold)가 그리스에 부임하기에 앞서 1947년 7월 9일 국무장관 마샬을 비롯해 전쟁장관, 해군장관, 재무장관 등이 참석한 가운데 열린 회의에서 미국의 고위관리들은 "그리스에서의 우리 활동에 대한 유엔의 감시를 허용해야 하며 제국주의라는 비난을 피하기 위해 마련돼야 한다"고 말할 정도로 세계 여론을 의식했다.[135] 마샬은 그리스 정부 각료 선임과 관련해 유엔에서의 비난을 피하기 위해 '신중한 제안'을 통해 이뤄지기를 희망했다.[136] 미국의 이런 정책은 그리스 내전 초기 미국의 군사적 개입에서도 나타났다. 1947년 5월 그리스 주재 미군사단(USAGG) 단장 리브세이(William L. Livesay) 장군은 미군 장교들이 야전에 나갈 때 "귀관들은 무기를 휴대하지 말고 할 수 있는 한 최대한 은폐하고 귀관들이 할 수 있는 것을 보되 전투에 개입하지 말라"고까지 지시했다. 실제로 미군 보고서는 "반대자들이 원조 프로그램과 관련해 미국이 군사작전을 수행하고 있다고 비난할 수 있기 때문에 야외 전투현장에 관찰자들이 머무르지 않아야 한다"고 언급했다.[137] 그러나 제주도에서는 달랐다.

미군정의 모든 관심은 5·10 선거의 성공적인 실시에 맞춰졌다. 슈 중령이 제주도를 방문한 4월 27일 딘 장관은 선거 방해자에 대한 신속한 수색과 재판 등 처벌 방침을 경무부장과 사법부장에게 지시했다.[138] 하지 중장은 같은 날 한국인들이 공산주의자들의 위협에도 불구하고 5·10 선거에 매진할 것이라는 성명을 발표하는 등 선거 실시에 따른 분위기 조성에 노력을 기울이고 있던 때였다.[139] 그리고 이날 제주도에서는 작전명령 제1호가 실행됐다. 이 작전에서 미군정은 연락기(조종사 제6사단 포인텍스터 Poindexter 중위, 제59군정중대 번즈 Robert Burns 대위)를 이용해 경비대 제5연대의 마을 소탕작전을 시찰했다. 제5연대 고문관 드로이스 대위는 차량을 타고 직접 마을에 진입했으나 너무 많은 미군이 마을에 나타나는 것은 바람직하지 않다는 하지 중장의 지침과 맨스필드 중령의 발언에 따라 슈 중령은 동행하지 않았다. 경비대의 지휘 아래 경찰은 민간인 심문에 참여했다.

미군은 하지 중장의 지침에 따라 현장에 나서지 않은 채 '보이지 않는 손'의 역할을 하면서 모든 작전계획을 세우고, 경비대를 통해 시행했다. 하지 중장은 제주도 작전의 성공을 염원했고, 제주도 주둔 경비대의 성패에 남한 국

1948년 4월 제주도에 배치된 미군 연락기(L-5)에 탑승한 조종사와 한 미군이 대화를 나누고 있다. 미군은 이 연락기를 이용해 대대와의 연락용 또는 중산간 지역 주민과 무장대의 움직임 등 정보를 경비대에 제공했다. ('Mayday in Chejudo' 동영상 갈무리)

민들의 관심이 집중되고 있다고 판단했다. 이런 하지 중장의 입장은 슈 중령에 의해 경비대 김 중령에게 전해졌다. 4월 28일 작전명령 제2호로 전개된 제5연대의 마을 소탕작전은 슈 중령이 연락기에 탑승해 직접 시찰했다. 슈 중령이 목격한 경비대의 제주도 작전은 이날 낮 12시 40분 서울로 귀경할 때까지 이뤄졌다. 미군정의 작전계획은 5월 1일까지 5단계로 계속하는 것이었다. 작전명령 계획은 다음과 같다. ⑴ 작전명령 제3호(4월 29일)=경비대 제5연대, 제9연대가 제주읍과 모슬포에서 시작해 노로오름 방면 소탕작전 ⑵ 작전명령 제4호(4월 30일)=경비대 제5연대의 제4지역내 마을 소탕작전 ⑶ 작전명령 제5호(5월 1일)=경비대 제5연대, 제9연대의 교래리 방면 오름 소탕작전 ⑷ 향후 작전은 이들 작전의 결과에 달려있다는 것이었다. 미군정의 작전계획을 보면 4월 27일부터 5월 1일까지 닷새동안 지속하는 것으로 오직 무장대 섬멸에 목적을 두었다. 슈 중령은 제주도 상황에 대해 4월 28일 이전의 작전은 상황을 정당화할 만큼 공격적이지 못했다고 평가했다. 이와 같은 평가는 신속하고 강경하게 진압해야만 선거의 성공적인 실시와 남한 내에서 공산주의 세력을 척결하는 본보기가 될 수 있다는 뜻이기도 했다. 이밖에 그는 ⑴ 제59군정중대 사령관이 강력하게 추진하면 상황을 대처하기에 충분하다. ⑵ 오름에 있는 것으로 추정되는 공산주의 조직가들과 게릴라들이 내려오도록 신속하고 강력한 조처가 취해져야 한다. ⑶ 경찰과 대동청년단이 민간인들로 하여금 반경찰화 되게 하고, 현재 두려움 속에서만 협조하게 할 뿐 협조하지 않는 방식으로 활동한다. ⑷ 폭도(인민유격대)는 1,000~2,000여 명에 이르며, 소규모 단위로 잘 분산 배치돼 있다. ⑸ 제주도 내 부대 간 보다 좋은 통신시설이 필요하다고 평가했다.[140] 그리스 내전에 대한 미국의 개입과 마찬가지로 4·3 무장봉기 초기에는 미군정도 국제적인 주목을 피하기 위해 은밀하게 접근했다.

딘과 워드의 동시 시찰…국제문제화하는 제주도 사태

총공격이 개시된 다음 날인 4월 29일에는 군정장관 딘 소장이 직접 제주도 상황을 파악하기 위해 방문했다. 그의 제주도 방문은 1947년 11월 26일 이후 처음이다. 슈 중령이 4월 28일 제주도 경비대의 작전 상황을 직접 확인한 데 이어 미군정 최고 책임자가 내도한 것이다. 언론은 딘의 방문을 두고 '제주도의 미국과 조선측 관헌들과 협의하기 위해' 제주도를 '여행'했다고 밝혔다.[141] 그런데 딘 소장만 온 것이 아니었다. 그의 제주도 방문에는 제6사단장 워드 소장이 함께 동행했다. 미국 육군 소장 2명이 동시에 제주도의 작전 현장을 시찰한 것은 이례적이다. 앞서 4월 28일에는 『뉴욕헤럴드 트리뷴』지 특파원 레이몬드(Allen Raymond)와 『타임』과 『라이프』지의 사진기자 마이던스(Carl Mydans)가 제주도 현지 취재를 위해 제주도를 찾았다. 당시 AP

미 제6사단장 워드 소장이 1948년 5월 15일 부산시장 김철수(가운데)와 통역사 한영길 박사와 5·10 선거 결과를 검토하고 있다.

통신과 UP통신이 대부분 서울의 미군 소식통을 인용해 기사를 작성했던 데 견줘 이들 특파원은 제주도를 직접 방문해 기사를 작성했다. 레이몬드는 '경찰의 야만성이 제주도 내전의 원인'(Police Brutality Held Cause of Cheju Civil War)이라는 제목의 기사에서 "아름다운 제주도에 휘몰아치고 있는 내전의 주요 원인은 경찰의 야만성에 있다"고 진단했다.

"2명의 신부는 성골롬반 외방선교회 신부들이다. 그들은 (태평양)전쟁 시기 본토에서 일제에 투옥된 시기를 제외하면 각각 12년, 14년 동안 제주도에 살고 있다. '이런 모든 소요는 소련의 방식에 들어맞는다. 그러나 경찰은 좌익을 만들어내고 있다.' 스위니 신부는 오늘 제주도를 방문 중인 미국 특파원들에게 이렇게 말했다. '당신이 이들 경찰관 가운데 한 명으로부터 폭행을 당하면 당신은 자연적으로 반란군이 될 것이다. 누구든 그렇지 않은가?' 스위니 신부는 제주도의 공산주의자들은 극소수라고 말했다. 극소수─이들은 또 (일제 강점기) 지하에서 일본인들에 맞서 투쟁했다─는 산간지대의 반란군과 함께 있다고 그는 말했다. 이들 신부는 본토에서 들어온 경찰 책임자를 포함한 제주경찰이 '일제 경찰보다 나쁘다'고 말했다. 신부들은 또 미군 당국이 심문을 기다리는 유치장 수감자들에 대한 폭행을 중지하도록 경찰에 충고했지만 방문 중인 미군 장교들이 등을 돌리기만 하면 보편적인 방식으로 폭행이 계속 자행되고 있다고 말했다."[142]

신부들은 제주도의 공산주의자가 극소수이며, 경찰로부터 폭행을 당하면 누구든지 반발하게 된다고 지적했다. 이들 신부는 제주도에 있는 유일한 외국 민간인으로 제주도 미군정중대 관리 및 미군 고문관들과 교류하면서 제주도의 상황을 알렸고, 이들에게 정보를 제공하기도 했다. 군정장관 딘과 인터뷰한 레이몬드의 이 기사를 보면 딘 소장의 4·3에 대한 인식을 엿볼 수 있다. 딘은 "경찰의 야만성과 우익 정치도당들의 테러가 사실 제주도 투쟁의 원인이기는 하지만, 공산당의 역할도 과소평가해서는 안된다. 우리는 공산주의자들이 제주도를 무질서 상태로 만들기 위해 정부에 대항해 할 수 있는 것은 무엇이든 하려고 시도하고 있다는 정보를 가지고 있다. 그래서 우리는 게릴라들을 체포하기 위해 경비대를 파견하고 경찰에 손을 떼라고 명령했다"고 레이몬드에게 말했다.

딘은 제주도 사건의 원인을 경찰의 야만성과 테러보다는 공산주의자들이 체제 전복을 시도한다는 쪽에 무게를 뒀다. 이러한 딘의 입장은 하지 사령관의 정치고문관 제이콥스가 국무부에 보낸 문서에서도 드러난다. 제이콥스는 5월 4일 "군정장관 딘이 제주도를 방문한 결과 대체로 이북 출신 경찰과 최근 제주도에 들어온 청년단체 회원들―이들도 주로 이북 출신으로 구성된 서청―에 대한 제주도민들의 원한이 많다는 것을 알게 됐다"고 밝혔지만 미군정이 제주도의 상황을 개선하려는 노력이나 대책에 대해서는 언급하지 않았다.[143]

딘과 워드 소장의 제주도 방문은 경비대의 출동에서부터 작전명령의 이행에 이르기까지 직접 확인하고, 상황을 파악하려는 의도가 있었다. 딘과 워드는 연락기에 탑승해 경비대가 마을을 포위하고 심문하기 위해 18세 이상의 모든 남성을 체포하는 산간지역을 시찰했다. 미군은 이날 제주도에 체류하고 있던 미군 장교 부인 4명과 아동 4명 등 미군 부양가족을 소개했다.[144] 현지

Reds Start Trouble In Korea

(Signal Corps Photo)
Maj. Gen. W. F. Dean, military governor of Korea, arrives on Cheju Island to confer with Lt. Col. James R. Mansfield (right). Communists in the area have started an uprising in an effort to disrupt the coming Korean elections.

군정장관 딘 소장 일행이 1948년 5월 5일 제주도에서 제주도 민정장관 맨스필드 중령을 만나 이야기를 나누고 있다는 사진이 미 육군신문 『스타스앤트스트라이프스』지에 실렸다.

주둔 미군 가족들의 소개는 미군이 그만큼 제주도 사태를 심각하게 보고 있다는 반증이기도 하다. 국내외 언론도 5·10 선거를 앞두고 딘 소장의 제주행을 보도하는 등 제주도 사건에 관심을 가졌다. UP통신 서울 특파원 로퍼의 기사는 "미 주둔군 당국은 소문에 잠긴 제주도로부터 8명의 미인 부녀자들을 철퇴시켰는데 동지에서의 공산당 신공세는 미·소 긴장상태를 전 조선을 통하여 발생케 하고 있다"[145]며 제주도 사태가 한반도의 미·소 간 대립을 격화시키고 있다고 분석했다. 미국 뉴욕발 UP통신은 제주도 사건과 관련해 "스탈린 씨는 국련 감시 하의 5월 10일 선거 방해 공작에 유격전술까지 가(加)하고 있다. 공산당은 조선에서 적색 군사단체를 희랍과 기타 지역에서 사용한 것과 같은 테러 전술을 사용하고 있다"는 미국 신문의 논평을 타전했다.[146]

딘과 워드의 제주도 방문 엿새 뒤인 5월 5일, 이번에는 딘 소장이 안재홍 민정장관, 조병옥 경무부장, 송호성 경비대 총사령관 등과 함께 다시 제주도를 방문했다. 5일 오전 7시 김포비행장을 출발해 제주도에 내도한 이들 4인은 오전에 각자 개별적으로 조사한 뒤 오후 1시에 모여 의견을 교환했다.[147] 딘은 제주도 민정장관 맨스필드 등 미군을, 안재홍은 유해진 지사를, 조병옥은 경찰을, 송호성은 제9연대를 상대로 제주도 사태의 진상을 파악하고 상황을 점검했다. 남한 정부 수립을 위한 5·10 선거를 눈앞에 두고 미군정 최고 책임자인 군정장관이 4월 29일과 5월 5일 2차례나 제주도를 방문한 것은 제주도 사건이 안고 있는 폭발성을 단적으로 보여준다.

딘 소장 등 이들이 제주도를 방문하기 하루 앞서 『독립신보』(1948.5.4)는 '피로 물드린 제주도를 주시하자! 쓰러져가는 제주인민 빨리 구출하자! 민전서 애국인민에 격(檄)', '사상만 500여 명, 봉기인민 47명이 희생', '통행 중의 도민을 참혹! 경관이 사살', '단선 중지요구, 제주도서 교섭진행?', '인민을 참살하려는가, 경비대 행동 개시선언' 등 하루에만 5꼭지의 기사를 쏟아냈다. 이러한 보도가 나올 때 이뤄진 미군정 수뇌부의 제주도 방문은 국내 언론의 비상한 관심을 모았다.[148]

이들이 제주도에서 연 회의에서 딘과 조병옥이 강경진압을 주장했다는 내용이 김익렬의 유고를 통해 일부 소개됐을 뿐 구체적으로는 알려지지 않았다. 후술하겠지만, 제11연대장 작전참모의 발언은 김익렬의 증언을 뒷받침하고 있다. 제주도 현지에서 회의를 한 뒤 당일 서울로 돌아간 딘 장관은 이튿날 '평화협상'에 나섰던 김익렬 중령을 해임하고, 박진경 중령을 임명함으로써 강력한 토벌정책을 채택했다. 그는 이날 기자회견에서 "4인이 의견을 교환한 결과 결론은 모두 같았다"며[149] 제주도 무장봉기를 '5·10 선거에 반대하는 북조선 공산군 간자(間者)에 의한 사주로 일어난 것'으로 규정했다.[150] 딘은 "현재 제주도의 분위기는 대체로 평온하며 국방경비대와 경찰의 협조적 노력으로 불원간 진압될 것이다",[151] "서울 일부 신문에서 보도하듯이 '제주도를 인민의 피로서 물들이었다'는 과대한 소식은 오보임이 판명되었다. 그리고 현재 도내 경비대와 경찰로 평온하고 있으며 풍광명월한 동도(同島) 내의 주민들은 각기 그들의 생업에 종사하고 있었다"[152] 라고 말했다. 『부인신보』(1948.5.7)는 한 발 더 나아가 '딘 장관 시찰담, 제주도는 평온 허위보도

1948년 5월 5일 제주도를 방문한 군정장관 딘 소장이 제주도 민정장관 맨스필드 중령과 이야기를 나누고 있다. ('Mayday in Chejudo' 동영상 갈무리)

에 속지말라'는 제목으로 "서울 공산주의 계열의 신문보도는 제주도 인민의 피로 물들었다고 이것을 그대로 믿는다면 경관과 국방경비대는 인민을 살육하는 것이라고 볼 수밖에 없다. 이것은 실정을 모르고 허보, 낭설하는 것으로 반면에 선거 완수에 전력하는 선량한 인민이 살인 방화 폭행 등을 당하는 일은 있다. 실정을 모르는 악질분자의 소행이다"라고 발언했다고 소개했다.

그러나 이런 언론의 보도야말로 허위보도였고, 제주도 상황은 처절했다. 주한미군사령부 작전참모의 4월 27~28일 제주도 작전 참관 및 작전명령 실행, 4월 29일 딘과 워드의 제주도 시찰, 미군 부양가족의 소개 등으로 제주도 사태가 날로 심각해지는 가운데 두 차례나 제주도를 방문한 군정장관이 "제주도는 평온한 상태이며 도민은 생업에 종사하고 있다"고 한 발언은 군정 최고 책임자로서 의도적으로 제주도 사태를 축소하고 은폐하려는 시도였다.

5·10 선거가 가까워지면서 제주도 사태는 미군정 수뇌부의 직접 개입뿐 아니라 외신을 통해 보도되면서 국제문제로 비화되고 있었다. 딘과 워드의 제주도 동시 방문과 군정 수뇌부의 제주도 현지회의 뒤 미군정은 제주도 사태를 '전면적인 유격전'(full-scale guerrilla warfare)으로 보고 진압을 강화했다.[153]

'평화협상'과 미군정의 전략

군정장관 딘 소장이 4월 18일 제주도 민정장관 맨스필드에게 "대대적인 공격에 앞서 '불법분자'들의 지도자들과 접촉하기 위한 모든 노력을 기울여 그들에게 귀순할 기회를 주도록"한 명령은 그대로 이행됐다. 이 명령은 무장대의 의도와 전력을 탐색해 그들을 투항하도록 한 뒤 전면적 공격을 하겠다는 의도였다.

제9연대장 김익렬과 제주도인민유격대 사령관 김달삼 간의 '평화협상'은

4월 28일 대정면 구억국민학교에서 열린 것으로 알려져 있다. 이에 따라 이 회담은 이른바 '4·28 평화협상'으로 불리고, 5월 1일 '오라리 방화사건'이 없었더라면 유혈 참극을 막을 수 있었을 것이라는 가설이 일반적으로 받아들여진다.[154] 필자는 김익렬-김달삼 간 평화협상이 4월 28일이 아니라 4월 30일 열렸으며, 평화협상 자체를 미군정의 양동작전으로 보고 있다. 또한 무장대와 경비대·경찰 간의 협상은 몇 차례 더 열린 것으로 본다. 그러나 평화협상 개최일이 4월 28일이든 4월 30일이든 미군정의 전략이라는 관점에서는 문제되지 않는다. 이는 무장대가 투항하지 않는 한 미군정이 무장봉기 원인의 근본적 해결보다는 5·10 선거의 성공과 '공산주의 세력'의 척결을 위해 강력한 진압 작전을 벌였을 것이기 때문이다.

김익렬-김달삼 간 평화협상의 내용에 대해서는 아직까지 평화협상 당사자인 제9연대장 김익렬의 기록만 있을 뿐 발굴된 자료는 없다. 그러나 그가 쓴 협상 내용과 국내 신문, 미군의 일부 문서를 통해 평화협상의 전말을 유추할 수 있다. 김익렬이 직접 평화협상과 관련해 쓴 글은 2편이다. 하나는 김익렬이 1969년 육군 중장으로 예편한 뒤 쓴 '4·3의 진실'로, 이 글은 1988년 그가 작고한 뒤 공개함으로써 '유고'가 됐다.[155] 또 다른 하나는 평화협상이 끝난 지 3개월 뒤『국제신문』(1948.8.6~8)에 3차례 본인의 이름으로 쓴 기고문이다.[156]

'4·28 평화협상'설은 초대 제주도 제9연대장을 지낸 장창국이 쓴『육사 졸업생』에 기인한다. 책에는 "1948년 4월 28일 오전 11시였다. 이윤락 중위(제9연대 정보주임장교-필자)가 반도의 통보를 받아왔다. 오후 1시에 회담하자는 것이었다"며 평화협상 날짜를 4월 28일이라고 적시했다.[157] 그러나 평화협상 당사자인 김익렬이 평화협상 날짜를 4월 28일이라고 한 적은 없다. 그가 평화협상을 한 지 100여 일이 채 안 돼 기고한『국제신문』기고문에서는 '4월 30일'로 날짜를 적시하는 한편 유고에서는 '4월 말'로 기록하고 있다.

평화협상 이전 경비대와 무장대 쪽이 평화협상을 성사시키기 위한 과정은 일부는 공개적으로, 일부는 비공개적으로 진행됐다. 경비대는 4월 22일부터 연락기를 이용해 회담을 제의하는 전단을 뿌렸다.[158] 『국제신문』(1948.8.6) 기고문에 따르면 김익렬은 4월 22일 정오 "민족사상을 고취하고 동족상쟁의 비극을 피하며 평화적 해결을 하기 위하여 너희들이 원하는 장소에서 책임자와 직접 면담하되 신변은 절대 보장할 것이며 이러한 평화적 용의에 응하지 않으면 산상으로 올라가는 보급을 중단하며 최신식 기계화부대를 동원할 것이다"라는 내용의 선포문을 공중 살포했다. 『부산신문』(1948.5.1)은 서울발 '공립통신'을 인용해 김익렬이 22일 오전 9시부터 2시간여에 걸쳐 한라산 일대에 다음과 같은 전단을 비행기로 살포했다고 전했다.

> "친애하는 형제제위여. 우리는 과거 반세기에('반삭 동안에'의 오기—필자)[159] 걸친 형제제위의 투쟁을 몸소 보았다. 이제 우리는 형제제위의 불타는 조국애와 완전 자주 통일독립에의 불퇴전의 의욕을 그리고 생사를 초월한 형제제위의 적나라한 진의를 잘 알고 있다. 형제제위의 목적은 벌써 어느 정도 달성되었다. 자에 본관은 통분할 동족상잔과 골육상쟁은 이 이상 유해무득이라고 인정한다.
> 친애하는 형제제위여. 천년 후대에 유한(有恨)이 될 피비린내 나는 동족상잔을 이 이상 확대시키지 않기 위하여 형제제위와 굳은 악수를 하고자 만반의 용의를 갖추고 있으니 우리를 믿으라. 무기를 버리고 부모형제의 따뜻한 품 안으로 돌아가거라. 본관은 이에 대한 형제제위의 회답을 고대한다. 우리가 회담할 수 있는 적당한 시일과 장소를 여하한 방법으로든지 24일 정오까지 제시하여 주기를 바란다."

이때만 해도 경비대는 무장대를 '폭도'나 '반도', '공비'가 아니라 '불타는 조국애'와 '자주 통일 독립에의 불퇴전의 의욕'을 가진 '형제'이며, 무장봉기의 '진의'를 알고 있다고 했다. '단선 단정 반대'를 조국애와 통일 독립 의지로 표현한 것이다. 심지어 경비대는 이 전단에서 무장봉기를 '폭동'이라는 표현을 쓰지 않고 '투쟁'으로 표현했다. 최소한 이 시점에서는 경비대는 무장대와 타협의 여지가 있었다. 무장대 쪽은 기한에 맞춰 24일 오전 6시 "평화회담에는 응할 용의가 있으나 신분 보장한다는 말은 믿을 수 없다"는 뜻을 전단을 통해 답변했다.

제9연대는 25일 "절대 신분 보장한다"는 전단을 살포했고, 무장대는 26일 "경비대의 신사성을 믿는다. 29일 12시경에 회견하되 장소는 추후 통지하겠다"고 답변했다. 경비대와 무장대는 서로 연락을 주고받으면서 평화협상을 시도했다. 제9연대는 무장대의 답신이 오자 회담과 관련한 회의를 열었으나 5월 1일 메이데이를 앞둔 시점에 전투행위를 중지하고 29일까지 기다리는 것은 '반란군'의 세력을 만회시키고 메이데이 행사에 큰 힘을 주는 것이 된다는 결론을 내리고 27~29일 전투를 개시했다.[160] 제9연대는 27일 오전 10시 께부터 작전을 개시하는 한편 투항을 권유하는 전단을 다시 살포했다.[161] 이날은 전술한 슈 중령이 입도해 미군 수뇌부의 작전 지시를 전달한 날이었다.

> "형제제위여. 본관이 제위의 민족적 양심에 호소하고 사건을 평화적으로 해결하려는 수차에 긍한 권고문과 교섭은[162] 형제제위의 지도자의 무성의에 의하여 수포에 귀하였다. 국방과 치안의 책을 쌍견에 걸머진 국방경비대는 사건 발생 후 2순(20일—필자) 이상을 은인자중하여왔다. (중략) 본관은 전투를 개시할 것을 선언한다. 그러나 본관은 '동족상쟁'은 어디까지든지 원치 않는다. (중략) 지금도 늦지 않다. '동족상쟁'을 원치 않거든 속히 귀순 투항하라. 연락원을 급속히 파견하라."

김익렬은 "27, 28, 29일 3일간은 맹렬한 전투를 개시하였는데 이 전투는 제주도 소탕전 중 제일 격렬한 전투였다"고 언급했다. 위의 전단 내용을 보면 제9연대는 여러 차례 회담과 투항을 요청하는 권고문을 뿌리고 무장대 쪽과 몇 차례 교섭을 벌였으나 김달삼의 거부로 무산됐다. 무장봉기 발발 이후 4월 27~29일이 가장 격렬한 소탕전이었다는 김익렬의 기고문과 슈 중령의 작전 보고서는 어느 정도 일치하고 있다. 30대 농부로 보이는 무장대 쪽 연락원은 이에 29일 정오 연대 정보부를 찾아와 "무조건 항복한다"며 30일 정오 안덕면 산간부락에서 3인 이내 비무장 상태에서 회견하자고 제의했다고 김익렬은 밝혔다. 이에 즉시 참모회의를 열고 이러한 요구조건에 대한 응수

조건을 토의했다고 덧붙였다.[163]

기고문에 따르면 제9연대장 김익렬은 4월 30일 예정대로 제주도인민유
격대 사령관 김달삼을 만났다. 전체적으로 보면 기고문에서는 김달삼의 요구
사항 자체를 김익렬이 전면 거부한 것으로 나와 있으나, 유고에서는 양자 간
에 어느 정도의 타협이 이뤄진 것으로 돼 있다. 김익렬은 기고문에서 무장대
측 연락원이 온 뒤 즉각 참모회의를 열고 회담 조건을 토의했다고 했으나, 유
고에서는 제주도 민정장관 맨스필드와 경비대 제5연대 고문관 드로이스 대
위로부터 협상지침을 받았다고 밝히고 있다. 김익렬은 또 유고에서 권한행사
와 관련해 딘 장관을 대리하고, 범법자에 대한 사면권을 주기로 했다고 했으
나 기고문에서는 이에 대한 언급이 없다. 기고문과 유고에 나온 요구조건과
협상 결과를 표로 정리하면 다음과 같다.

〈표 4-2.2〉 김익렬의 『국제신문』(기고문)과 '4·3의 진실'(유고) 내용 비교

요구조건	김익렬 ⇨ 김달삼	김달삼 ⇨ 김익렬	협상 결과
기고문	(1) 완전 무장해제 (2) 살인·방화·강간범과 그 지도자의 자수 (3) '인민군' 간부 전원인 질로 구금 (4) 위 조건은 조약일로부터 7일간	(1) 단정 반대 (2) 제주도민의 절대자유보장 (3) 경찰의 무장해제 (4) 도내 관청, 고급관리 전면 경질 (5) 관청 고급관리 수회자 엄중처단(명부 제출) (6) 도외 청년단체원의 산간 부락 출입 금지	○ 김익렬 -김달삼의 요구조건 거부 ○ 김달삼 -김익렬의 요구조건 수용
유고	(1) 전투행위 즉각 중지 (2) 무장해제 (3) 범법자 명단 제출 및 즉각 자수	(1) 민족반역자, 악질경찰, 서북청년단의 추방 (2) 도민의 경찰 편성 전 군대의 치안 담당 및 현재 경찰 해제 (3) 의거 참여자 전원 안전과 자유 보장	○ 김익렬 -김달삼의 (1), (2) 요구조건 수용 -범법자 탈출 배려 합의 ○ 김달삼 -김익렬의 (1), (2) 요구조건 합의 -양쪽 72시간 내 전투 완전 중지 -5일 이후 전투는 약속위반 간주 -단계적 무장해제 및 약속 위반 시 즉각 전투재개 합의

김익렬의 '유고'와 관련해 1947년 3·1절 기념대회 때까지 남로당 대정면

책을 맡았고, 협상 직후인 5월 초 두 차례 김달삼을 만났다는 이운방은 김익
렬의 유고 내용을 반박했다. 그는 "유고에 따르면 김익렬은 김달삼에게 조롱
과 고자세, 질책, 훈시로 일관한 반면 김달삼은 저자세를 유지한 것으로 돼
있는데 이는 협상이 아니며 합의는 더더욱 아니다. 김익렬이 주장하는 바와
같이 인민유격대측이 굴욕적인 합의를 받아들였다면, 그것은 합의가 아니라
굴복한 것이며 4·3 항쟁은 구국항쟁이기 전에 소수의 무모분자들에 의한 아
희(兒戲)에 불과한 것이 되고 만다"고 비판했다.

이운방은 평화협상 직후인 5월 2일 대정면 하모리의 한 사가에서 열린 회
의에서 김달삼을 1947년 3·1사건 이후 1년 2개월 만에 만났다고 했다. 이
자리에서 김달삼은 평화협상을 언급하지 않은 채 "우리들에게는 모든 내외정
세의 성숙에 의하여 충분한 승산이 있다"고 말했다는 것이다. 또 그로부터 며
칠 뒤에도 같은 장소에서 만나자 김달삼이 "경찰력만으로는 4·3 부대의 진압
은 불가능한 일이며 경비대는 중립적이면서도 오히려 유격대에 대하여 호의
를 갖고 있기 때문에 이승만(미군정)의 무리가 의뢰할 곳은 미점령군 밖에 없
게 된다. 그러나 미점령군이 우리 사업에 직접 간여하게 된다면 그것은 크나
큰 국제문제로 화할 염려가 있기 때문에 이 또한 바랄 수 없는 일이다"하고
자신 있게 말했다고 한다. 이운방은 "이런 상황에서 김달삼이 자신의 요구조
건을 거의 불문에 부치고 상대방의 요구조건을 거의 그대로 이렇다 할 반대
급부도 없이 받아들이는 굴욕적인 협상에 응할 리가 있겠는가"고 반문했다.

이운방은 또 유고에 나온 평화협상 당시 무기에 대해서도 강한 의문을 제
기했다. 유고에서 학교 운동장에 500~600명의 폭도들이 있었으며, 대부분
이 농민·청년 남녀로 여자가 과반수인데 무기는 미제 카빈이 많았고, 일부는
구 일본군 99식 소총으로 전부 합해 200명 정도가 무기를 가졌다는 부분에
대해서도 그는 "이것은 과장의 한 표본"이라며, "당시 대정면의 유격대가 보
유한 총기는 단 3정 뿐이다"라고 말했다.[164] 4월 3일 지서 습격에 나섰던 무
장대 중대장 출신 김○○도 "지서 습격을 하기 전에는 아무 훈련도 받지 않았

지. 총도 단 두 자루뿐인데 왜놈들이 나갈 적에 파묻어둔 거였어. 이걸 파내서 사람들이 꿩 쏘러 다녔던 총들이야. (중략) 그리고 닛뽄도가 몇 개 있고, 그 외에 쇠창도 몇 개 있고"라고 말해 이를 뒷받침했다.[165] 무장봉기 초기 무장대의 공세가 활발하게 전개되는 상황에서 이운방의 주장처럼 김달삼이 봉기의 대의명분을 저버리며 김익렬의 요구조건을 모두 수락하고, 자신의 요구조건이 전면 거부되는 수모를 받아들였을지 의문이다.

평화협상 이후 사태의 전개와 관련한 내용에 있어서는 유고와 기고문이 더욱 다르다. 김익렬은 유고에서 "귀대 즉시 회담 성공을 알리고 무장을 해제시킨 뒤 수용소 설치를 명령하고는 급거 제주읍으로 향하였다. 밤늦게 제주읍에 도착한 나는 군정장관 맨스필드 대령에게 일체의 보고서를 제출하였다. 맨스필드 대령은 나의 성공을 대단히 기뻐하며 칭찬을 하였다. 그리고 나의 요청에 의하여 전 경찰은 지서만 수비 방어하고 외부에서의 행동을 일절 중지하라는 명령이 내려졌다. (중략) 폭도들은 약속대로 대정·중문면 일대에서는 그날로 즉각 전투를 중지하고 점차적으로 서귀포·한림·제주읍에 이르는 일대에서도 전투를 완전히 중지해 나갔다"고 적고 있다.[166] 반면 기고문(『국제신문』, 1948.8.8)에서는 "그날(30일-필자) 밤부터 시작한 작전회의와 최고부의 명령은 놀랄만한 것이었다. 이제는 반란군의 근거지를 알았으니 곧 총공격을 개시하라는 것이었다. 나와 김달삼과의 회견은 하나의 전략적인 것이라고 최고부에서 말하였다. 나는 그 의도는 전략적이었으나 이 사건의 평화로운 해결을 위하여 또한 유일한 방법이라는 것을 주장하였으나 나의 의견은 통과를 보지 못하고 그날 밤부터 총공격은 개시되었고 반란군도 상당한 기세로 대전하여 왔다"고 밝혔다.[167] 이해 8월 박진경 암살과 관련한 재판에서 증인으로 법정에 나온 김익렬은 "(제주도 제9연대장 재임 중) 모든 군사행동은 당시 최고작전회의 참모이던 두류스(드로이스) 미군 대위의 지휘"였다고 밝혔다.[168]

평화협상 당일 오후부터 총공격을 했다는 기고문의 내용과 제24군단 작

'산사람 연락원과 문답하는 기지사령부'라는 제목으로 『국제신문』(1948.8.7)에 기고문과 함께 실린 사진이다. 김익렬-김달삼 간 평화협상을 위해 무장대쪽에서 파견된 인사와 대화를 나누는 모습이다. 사진 속 원내는 미군 장교들이다.

전참모부 슈 중령이 확인한 작전 계획이 들어맞고 있다. 당시 기고문이 실린 『국제신문』의 사진을 보면, 무장대 쪽 연락원을 조사하는 경비대 군인들 속에 미군 장교 2명의 모습이 보인다. 이들 가운데 경비대 제5연대 고문관 드로이스 대위가 있는지는 확인할 수 없지만 최소한 김익렬-김달삼 간 평화협상에 개입하고 내용을 파악했음을 알 수 있다. 김익렬과 김달삼의 협상은 기본적으로 제주도 민정장관 맨스필드 중령과 제5연대 고문관 드로이스 대위의 유기적인 관계 속에서 철저하게 미군정의 의도대로 작전이 이뤄졌다.

국내 언론은 UP통신 서울 특파원의 5월 2일발 미군 당국의 발표를 인용해 '제주도 화평교섭설, 미 당국이 발표'라는 제목으로 "제주도의 좌익 게릴라대가 우익측과 화평교섭을 개시했으며, 경찰이 무장을 해제하고 폭압 행동을 취한 경관들을 처벌하는 경우에는 습격을 정지할 것을 약속하였다"고 보도했다.[169] 제주도 현지 취재를 한 기자는 르포 기사에서 "경찰의 무차별 사살로 무력진압 일로로 나가고 경비대는 평화적으로 해결하고자 각 방면으로 지략을 도모하여 선무책으로 '삐라'를 살포하는 등으로 귀순을 권고하였다. 이에 폭도는 경비대에 호의인지는 알 수 없으나 어느 정도의 호의를 표시하여왔고, 귀순 권고에 있어서 경찰의 치안권만 경비대에 이양받는다면 즉시 귀순하여 지휘자는 자진하여 사형선고를 받겠다는 묘한 회답까지 오게 되니"라며 양쪽의 평화협상 사실을 전하며, 경비대의 귀순 권고와 무장대의 경찰의 무장 해제 요구 및 처벌 감수가 있었다고 보도했다.[170]

무장대의 평화협상 시도는 김익렬-김달삼 간 협상 이후에도 같은 해 7월께에도 있었다. 무장대는 이 시기 (1) 도민 생활의 안전을 복구시키는 당국의 적절한 시책 (2) 민심을 안정시키기 위한 경찰의 무장해제 (3) 경찰관의 권력 남용 엄금 및 사설단체 숙청 등의 문제가 해결되지 않는 한 투쟁을 계속할 것임을 밝혔다.[171] 제주경찰감찰청장 김봉호에 따르면 무장대는 기관지 '혈서'를 통해 (1) 경찰관의 무장해제 (2) 단정 반대의 자유 허여(許與) (3) 일체 사설단체의 즉시 해산 (4) 제주도 내에 모든 행정관리의 기용은 풍속과 관습을 이해하는 본도민으로 할 것을 요구했다.[172] 김봉호는 대통령 취임식에 참석했다가 제주도로 돌아가던 중 8월 3일 부산에서 기자와 만나 "자기들의 무장을 해제하지 않고 경찰의 무장해제를 요구한다는 것은 현시 법으로 비추어 있을 수 없는 일이다. 그러나 내 개인 의견을 말한다면 그네들 자신이 먼저 무장해제를 하고 귀순한다면 우리들도 무장을 해제할 용의는 있다"[173]며 사견임을 전제로 '선 무장대의 무장해제 후 경찰의 무장해제 검토' 의견을 내비치기도 했다.

김익렬이 '유고'에서 밝힌 바와 같이 평화협상에 임할 때 "유혈을 최소화하고 이 폭동을 평화적으로 해결하기 위한 방법이라면 물불을 가릴 필요가 없었다"[174]는 주장처럼 평화협상 결과가 지켜졌더라면 유혈사태를 최소화할 수 있었을지 모른다. 그러나 이런 주장이 이뤄지기에는 트루먼 독트린 이후 당시 국제정세와 미군정의 의도가 너무나 뚜렷했다. 평화협상을 전후한 과정을 보면 미군정이 협상을 통해 유혈사태를 막기 위한 것이 아니라 처음부터

5·10 선거의 성공을 위한 '공산세력 척결'이라는 미군정의 의도적 전략이었음을 확인할 수 있다. 4월 27~28일 주한미군사령부 작전참모부 슈 중령의 제주도 방문과 작전지역 시찰, 제24군단 사령관 하지 중장과 군정장관 딘 소장 지시는 강경진압을 통한 선거의 성공적인 실시와 남한 내 '공산세력 척결'이라는 두 가지 측면에서 이뤄졌다.

연대 참모의 폭로 "그들은 '무차별 사살 명령'을 내렸다"

전술한 1948년 5월 5일 제주도에서 열린 미군정 수뇌부의 회의와 관련해 알려진 것은 김익렬의 유고가 유일하며 다른 자료는 발굴되지 않았다. 이와 관련해 당시 『대한일보』에 2편의 기사가 실렸다. 『대한일보』(1948.8.15)는 '국방경비대 시찰기⑵'에서 제11연대 부연대장 임부택 대위의 발언을 소개했다.

> "이때 현지를 시찰차 내려온 것이 딘 장관 조 부장 송 장군 안 장관 등 4씨였다. 그들은 백주에 감행하는 폭도의 살인 방화 파괴 등을 목격하고 지상의 술책으로 경비대는 폭동을 진압하고 경찰은 본래의 사명인 치안을 확보하라고 명령하였다. 이리하여 특별부대로 파견되었던 것이 바로 11연대의 전쟁병이다."

딘이 기자회견에서 '제주도는 평온한 상태'라며 언급한 것과는 달리 임부택의 증언에 따르면 이들 미군정 수뇌부는 '폭도'의 살인, 방화, 파괴 등을 목격하고, 경비대와 경찰의 역할을 구분해 경비대는 폭동 진압을, 경찰은 치안확보를 하도록 명령했고, 이에 따라 '폭동' 진압을 위해 '특별부대'로 제11연대가 파견됐다. 특히 임부택은 "딘 장관과 조 부장은 단시일 내에 사건 수습을 하라 하며, 불응자를 무차별 사살하라고 명하였다"고 발언했다. 군정장관 딘과 경무부장 조병옥이 무차별 사살하라고 명령했다는 그의 '폭탄성' 발언은 제11연대 부연대장으로 제주도 진압 작전에 참여했다가 수원으로 이동한 지 1개월도 안된 시점에 나왔다. 그의 발언은 또한 "제주도는 평온하기 때문에 허위 보도에 속지 말라"는 딘 소장의 발언과는 정면으로 배치된다. 임부택이 언급한 이 '무차별 사살' 발언은 또 다른 보도에서도 나온다. 제주도에 파견된『대한일보』기자가 쓴 기사에는 당시의 상황이 잘 드러나 있다. 이 기사에는 "5월 7일 중앙으로부터 조 경무부장과 송호성 조선경비대 총사령관, 딘 군정장관 제씨는 제주도 사건을 시찰한 후 제주 행정 치안책임자들과 치안책을 토의한 바 있었는데 회의석상에서 경무부장은 역시 무차별 사살을 주장하고 경비대 제9연대장은 선무공작으로 화평진압책을 주장하였으나 딘 장관의 명령으로 5월 8일 제9연대장 경질과 동시에 무력 행동을 개시하였던 것이다"라고 돼 있다.[175] 기사를 보면 제주도 현지 회의가 열린 5월 5일은 5월 7일로, 김익렬을 경질한 5월 6일은 5월 8일로 보도된 것을 제외하면 김익렬의 유고와 같다. 5월 5일 미군정 수뇌부가 모인 제주도 회의에서 김익렬 연대장이 '선무공작'을 주장한데 대해 조 경무부장은 '무차별 사살'을 주장했고, 딘 장군이 이를 수용했다는 것이다.

'무차별 사살'에 대한 부분은 김익렬의 유고에 나와 있지 않으나, 제11연대 부연대장 임부택의 발언과『대한일보』기자의 제주도 르포 기사에서는 2차례나 언급되고 있다. 이러한 기사의 내용은 미군정 시기 민정장관을 지냈고, 한국전쟁 때 납북된 안재홍의 발언에서도 확인된다.

"1948년 5월 초 나는 '경무부장' 조병옥, '국방경비대 사령관' 송호성 등과 함께 미군정장관인 딘을 따라 비행기편으로 제주도에 갔던 일이 있다. 그것은 1948년 4·3 봉기 이래 날로 높아 가는 제주도 인민항쟁을 진압하기 위해서였다. 우리 일행이 온다는 연락을 받은 도지사와 군관계자들은 비행장에 어마어마한 경비를 펴는 한편 직접 수많은 수행원들을 데리고 마중까지 나왔다. 이때 딘은 그들을 한 청사에 모아놓고 "나 군정장관이 죽더라도 군정장관 할 사람은 얼마든지 있고 안 민정장관이 죽더라도 민정장관 할 사람은 얼마든지 있겠는데 반란자 토벌이 긴박한 이때 뭘하러 비행장 경비에는 그토록 열중하느냐"고 하면서 "체코슬로바

키아에서 공산당 '진압'을 등한히 하다가 전국이 적화된 것을 모르느냐? 하루속히 그 뿌리를 뽑아 치우지 않으면 위험하다"고 불호령을 하는 것이다."[176]

앞서 신문에서 언급한 딘과 조병옥의 '무차별 사살'이나 안재홍의 유고에 나온 딘이 '하루 속히 뿌리를 뽑지 않으면 위험하다'는 등의 발언을 종합하면 미군정이 강경 진압정책으로 나간 것만은 틀림없다. 미군정은 단독선거 반대를 슬로건으로 내건 무장봉기가 일어난 제주도에서 5·10 선거의 성공적인 실시를 위해 경비대의 증강과 미군정의 작전, 딘 소장의 2차례에 걸친 제주도 방문 등 총력을 기울였으나 전국에서 유일하게 실패함으로써 미군정과 미국의 '위신'은 상처를 입었다.

"무초와 로버츠, '제주도는 전략적 요충지, 진압 필요'"

오스트레일리아의 『배리어 마이너』지는 1950년 9월 29일 영국 런던에서 수신한 소비에트 통신을 인용해 미군 고문관들이 3만 5,000여 명의 주민을 살해하고, 1만여 채의 집을 파괴하도록 남한정부에 명령했다는 기사를 실었다. 한국전쟁 이전 내무장관을 지내다가 납북된 김효석은 이 기사에서 주한 미대사 무초와 군사고문단장 로버츠가 자신에게 "적은 파괴돼야 한다. 주저해서는 안된다"며 "제주도가 중요한 군사 전략적 요충지로서 봉기 진압이 절대 필요하다"고 언급했다고 말했다. 그는 또 토벌작전은 로버츠의 직접 명령 아래 이뤄졌다고 밝혔다.[177]

앞서 언급한 안재홍의 유고에도 "그때 그(딘 소장)는 나와 따로 행동했기에 자세한 내막은 알길 없으나 미군 두목들이 준엄한 '반란자 진압' 명령을 준 것만은 틀림없다. 우리 일행이 서울에 돌아왔을 때다. 당시 미 군사고문단장인 로버트는 '경무부장' 조병옥과 '국방경비대사령관' 송호성을 따로 불러놓고

"미국은 군사상으로 필요했기 때문에 제주도 모슬포에다가 비행기지를 만들어 놓았다. 미국은 제주도가 필요하지 제주도민은 필요치 않다. 제주도민을 다 죽이더라도 제주도는 확보해야 한다"고 지시했다"고 밝혔다.[178]

1950년 8월 북한군 포로가 된 딘 소장은 북한의 영관급 장교들로부터 여러 차례 심문을 받았다. 딘은 제주도에 군대와 경찰을 파견한 이유와 파업을 벌였던 철도 노동자들을 투옥한 이유 등에 대해 질문을 받았다. 이들은 딘 소장에게 제주도에서 4만여 채의 불에 탄 주택, 게릴라와 그 동조자들의 피살, 경찰 간부와 군인들의 죽음을 포함해 1949년의 게릴라와 공산주의자들에 대한 탄압 정책과 관련해 노획한 남한 정부의 보고서를 증거물로 들이대기도 했다. 조사관들은 제주도에서 딘 소장과 대게릴라 지도자들이 함께 찍은 사진들을 보여줬다. 딘은 회고록에서 "게릴라들이 제주도에서 끊임없이 우리 점령정부와 신생 남한정부를 괴롭혔는데 제주도가 고립된 지역이어서 통제가 아주 어려웠다"고 밝혔다. 딘은 "군정장관 재임 때 질서를 회복하기 위해 경비대와 경찰을 파견했다. 그러나 그들은 일시적으로 산간에 있는 반도들과 실제 싸우기보다는 서로 싸우는 것처럼 보였다. 브라운 대령은 제주도 감찰 기간에 민간인 여성이 즉결처분됐다는 증거를 발견했고, 나는 법무장교를 파견했다. 그는 몇몇 경찰을 기소했고, 그들은 각각 25년형을 선고받았다. 또 다른 시기 나는 제주도에 경비대, 경찰 지휘관 및 민정장관과 함께 피의 혼란을 중지시키기 위해 그들이 발표한 명령을 확인하러 제주도에 갔다. 이러한 노력에도 불구하고 1948년 선거는 완전히 실패해 투표함은 도난당했으며 유권자들은 위협받았다. 결과적으로 나는 제주도의 선거무효를 선언했고 재선거를 명령했다. 한국인들이 정권을 잡은 뒤에도 제주도는 남한정부의 계속된 문제거리였다"고 말했다.[179] 북한군에 포로로 잡혀있었던 딘의 회고록에는 4·3에 대한 입장은 이상하리만큼 거의 나타나 있지 않다. 1948년 5월 5일 딘 소장이 민정장관 안재홍과 경무부장 조병옥 등과 함께 제주도 방문 사실은 언급하고 있지만 구체적으로 제주도에서의 활동에 대한 내용은 없다. 그러나 김효석이나 안재홍의 증언은 한결같이 미군이 제주도의 전략적 중요성을 언급하고 군사고문단장 로버츠가 '제주도는 전략적 요충지다', '적은 제거돼야 한다', '로버츠의 직접 명령으로 진행됐다'고 말했다는 대목은 일맥상통한다.

제3국면(1948. 5~1948. 10): 미군정의 대응과 정부수립

제주도 5·10 선거 이후 미군정의 전면 대응

미군정은 남한의 5·10 선거 성공을 대내외에 알리는 가운데 제주도에서
는 곧바로 전면 대응에 나섰다. 미 극동사령부는 제주도 소요 진압을 위해 구
축함 크레이그(Craig)호를 제주도에 급파하고[180] 제주읍에서 3마일 떨어진
해상에서 정찰활동에 들어갔다.[181] 이 구축함은 5·10 선거 당시 만일의 사태
에 대비하기 위해 부산항에 입항해 있었다.[182]

제주도 5·10 선거가 실패한 뒤 곧바로 미군정은 대응에 나서 5월 12일 미 해군 구축함 크레이그호를
제주도 연안에 급파했다.

극동사령부는 이어 전투기를 사용해야 할 정도로 상황이 악화될 경우 전
투기 사용까지 고려했다. 이와 함께 극동해군사령부 사령관은 크레이그호 함
장에게 필요시 제주도 군정중대를 지원할 준비를 하도록 명령했다.[183] 구축
함 크레이그호가 제주 부근 해역에 모습을 드러낸 5월 12일 통위부 고문관
프라이스 대령은 제9연대 고문관 리치 대위에게 무전통신문을 보내 스탠리
(Stanley) 중령이 첫 비행기편으로 제주도에 급파되는 사실을 통보했다.[184]

이는 미군정의 대외적인 선거 결과 평가와는 달리 미군정이 제주도 사태를 심각하게 보고 있다는 것을 보여준다.

제주도는 5·10 선거를 전후해 무장대의 공격이 적극적이고 강력하게 전개됐으며 이에 맞서 미군정과 국방경비대가 진압을 강화해 나간 '뜨거운 지역'이 되고 있었다. 하지 중장은 "공산주의자들이 다수의 선동자들을 제주도에 잠입시킬 수 있었으며 주민들에게 테러를 가해 선거관리들이 업무 수행을 두려워하도록 약간의 실제 불만과 많은 가상(假想)의 불만을 이용해 폭도집단을 규합했다"고 말했다.[185]

경비대는 5월 14~21일 조천면 송당리와 교래리에서 동굴수색과 '게릴라' 진압 작전을 벌여 200여 명을 체포하고 7명을 사살했으나 경비대 사상자는 없었다.[186] 이런 진압 작전 속에 경비대의 강경 대응에 반발한 제9연대 1등 하사관 최병모 등 병사 41명이 5월 20~21일 밤 중에 탈영해 대정지서를 습격하고 무장대에 가담했다.[187] 미군정은 대대적인 진압 작전 속에 일어난 탈영사건에 충격을 받았다. 미군정은 제9연대의 존폐문제를 검토한 끝에[188] 연대 잔여병력을 제11연대로 통합하고, 박진경을 제9연대장에서 제11연대장으로 발령했다. 제11연대는 수원에서 창설될 당시의 1개 대대와 연대 기간요원을 비롯해 기존 제9연대의 1개 대대, 부산 제5연대의 1개 대대, 대구 제6연대의 1개 대대 등 전국의 병사들로 구성했다.[189]

제11연대 = 창설 1개 대대(수원) + 제9연대 1개 대대(제주) + 제5연대 1개 대대(부산) + 제6연대 1개 대대(대구)

제11연대 고문관이었던 리치도 전국 각지에서 병사들을 선발한 제11연대의 편성에 대해 흥미로웠다고 말했다. 그는 "송호성 사령관은 남한의 서북부 지역에서 (병사들을) 조금씩 차출해 부대를 만들었다. 그는 병사들이 서로 모르는 것이 보다 쉽게 신뢰할 수 있어 좋은 구상이라고 생각했다. 그들 사이에 공

산주의자들이 있다면 서로 소통하기 어려울 것이기 때문이었다"고 회고했다.

경찰은 무장봉기 발발 때부터 원인은 무시한 채 줄곧 '소련이나 북한의 사주에 의한 폭동'으로 규정해 무력진압만을 강조했다. 경무부장 조병옥은 5월 16일 "남로당은 전조선적 파괴폭동의 계기를 조성하기 위한 제주도 소요를 야기했다"고 제주도 사태를 비난했다.[190] 공보실장 김대봉도 "제주폭동은 모스크바의 눈으로 보면 크게 의미가 있고 이익이 있다"며 제주도 사태를 소련과 연계시켰다.[191]

미군정은 제주도에서 5·10 선거가 실패한 뒤 "공산주의자들이 제주도에서 강력한 (선거방해)시도를 했으며, 분명히 다른 지방과 북한으로부터 많은 수의 훈련된 선동가와 다량의 무기, 탄약을 들여왔다"며 "이런 시도는 계속되고 있고, 공산주의 라디오 방송에서는 제주도를 '동양의 그리스'로 취급할

경찰이 삼성혈 부근에서 말을 타고 순찰하고 있다. 옆에 구덕을 짊어진 한 여인이 돌담 옆으로 고개를 숙이고 걸어가는 모습이 대조를 이룬다. 이 사진은 1948년 5월 21일 미공군 정훈팀이 촬영했다.

것"이라고 보았다.[192]

　5·10 선거 당일 외신기자가 '조선을 그리스 사태의 재현'이라고 보도한 데 이어 미군정은 제주도 상황을 그리스와 견주기에 이르렀다. 국회선거위원회가 딘 소장에게 제주도 선거의 무효를 건의한 5월 19일 철도관구 경찰관 350명과 제6, 8관구 경찰청 경찰관 100명 등 모두 450명이 전투응원대로 제주도에 파견됐다.[193] 5·10 선거 실패 뒤 미군정의 토벌작전에도 5월 11일부터 30일까지 성산면을 제외한 제주도 내 모든 읍·면에서는 소요가 일어났다. 주한미군사령부 정보참모부 보고서만 보더라도 이 시기 소요건수는 제주읍이 18건으로 가장 많고, 애월면 10건, 대정면 8건, 한림면 7건, 한경면 5건, 조천면 4건, 안덕면 4건, 구좌면 3건, 중문면 3건, 표선면 2건, 남원면 2건, 서귀면 1건 등 모두 67건에 이른다.[194]

브라운 대령의 제주도 파견과 무차별 검거

　미군정 주도하에서 전개된 토벌작전의 절정은 제6사단 제20연대장 브라운 대령의 제주도 파견이다.[195] 5·10 선거 실패 이후 경찰의 증강에도 불구하고 무장대의 공세가 수그러들지 않자 미군정은 제2차 세계대전 시기 아시아 대륙을 누볐던 야전군 출신 브라운 대령을 '제주도 최고 지휘관'으로 임명해 제주도 작전을 총지휘하도록 했다.[196] 그는 고문관은 물론 제주도 주둔 경비대와 경찰의 작전을 지휘·통솔하는 명실상부한 제주도 총사령관이었다.[197]

　하지 중장은 제주도 제59군정중대와 제주CIC에도 모든 가능한 방법으로 브라운 대령을 지원하도록 명령했다.[198] 브라운 대령의 파견은 4·3 무장봉기 초기 미군은 작전 현장에 나타나지 않도록 했던 방침과도 배치되는 것이었다. 그만큼 주한미군사령부와 미군정은 4·3 무장봉기 초기와는 달리 5·10 선거 실패 뒤 제주도 상황을 심각하게 보고 있다는 것을 입증한다. 이

는 5·10 선거의 실패로 '위신'에 타격을 입은 미군정이 제주도 사태를 무력진
압하고 6·23 재선거의 성공적인 실시에 매진하겠다는 의사표시이자, 미군의
제주도 사태에 대한 직접 개입을 의미한다. 제2차 세계대전 이후 미국이 외
국의 전투현장에 미군 대령을 현지 지휘관으로 파견한 것은 유례가 없는 일
이었다.

브라운 대령은 광주에 주둔하면서 제주도를 관할하는 제20연대장으로 수
시로 제주도를 방문했으며, 슈 중령의 제주도 현지 작전 점검 때도 함께 제주
도 작전을 논의하고, 하지 중장의 명령을 전달하는 위치에 있었던 만큼 제주
도 상황이 낯설지 않았다. 브라운 대령은 부임 초기 전신주 복구와 도로 장애
물 정리 작업을 하는 동시에 정찰활동을 펼쳐 무장대가 장악하고 있는 고립

주한미군사령관 하지 중장이 1948년 7월 2일 브라운 대령에게 훈장(Bronze Oak Leaf)을 수여하고
있다. 브라운 대령은 1946년 6월부터 1947년 1월까지 중국 베이징에서 연합전쟁통제(Combined
Conflict Control) 단장으로 활동했고, 1947년 3월 남한에 들어와 제6사단 제20연대장으로 근무했다.
중국(장제스)정부도 브라운 대령에게 육해공군 훈장을 수여했다. 가운데는 콜터 소장이다.

지역을 찾아내는데 주력했다.[199]

6·23 재선거를 성공시켜야 한다는 임무를 부여받은 브라운 대령은 제주도 중산간 곳곳을 누비며 작전을 독려했다. 브라운 대령은 '평정작전'(Pacification Plan)을 진행했다. 그는 5월 22일 ⑴ 경찰은 해안마을을 보호하며, 무기를 소지한 폭도를 체포하는 한편 무고한 주민을 살해하거나 공포 분위기를 조성하는 행위를 중단한다. ⑵ 경비대는 제주도 내에 조직된 인민해방군을 진압한다. ⑶ 경찰이나 경비대에 체포된 포로 조사를 위한 심문소를 세운다. ⑷ 민간 행정기구 관리들은 경찰과 경비대의 보호를 받고, 행정기관의 기능은 최대한 빠른 속도로 회복한다는 4대 전략을 수립했다.[200] 제주도 상공에는 미군 정찰기가 날고, 제1선에는 전투를 지휘하는 미군의 지프가 질주하고 있으며, 해양에는 근해를 경계하는 미군함의 검은 연기가 끊일 사

국내 언론은 '상공에는 미군기, 해상에는 미군함'이 활동하고 있다며 제주도에서 미군의 움직임을 보도하고 있다. 사진 왼쪽부터 『조선중앙일보』, 『민주일보』, 『수산경제신문』(1948.6.6).

이 없이 작전을 벌였다.[201]

5·10 선거의 실패로 추락한 위신을 되찾고 6·23 재선거의 실시를 위한 사전정지작업을 벌인 미군정의 '중산간 지역 고립·검거작전'[202]은 제주도민 대량 검거 사태를 불러왔다. 미군과 경비대 정보요원들은 5월 23일 현재 구금돼 있는 432명의 '혐의자'들에 대한 심사를 진행했다.[203] 군·경과 무장대 사이에 낀 제주도민들은 사방을 옥죄는 공포에 몸을 떨었다. 남조선과도정부 보고서는 "제주도민들은 낮에는 주민이 되고, 밤에는 반도가 됐다"고 했고,[204] 조선통신 특파원은 "국방경비대나 경찰이 주둔하면 그들은 양민이 되고 산사람이 내려오면 또한 그들 자신도 산사람이 되는 것이다"[205]라고 보도할 정도로 주민들은 양쪽의 틈바구니에서 신음했다.

브라운 대령은 6월 초 제주도 정세와 관련한 기자회견에서 "내가 오기 전에는 경찰과 육·해군 사이에 서로 협력을 안한다는 말을 듣고 있었는데 그런 일이 없어졌다. 지난 5·10 선거 때는 성적이 좋지 못하였는데 백성들을 보호함으로써 6월 23일 재선거 시에는 자유롭게 자기네의 대표를 선출하도록 될 것이다. 여하간 사태는 6월 23일까지에는 진정될 것이다"라고 장담했다.[206] 그는 또 "나의 계획대로 나간다면 약 2주일이면 대개 평정되리라고 믿는다"고까지 했다.[207] 이는 브라운 대령이 제주도 최고 지휘관으로 부임한 이유를 밝혀주는 것으로 5·10 선거 실패의 쓰라린 상처를 6·23 재선거에서 씻어보려는 미군정의 의도였다.

브라운 대령 휘하 참모로는 포티어스(Portius) 소령을 비롯해 리치 대위, 몽고메리(Montgomery) 중위와 2~3명의 장교들이 있었다.[208] 이 가운데 포티어스 소령과 리치 대위는 제9연대에서 근무했다. 작전 참모이기도 한 리치 대위는 대부분의 작전지역에 진입했다. 뱅스볼로(Bangsbollo) 대위는 경찰 고문관으로 활동했다. 제11연대 고문관 웨솔로스키에 따르면 뱅스볼로는 특수부대 출신으로 제주도에 들어올 때는 허리에 쌍권총을 차고 있어 마치 전쟁터에 나가는 군인처럼 보였다. 웨솔로스키 중위는 제주도에 부임한지 3주일 정도

미군이 촬영한 기록물 Mayday in Chejudo에 나와 있는 오라리 토벌장면이다(왼쪽). 앉아있는 경비대 장교와 제주주정공장 굴뚝이 보이는 곳에서 찍은 제9연대 제1대대장 고 대위(고문관 리치 소장)와 동일 인물로 보인다. 고 대위가 잡고 있는 일본도는 하얀 헝겊으로 싸여 사용한 흔적이 보인다.

있다가 브라운 대령과 포티어스 소령, 뱅스볼로 대위 등이 떠났다고 밝혔다.

　브라운 대령의 고립작전 아래 경비대 제11연대는 강력한 검거작전을 전개하기 시작했다. 중산간 지역으로 피신했던 주민들도 '공산주의자'나 '폭도'로 오인돼 붙잡혔다. 대대적인 토벌작전이 전개되면서 현장에서 즉결 처분하거나 미군이 있었던 현장에서 붙잡히기도 했다. 1948년 6월께 북제주군 조천면 북촌리 집 앞 굴 속에 숨었다가 형제·주민들과 함께 붙잡힌 강서수는 "밤에 숨었다가 밝아갈 때 붙잡혔는데, 나와서 보니 경찰관들이 죽 포위를 했더라고. 모자를 보니까 졸병들이 아니고 높은 놈들 같았어. 미국놈들 하고. 굴에서 나오니까 우리에게 수갑을 채워가지고 동쪽을 향해 엎드리라고 해. 사복을 입은 미국사람들은 키가 큰 놈들이었는데 세 명인가 네 명인가 돼. 따로 한 차를 탔으니까. 미국놈들이 '빨갱이' '빨갱이'하고 한국말을 하면서 총을 갖고 쏘는 시늉을 하는 거야. 미국놈이 지시하면서 (경찰관들이) 같이들 막 모여들어. 우리는 경찰차에 타고 자기네(미국인)는 자기네 차에 타서 같이 제주시로 넘어갔지"라고 증언했다.[209] 이 사건에 대해 주한미군사령부 정보참모부 보고서는 "6월 22일 폭도 9명이 북촌리의 한 동굴에서 생포됐다. 이들 중 2명은 6월 16일 경찰 2명을 살해했다고 자백했다. 경찰은 사제 수류탄 수발을 압수했다"고 보고했다.[210] 경찰에 연행된 뒤 가혹한 고문을 당했던 강서수는 "까막눈인 내가 무엇을 알 수 있었겠느냐"고 항변했다.[211]

이 시기 제주도 주둔 경비대와 경찰은 서로 주도권 다툼을 벌이며 첨예하게 대립했다. 브라운 대령은 작전 기간에 정찰활동과 함께 경찰과 경비대 간의 협력관계를 유지하도록 했으나 이들 사이에는 계속 마찰을 빚었다. 이에 브라운 대령은 부임 초기 제주경찰감찰청장과의 회의에서 경찰이 제주도민을 다루는데 신중하게 처신하고 무고한 민간인들을 희생시키지 않도록 강조하면서 그렇지 않으면 서울로 전출시키겠다고 경고했다.[212]

그는 군·경이 계속 마찰을 빚자 이들의 역할을 규정해 (1) '경찰'은 한라산을 중심으로 한 주변도로로부터 4㎞까지 치안 확보 수행 (2) '국방경비대'는 제주도의 서쪽으로부터 동쪽 땅까지 휩쓸어버리는 작전 진행 (3) '해안경비대'는 하루 두 차례 제주도 일대 해안 순회 및 수송을 담당하도록 했다.[213] 제주도 중산간 지역 주민들에 대한 무차별 검거작전이 진행되던 시기, 브라운 대령은 기자들에게 "나는 원인에 대하여서 흥미가 없다. 나의 사명은 진압을 시키는 것뿐이다"라고 큰소리쳤다.[214] 그러나 원인을 치유하지 않은 무력진압은 사태의 해결을 어렵게 할 뿐이었다. 조선통신 특파원 조덕송은 '원인 없는 결과는 없다'며 이렇게 대응했다.

'제주도에 와있는 각지 토벌대는 즉시 철거하라'는 내용의 전단. 이 사진은 미 국무부 문서를 필자가 복원한 것이다.

"(전략) 33만 전도민이 총칼 앞에 제가슴을 내어밀었다는 데에서 문제는 커진 것이다. 원인 없는 결과는 없다. 진정시키고 또다시 일어나지 않도록 함에는 당국자의 현명한 시책이 필요하다. 무력으로 제압하지 못하는 이 광란을 통하여서 제주도의 참다운 인식을 하여야 되며 민심을 유린한 사정이 얼마나 참담한 결과를 가져오는가를 뼈아프게 느껴야 할 것이다."[215]

제주도에서 이처럼 미군정 수뇌부의 관심 속에 강력한 토벌전이 전개돼 많은 제주도민이 체포되고 인명피해가 늘어가자 서울의 정당·사회단체 등이 "무력해결은 부당하다", "무력 토벌을 포기하고 평화적으로 해결하라"는 우려의 목소리를 높이며 토벌작전에 반대하고 나섰다.[216] 대구에서는 6월 6일 신설종합운동장 입구에서 운동회에 구경 나온 군중을 상대로 '단정 반대', '제주도 양민들을 학살하지 말라'는 등의 전단을 뿌리던 여학생 2명이 체포됐다.[217]

출향 제주도민들도 무력 사용 중지와 평화적 해결을 호소하고 나섰다. 광주 거주 제주도 인사들의 모임인 광주제우회는 6월 19일 제주경찰감찰청장에게 사태의 평화적 해결을 호소했다.[218] 재경 제주도민친목단체인 제우회도 6월 21일 하지 중장을 비롯한 군정당국과 유엔조위에 무차별적인 토벌작전의 중지와 군정당국의 실책을 지적하면서 "제주도의 정치적 환경을 민주적으로 개혁하는 것만이 사태를 수습하는 현명하고 유력한 방법이다. 현재와 같은 살상 희생의 확대를 조속 중지할 것"을 요청하는 청원서를 보냈다.[219] 6월 24일에는 광주제우회가 각계에 진정서를 내고 제주도 사태의 정확한 진상을 파악하기 위해 변호사 2명과 광주기자단을 파견했으며, 대전지역 제주도민들도 당국에 평화적이고 조속한 해결을 호소했다.[220] 부산제우회는 7월 5일 제주도 사건의 평화적 해결을 요구하는 진정서를 보낸데 이어 다음 날에는 부산지역 신문기자들과 사태 파악을 위해 제주도로 갔다.[221] 언론은 소요를 진정시키기 위해서는 원인 제거가 급선무라고 주장하고[222], 제주도를 방문했던 법조인들은 민심 수습을 위해서는 경찰보다 인재가 필요하다고 진단했다.[223] 5월 26일부터 6월 10일까지 제주도에 파견됐던 서울지방심리원 양원

브라운 대령이 '원인에는 흥미가 없다. 나의 사명은 진압뿐이다'는 발언을 보도한 『조선중앙일보』
(1948.6.8).

일 판사는 "제주도 치안을 담당하고 있는 미국인 측에서 제주도의 실정을 잘
파악하고 경찰의 압박을 완화시키는 동시에 군·경간의 마찰을 제거하고 경
비대를 효과적으로 이용하여야 할 것"이라며 제주도 주둔 미군이 군·경을 제
대로 통제해야 한다는 해결책을 제시하기도 했다.[224]

그러나 경무부장 조병옥은 이런 사법부 관리들과 제 정당·사회단체들의
평화적 해결 목소리에 귀를 기울이지 않았다. 조병옥은 6월 23일 제주도 소
요의 근본원인을 "조선의 소련 연방화 내지 위성국화를 기도하는 공산당의
남조선 파괴공작이 강행될 그 일단으로 총선거 방해 공작에 불과한 것"이라
고 일축했다.[225]

6·23 재선거의 무기연기와 구겨진 미국의 '체면'

미군정은 브라운 대령의 파견을 통한 전면 대응에도 6·23 재선거를 치를 상황을 만들지 못했다. 미군정은 제주도 소요가 진정되지 않은 상태에서 6·23 재선거가 실시되면 제주도 사태가 더욱 악화될 것으로 판단했다.[226] 이에 미군정은 6월 10일 행정명령 제22호를 발표하고, '인민의 의사를 대표할 수 있는 평화롭고 혼란 없는 선거를 보장하기 위해' 제주도 재선거를 무기한 연기했다.[227] 미군이 남한을 점령한 이후 제주도에서처럼 격렬한 저항에 부딪쳐본 적도 없고, 두 번씩이나 '점령기간의 핵심적 임무'라던 선거가 실패한 적도 없었다.

브라운 대령은 '선거 반대 소요'가 성공한 이유를 (1) 제주도 민정장관의 정책 실패[228] (2) 응원경찰대가 저지른 지나친 만행과 공포감 조성 (3) 경비대 내 공산주의 동조자들의 침투로 인해 제11연대장 2명이 잇따라 공산주의 선동가들과 협상하는 바람에 초래된 지연전술(제주도 민정장관이 강력하고 적극적인 조치를 취했다면 경비대는 즉각 효과를 거둘 수 있었다) (4) 제주도민들에게 만연된 공포감과 행정조직 기능의 완전 붕괴 (5) 정부의 통제에 반감을 갖는 제주도민들의 특성과 법 없이도 살았던 제주도의 역사적 배경 (6) 제주도민간의 혈연관계와 이로 인한 정보 획득의 어려움 등으로 분석했다.[229]

6·23 재선거가 무기한 연기되자 미군정은 토벌작전을 더욱 강화해 경비대 1개 대대당 2개 중대 규모로 편성된 4개 대대를 제주도의 동서남북에 주둔시켜 모든 대대가 공동목표로 산간 고지대를 향해 내륙으로 전개하는 작전을 벌였다.[230] 6월 16일 완료된 이 작전[231]으로 3,000여 명이 체포됐으며, 575명(여자 2명 포함)이 수용소에서 경비대와 미군으로 구성된 4개 심문팀의 심사를 받았다.[232] 5월 22일부터 6월 30일까지 검거돼 심문을 받은 주민은 5천여 명에 이르렀다.[233]

제주도 선거가 무기연기됐는데도 브라운 대령은 6월 22일 제주도 신문기

제주4·3 당시 신문 기사에서 최초로 '초토화'라는 표현이 나온 것은 본격적인 초토화가 벌어지기 한참 전인 1948년 6월 초였다. 이 기사의 제목은 '국경대 경찰 협조로 작전계획, 안개 낀 고도의 상잔, 선혈로 물드린 제주 초토로 화하나?'이다. 『부산신문』(1948.6.3)

자단과 치안상태를 시찰하고 기자회견을 열어 제주도 사태가 진정됐다고 강조하려고 애썼다. 그는 이 자리에서 "여러분이 친히 본 바와 같이 우리가 오늘 통과한 길은 약 1개월 전에는 위험해서 통행치 못하였던 것이다. 그러나 지금은 아무런 사고가 없어서 도내 도로, 전선은 모두 복구되고 있으며 얼마쯤 치안도 회복됐다고 본다. 그네들은 지금 해산 상태에 있으며 대중적 행동을 못하고 있고 각지마다 군·경·민 삼자일체가 되어 치안 회복에 노력하고 있는 것을 보았다"고 말했다.[235]

제주도의 경제상황 또한 개선되지 않았다. 브라운 대령은 주민들에 대한 선무작전의 하나로 제주비상경비사령관(경찰) 최천과 협의해 1948년도 하곡 수집 철폐 계획을 발표했다.[235] 브라운 대령은 6월 2일 군정장관 딘을 대리해 제주도 전지역에 "군정장관 딘 소장은 제주도 사람들의 양식이 필요하다는 것을 잘 알아서 이번에는 제주도에서 보리 수집을 하지 않을 것을 선언했습니다"라는 내용의 호소문을 공중살포했다.[236]

물가는 폭등해 제주도의 쌀값은 6월 1말당 1,081원(전국 평균 978원)으로 전국에서 가장 높은 데 이어 7월에는 1,879원(전국 평균 1,166원)으로 74%나 뛰었다.[237] 4·3으로 농사를 짓지 못하고 본토로부터 쌀을 들여와야 하는 제주도민들로서는 이중 삼중의 고통에 시달렸다.

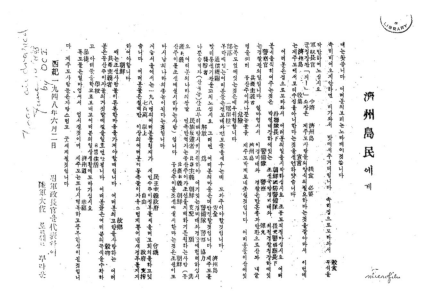

브라운 대령 명의로 1948년 6월 2일 중산간에 피신한 제주도민들의 보리 수집 철폐를 알리며 하산을 촉구하는 전단이 뿌려졌다.

재선거의 무기 연기를 발표한 닷새 뒤인 6월 15일 부군정장관 콜터(John B. Coulter) 소장이 제주도를 방문했다.[238] 콜터 소장은 '제주도 방문'이라는 제목의 비망록에서 "경찰의 가혹행위와 제주도의 경제상황이 공산주의자들의 활동에 크게 기여해 장기적으로 철저한 처방이 요구되며, 참을 수 없을 만큼 나쁜 경제상황에 대한 확실한 조치가 취해지지 않으면 개선될 수 없다. 이런 상황이 즉각 개선되지 않는 한 정치·경제적으로 심각한 문제가 예상된다"

고 평가했다.

콜터 소장은 브라운 대령과의 면담과 개인적인 시찰을 통해 미군정청이 신속하게 조처를 취해야 하며, (1) 공보원(주로 한국인들)은 제주도민들에 대한 광범위한 재교육을 지체 없이 실시해야 한다. (2) 효율적이고 신뢰할만한 경찰이 필요하다. (3) 경찰이 치안을 맡을 때까지 기동성 있고 효율적인 경비대가 주둔해야 한다. (4) 고구마 재배와 주정공장의 가동과 관련해 현재의 참을 수 없는

1948년 6월 15일 제주도를 방문한 콜터 부군정장관.

상황을 치유하기 위한 조치가 취해져야 한다고 건의했다.[239] 앞서 브라운 대령이 제주도에 부임할 무렵 그의 직속 상관 제6사단장 워드 소장은 5월 19일 브라운에게 "제주도 문제가 경찰의 증오심에 의해 발생됐다고 인식하며, 이런 소요는 주민들이 불신하는 인사들을 교체하는 등 적절한 조치를 통해 자극적 요인들을 제거할 때까지 계속될 것"이라는 견해를 밝혔다. 워드는 또 제59군정중대의 규율과 살림살이가 엉망이라는 증거가 있다는데 주의를 갖고 필요한 조치를 취하도록 했다.[240]

제주도민의 80%가 공산주의자들과 관련돼 있다고 인식한[241] 브라운 대령은 경찰의 잔악성과 비효율적인 정부기관도 원인이 있지만 제주도 공산주의자들의 계획에 비하면 지엽적인 원인들이라고 분석하고, 제주도가 공산주의자들의 거점으로 조직됐다고 결론을 내렸다.[242]

연대장 박진경이 암살되고 6·23 재선거 실시를 위한 분위기를 조성하지 못한 브라운 대령은 딘 소장에게 (1) 최소 1년 동안 경비대 1개 연대를 주둔시킬 것 (2) 제주도 경찰을 효율적이고 훈련된 경찰로 재조직할 것 (3) 장기적이고 지속적인 미국식 교육 프로그램을 만들 것. 이는 공산주의 해악을 적극

적으로 입증하고, 미국식이 제주도의 미래와 건전한 경제발전에 긍정적인 희
망을 준다는 것을 보여주는 것이며, 공산주의자들의 선전선동에 효과적인 역
선전을 하는 것이다. 또 미국의 정치적 위상을 강화시켜주고 공산주의자들에
대한 압력을 가하게 되는 것을 의미한다. ⑷ 제주도 행정기관을 부패와 비효
율성이 없는 기관으로 만들 것을 건의했다. [243]

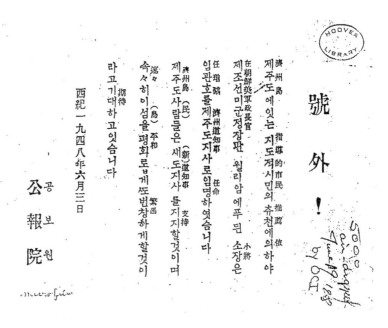

유해진에서 임관호로 제주도지사가 교체됐다는 내용의 호외. 1948년 6월 3일 작성된 이 호외는 비행
기로 공중살포됐다. 그러나 임관호 지사 임명에 대한 언론 보도는 7월 14일에야 이뤄졌다.

딘 소장은 브라운 대령의 보고서를 토대로 제주도 민정장관 노엘 소령에
게 브라운 대령의 건의사항을 완전히 이행하도록 지시하고 동시에 '모든 방
법을 동원해' 제주도의 안전을 지키기 위해 노력하겠다고 다짐했다. 딘 소장
은 "제주도를 원상태로 회복시키기 위해 우리는 제주도민들에게 군정청이 무
엇인가 명확하고 건설적인 방안을 갖고 있다는 것을 보여줘야 한다. 서울에
있는 모든 정부 부처에도 제주도 문제를 최우선 관심사로 두도록 지시했다"

고 밝혔다.[244] 그만큼 제주도 문제는 1948년 7월 미군정의 최대 현안이었다.

딘 소장은 브라운 대령의 건의사항을 7월 30일 비망록을 통해 경무부장에게도 통보했다. 딘은 이 비망록을 통해 (1) 국방경비대는 야전훈련을 위해 제주도에 연대들을 교대시킬 계획이다. (2) 1개 연대가 4~6주 동안 제주도에 주둔할 것이며 산간지대에서 상시 연대 훈련이 이뤄질 것이다. 이는 반대세력이 산으로 도주하는 것을 막고, 반대세력들이 산간지대에서 편성되고 훈련하는 것을 차단하는데 기여할 것이다. (3) 현시점에서 제주도의 임시 과다 경찰력을 너무 급격하게 줄여서는 안된다. (4) 제주도 경찰청장은 제주도지사를 위해 일하도록 교육받아야 한다. 항상 제주도지사가 제주도의 1인자이고, 경찰과 경비대는 치안과 공공질서를 유지하기 위한 지사의 도구라는 점을 명확하게 이해시켜야 한다는 등의 지침을 보냈다.[245] 이 시기에도 딘은 경비대와 경찰에 대한 훈련과 편성을 지시했다.

중앙 미군정청 특별감찰실의 경질 건의에도 요지부동이던 딘 장관은 워드와 콜터의 건의 등으로 5월 28일 유해진을 경질하고 제주 출신 임관호를 제주도지사에 임명했다. 임관호의 임명 소식은 공보원 명의로 '호외'라는 제목으로 6월 19일 비행기로 제주도 전역에 살포됐다.[246] 그러나 임 지사의 임명 발표가 언론에 보도된 것은 이로부터 1개월 반이나 지난 7월 14일이었다.[247] 이런 뒤늦은 그의 임명 보도는 서울에서도 논란이 일었다.[248]

6월 17일에는 제주경찰감찰청장을 최천에서 제주도 출신 김봉호로 교체했다.[249] 그러나 미군정의 도지사와 경찰감찰청장에 대한 인사 조처는 너무 늦은 조처였다. 중앙 미군정청 특별감찰실이 1948년 3월 각종 비위사실을 들어 유해진 지사를 경질토록 했는데도 이를 거부했던 딘 장관이 5월 말 그를 경질하고, 7월에는 부패와 비효율성이 없는 행정기관을 만들도록 지시한 사실은 제주도 정책의 실패를 자인하는 것이었다.

브라운 대령은 제주도 진압 작전 실패와 함께 제20연대에서 전출된 것으로 보인다. 그는 7월 2일 제6사단장 워드 소장에게 보낸 서한에서 "제6사단과 제20연대를 떠나게 돼 깊은 유감"이라고 말했다. 그는 이 서한에서 제주도 '폭동'의 원인에 대한 많은 견해 차이가 있다는 것을 알게 됐다며 한 가지 절대 확실한 것은 제주도가 공산주의자들의 기지로서 조직됐다는 것이고, 증거는 일단 그 문제에 대해 파고들기만 하면 논쟁의 여지가 없다고 말했다.[250]

'원인에는 흥미가 없다'거나, '2주일이면 평정된다'고 호언장담하던 브라운 대령은 보고서와 상관에게 보낸 서한에서 궁색한 변명을 늘어놓아야 했다. 그는 사태해결을 하지 못한데 대해 제주도 민정장관 맨스필드의 무능과 경찰, 제주도민 탓으로 돌렸으나 미군정의 정책적 오류와 원인 해결을 외면한 강경 토벌 일변도의 작전이 오히려 사태를 악화시켰다. 수많은 전투를 경험하며 '전선의 전사'라는 호칭을 얻었던 브라운 대령은 조그마한 섬에서 일어난 무장봉기의 조기 진압을 확신했지만 사건의 '원인'을 치유하지 않는 평정계획은 한계를 노정시켰다.

강경 토벌과 연대장 암살사건의 상관관계

1948년 6월 18일 새벽 제11연대장 박진경이 피살됐다. 브라운 대령이 제주도 최고 지휘관으로 제주도 토벌작전을 지휘하는 과정에서 일어난 피살사건은 경비대 내부는 물론 미군에 상당한 충격파를 던졌다. 박진경 피살 직후 군정장관 딘 소장과 통위부 고문관 로버츠 준장, 미군 참모들이 대거 제주도에 내려온 것만 봐도 미군정이 받은 충격을 짐작할 수 있다.[251]

로버츠는 6월 15일 제주도에서 박진경의 진급식에 참석[252]한 뒤 상경했다가 피살사건이 발생하자 다시 제주도를 방문했다.[253] 수사결과 제9연대 제3중대장 문상길 중위를 비롯해 강승규, 황주복, 김정도, 손선호, 배경용, 양회천, 신상우 등 하사관 8명이 체포됐다. 로버츠 준장은 이 사건을 계기로 경비대원들을 무장해제했으며[254] 군부 내 숙군작업도 실시하게 됐다. 박 대령의

제11연대장 박진경이 피살된 1948년 6월 18일 제11연대 사령부가 주둔한 제주농업학교에서 군정
장관 딘 소장 등이 급거 제주도에 온 가운데 장례식이 거행됐다. 딘 소장이 연설하고 있는 모습이다.
(고문관 웨솔로스키 소장)

암살 이후 실시된 숙군작업은 한국군내 최초의 숙군작업이었다.[255]

　　미군 고문관과 미군 보고서의 박진경에 대한 평가와 제11연대 군인들의
평가는 극과 극이다. 8월 12일 열린 고등군법회의 공판에서 전기고문을 받고
눈이 가리워진 채 진술조서에 서명을 강요당했던 문상길은 증인심문을 통해
다음과 같이 진술했다.

　　"4월 3일 제주도 소요가 봉기된 이후 전 11연대장(제9연대장의 오기-필자) 김
　　중령 재임 시와 박 대령 부임 후의 대내 공기는 전반적으로 변하였다. 경찰의 폭
　　도와 도민에 대한 무자비한 탄압에 대하여 김 중령 지휘 밑의 경비대는 도민을
　　선무하기에 노력하여 그들의 신뢰를 받았으나 박 중령 부임 후로는 경찰과 협력
　　하여 소요부대에 무조건 공격 명령이 내렸으며 도민도 탄압하기 시작했으므로
　　도민들의 신뢰를 잃게 되고 경비대 내부공기도 동요하였다."

박진경을 암살한 손선호는 같은 날 증인심문에서 "'3천 만을 위해서는 30만 제주도민을 다 희생시켜도 좋다. 민족상잔은 해야 한다'고 역설하여 실지 행동에 있어 무고한 양민을 압박하고 학살하게 한 박 대령은 확실히 반민족적이며 동포를 구하고 성스러운 우리 국방경비대를 건설하기 위하여는 박 대령을 희생시키는 수밖에 없다고 생각했다. (중략) 박 대령이 내임하자 직접 공격명령을 내리고 만약 부락민이라도 명령에 응하지 않을 때는 무조건 사살해도 좋다고 하였다"고 덧붙였다.[256]

이와 관련한 진술 내용이 다른 신문에는 보다 구체적으로 적시돼 있다. 그는 "박 대령의 30만 도민에 대한 무자비한 작전 공격은 전 연대장 김 중령의 선무작전에 비하여 볼 때 그의 작전에 대하여 불만을 가지지 않을 수 없었다. 그러한 그릇된 결과로 다음과 같은 사태가 벌어졌다. 우리가 화북이란 부락에 갔을 때 15세 가량 되는 아이가 그의 아버지의 시체를 껴안고 있는 것을 보고 무조건 살해하였다. 또 5월 1일 오라리란 부락에 출동하였을 때 수많은 남녀노소의 시체를 보았을 뿐인데 이들에 대한 자세한 조사결과 경찰의 비행임을 알게 되었다. 사격연습을 한다고 하고 부락의 소, 기타 가축을 난살하였으며 폭도가 있는 곳을 안내한 양민을 안내처에 폭도가 없으면 총살하고 말았다. 또 매일 한 사람이 한명의 폭도를 체포해야 한다는 등 부하에 대한 애정도 전혀 없었다"고 말했다.[257] 김익렬의 유고에도 박진경을 암살한 손선호의 증인심문과 비슷한 내용이 언급돼 있다. 김익렬은 유고에서 "박 연대장은 연대장 취임식 인사 자리에서 '우리나라 독립을 방해하는 제주도 폭동사건을 진압하기 위해서는 제주도민 30만을 희생시키더라도 무방하다고 하였다. 그래서라도 독립하는 것이 더욱 중요하다고 역설하였다. 이것은 목적을 위해서는 수단과 방법을 가리지 않겠다"고 적고 있다.[258]

박진경의 작전개념에 대해 『대비정규전사』는 연대 병력을 대대 및 중대 단위로 한림, 성산포에 분산 배치해 경비와 소탕작전을 병행하기로 하고, 1차로 주민 자체방위로서 마을 주위에 돌담을 구축하는 방벽 건설과 자위대 조

직을 통한 경비 강화 등 선무공작에 주력하고, 2차로 적극적인 '공비소탕작
전'을 벌였다고 밝히고 있다.[259] 그러나 토벌작전에 나섰던 병사들은 박진경
연대장 부임 후 본격적인 토벌작전이 실시됐다며,[260] "박진경이 공비토벌을
맹렬히 했다"고 증언했다[261]. 제6연대 제2대대 소속으로 제5연대 작전 지원
을 위해 제주도에 파견된 한 병사는 1948년 5월 수색 및 마을경비를 실시했
으나 마을은 노인과 부녀자뿐이었으며 산간마을은 '공비'들에 의한 사용과 연
락을 차단하기 위해 전부 소각시켰다고 말한다.[262] 중산간 마을에 대한 방화
는 소개령 이전에도 이미 진행되고 있었던 셈이다. 제11연대는 '공비'들의 정
보망을 차단하고 좌익 혐의자들을 마을별로 찾아내 공개 처형하는 일을 반복
했다. 이런 증언들은 암살사건 이후 고등군법회의에 회부된 병사들의 증언과
도 일치한다.

최후 변론을 한 민간변호사 김양은 제11연대 작전참모 임부택 대위의 진

제11연대장 박진경의 장례식에 참석한 통위부 고문관 로버츠 준장(왼쪽)이 거수경례를 하고 있다.
(고문관 웨솔로스키 소장)

술을 인용해 박진경이 '조선민족 전체를 위해서는 30만 도민을 전부 희생시켜도 좋다', '산사람 토벌을 주목적으로 하는 것보다 각 부락을 수색해 부락민을 전부 검거하라', '양민여부를 막론하고 도피하는 자에 대해서는 3회 정지명령에 불응한 자는 총살하라'는 지시를 했고, 이에 피고인들이 민족을 위한 거사로 살해를 결정했다며 선처를 호소했다. 그는 또 정지명령에 불응한다고 총살당한 부락민이 임 장교의 기억에 남은 것만으로도 20~30명이 넘는다고 밝혔다.[263] 박진경을 암살한 손선호, 제9연대장 김익렬에 이어 박진경의 직속 작전참모였던 임부택까지도 박진경이 '30만 도민을 희생시켜도 좋다'고 했다고 말한 점으로 미뤄 박진경이 이런 발언을 했다는 것은 확실한 것으로 보인다.

고등군법회의는 8월 14일 문상길 중위와 하사관 신상우, 손선호, 배경용 등 4명에게 총살형을 선고하고, 각계의 탄원과 호소에도 통위부장과 군정장관 딘 소장의 인준을 거쳐 9월 23일 형을 집행했다. 박진경 암살사건은 전국적으로 충격이 컸고, 군에도 큰 충격을 줬다. 김점곤은 "박진경 대령이 죽자 군정장관 딘 장군이 이래서는 안되겠다 싶어 그 뒤에는 적극적으로 나왔다"고 말했다.[264] 이 사건은 미군정과 경비대의 토벌을 강화하는 계기가 돼 무장대와 토벌대 사이에 놓인 민간인들의 피해는 급격히 늘어났다.[265]

정부 수립 시기 미군정의 진압정책

경비대 총사령부는 6월 21일 제11연대장 박진경 후임에 최경록 중령을, 부연대장에 송요찬 소령을 임명했다. 최경록은 일본군 지원병 1기 출신으로 태평양전쟁 당시 실전경험이 풍부했다. 그는 일본군 제78연대(서울)에서 하사관 후보생 시험에 합격한 뒤 군조 때 일본 육군사관학교 시험에 합격해 입교 대기 상태에 있다가 일본군 제20사단에 동원돼 입교를 포기했으며, 남태평양 뉴기니에서 참전 중 일본이 패전하자 준위로 귀국했다.[266] 부연대장 송요찬은 일본군지원병훈련소에서 조교생활을 하고 조장까지 진급한 일본군 지원병 출신으로, 9년 동안 일본군으로 복무했다.[267]

제11연대장 박진경의 후임으로 제주도에 파견된 최경록 중령. (고문관 리치 소장)

최경록은 제주도에 부임하면서 ⑴ 암살범의 조속한 검거 ⑵ 공비토벌보다 암살범 체포 주력 ⑶ 민심 평정 등 3가지 임무를 딘 소장으로부터 부여받았는데 그것으로 "그 사람(딘 소장)이 얼마나 박진경 연대장을 사랑했는지를 알 수 있다"고 말했다.

미군정은 남한 단독 정부 수립을 위해 내부의 불안요소 제거를 명분으로 제주도에서 경비대와 경찰을 이용해 소탕작전을 계속했다. 박 연대장의 작전을 이어받은 최경록 연대장도 대대적인 검거에 나섰다. 국방부 전사편찬위원회의 『대비정규전사』와 군사편찬연구소의 『4·3사건토벌작전사』는 똑같이 최경록이 "공비와 주민을 분리하기 위하여 피난민 수용소를 설치하고 작전으로 인하여 폐허화된 지역의 주민과 공비들에게 가담한 주민을 선무공작을 통해 하산시켜 피난민 수용소에 수용했다"며 "이러한 조치로 주민들은 하나 둘씩 공비들과 분리되어 갔다"고 밝히고 있다.[268]

그러나 제11연대는 최경록 연대장이 부임하던 날인 6월 21일을 포함해

경비대 제11연대의 진압 작전이 전개되는 가운데 '제주는 울음의 바다! 죽도 살도 못하는 그들의 심경'이라는 제목으로 제주도의 참상이 언론에 보도됐다. 『조선중앙일보』(1948.7.11)

22, 25, 26일 등 잇따라 수색작전을 전개해 '폭도' 253명을 체포했다. 이 가운데 25일 오후 6시부터 26일 오후 6시까지 '폭도' 176명을 체포했으나 노획물은 돈과 식량뿐이었다.[269] 26일 새벽부터 제주읍과 조천면, 구좌면 일대의 중산간에서 해안지대에 이르기까지 대규모 수색작전을 벌여 주민들을 검거했지만 무기는 발견하지 못했다.[270] 통위부 이형근 참모총장은 7월 12일 "대체로 제주도 사건은 일단락되고 민심은 안정되었다. 앞으로 종래와 같은 폭동은 없을 것이다"라고 천명했다.[271] 그러나 미군정의 독려 속에 군·경의 대

대적인 공세로 '안정된 민심'은 공포와 두려움 속에 갇혔다. 『조선중앙일보』
특파원 천길봉을 만난 제주사람들은 '죽을래야 죽을 수 없고 살래야 살 수 없
다'고 울부짖었다.

"부락민 40~50명이 지금 경비전화선 복구와 지서돌담 구축 공사 부역으로부터
돌아온다. 맥없이 일행 앞을 지나던 그네들이 제주 출신인 일행의 한 사람 말에
수시로 사방을 둘러싸고 울음의 바다를 이루고야 만다. 들고 있던 괭이를 돌 위
에다 두드리면서 '죽을래야 죽을 수 없고 살래야 살 수 없다'고 울부짖는가 하면
공포와 울분에 북받친 60노파는 무어라 문표를 가리키며 가슴을 두드린다. 붙어
있던 집집 문표가 하룻밤에 없어지자 전부락민이 지서에 인치되어 난타 당하였
고 또한 학대받고 있다 한다. 죄는 폭도에 있는 것인가, 부락민에 있는 것인가.
총소리는 잠잠한데 주름잡힌 이맛살에 왜 이다지도 우색이 가득하며 터질까 염
려되는 울분에 잠겨 있다. 지금은 어떠한가 하는 기자의 말에 '먼 곳 총은 무섭
지 않으나 가까운 총부리가 무섭수다'라고 고함으로 응수한다."[272]

통위부의 '민심이 안정됐다'는 이면에는 '죽고 싶어도 죽지 못하고, 살고
싶어도 살지 못하는' 제주사람들의 울부짖음만이 가득했다. 1948년 7월 초

제11연대 장교들과 미군 고문관들의 모습이다. 앞줄 왼쪽부터 앉은 이는 백선진, 연대 고문관 리치,
제11연대장 최경록, 한 사람 건너 작전고문관 웨스트, 부연대장 송요찬이다. (고문관 리치 소장)

주민들은 경찰의 요구로 노역에 동원되고, 집의 '문표'가 없어져 지서에 끌려가 폭행당하는 것이 일반사였다. 그래서 이들은 무장대의 총부리보다 군·경의 총부리가 더 무서웠다. 제주도민들은 농경지를 경작하지 못하고, 출어를 하지 못해 극심한 생활고를 겪는 가운데 도피자 가족으로 몰려 가족을 찾아내라는 군·경의 강요에 신음하고 있었다.[273]

최경록의 작전에도 불구하고 경비대는 무장대와 조우하지 못했다. 그는 진압 작전 마지막 날인 7월 15일 중앙에서 특파된 기자들과 만나 "지금까지 한라산을 중심으로 토벌을 4회 한 일이 있었는데 산사람들을 체포할 수는 없었다"고 말했다.[274] 이처럼 경비대의 대대적인 소탕작전이 전개되는 동안 무장대와의 전투는 8월 2일 서광리에서의 교전[275]을 제외하고는 8월 중순까지 충돌이 거의 없어 제주도 소요는 표면적으로는 8월 초순께까지 어느 정도 가라앉은 듯이 보였다.[276]

1948년 여름, 남한 사회는 팽팽한 불안감과 적막감이 뒤섞여 지나고 있었다. 남한의 국제적인 지위는 여전히 불안한 상태에 있었고, 유엔 총회 회기 중에 대한민국 정부의 승인 여부가 미지수였기 때문에 이승만도 숨죽이고 있을 정도였다.[277] 이 시기 수용소 시설은 형편없었다. 제주농업학교 수용소는 운동장에 야영용 천막을 설치해 비바람을 피할 수 있을 정도에 그쳐 비가 오면 물이 새고 습기 때문에 바닥에 깐 가마니는 젖어있었으며 주위에는 무장한 경비대원들이 감시했다. 천막수용소 2곳에 수용인원은 40여 명으로 20세의 청년에서부터 60세의 노인도 있었다고 신문은 보도했다. 이들은 무장대로 활동하다 체포된 것이 아니라 마을에서 농사를 짓다 잡혀와 4월 중순부터 3개월째 수용소 생활을 하고 있었다.[278]

경비대 총사령부는 7월 15일 자로 제11연대에 배속됐던 제9연대 병력의 배속을 해제해 (재편)제9연대를 부활시키면서 연대장에 기존 제11연대 부연대장인 송요찬 소령을, 부연대장에는 제11연대 대대장인 서종철 대위를 각각 임명했다.[279] 경비대는 7월 21일 제3여단의 제5, 6연대에서 1개 대대씩

2개 대대를 차출해 제주에 증파하고 제11연대는 7월 24일까지 수원으로 순차적으로 철수했다.

송요찬이 제9연대장으로 있던 7월 하순부터 8월 하순까지 활동내용은 다음과 같다.[280] 제9연대의 활동상황을 보여주는 표는 이 시기가 4·3 무장봉기 이후 경비대의 작전이 부분적으로 이뤄졌을 뿐 상대적으로 조용한 시기였음을 보여주고 있다.

〈표 4-3.1〉 제9연대 일일보고서 내용(1948.7.21~8.22)

일자	주요 활동
7.21	CIC가 폭도 150여 명이 어승생악 부근에서 훈련받고 있고, 무장 폭도들이 노로악에서 소수의 폭도들과 연락을 취하고 있다고 보고. 이에 따라 작전명령 제1호 발효. 작전 종료 기간에 부대는 지정된 위치로 이동 및 훈련실시 예정
7.23	11연대 부대 이동 완료. 작전 준비 진행중
7.24	모슬포 비행장에 사격장 설치. 부대 이동과 작전 준비 진행중
7.25	부대 공격 개시. 목표지점 도착. 작전중
7.26	제1대대 귀환. 노획물: 일제 탄약10발, 창 1개, 일제 소총 노리쇠 1개
7.27	제3대대: 폭도 전령 1명 체포. 전령은 10만 엔과 100여 명의 처단 대상 우익인사 명단 소지. 명단에는 폭도 활동과 관련해 경비대에 정확한 정보를 제공한 인물도 포함. 경찰 고문관에게 명단을 제공해 이들을 보호할 수 있도록 할 것임. 전령 탈출 제2대대: 포로 9명 체포. 심문받고 석방됨
7.28	송요찬 소령, 제5여단과 행정 및 보급문제 조율 위해 목포 선편으로 광주행
7.29	경비대 사령부의 명령에 따라 전 부대 새로운 장소로 이동중
7.30	소수의 폭도부대가 한림지역에서 보급품 확보를 위해 활동하고 있다는 CIC의 보고서를 경찰 고문관과 논의. 경비대가 기초훈련을 위해 시간이 필요하기 때문에 경찰이 활동 예정
7.31	연대 사령부와 제1대대 지역검열 실시. 특수정보원들이 제주 주둔 경비대원들이 공산주의 선전활동을 유포하고 있다고 보고한 것을 경찰 고문관으로부터 보고받음. 이들 정보원들에게 연루된 경비대원들의 명단 제출 요청
8.1	7월 31일 오후 11시계 통행금지시간 식당영업문제로 경비대 정보요원과 경찰 사찰과 형사간에 싸움. 경찰 고문관과 경비대 고문관이 조사하고, 경찰 책임자와 제9연대장간에 회의 개최. 경비대원과 경찰관 마찰 방지 위한 조사위 구성 예정.
8.2	시코어(Secore) 대위, 리드(Reed) 대위, 야고다(Jagoda) 대위 제주 도착. 천막 40개가 부족한 것이 발견됐는데 조사결과 제11연대 제2대대장이 천막을 20만 원에 민간인들에게 판매한 것으로 보임. 이 사건은 제11연대가 본토로 이동한 뒤 발생
8.3	집합 완료. 사형 선고 받은 경비대원 3명 총살
8.4	경찰이 폭도 2명 사살. 이들 가운데 1명은 경비대 탈영병. 시코어 대위 제주발
8.5	연대 정보과(S-2) 재편중. 제주도 출신 정보과 소속은 제1대대로 전출. 정보업무에 대한 경찰, 경비대와 CIC 사이 연락 개선
8.6	군기대, 서귀포에서 분대 천막 21개 회수

8.7	폭도활동이 지난주 증가했다고 경찰 보고. 폭도들은 마을에서 식량 확보중
8.9	연대장, 연대참모, 대대장 회의. 보급절차와 참모 기능 확정. 민정장관이 인민군 소속 300명이 기관총 12정을 가지고 본토에서 출발했다는 정보를 서북청년단으로부터 받았다며 정보 제공. 인민군 40명이 함덕리에 도착해 교래리로 향했다는 경찰보고 접수. 이 정보를 제2대대에 넘겨줌. 민간용 트럭이 비상시기인 8월 13~17일 부대 이동을 위해 제주에 징발될 예정
8.12	제주도 출신 부대원들이 작전과(S-3)에서 전출됨. 폭도활동 보고되지 않음
8.13	송당리 제2대대 감찰 실시. 대대장은 아파 막사 잔류
8.14	대대장에 대해 조사차 송당리에 대한 항공감찰 실시
8.15	세화지서, 대천동 부근에 폭도 30여 명 있다고 보고. 확인 위해 정찰대원 25명 파견. 항공감찰 결과 별다른 사항없음
8.16	정찰대원은 2대대와 3대대에서 파견. 결과없음
8.17	해안경비대 함정이 북한에서 온 러시아 선박 차단. 선박은 보급임무를 수행하는 것이 명백함. 경찰은 보급품이 있는지 조사중
8.18	웨솔로스키 중위 서울 귀환. 라이언 신부가 폭도 40여 명이 상효마을 주민 5명의 집을 습격해 이들을 찔렀다고 보고. 주민들은 북한선거를 위한 선거인 투표용지 서명을 강요받음
8.19	경찰간부가 밤 11시 30분께 한림리에서 폭도들에게 피살
8.20	제1대대 사격 완료. 폭도 활동 없음
8.22	제3대대 정찰대원 4명이 서귀면 서흥리 부근 폭도 15명을 체포하기 위해 파견됨

〈표 4-3.1〉을 보면 8월 3일 사형선고를 받은 경비대원 3명에 대한 총살형이 집행됐다. 웨솔로스키에 따르면 당시 처형은 경비대 독자적으로 수행할 수 있었던 게 아니라 미군의 입회 아래 이뤄지게 돼 있었다. 이에 따라 표에 등장하는 미군 장교들이 제주도에 파견됐다.

리드 대위의 제주도 방문 결과 보고서는 이런 상황을 보여주고 있다. 리드는 하우스만 대위(경비대총사령부 고문관)에게 보낸 '정보참모부의 제주도 방문 수기'에서 "내란, 탈영 등의 혐의를 받은 경비대원 3명에 대한 처형은 1948년 8월 3일 오후 3시 40분 제주읍 교외에서 집행됐다.[281] 사전 계획이나 '예행연습'의 부족으로 매우 허술하게 진행됐다. 7차례의 일제 사격 끝에 집행됐다"고 밝혔다.[282] 총살형은 국내 언론에도 보도됐다. 언론은 경찰서 습격과 살인 방화 등 범죄 사실로 고등군법회의에서 준전시 군법에 의해 총살형 언도를 받은 6명 가운데 3명은 통위부장의 재가에 따라 무기징역으로 감형됐고, 나머지 하사 강운경과 이영배, 이등병 동인송 등 3명은 8월 3일 오후

1948년 8월 3일 탈영과 내란죄 등의 이유로 처형된 경비대원 3명이 처형 직전 경비대 구금장소에서 나와 대기하고 있다. 오른쪽에 보이는 미군 대위도 이 처형을 감독했다. (고문관 웨솔로스키 소장)

3시 통위부장이 승인한 장소에서 총살형이 집행됐다고 밝혔다. 집행장에는 제9연대장 송요찬과 미군 장교 2명, 제주 신문기자단 등도 입회했다.[283]

그러나 이 시기 군정장관이 서북청년단으로부터 입수했다며 인민군 300여 명이 제주도로 출발했다는 정보나 40여 명의 인민군이 함덕리에 도착했다는 8월 9일의 보고는 당시 상황으로 봐서 상당히 비중이 있을 것으로 보이지만 추가 보고가 없고, 주한미군사령부 정보참모부 보고서 등에도 나타나지 않는다. 또 8월 17일에는 해안경비대가 러시아 선박을 차단하고 조사 중이라고 보고했지만, 이를 뒷받침할만한 추가 보고는 없다. 이런 점으로 보아 제9연대의 보고서가 전적으로 정확한 것은 아니며 일부는 과장하거나 은폐했던 것으로 보인다.

리드의 보고서를 보면 제9연대 사령부와 제1대대(옛 모슬포 대대)가 제주읍에, 제2대대(과거 제5연대 제2대대)가 송당리와 정의(성읍) 사이에, 제3대대(과거 제6연대 제3대대)는 모슬포에 주둔하고 있다. 제2대대 고문관은

1948년 8월 3일 경비대원 3명이 제주읍 교외에서 처형됐다. 제9연대장 송요찬과 미군 장교들이 감독했다. (고문관 웨솔로스키 소장)

조셉(Joseph M. Motizer) 중위로 이 대대에는 병사 723명, 장교 12명이 있고,[284] 제3대대 고문관 켈소(Minor Kelso)는 8월 6일 도착 예정이라고 적고 있다.

　정부 수립을 앞두고 딘 장관은 8월 8일 제주도 민정장관 노엘 소령에게 보낸 지방 민정장관과 미고문관들의 지위를 명확히 하기 위한 서한에서 "한국인들의 눈에는 8월 15일부로 주한 미 육군사령부는 민정단으로 남게 된다. 군정단은 민정단 산하 파견대가 될 것이다"고 밝혔다. 딘은 이어 "이런 변화는 눈에 보이는 것에만 적용될 뿐이며, 모든 서류와 엄밀한 군통신은 적정한 군정으로 넘어갈 것"이라고 주지시켰다. 딘은 또 "이는 여전히 정부의 책임을 떠맡고 있는 한 나라의 군정부대들이 있다는 사실을 최소화하기 위한 노력이다. 민정장관의 지식과 경험, 자문이 전에 없이 필요한 때"라며 "따라서 귀관은 공식적인 제59군정중대 사령관으로서 임무를 계속 수행하지만, 민정단 파견대의 민정장관이다"라고 밝혔다.[285]

정부 수립을 전후해 경찰은 특별경계 2단계 발표(8월 13~19일)[286], 제주와 목포간 정기 여객선 여행증명제도 부활(8월 13일),[287] 제주도 해안선 봉쇄와 여객 출입의 사찰 강화(8월 20일) 등의 조처를 취했다.[288] 제주비상경비사령부가 8월 25일 '최대의 토벌전'을 예고하는 포고문을 발표하고,[289] 8월 26일과 30일 두 차례에 걸쳐 800여 명의 응원경찰대가 제주도에 도착해 '무력소탕전' 준비에 들어갔다.[290] 무력소탕전은 제주도 현지 당국에는 사전연락이 없이 취해진 조치였다.[291] 그런데 이 때는 남한 정부가 수립된 이후였는데도 제주경찰감찰청장 김봉호의 발언에 따르면 응원경찰대의 증원은 단기간에 사태를 해결하기 위해 딘 소장 등이 미리 계획했다.[292] 제6사단도 야전명령 제7호를 발표하고 산하 제1연대로 하여금 8월 26일부터 제주도에 1개 소총소대를 지휘, 작전, 보급책임을 지고, 이 소대를 활용해 군정중대나 미군을 지원하도록 명령했다.[293] 이날은 응원경찰대가 제주도에 도착한 날이었다. 이런 가운데 제주도 주둔 미군은 8월 23일 제20연대장에게 8월 30일께의 '위기설'[294]을 보고했다. '최대의 토벌전'은 제주도에 검은 그림자를 드리우고 있었다. 이어 8월 31일에는 제7관구 경찰청 소속 경찰관들도 제주도로 파견됐다.[295] 언론 보도를 보면 이처럼 무력소탕전에 들어가게 된 이유를 (1) 제주도 근해에 괴선박의 출현 (2) '무장 폭도'의 재출현 (3) 한림지서장의 피습 사망 (4) 김달삼의 해주 인민대표대회 참석 등 4가지 이유를 꼽았다.[296] 제주도 주둔 제9연대를 관할하는 제5여단 참모장 오덕준 중령도 8월 30일 제주도를 방문했다. 그는 "제주도 사태는 어느 정도 수습되고 있으므로 군으로서는 사태수습의 방법을 완화책에서 구할 것"[297]이라며 선무공작을 통한 민심 수습 계획을 밝혔는데, 이는 경찰 쪽의 '최대의 토벌전' 발언과는 다른 입장으로, 제주도 토벌 방침이 갈피를 잡지 못하는 모습을 보인다.

이런 사태 속에서 조선인권옹호연맹 강중인을 단장으로 한 정당·사회단체 대표로 구성된 제주도 사건 진상조사단은 9월 1일 목포항에서 제주행 여객선에 승선했다가 전남경찰청의 지시에 따라 조사단의 신분이 불분명하다는 이유로 제지됐다.

　국내의 정당·사회단체들은 무장 응원경찰대의 파견 반대와 동족상잔 중지를 촉구하는 내용의 성명을 발표했지만,[298] 찻잔 속의 태풍이나 다름없었다. 이런 가운데 9월 7일 제주읍 삼양리에서 13세 소년 진인수가 삼양지서에 끌려가 고문을 당한 끝에 이튿날 숨졌다.[299] 12일에는 중문면에서 주민 45명이 무장대에 식량 제공 혐의로, 14일에는 도련리에서 주민 13명이 무장대 활동 혐의로 체포됐다.[300]

　1948년 8월 15일 정부 수립 이후에도 여전히 미군은 한국군에 대한 지휘통제권을 가졌다. 이는 정부 수립 후인 8월 24일 이승만 대통령과 주한미군

통위부 고문관 로버츠 준장은 대한민국 정부 수립 이후인 1948년 8월 26일 임시군사고문단(PMAG) 단장이 됐다.

사령관 하지 중장이 '대한민국 대통령과 주한미군사령관간에 체결된 과도기에 시행될 군사안전에 관한 행정협정'에 따른 것이었다.[301] 이 협정에 따라 8월 26일 로버츠 준장을 단장으로 한 임시군사고문단(PMAG)이 조직됐고, 주한미군 철수가 끝난 1949년 6월 30일까지 한국군에 대한 작전통제권을 갖게 됐다. 이어 1949년 7월 1일에는 주한미군사고문단(KMAG)이 발족했다.[302] 군사고문단은 한국의 육군과 해군, 국립경찰로 구성되는 보안군의 조직과 행정, 장비, 훈련을 책임졌다.[303] 미군 고문관들은 한국군 창설과 확대, 교육 및 훈련 전담 등을 통해 한국정부 수립 후의 군 확립에 결정적인 역할을 하는 조직으로 기능했다.[304] 남한 내 파괴분자의 진압과 섬멸이나 게릴라전의 격퇴 및 진압이 고문관의 임무였듯이 고문관들은 남한 내 게

릴라 토벌작전에서부터 한국군의 지휘부 통제에 이르기까지 지속적으로 관여했으며 상당한 영향력을 행사했다. 군사고문단장 로버츠 준장은 "국방경비대의 작전통제권은 여전히 주한미군사령관에게 있으며, 경비대의 작전에 관한 모든 명령은 발표되기 전에 해당 미고문관을 거쳐야 한다는 사실은 매우 중요하다"고 국무총리 이범석에게 상기시킬 정도였다.[305] '한국군 창설의 아버지'로 불리는 하우스만은 정부 수립 후부터 자신을 포함해 이승만과 국방장관, 육군 총참모장, 로버츠 고문단장 등 6명이 상시 참여하는 군사안전위원회가 매주 열렸다고 말했다.[306] 외형적으로 미군정은 사라졌지만 미군 고문관들은 대한민국 정부 수립 후에도 이전과 별다른 차이 없이 기능한다는 점을 강조했다. 정부 수립 이후에도 미군은 여전히 한국군의 작전통제권을 갖고 있으면서 제주도 사태를 속속들이 파악했고 토벌작전에 직·간접적으로 개입했다.

제4국면(1948. 10~1949. 5): 초토화, 그리고 재선거를 위한 정지작업

여순사건의 여파와 제9연대장의 포고령

1948년 9월 15일부터 시작된 주한미군의 철수와 뒤이은 여순사건의 여파는 정부의 제주도 토벌작전을 강화시켰다. 1947년 초부터 제기된 주한미군 철수문제는 장기 주둔을 주장하는 국무부와 조기 철수를 주장하는 군부 간에 논쟁이 계속 되다가 1948년 4월 8일 트루먼 대통령이 NSC8을 승인함에 따라 같은 해 12월 말까지 주한미군을 철수키로 잠정결정하고, 9월 15일 철수를 시작했다.[307] 미국은 주한미군의 철수를 앞두고 신생 대한민국 정부 내의 암적 요소를 제거해 남한 정부의 토대를 굳게 하고 아시아에서 미국의 위신을 세워야 했다. 미국은 미군이 철수하면 동해안을 따라 게릴라 작전이 벌어질 것으로 예견하고, 이를 주도하는 그룹은 제주도에서 작전을 벌이는 그룹일 것이라고 보았다.[308] 이에 따라 주한미군은 우선 철수의 걸림돌로 작용하는 제주도 소요를 진압해야 했다. 한편 대한민국 정부로서는 철수문제가 제기되는 상황에서 미국의 군사·경제원조에 대한 새로운 약속과 유엔으로부터 승인을 받아 국가의 정통성을 확보하고 내부를 안정화시키는 작업이 시급한 문제였다.

1948년 10월 접어들면서 분위기가 바뀌었다. 군·경 토벌대에 맞서 무장대의 공격도 적극성을 띠었다. 10월 1일 새벽을 기해 무장대가 제주도 내 여러 곳에서 습격을 감행해 토벌대와 교전했다. 남원면 한남리에서는 수도관구경찰청 소속 경찰관 2명과 주민 1명이 숨졌다.[309] 이를 계기로 군·경은 대대적인 토벌작전을 준비해나갔다. 제주도 사태를 심각하게 받아들인 국방부는 10월 2일 육군 총참모장 정일권 대령과 해군 총참모장 김영철 대령을 상황파악과 작전 차 제주도에 파견하고, 수도관구경찰청과 제8관구경찰청은 응원경찰대를 급파했다.[310] 이어 10월 5일에는 제주 출신 제주경찰감찰청장 김봉호가 이북 출신 공안과장 홍순봉으로 교체되고[311] 10월 11일 제주도경비사령부가 창설됐다. 10월 17일에는 해안선으로부터 5㎞ 이외의 내륙지역에 대해 통행을 금지하고 무조건 사살을 선포한 제9연대장 송요찬의 포고령이 발표돼 강경 토벌작전이 실행단계에 이르렀다.[312]

제주도 토벌을 강화하던 시기인 10월 19일 제주도에 파견될 예정이던 제14연대 제1대대가 제주도 파견을 거부하고 봉기를 일으킨 여순사건이 일어났다.[313] 이에 주한미군사령부 작전참모부 고문관 웨스트(West)는 10월 22일 낮 12시 50분 제9연대 고문관 버제스(F. V. Burgess) 대위에게 "정찰을 개시하고 본토에서 들어오는 반란군일 가능성이 있는 자는 색출할 것"을 요청했다.[314] 이어 같은 날 오후 2시에는 정보주임에게 전화로 "여순사건과 관련한 심사가 이뤄질 때까지 제주도 상륙을 감시하고 모든 사람을 체포하도록"지시했다.[315] 여수와 제주도 간 해상에는 해안경비대 소속 함정 8척이 정찰에 들어갔다.[316] 10월 25일 제주읍 아라리에서는 교전이 벌어져 군인 1명이 숨지고, 1명은 중상을 입었다. 이 교전에서 무장대 7명이 숨졌다.[317]

여순사건의 여파는 숙군작업으로 이어졌다. 주한미군사령관 콜터 소장은 11월 초 맥아더 사령관에게 전문을 보내 "한국 정부는 육군과 해안경비대, 국립경찰의 파괴분자들을 뿌리뽑아 문제를 해결해야 하고 신병을 모집해 훈련, 교화시켜야 한다"고 밝혔다.[318] 군은 제9연대 병사들의 집단 탈영과 박진경 연대장의 피살 직후 국방경비대에 대한 제한적인 숙군작업에 착수했으나 여순사건 이후 본격적인 숙군작업을 벌였다.[319] 미군 고문관들은 여순사건 진압 계획 수립에 참여했을 뿐 아니라 진압 작전에도 직접 개입했다. 이에 대해 군사고문단장 로버츠 준장은 육군부 기획작전국장 볼테(Charles L. Bolte) 소장에게 보낸 서한에서 "송호성 준장은 전술을 모르며 여수에서 실패했다. 우리가 비록 그에게 모든 찬사를 보내지만 풀러(Fuller) 대령이 실제 중요한 일을 했다"고 언급했다.[320] 여순사건은 군사고문단이 채택한 시스템에 대한 '시험무대'가 되었고, 전투에서도 한국군 파트너에게 적절히 충고(자문)할 수 있다는 것을 보여준 '무대'[321]라고 평가할 정도로 미국은 깊숙이 개입했다.

아이러니하게도 송요찬의 포고령은 여순사건 직전에 발표됐고, 언론에 보도된 시점은 여순사건이 발발한 다음 날이었다. 이에 따라 여순사건은 제주도 토벌을 부추기는 촉매제가 됐다. 제9연대는 제11연대의 '무행동전략'(do-nothing policies)을 '무차별 테러통치'(indiscriminate reign of terror)로 대체했다.[322] 송요찬이 '해안선에서 5km 이외의 내륙지역'을 '적성지역'으로 간주해 위반자에 대해 총살하겠다는 것은 대게릴라전에서 나타나는 '자유발포지대'(free fire zone)의 설정이었다. 그러나 이는 그 지역내 모든 주민들을 '적'으로 간주하는 것은 물론 그들의 생존수단까지도 파괴했다.[323] 베트남전에서도 한 지역이 '자유발포지대'로 선언되면, 지상군이나 공군은 그곳에서 보이는 사람은 누구든지 적군으로 간주했다.[324] 제9연대 출신 진봉택은 "포고문에 지시된 대로 해안 5km 이내로 내려오지 않은 중산간 마을은 공비들의 보급의 원천이고 정보수집, 은신처 역할을 함으로 불을 지를 수밖에 없었다. 그리고 해안으로 오지 않고 한라산으로 올라간 인원이 많았다. 해안마을은 돌담을 축성하여 자체방위를 하였으며, (중략) 작전부대는 전단 살포 등 선무공작을 해서 주민을 하산시키고, 내려오지 않고 공비와 같이 있는 주민은 토벌작전 때 불가피하게 희생될 수 있었을 것이다. 공비와 합류한 주민들 대부분 공비와 인간관계를 맺고 있으니까 해안으로 내려오지 못하였으며 해안에 내려와도 경찰의 감시대상이 됐다"고 말했다.[325]

백선엽은 "토벌부대가 거치게 마련인 중산간 부락의 공비 가족이나 첩자들이 토벌부대의 움직임을 미리 공비들에게 통지했으며 원시림 속에 몸을 숨기면 지척에서도 알아볼 수 없을 정도였다. 9연대의 중산간 부락 소개는 이런 배경에서 이루어졌다"고 말했다. 채명신의 말을 빌리면, "4·3사태의 제주도는 송(요찬) 장군의 부대가 본격적인 작전을 개시하면서부터 피비린내 나는 전쟁터로 탈바꿈하게 됐다."[326] 이처럼 제9연대는 '공비들의 근거지를 없애 주민과 공비들을 완전 분리한다'는 '비민분리' 개념 하에 주민들을 강제 소개했다.[327]

그러나 이러한 포고령은 교통과 통신수단의 미흡으로 중산간 마을에 제대로 전달되지 못했고, 산 속으로 피난가거나 미처 피난가지 못한 주민들은 '폭도'로 분류되기에 이르렀다. 무차별 수색 및 검거작전에서 살아남은 주민들은 생존을 위해 산 속으로 피신해야 했다.[328] 10월 28일에는 송 연대장이 제1대대 병사 17명을 '공산주의자 세포' 혐의로 체포해 이 가운데 6명을 다음 날 밤 처형[329]한 데 이어 10월 28~29일에는 제9연대가 애월면 고성리 부근에서 대규모 작전을 벌였다.[330]

여순사건은 유엔에서 한국문제에 관한 논의를 앞둔 시점에서 발생해 미국과 남한 정부로서는 곤혹스런 사건이었을 뿐 아니라 신생 정부의 존립에 불안감을 던져주게 됐다.[331] 미국은 여순사건을 계기로 미군이 철수한 뒤 남한 내 질서를 유지할 수 있는 한국군의 능력에 대해 우려했다.[332] 이에 따라 한·미 양국을 긴장시켰던 여순사건이 진압되자 미군 수뇌부와 정부는 자연스럽게 제주도 사건 진압에 관심을 쏟게 됐다. 제주도 사건 또한 정부의 정통성을 입증하기 위한 긴박한 문제였기 때문이었다.[333]

학살의 합법화와 미군의 적극 지원

임시군사고문단장 로버츠 준장은 1948년 10월 9일 제5여단 고문관 트레드웰 대위에게 공문을 보내 "최근 제주도 작전과 관련해 강조할 점은 고문관들이 사전에 바로잡았어야 했던 결함들이 나타나고 있다는 것이다. 고문관들이 한국인들의 지휘계통을 통해 즉각 수정해야 할 것으로 보인다"고 했다. 이런 요구는 현실화 돼 10월 11일 광주 제5여단장 김상겸 대령을 사령관으로

하는 제주도경비사령부가 창설됐다.[334]

로버츠 준장은 여순사건에 가담한 병사들의 제주도 입도를 막기 위해 10월 28일 참모총장 채병덕 대령에게 전문을 보내 "해안경비대의 순찰에도 불구하고 공산 잔당들이 제주도와 남해안의 작은 섬으로 피신하는 징후가 있다. 정찰과 경계를 강화해 문제가 될 대규모 집결을 막아야 한다"고 건의했다.[335]

11월 1일 새벽에는 민간인 5명의 시체가 제주읍 해안가에 밀려왔다고 군사고문단이 보고했다. 바다에 수장되거나 바닷가에서 희생된 이들이다. 11월 2일에는 연락기를 동원해 항공관찰을 실시한 결과 도로 장애물이 제주도 남쪽 도로에 설치되고, 전신주들이 절단된 모습을 목격했다.[336] 무초는 11월 3일 국무부에 보낸 전문을 통해 "제주도 공산주의자들을 섬멸하는데 있어 정부의 눈에 보이는 무능력에 대한 긴장감이 여전하다"며 한국군의 '능력'을 우려했다.[337] 이는 남한 정부로 하여금 제주도 사태 진압을 위해 더 강력한 진압 작전을 전개하도록 촉구하는 것이나 다름없었다. 더구나 이해 12월에는 유엔의 남한 정부 승인 절차가 남아있었다.

주한미군사령부는 11월 6일 미 극동사령부에 게릴라들이 제주도에서 계속해서 활동하고 있지만 제주도 주둔 경비대가 성공적인 작전을 수행하고 있으며, 마침내 적어도 당분간은 평온한 상태를 회복할 것이라고 보고했다.[338] 〈표 4-4.1〉을 보면 정보 수집의 한계 등으로 상당부분 희생자 집계가 누락된 점을 고려하더라도 11월 1일부터 21일까지 경비대원 5명과 경찰관 1명 사망을 제외한 희생자가 358명으로 하루 평균 17명이 사살된 것으로 나타났다. 11월 13일에만 156명이 사살됐다.[339] 그러나 경비대의 작전에는 자신들의 전과를 과장 보고한 경우도 있는 것으로 보인다. 표에 나온 11월 11일의 신엄리 사건의 경우 무장대의 습격으로 주택 80채가 불에 탔으며, 폭도 80명을 사살했다고 보고됐으나 당시 현장을 목격한 김여만은 주택 4채가 방화되고 3명이 희생됐다고 증언했다.[340] 11월 21일 새벽 5시에는 제주읍 월평리에서 '폭도' 15명이 경비대와 교전 중 숨지고 경비대원 3명이 월평리 부근에서 주택에 방화하는 것이 목격됐다.[341]

〈표 4-4.1〉 제주도 소요 현황(1948.11.1~11.21)[342]

일자	주요 내용	출처
11.1	폭동 음모 관련 75명 체포	①
11.3	제주읍. 민간인 7명 숨진 채 발견. 공산주의자들로 판명	②
11.4	제주읍 경비대에 수감중인 14명이 탈출했다가 6명 검거	③
11.5	제주읍. 사살된 경비대원 2명 발견	③
	중문리. 폭도 50명, 경비대 1명, 경찰관 2명 사망, 경찰관 9명 부상, 건물 40채 방화	④
11.7	서귀포. 폭도, 지서 1곳과 건물 7채 방화	④
11.9	서청, 제주도청 총무국장 김두현 폭행치사	⑤
11.10	월랑봉. 경비대와 폭도 교전. 폭도 21명 사살, 노획물: 수류탄 12발	⑥
	토평리. 폭도 25명 사살	⑥
11.11	신엄리. 폭도들이 주택 80채 방화, 폭도 80명 사살	⑦
	조천리. 폭도, 주택 30채 방화, 경찰관 1명 피살	⑦
	행원리. 경비대, 폭도 115명 사살	⑧
11.13	화전동. 경비대, 폭도 37명 사살	⑧
	오등리. 경비대, 폭도 4명 사살(1명은 탈영병)	⑧
11.16	노형리. 주택 100채 방화	⑨
11.18	북촌리. 경비대원 2명 피살, 2명 부상	⑨
11.19	대정. 폭도 70여 명이 지서 습격. 폭도 3명 사살, 주택 3채 소실	⑨
	산천단. 미항공정찰대, 주택 4채 화재와 경비대원 10명 목격	⑩
11.21	월평리. 경비대, 폭도 15명 사살	⑩

송요찬은 연락기를 타고 직접 수류탄을 던졌다. 송요찬의 경호를 담당했던 한 병사는 "고문관이 타고 다니는 L-19 비행기가 있었는데 그때 송 연대장이 그것을 타고 수색을 하면서 밑에 뭔가 있으면 수류탄을 던지고 했다"고 기억한다.[343]

강력한 진압 작전 속에서도 무장대의 공세가 거세지자 이승만 정부는 11월 17일 계엄령이라는 카드를 꺼내들었다.[344] 계엄령의 선포는 시민권의 제한만이 아니라 민간인 학살을 정당화 할 수 있는 제도적 장치였다.

중산간 지역(내륙지역)의 모든 민간인은 적으로 간주한다는 10월 17일 자

제9연대장 송요찬의 포고령, 그리고 11월 17일 공포된 계엄령은 '충실히' 이행됐다. 제9연대는 "적극적인 공격"으로 "만족할만한 성공"을 거뒀으며, 그 이면에는 "모든 주민이 게릴라부대에 도움과 편의를 주고 있다는 가정 아래 민간인 대량 학살계획(program of mass slaughter among civilians)"을 채택했다.[345] 이는 사실상 제9연대가 초토화 전략을 채택했다는 의미이다. 이러한 사례는 일본군의 중국 동북지방을 침략했을 때도 있었다. 1942년 5월 일본군은 오카무라 장군의 '모두 죽이고, 모두 태우고, 모두 약탈하는' '삼광정책'을 수행했다. 삼광정책의 본질은 주어진 지역을 포위하고, 그 속의 모든 것을 죽이고, 파괴해 그 지역을 장래에 사람이 살 수 없는 지역으로 만드는 작전이었다.[346] 이러한 '삼광정책'은 제주도에서도 적용됐다.

『워싱턴 포스트』(1948.11.19)는 18일 서울발 UP통신 기사를 인용해 "제주도에서 반란이 확산되자 대통령 이승만이 제주도에 계엄령을 명령했다. 이승만이 제9연대장에게 '가능한 한 최대한 빠른 시간 안에'(at the earliest possible time) 봉기를 진압하도록 명령했다"고 보도했다.[347] 이러한 그의 명령은 제주도 주둔 제9연대로 하여금 토벌을 명분으로 한 학살을 재촉했다.

제9연대장의 포고령과 계엄령에 따라 중산간 지역에 피신했거나 살고 있는 주민들은 '적'으로 간주됐으며, 무차별 학살됐다. 이런 가운데 정부와 국군은 언론보도를 통제함으로써 제주도에서 자행되는 반인륜적 학살행위는 섬 밖으로 새어나가지 못했다. 국방부는 11월 20일 공보부를 통해 군의 작전과 군기 확보, 보도의 정확성을 명분으로 군 관련 기사는 사전에 당국의 검열을 받도록 하는 지침을 발표했다.[348] 공보부는 언론사에 보도지침을 내려 '반란군'의 행위를 묵과하는 논평이나 반역행위에 대한 동정어린 표현도 할 수 없도록 했다. 남한에서의 '반란군'에 대한 진압행위가 '잔학한 민족학살'임을 의미하는 표현은 그것이 반란군과 국군이 같다는 생각을 심어줄 수 있어 이를 사용하지 말아야 한다는 것이었다.[349] 이에 따라 4·3 무장봉기 초기 때와 같은 언론의 제주도 사건 보도는 사라졌으며, 군·경에 대한 비판적인 보도는 원천적으로 봉쇄됐다.

로버츠 준장은 11월 초 송요찬 연대장이 강력하고 적극적으로 활동하며, 군·경의 협력이 원활하다고 평가했다.[350] 미군은 서북청년단도 적극 활용했다. 군정장관 딘은 1948년 7월 2일 제59군정중대 사령관 노엘이 제주도 경찰조직 강화 계획을 제안한 데 대해 정보 목적으로 필요하다고 생각하는 최소한의 서청 단원수를 유지하도록 이들의 철수를 조정할 권한을 승인했다.[351] 주한미군사령부 정보참모부 보고서는 1948년 10월 1일 제주도에서 서청이 경찰과 경비대를 지원한 것은 일부 미군 장교(several American officers)들의 추천(commend)에 따른 것이라고 밝히고 있다.[352] 결국 이들이 제주도에서 반인륜적 범죄행위 또는 만행을 저지른 이면에는 미군 장교들의 지원이 있었다.

제주4·3 무장봉기가 일어나기 전부터 제주도를 '작은 모스크바'로 간주하던 서청은 제주도에서 무소불위의 권력을 행사했다.[353] 1948년 11월 9일에는 제주도청 총무국장 김두현이 서청에게 고문치사당했다. 서청 제주도지부 단장 김재능은 자신의 사무실에서 심한 고문 끝에 김두현이 실신하자 숨이 끊어지지 않은 상태인데도 밖으로 내버려 숨지게 했다. 12월 말에는 김재능이 군대의 비호를 받고 지역 일간지『제주신보』의 경영권을 강탈했다.[354] '때려라 부숴라 공산당'을 실천구호로 내건 서청은 제주도를 '최후의 결전장'으로 간주했다. '적지'였던 제주도에서 서청에게는 걸림돌이 없었다. 서청 위원장 문봉제는 "서청 회원들은 투우사처럼 용감했어요. 전과가 큰 만큼 희생도 많았죠. 서청의 희생자가 대부분 제주도에서 났다고 해도 과언이 아닐만큼 큰피해였습니다. 피비린내 나는 살육전이었으니까 제주도민의 억울한 희생도 많았죠"라며 서청의 제주도 활동을 '피비린내 나는 살육전'이라고 표현했다.

제주사람들이 서청을 가리켜 '인간이 아니었다'고 하는 말은 서청에게는 '투우사처럼 용감했다'는 말과 동의어였다. 그가 언급하듯이 서청의 제주도 '평정'은 '살육전'이었고, 서청에게 제주도는 '악몽의 섬'이었지만,[355] 제주도민에게는 서청이 '악몽의 극우단체'였다. 해방 이후 서울 장안의 폭력조직인 명

동파의 이화룡도 서청 감찰부장으로 제주도 토벌작전에 참가했다.[356] 그런데 이들의 제주도 활동 관련 기록이나 제주도 입도 시기에 대한 기록은 없다. 김연일 당시 서청 경북도지부 감찰위원장은 위원장 문봉제의 지시에 따라 제주도 '평정'에 참여할 지원자를 모집한 결과 500여 명이 참여했다고 말했다.[357] 김연일이 "서청 회원들은 이를 갈며 죽창을 다듬었다. 김재능 제주도 단장과 최천 경찰국장은 긴밀히 협조하여 좌익 아지트를 차례로 까부수기 시작했다"고 말한 점으로 보아, 이들 가운데 일부 서청의 제주도 입도 시기는 4·3 무장봉기 초기인 것으로 보인다. 이는 최천의 제주도 재임 시기가 1948년 4~6월이기 때문이다. 이미 서청은 초토화 시기 이전부터 대규모로 입도해 제주도를 '죽음의 섬'으로 만들고 있었다.

11월 12일 2개 중대를 제주도에 추가 파견할 계획이던 한국군은 이를 취소하고 제주도에 주둔중인 3개 대대를 주로 서북청년단으로 충원하는 새로운 계획을 추진했다.[358] 11월 중순 제주경찰에 서청 단원 200명이 배속됐는데, 이들은 '200명 부대'로 불렸다. 당시 서청을 모집할 때 평안남도 출신의 제주도경찰감찰청장 홍순봉과 제주도 서청 단장 김재능이 직접 서울에 올라가 지원을 독려했다.[359] 이승만과 내무장관은 경비대에 6,500여 명, 경찰에 1,700여 명의 서청을 투입하기로 했는데, 이들은 전국의 9개 경비연대와 각 경찰국에 배치될 예정이었다.[360] 경찰에 지원한 서청단원 620여 명은 수도경찰청의 감독 아래 12일 동안 훈련을 받고 12월 13일 소요가 발생한 여수, 제주도, 강원도 등지에 정규 경찰(regular police) 신분으로 1개월 간의 일정으로 배치됐다.[361]

제9연대장 송요찬은 서청 단원들을 군에 편입시켜 4개 소대 80명 규모의 '특별중대'를 만들었다.[362] 특별중대에 소속된 서청단원들은 민간인 복장으로 위장하고 무장대 아지트를 찾아다니기도 했다.[363] 서청 경상북도본부 소속으로 국군에 편입된 이중만 등 300명은 12월 20일 관민의 환송 속에 대구역을 떠나 제주도로 파견됐다.[364] 이들의 입대는 제2연대의 제주도 토벌작전을 앞두고 서청 지도부와 제2여단장 간에 비밀리에 계획됐다.[365] 제9연대 선임하사 윤태준은 "서북청년들이 사건을 악화시켰다"며 "주민들은 도망갈 곳이 없으니까 산으로 올라갔다"고 말했다.[366] 제2연대 제1대대장이었던 전부일도 "서북청년단이 산쪽에 협력했다고 해서 남편이 보는 앞에서 부인을 쏴 죽였다"며 "한번은 연대 정보인가 그 사람이 그 뒤에 죽었는데 나보고 와보라고 해서 가서 보니 여자를 발가벗겨놓고 빙빙 돌리고 있어서 이를 중지시킨 일도 있다"고 말했다.[367]

11월 21일부터 30일까지 열흘 동안 제9연대의 일일 작전내용을 담은 〈표 4-4.2〉는 가공스러울 정도의 제주도민 학살상황을 보여주고 있다. 〈표 4-4.1〉과 마찬가지로 일부 과장됐거나 일부 누락된 보고가 있을 것으로 보이지만, 이 표만 보더라도 열흘 동안 615명을 학살한 것으로 나타나, 하루 평균 61.5명의 제주도민을 학살한 것이다.

〈표4-4.2〉 초토화 시기 제9연대 일일보고서 내용(1948.11.21~11.30)

일자	부대	주요 활동
11.21	2대대	조천리 부근에서 66명 사살, 2명 체포, 노획품: 일제 99식 소총 1정, 99식 탄약 50발, 카빈 탄약 7발, 등사기 1대
	3대대	한 적군으로부터 대정 부근 적 보급창고 위치 정보 입수
11.22	3대대	보급창고 공격. 88명 사살, 4명 체포, 노획품: 일본도 3자루, 군복 45벌, 담요 19장, 대형천막 1개, 소형천막 1개, 등사기 1대, 수류탄 1개, 다이나마이트 2개, 99식 탄약 250발
11.23	2대대	선흘 부근 동굴에서 적 보급창고 발견. 15명 사살, 1명 체포, 노획품: 일본도 1자루, 공산주의자 모자 3개, 담요 8장, 일부 비밀명령서
11.24	2대대 F중대	노형리 부근에서 적과 교전. 79명 사살, 노획품: 일제 99식 소총 4정, 일제 38식 소총 2정
	2대대	교래리 부근. 5명 사살, 노획품: 일제 99식 탄약 2발, 카빈 탄약 5발
		조천리 부근. 3명 사살, 16명 체포. 노획품: 칼 1자루, 담요 8장, 쌀포대 2개, 일부 비밀명령서
	3대대	서귀포 부근. 6명 사살
11.25	2대대	성산포 부근. 70명 사살, 노획품: 일제 99식 소총 2정, 99식 탄약 37발, 다이나마이트 12개, 외투 50벌
		함덕리 부근. 50명 사살, 11명 체포

11.26	2대대	보평리(함덕 동남쪽) 4명 사살
		교래리 부근. 59명 사살, 129명 체포, 노획품: 미제 45구경 권총 1정, 창 77개, 일제 철모 2개
11.27	2대대	선흘리 부근. 43명 사살, 51명 체포, 노획품: 일제 총검 3자루, 창 12개, 쌍안경 1개, 쌀포대 15개
		어승생악. 12명 사살, 노획품: 쌀포대 200개, 숯상자 20개
		함덕리 부근. 17명 사살, 110명 체포, 노획품: 수류탄 6개, 뇌관 9m
	3대대	토평리 부근. 3명 사살, 5명 체포, 노획품: 침낭 9개, 쌀포대 6개, 의류
11.28	2대대	수장악(함덕리 남쪽) 64명 사살, 노획품: 일제 99식 소총 2정, M1 탄약 180발, 일제 44식 탄약 25발, 일제 철모 8개, 미제 철모 1개, 쌀포대 80개, 천막 7개, 휘발유 2드럼, 일부 의약품
11.29	1대대	월평리 부근. 5명 사살, 노획품: 쌀포대 11개
	2대대	상명리 부근. 9명 사살, 3명 체포, 노획품: 창 8개, 쌀, 의약품, 기타 물품 트럭 1대분
11.30	1대대	월평리 부근. 6명 사살, 노획품: 칼 1자루, 천막 1개, 우의 1개
	2대대	선흘리 부근. 6명 사살, 노획품: 창 5개, 배낭 4개, 미제 군복1개, 등사기 1대, 시계 1개, 쌀포대 4개, 선전 유인물
	2대대 F중대	애월리 부근. 5명 사살, 4명 체포, 노획품: 칼 2자루, 창 4개, 총검 1자루, 담요 17장, 의복배낭 2개, 쌀포대 40개, 나무막사 1개, 천막 3개 등

그러나 이 시기 제9연대가 노획한 총은 12정과 칼 11자루에 지나지 않는다. 이처럼 '적 사살자 수'와 '무기 수'의 불균형은 무저항 상태의 제주도민에 대한 무차별 학살이 자행됐음을 의미한다. 이 시기 주한미사절단은 제주도 진압 작전으로 희생되는 사람들이 진짜 게릴라인지 의심스럽다고 밝히기도 했지만,[368] 이를 중단시키기커녕 한국군의 토벌을 고무·장려했다.

미군의 연락기는 중산간 지대로 피신한 제주도민들을 체포하거나 학살하는데 도움을 줬다. 송요찬은 12월 6일 제24군단 사령관에게 보낸 추천서를 통해 "10월 10일부터 임무를 수행한 정찰 조종사 에릭슨(Fred M. Erricson) 중위에 대해 "수차례에 걸친 제주도 정찰비행을 통해 반란군의 집결지, 사령부, 정부군과 반군간의 전투상황을 제9연대에 넘겨줘 진압할 수 있게 했다"고 감사를 표했다.[369] 제9연대 제3대대는 12월 13일 민간인 3천여 명과 함께 모슬포와 서귀포, 남원, 한라산 등 4개 지역에서 대규모 공동작전을 벌여

주한미군사고문단 참모장 라이트(W. H. S. Wright) 대령(가운데)이 트레드웰(J. H. W. Treadwell) 대위와 1949년 9월 6일 제1기병연대를 검열하고 있다. 피쉬그룬드는 라이트 대령이 초토화 시기 2~3차례 제주도를 방문했다.

105명을 사살했다.[370]

　군사고문단장 로버츠 준장은 12월 18일 이범석 총리에게 "제주도에서의 우리의 작전에 대해 귀하가 관심을 가져야 한다"며 제주도의 상황을 전했다. 로버츠는 이 서한에서 방금 받은 보고서라며 "송요찬 중령이 이끄는 제9연대가 제주도민들로부터 완전한 정보와 협력을 받고 있다. 최근 실시된 작전에서 창으로 무장한 제주도민들이 소수의 한국군 장교와 병사들과 함께 참가했다. 한 작전에서는 제주도민 3천여 명이 한라산 기슭의 무장대들을 에워싸고 진격했다. 소수의 한국군이 이들을 지도했고, 100여 명의 적 사상자를 냈다. 몇몇 무기와 식량 창고를 노획했다. (중략) 송요찬 중령은 초기 제주도민들의 호전적 태도를 전심전력의 협력으로 바꾸는 데 대단히 잘 지휘하고 있다"는 보고서를 보냈다.

　이어 로버츠는 "유능하고 믿음직한 장교들이 이끌고 지휘하는 평화애호 주민들에 의한 작전 결과에 대해 언론과 라디오, 그리고 대통령의 공포에 의해 크게 홍보돼야 한다고 추천한다"고 밝혔다.[371] 국방부 참모총장 채병덕 준장은 로버츠에게 회신을 보내 송 연대장과 미군 고문관이 적대적인 제주도에서 어렵고 힘든 임무를 수행하는 데 훌륭한 능력을 보여주었다고 대통령 성명을 발표하도록 추천하겠다고 화답했다.[372]

이러한 미군 수뇌부의 제주도 사태에 대한 인식은 군에 의한 무차별 학살을 합리화했을 뿐 아니라 조장했다. 이 시기 한 신문은 제주도경찰국(1948년 11월 19일 제주경찰감찰청에서 변경)의 정보를 인용해 "9연대 장병들이 연대장 송요찬 중령 지휘하에 맹활동하여 반도 토벌에 큰 전과를 얻어 동민으로부터 감사를 받고 있다"고 전하고, "연대장 송요찬 중령, 부연대장 서종철 소령, 정보과장 한영주 대위의 공적은 현명(顯名)하다"고 보도했다.[373] 정부와 군은 언론에 재갈을 물려놓은 상태여서, 언론은 군의 토벌작전 성과 발표를 그대로 인용 보도했을 뿐 이를 비판할 여지는 존재하지 않았다.

12월 15일에는 관음사 지구에서 무장대 8명을 사살하고, 교전 중 장교

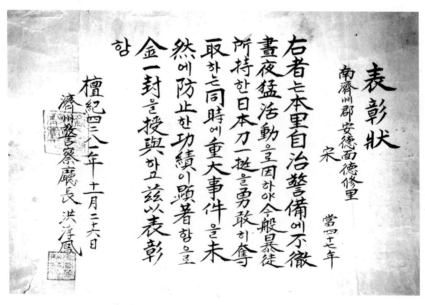

1948년 11월 26일 발행한 제주경찰청장 홍순봉 명의의 표창장.

제9연대장 송요찬(왼쪽)과 작전참모 서종철.(고문관 웨솔로스키 소장)

1명이 부상을 입었다. 12월 16일에는 함덕리와 중문리로 500여 명의 '비무장 폭도'(unarmed raiders)가 귀순했는데, 군은 이들을 통해 무장대 은신처 등을 파악했다.[374] 제9연대 제2대대는 12월 18일 제주도 철수에 앞서 벌인 마지막 토벌작전에서 130명을 사살하고, 50명을 체포했다고 돼 있으나, 미군 보고서는 이 전과를 신뢰할 수 없는 수준(C-3)로 평가했다.[375]

〈표 4-4.3〉은 12월 1일부터 20일 사이 제9연대의 16일 동안(보고가 누락된 12월 7~11일 제외)의 작전내용을 보여주는 것으로, 이 표에 드러난 것만으로도 군인 사망 11명과 부상 8명을 제외한 사살자수는 677명으로 하루 평균 42.3명이 학살됐고, 162명이 체포됐다. 표에 기록된 12월 19일 자의 전투상황은 한 병사의 증언에서도 나온다. 제6연대 제2대대 인사계에서 근무하다 서청 특별중대에 배치된 이기봉은 "1948년 12월경 7중대가 조천지역에서 공비부대와 수색대가 접전해 잔류중인 (성산포)중대장 탁 중위와 1개

분대가 3/4톤에 승차, 지원차 출동 도중에 조천 동쪽에서 적의 매복에 조우, 양면으로부터 사격을 받아 운전수가 즉사하고, 중대장 이하 전멸하고 1명이 생환했다. 때는 저녁 7시경이었다"며 무장대의 습격 상황을 설명했다.[376] 일 일보고서에는 12월 19일 신엄리에서 교전이 일어난 것으로 돼 있으나 이기 봉은 조천지역에서 일어난 것으로 기억했다.

무장대의 기습을 받은 제9연대의 보복작전은 야만적이었다. 보복에 나선 토벌대는 총기를 사용하지 않고 총검을 사용했다. 12월 제2연대와 교체돼 다른 지방으로 간 병사는 칼 등으로 찔러 죽이는 '척살'은 기억 속에 오래 남았다고 증언한다. 서청 특별중대 이기봉은 "탁 중대장이 전사한 뒤 보복작전을 실시했다. 지시에 의하여 (기도비닉을 위해) 발포를 극력 삼가고 대검전인데 공비를 척살하면 인상이 오래 남았다. 그것이 싫어 자원해서 BAR(자동화기-필자) 사수를 원했다"고 말했다. 주한미군사령부 정보참모부 보고서에도 12월 19일 오전 7시 30여 명으로 추정되는 무장대가 신엄리를 습격해 가옥 30여 채를 방화하고 경찰관 1명과 민간인 10명을 살해했으며, 급파된 제9연대와 교전해 장교 1명과 사병 9명이 숨지고, 1명이 부상을 입었다고 돼있다.[377] 제2연대는 12월 21일부터 12월 28일까지 8일 동안 503명을 사살하고, 176명을 체포했다.[378]

제주도민들이 곳곳에서 학살되는 가운데 1948년 12월 7일 제1회 국회 제124차 본회의에 참석한 국무총리 이범석이 밝힌 제주도 사태의 원인은 실정과 너무나 동떨어진 것이었다. 이 총리는 제주도 사건의 원인을 첫째, 본토와 격리돼 해방 직후 소위 인민공화국의 선전모략이 존속함, 둘째, 재일 제주 출신 노동자 10만여 명이 좌익사상을 포기치 않고 고집함, 셋째, 행정관청에 대한 악감(惡感), 특히 배타심 왕성한 제주지역에 타도 출신 경찰관이 복무한다는 사실, 넷째, 남로당과 북로당의 모략과 준동이라고 주장했다. 국무총리의 발언 어디에도 제주도민들의 억울한 죽음은 존재하지 않았다.

〈표 4-4.3〉 초토화 시기 제9연대 일일보고서 내용(1948.12.1.–12.20)

일자	부대	주요 활동
12.1		보고 없음
12.2	2대대	침악 부근. 아군 1명 사망, 1명 부상, 적 28명 사살, 뇌획품: M1 2정, 카빈 1정, 일제 99식 소총 4정, 일제 44식 소총 1정, 총검 2자루, M1 탄약 56발, 99식 탄약 18발, 38구경 탄약 30발, 카빈 탄약 11발, 수류탄 4개, M1 탄약 노리쇠 4개, 일제 철모 10개, 털모자 1개, 쌀포대 2개
12.3	1대대	보고없음
12.3	2대대	교래리 부근. 15명 사살, 노획품: 담요 15장
12.3	3대대	서귀포 부근. 48명 사살, 노획품: 쌀포대 5개, 고구마 포대 20개, 일제 철모 6개, 마차 1개
12.4	1대대	오등리 부근. 5명 사살, 노획품: 일제 셔츠 4벌, 코트 3벌, 배낭 3개, 신발 2켤레, 담요 9장, 총검 1자루, 털모자 1개, 우의 3벌
12.4	2대대	보고없음
12.4	3대대	모슬포 부근. 5명 사살, 1명 체포, 노획품: 쌍안경 1개, 천막 1개, 쌀포대 40개, 덮개 13장, 의복 배낭 6개, 타이어 2개
12.5	1대대	보고없음
12.5	2대대	침악 부근. 18명 사살, 7명 체포, 노획품: 담요 4장, 선전 유인물
12.5	3대대	모슬포 주변 산악지역. 37명 사살, 5명 체포, 노획품: 철모 1개, 일본도 1자루, 기름 1드럼, 기타 물품 트럭 2대분
12.6	1대대	월평리 부근. 5명 사살, 1명 체포, 노획품 일제 총검 1자루, 천막 1개
12.6	2대대	교래리 부근. 34명 사살, 8명 체포, 노획품: 담요 1장
12.6	3대대	서귀포 북쪽 부근. 51명 사살, 33명 체포, 노획품: 덮개 9장, 창 1개, 일제 털목도리 23개
12.12	1대대	보고없음
12.12	2대대	송당리 부근. 14명 사살, 8명 체포, 노획품: 쌍안경 1개
12.12	2대대	침악 부근. 31명 사살, 8명 체포
12.13	1대대	보고없음
12.13	2대대	보고없음
12.13	3대대	창으로 무장한 민간인 3천 명을 동원해 대정에서 신예리까지 한라산을 향해 공격. 민간인 100명당 군 1개 분대 활용. 105명 사살, 노획품: 일제 99식 소총 10정, 칼 1자루
12.14	1대대	금악 부근. 적군 10명과 교전. 8명 사살, 노획품: 일제 99식 소총 3정, 일제 38식 소총 1정, 제1대대 장교 1명 부상
12.14	2대대	도송리(좌표 미상). 6명 사살, 8명 체포
12.14	3대대	한라산, 48명 사살, 노획품: 배낭, 담요 각1장, 쌀포대 13개, 감자포대 20개
12.15	9연대	대전 이동 준비 완료. 현재 전체 연대는 경찰, 민간인들과 작전중. 한라산을 완전 포위했으며, 오후 8시 종료 예정. 결과는 보고되지 않음
12.15	1대대	금악. 10분간 교전. 아군 1명 사망, 4명 부상, 적 16명 사살
12.15	2대대	월평리 부근. 13명 사살, 3명 체포, 노획품: 철모 3개, 담요 1장, 우의 2벌, 창 1개, 군복 1벌, 쌀포대 2개

12.16		좌익 250여 명이 함덕리 주둔 부대에 귀순. 좌익 500여 명이 중문으로 귀순
		제2여단 제1대대가 오후 4시 55분 도착. 제3대대와 현재 교대중
12.17	3대대	두모리 부근. 12명 사살, 노획품: 총검 1자루, 칼 6자루, 낫 2개, 담요 5장, 쌀, 의류
12.18	2대대	교래리 부근. 경찰, 민간인과 합동작전. 130명 사살, 50명 체포, 노획품: 일제 99식 소총 1정, 99식 탄약 2발, 창 32개, 칼 40자루, 담요 16장, 덮개 31장, 쌀 포대 247개, 취사용 그릇 10개, 사발 100개, 좌익서적
	3대대	의귀리 부근. 노획품: 쌀포대 20개, 숯포대 40개
12.19	2대대	침악 부근. 36명 사살, 30명 체포, 노획품: 일본도 2자루, 담요 12장, 취사용 그릇 6개 등
	9연대 7중대, 2연대 2중대	신엄리 부근. 적과 소규모 교전. 제7중대: 9명 전사(7중대장 포함), 1명 부상, M1 소총 3정, 박격포 1문, 경기관총 1정, 카빈 1정, 탄약 370발 분실, ¾톤짜 리 트럭 피해, 제2중대: 1명 사망, 1명 부상, 적군 사상자 알려지지 않음. G-2 부고문관 카바노(Cavanaugh) 중위가 상세한 내용 줄 수 있음
12.20	2대대	고악 부근. 12명 사살, 노획품: 우의 1벌

이에 대해 주한미사절단은 사태의 원인을 "제주도의 치안유지 책임자들 간의 통제와 조정기능 결핍으로 제주도민들의 불만이 나왔고 소요를 억제하는 데 실패하는 결과를 초래했다"고 지적하고 "경찰의 극단적 폭력행위는 더욱 적대적이고 공포심을 초래했다"고 밝혔다.[379] 그러나 주한미사절단은 이러한 행위를 제거하기 위한 조처를 취하지 않은 채 공산세력의 척결에만 신경을 곤두세웠다.

하지 중장의 전 정치고문이자 이승만의 개인 고문격인 굿펠로우(Preston M. Goodfellow) 대령은 1948년 말 이승만에게 "한국문제와 관련하여 국무장관 애치슨(Dean Acheson)과의 많은 대화를 통해 게릴라들이 속히 제거돼야 하며, 많은 사람들이 한국이 공산주의자들의 위협에 어떻게 대처하는지 지켜보고 있다"면서 "나약한 정책은 워싱턴의 지지를 상실하고, 위협에 잘 대처하는 것만이 많은 지지를 얻을 것"[380]이라며 소탕을 독려했다.

프랑스 파리에서 열린 유엔 총회는 12월 12일 48 대 6으로 대한민국 정부를 승인하는 한편 미·소 양군 철수 및 통일 달성 임무를 위해 향후 1년 동안 유엔한국위원단(이하 유엔한위)을 설치하기로 의결했다.[381] 제주도 5·10

제주도에 배치된 미군 연락기(L-5) (고문관 웨솔로스키 소장)

선거 실패로 남한 정부의 승인을 우려했던 이승만 정부는 제주도 토벌작전에 아무런 구애를 받지 않게 됐다.

주한미군사령부 정보참모부 보고서(1949.4.1)는 1948년 한 해 동안 1만 4천~1만 5천여 명의 제주도민이 희생된 것으로 추정했다. 또 이들 가운데 최소한 80%가 토벌대(security forces)에 의해 희생됐으며, 주택의 3분의 1이 파괴됐고, 전체 도민의 4분의 1이 마을이 소개돼 해안마을로 이주했다고 기록했다.[382] 4·3의 전개 과정에서 많은 제주도민이 죽어간 비극적인 상황은 외부세계에 알려지지 않은 채 미군과 군·경 토벌대, 그리고 제주도민만이 알고 있었다. 초토화 시기 제주섬은 '죽음의 섬'이었고, '킬링필드'였다. 호로위츠가 제노사이드를 "국가기구에 의해 무고한 사람들을 구조적이고 체계적으로 파괴하는 것"[383]이라고 규정한 정의를 고려하면, 당시 제주도에서 일어난 숱한 죽음들은 '제노사이드'라 할 것이다.

송요찬의 '대게릴라전략'과 미군의 관심

제9연대장 송요찬은 1962년 1월 정부 내각수반 자격으로 미8군의 요청에 따라 '대게릴라전에 관한 수기'를 제공했다.[384] 이 수기는 자신의 경험을 토대로 작성한 것으로 4·3 당시 그의 전략을 파악할 수 있는 문서다. 미8군 사령부 참모장 러셀(Sam C. Russell) 소장은 '대게릴라전'이라는 제목으로 미8군 예하 각 부대에 보낸 문서에서 송요찬 당시 내각수반을 "비상할 정도로 성공한 남한의 게릴라 전사였다. 모든 지휘관들은 송 내각수반이 준비한 원고를 적극 검토하고,

이런 원칙들을 현행 게릴라전 훈련에 적용할 수 있도록 고려하기 바란다"며 송요찬의 대게릴라전 원칙을 숙지할 것을 요구했다. 송요찬은 이 수기에서 다음과 같이 적고 있다.

> "공산 게릴라들은 물 속의 물고기에 비유할 수 있다. 물이 마르면 연못 속의 물고기는 죽게 된다. 바꿔 말해서, 우리가 연못을 배수하지 않거나 연못에 독약을 투입하지 않은 채 물고기에 대한 중무장 작전을 벌인다면 그 작전은 비효율적이 될 것이다. 추적자들이 배수하는 대신 헛되이 물고기를 추적하는 데 힘을 쓰면 그들은 결국 지쳐버리게 되고 많은 사상자와 함께 게릴라들의 역습을 받게 된다. 그들은 장비를 잃게 되고 이는 게릴라들의 재산이 될 것이다."

포고령을 통한 '적성지역'의 설정과 주민소개, 마을방화는 그의 대게릴라전 원칙처럼 연못을 말리고, 독약을 투입하는 것이었다. 이는 '비민분리'라는 명분으로 한 소개정책을 넘어 무차별적 폭력을 의미하는 것이기도 했다.

그는 수기에서 게릴라전은 정치조직이 약하고 주민들이 중앙정부에 불만족하거나 냉담한 곳에서 가장 효과적이라고 보았으며, 은신, 식량, 정보 수집을 위해 농촌지역의 주민들에게 주로 의존하는 게릴라들의 속성상 군사작전 진행과 함께 다음과 같은 '정치적 준비'가 취해져야 한다고 주장했다.

(1) 계엄령은 게릴라와 협력하는 사람들을 경고하기 위해 선포돼야 한다.
(2) 대첩보 활동은 엄격한 정부/군사적 통제하에 나와야 한다. 우호적인 정보원
으로서 활동하는 마을이나 지방에서 가능한 한 많은 민간인들로 조직돼야 한
다. 이들 민간인과의 비밀 접촉 장치가 마련돼야 하며, 그 지역의 군사정보망
에 의해 운영돼야 한다.
(3) 마을주민들과 지방민들의 필요성이 고려돼야 하며, 이뤄져야 한다. 식량, 보
호, 의약품은 필요한 만큼 공급돼야 한다. 주민들이 정부군이 자기들 편이라
고 인식하고, 정부가 자신들의 복지와 매우 중요하게 관련된다는 것을 인식
하도록 보장하기 위해 모든 노력을 취해야 한다. 이 지역에서의 우리의 공개
적인 작전과 선전활동 간 긴밀한 연락이 유지돼야 한다.

게릴라와 협력하는 사람들을 경고하기 위해 선포하는 계엄령은 경고 차
원이 아니라 대량 학살을 가져올 수 있다. 그런 의미에서 1948년 11월 17일
의 계엄령 선포는 '경고용'이 아니라 제주도민 학살의 근거가 됐다.

군사작전과 함께 정치적 준비 차원에서 계엄령 선포와 정보망 활용, 선무
작전 등으로 이어지는 일련의 과정은 1948년 10월 이후 제주도에서 벌어진
초토화 시기에 적용됐다. 송요찬은 정보망의 활용을 강조하고 있는데 "초기
작전 시기 공격을 시작하기에 앞서 정보망이 완전하게 작동해야 한다"고 밝
히고 있다. 그는 일반 정보망이 구축되면 효용성을 검증해야 하며 이를 위해
"게릴라들이 야간에 마을을 돌아다니기 때문에 병사는 게릴라로 위장할 수
있고, 마을을 배회할 수도 있다"며 위장전술의 활용을 제시하고 있는데 이러
한 그의 전술은 제9연대와 제2연대에 의해 사용됐다. 송요찬의 대게릴라전
원칙들은 제주도와 지리산 토벌작전 경험에 따른 것으로, 4·3은 대게릴라전
군사교리의 개발을 위한 시범무대이자 적용무대였다.

1948년 12월 이범석이 국회에서 언급한 제주도 도로변 총림 벌채와 보갑
제의 실시 등의 발표[385]와 포고령은 대게릴라전 원칙에 '충실한' 정책이었다.
일본군이 중국에서, 독일군이 그리스에서 실시했던 대게릴라 전략처럼 이 정
책은 주민들을 강제소개하고 도로 주변의 나무를 베어내 무장대(게릴라)의
습격에 대비한다는 것이었다. 또한 '폭도 협력자에 대한 철저한 처단을 단행'

방한한 미 육군장관 로얄이 1949년 2월 7일 경무대에서 대통령 이승만의 환영을 받고 있다. 오른쪽부터 주한미군사령관 로버츠 준장, 미 합참차장 웨드마이어 중장, 주한미대사 무초이다.

한다고 밝힘으로써, 제주도민들은 희생양이 돼야 했다. 제6연대 제2대대 출신으로 1948년 7월 제주도에 파견된 제9연대 병사는 "주민들은 공비들의 행방을 질문하면 무조건 '모르쿠다'(모르겠습니다)는 말 한마디였다. 주민들로부터 공비에 대한 정보 획득이나 신고는 아예 기대할 수도 없었다. 주민들 대부분이 공비들과 연관을 갖고 있어 공비들과 내통하고 있는 인상을 받았다"고 말했다. 병사들은 주민들이 무장대의 행방을 모른다고 말하는 것을 '폭도' 동조 내지는 협력자로 인식했다.[386] 베트남전에서도 당시 남베트남 군인들이 베트콩 가족들을 살해한 데 대해 한 미군은 "그들은 게릴라들의 친척이었고, 의심의 여지없이 베트콩에 동조적이었으며, 그들을 지원했다. 그들은 비전투원의 신분이 아니다"라고 말했다. 이 미군은 남베트남 장교들이 종종 위협하기 위해 이들을 죽이고 집을 파괴하며, 가축을 도살하기를 원했다고 결론을 내렸다. 평정작전의 이론은 농민들을 베트콩을 지지하지 못하도록 테러하는

것이었다.[387]

대게릴라전에서 대량 학살을 야기하는 주요 원인인 무장대와 양민을 분리하는 강제소개와 견벽청야(堅壁淸野) 정책은 제2연대에서도 계속됐다. 제2연대 부대장의 이름을 따 '함명리'로 개명한 봉개리나 조천면 낙선동에 주민들을 집단수용하기 위한 전략촌 건설도 '비민분리' 정책의 일환이었다. 제2연대 소대장 이주홍은 "공비하고 민간인을 구별하기가 상당히 힘들었다. 그래서 산간에 있는 마을 사람을 전부 철수시켜서 도시에 집결시켰다. 그래가지고 마을 단위로 성을 쌓았다. 그러자 잔비하고 민간인하고 완전히 떨어졌다. 공비가 식량을 구할 수가 없게 되고 한 1년 있으니까 완전히 없어졌다"고 회고했다.[388] 마오쩌둥은 '견벽청야'를 작전을 협조하는(견벽) 동시에 적으로 하여금 식량을 얻지 못하게 작물이 익었을 때 신속하게 거둬들이는 것(청야)이라고 정의한다.[389] 만주에서 일제 경찰로 활동했던 제주경찰감찰청장 홍순봉은 자신이 마을마다 성을 쌓아, 후방 차단과 함께 민간인 분리정책을 경무부장 조병옥에게 제안했고, 이것이 채택돼 부임하게 됐다고 말했다.[390] 이런한 전략은 일본군이 중국에서 자행했던 대게릴라 토벌전략이었다.

그러나 미국의 저명한 언론인 스토운(I.F. Stone)은 1950년 7월 제주도 사건과 관련해 "이것은 대게릴라전이 아니었다"고 지적했다. 그는 한 사설에서 "확실히 남한 정부는 민중 봉기(popular insurrection)를 다뤘어야 했다. 왜 사람들은 경찰을 증오했는가"고 물었다.[391] 그는 제주도 사건의 해결 열쇠를 대게릴라전에서 찾지 않고 사건의 원인 제거가 필요한 것으로 분석했다.

'가혹한 탄압' 지시와 미함정의 제주도 기항 배경

제9연대는 12월 18일부터 대전으로 이동하기 시작했다. 대전 주둔 제2연대는 12월 17일 선발대의 상륙을 시작으로 12월 31일까지 제주도에 들어왔다. 이에 따라 제주도 토벌작전의 주체는 제9연대에서 제2연대로 바뀌었다.[392] 군은 여수 주둔 제14연대의 '악몽'을 되풀이하지 않기 위해 제2연대의 이동에 앞서 숙군 등 예방조치를 취했다.[393] 제2연대장 함병선도 제주도 토벌작전을 전개한 전임 지휘관들과 마찬가지로 일본군 지원병 출신으로, 낙하산 부대에서 근무한 경험을 가진 일본군 준위 출신이다.[394] 일제 강점기 일본군으로 전투에 참가했던 경험은 제주도 토벌작전에 투입된 이유이기도 했다.[395] 제2연대 제1중대 소대장 문병태는 1949년 3월 5일 육군사관학교 졸업과 함께 제주도로 부임한 이유에 대해 "제주도는 원래 갈 곳이 아니었는데 일본군 경력이 있어서 임관 직후 바로 작전에 투입될 수밖에 없었다"라고 말했다.

제2연대는 제주도로 이동하자마자 연일 소탕작전에 나섰다. 이들은 제주도 진주와 함께 "종래의 미온·소극작전을 떠나 적의 최후의 한명까지 섬멸을 기하는 포위 고립화 작전을 실시하는 한편 이(창정) 소령이 영도하는 민사처를 중심으로 폭도의 귀순 공작을 시작"했다.[396] 제9연대의 초토화로 제주도민이 대량 학살됐는데도 제2연대는 기존의 작전을 '미온·소극작전'이라고 평가한 것이다. 백선엽의 회고록을 보면 "함병선은 '제주도에 부임해 가장 먼저 해야 할 일은 선무공작이었다. 전임부대들이 중산간 부락을 초토화한 때문이었다. 국내전에서는 초토화를 금기로 하는 것이 원칙이었는데 이해하기 어려웠다'고 말했다"고 했다.[397] 함병선의 발언을 인용하면, 제9연대는 국내전에서 금기시된 초토화를 제주도에서 실행했지만, 자신은 선무공작을 했다는 것이다.

그러나 그 이후 사태의 추이를 보면 함병선도 송요찬과 마찬가지로 강경 진압 작전을 전개했다. 주한미대사관 드럼라이트가 함병선의 토벌작전을 '가혹한 작전'(severe tactics)이라고 할 정도였다. 이 작전에 대해 드럼라이트는 "신분이나 무기의 소지 여부에 관계없이 폭도지역에서 발견된 모든 사람을 사살하는 것을 포함한다"고 설명했다.[398] 제2연대 출신 최갑석은 "1948년 12월 29일 제주도에 들어온 함병선은 본부와 2대대를 제주시에, 1대대를 서귀포에, 3대대를 한라산 북쪽 오등리에 배치해 초기 소탕작전을 벌였으나 쌍방의 희생이 컸다"고 말했다.[399] 해안선에서 일정 거리를 두고 떨어진 지역의 내륙지역을 '적지'로 간주해 작전을 벌인 것은 제9연대만이 아니라 제2연대도 마찬가지였다. 최갑석은 "산으로 숨어든 빨치산들이 게릴라 전술을 쓰기 때문에 언제 어느 때 거리에 출몰할지 모르고, 또 누가 적인지도 확인할 수 없는 것이다. 전선이 있는 것도 아니고, 그래서 모두 적이라고 볼 수도 없고, 아니라고 볼 수도 없었다. 내전의 어려움은 바로 여기에 있었다"고 말했다.[400]

군·경 토벌대의 강력한 토벌작전이 진행되는 가운데 무장대도 공세에 나섰다. 100여 명으로 구성된 무장대는 1949년 1월 1일 제주읍 오라리에 주둔한 부대를 공격했다. 이 습격에서 무장대 20명이 숨지고, 제2연대 병사 27명이 부상을 입었다. 같은 날 도두리에도 무장대가 공격해 주민 10명이 피살되고, 수명이 다쳤으며 주택 26채가 소실됐다. 이어 1월 3일에는 50여 명 규모의 무장대가 한림면 상명리를 습격해 주민 31명과 경찰 1명을 살해하고 주민 30명을 납치했다. 주택 30채도 불에 탔다. 이날 오후 8시께에는 제주도청이 소실되는 등 무장대의 공세가 계속됐다. 함병선은 1월 4일 계엄령을 지속시켜 줄 것을 사령부에 건의했다. 계엄령이 해제된 지 나흘 밖에 지나지 않은 시점이었다.[401] 이어 같은 날 육·해·공군 합동작전으로 대응했다. 해군함정은 37㎜ 포로 사격을 가했고, 공군은 L-4, L-5기로 수류탄과 폭탄을 투하했다. 제주도는 제9연대에 이어 제2연대의 무차별 토벌로 초토화되고 있었다. 육·해·공군의 합동작전 결과 해안에서 한라산에 이르는 4㎞ 이내의 부락은 대부분 군·경의 토벌작전으로 초토화되어 주민들은 토벌을 피해" 입산했다.[402]

제주도민들이 '공산주의자', '폭도'라는 딱지가 붙은 채 학살되는 가운데 주한미사절단 참사관 드럼라이트는 1월 7일 국무부에 보낸 문서를 통해 "국무부가 인지하는 바와 같이 제주도는 한동안 남한 내 소요의 중심지였다. 지난 1~2개월 동안 제주도의 공산분자들에 대한 진압이 만족스러울 만큼 진전을 보이고 있다. 이는 부분적으로 제9연대에 의한 공격적인 토벌작전 때문이며, 또 한편으로는 소요를 진압중인 토벌대에 협력하는 민간인들이 늘어나는 추세 때문이기도 하다"고 밝혔다. 드럼라이트가 보낸 이 문서에 첨부된 제주 CIC 보고서에는 "폭도들의 활동이 감소하게 된 것은 전적으로 제9연대의 공세작전 때문"이라며 "공식 보고된 사상자수는 3,549명이지만 믿을만한 비공식 통계에 따르면 5천여 명이 넘을 것이 확실하다"고 분석했다.[403]

정부는 1월 11일 국무회의를 열어 모슬포와 성산포에 각각 경찰서를 증설키로 하는 대통령령을 통과시켰다.[404] 다음날인 1월 12일 제주도 소요를 시찰한 내무장관 신성모[405]는 1월 17일 국무회의에서 "제주도의 무장폭도는 150명 내지 400명설이 있고, 비무장 폭도는 약 500명가량이며, 주민의 피살이 매일 5명 내지 10명인데 군·경·민 합심일치 차(此)에 대하고 있었다. 특히 요망되는 것은 군의 1개 연대 증원이나 불연(不然)이면 경찰 1,000명 증가만 있으면 2개월 이내에 소탕될 것"이라고 보고했다.[406]

대통령 이승만은 1월 21일 국무회의 자리에서 "미국이 한국의 중요성을 인식하고 많은 동정을 표시하지만 제주도, 전남사건의 여파를 완전히 발근색 원하여야 그들의 원조는 적극화할 것이며, 지방 토색 반도 및 절도 등 악당을 가혹한 방법으로 탄압하여 법의 존엄을 표시할 것이 요청된다"고 지시했다.[407] '가혹한 방법'으로 탄압해야 미국의 원조를 얻는데 도움을 받을 것이라고 언급한 이승만은 1월 28일 열린 국무회의에서 "제주도 사태는 미 해군이 기항하여 호결과를 냈다하며 군 1개 대대, 경찰 1,000명을 증파하게 되었으니 조속히 완정(完征)하여 줄 것"을 재차 지시했다.[408]

이에 국방부 참모총장 채병덕 준장은 유엔한위 1진의 1월 30일 입국을 앞두고 유엔한위의 활동과 국민 정서를 안정시키기 위해 폭도와 반란군을 완전히 소탕하도록 육군과 해군에 명령했다.[409] 공군은 1월 24일 제주도에 출동해 지상부대간의 긴급연락, 전단 살포, 적정 정찰, 지휘관 운송 등을 담당하면서 4월 14일까지 활동했다.[410] 이승만의 지시에 따라 1월 31일 제6여단 유격대대가 제2연대와 함께 작전에 참여하기 위해 제주도로 이동했고,[411] 국군 참모장은 제주도와 지리산의 소요로 유엔의 불신을 받는 일이 없도록 지시[412]함으로써 무차별적인 소탕작전을 벌였다.

그런데 이승만이 발언한 '미 해군이 기항하여 호결과를 냈다'는 것은 무슨 의미일까? 미 해군은 제주도에서 무엇을 했을까. 이에 대해 『제주4·3사건진상조사보고서』는 "미군도 진압 작전에 나섰다. 미군이 어느 정도 작전에 참여했는지는 불확실하나 '미 해군이 기항하여 호결과를 냈다'는 이승만의 발언을 통해 미군의 역할을 일부 엿볼 수 있다"라고 분석했다. 이와 관련해 미 극동사령부의 문서는 이승만의 발언 직후 미 해군이 어떤 과정을 거쳐 제주도를 방문했는지 보여준다. 미 극동해군사령부 지원단이 작성한 문서(1949.2.2)에는 미 해군 아스토리아(Astoria)호 등 3척이 인천을 방문해 1월 24일 함정에서 개최한 연회에 이승만 대통령, 무초 대사, 로버츠 장군 등이 참석했다고 돼 있다. 문서에는 "무초 대사가 한국 정부가 (미 해군 함정의) 제주도 방문을 간절히(most anxious) 희망한다며 제주 기항 방안을 협의했고, 이에 따라 계획을 수정했다"라고 돼 있다. 이들은 1월 25일 오전 10시부터 오후 1시까지 3시간 남짓 제주도 짧은 기항을 해 제주도 주둔 미군 고문관과 제주도 경찰청장 등을 만난 뒤 부산으로 출항했다.[413] 이승만이 언급한 '호결과'는 이승만의 '간절한' 요청으로 이뤄진 미 해군 함정의 제주도 기항이었다.

주한미사절단[414]의 활동과 재선거를 위한 정지작업

이승만은 1949년 2월 2일 굿펠로우의 남한내 게릴라 진압 독려 서한에 답신을 보내 "제주도에 대규모 경찰과 군 응원대를 파견해 공산 테러리스트들을 조만간 체포할 것"[415]이라고 밝혔다. 군사고문단장 로버츠 준장은 2월 7일 육군장관 로얄에게 보내는 보고서에서 "제9연대의 기습공격은 산간마을의 주민들을 해안지역으로 소개시킴으로써 비효율적이었다"며 "수많은 무고한 민간인이 죽어갔고, 그들 대부분은 게릴라의 공격으로 피살됐으며, 일부는 확실히 한국군에 의해 피살됐다"고 밝히고 있다.[416] 송 연대장을 격찬해 대통령에게 성명을 발표하도록 했던 로버츠 준장이 이번에는 한국군의 과실도 있다고 지적하는 비판적인 태도를 보였다. 로버츠 준장의 이러한 이중적 태도는 남한을 아시아의 반공 보루로 삼으려는 미국의 정책을 완수하기 위해 한국정부와 군에 토벌을 독려하는 한편 무고한 민간인들이 죽어갔다고 할 경우 국제적인 비판 여론을 불러올 수 있는 점을 의식했다고 볼 수 있다.

제2연대도 재판 없이 주민들을 즉결 처형했다.[417] 군사고문단 보급고문관 우스터스(P. C. Woosters) 중령은 로버츠 준장에게 2월 10일 제2연대 시찰 보고서를 통해 "연락기가 전단 살포와 함께 수류탄과 박격포탄을 무차별 떨어뜨리고 있다"고 보고했다.[418] 이 보고서는 군·경의 주민들에 대한 고압적인 태도가 주민들을 폭도 활동에 가담하게 하는 원인이 되고 있으며, 확실히 밝혀진 사례로서 재판 없이 지속적으로 주민들을 처형해 주민들을 자극시키고 있고, 규율이 없는 병사들이 권한을 남용하고 있다고 지적했다.

주한미사절단이 보고한 '1949년 2월 정치요약'에는 제주도 상황에 대해 "상상도 할 수 없을 정도로 더 악화됐다"고 밝혔다. 이 보고서는 "게릴라 도당들은 섬의 중심부를 관통해 마음대로 날뛰고 있다. 큰 읍·면과 가까운 일부 해안지역과 1마일 이내 내륙만이 공산주의자들의 활동으로부터 안전하다. 한국군이 방어성향의 전술을 구사하는 동안 게릴라들은 제주도 내 마을 가운데 70%를 파괴했다. 수만여 명의 난민들이 피난처와 식량을 구하기 위해 읍 교외에 붐비고 있다. (중략) 주민들은 양쪽의 전투에 갇혀있다. 반란군들이 주민들의 물건을 노획하면 군은 주민들을 반란자들을 도왔다는 이유로 처벌하고 있다. 그들이 반란군을 거부하면 '인민의 적'으로 총살된다"고 언급했다.[419] 그러나 1949년 5월 10일 재선거를 성공시키기 위한 군·경의 토벌이 강화되는 한편 주한미사절단은 제주도 사태 진압을 위해 한국 정부를 더욱 독려해나갔다.

『뉴욕 타임스』(1949.3.15) 는 '한국에서 반란군 추적 개시 돼'라는 존스턴(Richard J. H. Johnston)의 기사를 통해 한국 군의 제주도 토벌 상황을 이렇게 전했다.

"이승만 대통령은 13일 육군 지휘관들에게 북한 공산주의자들의 명령에 따라 마을을 방화하고, 지방에서 식량을 약탈하는 반란군들을 체포하거나 소탕하라고 명령했다. (중략) 정부 소식통은 14일 반란행위로 제주도가 마비됐고, 25만여 명 대부분을 내륙지방에서 해안마을로 강제소개했다고 말했

메리놀 외방전교회 소속 선교사인 조지 캐롤 몬시뇰이 1949년 제주도에서 찍은 사진이다. 사진 속 어린이의 그릇은 쌀 한 톨 없이 비어있다.

다. 정부 대변인은 지난해 여름 이후 공산주의자들에 의해 희생된 제주도민 숫자가 1만 5,000여 명이라고 말했다. 1만여 채의 가옥은 방화로 파괴됐다고 그는 덧붙였다. 골롬반수도회의 스위니 신부는 13일 서울에 도착한 서한을 통해 제주도민 대다수가 기아로 고통을 겪고 있다고 밝혔다. 그는 일부 지역에서는 주민들이 하루에 고구마 1개로 연명하고 있다고 말했다."[420]

초토화가 강력해질수록 제주도민들의 삶은 한계점에 이르렀다. 그러나 제주도 토벌작전을 지도·시찰하기 위해 3월 10일 내무장관 신성모와 함께 제주도를 방문했던 국무총리 이범석은 3월 13일 목포에서 기자들과 만나 "제주도의 식량문제가 그렇게 긴박하지 않다고 느꼈다"며 굶주림에 허덕이는 제주도 현지 실정과는 완전히 동떨어진 발언을 했다.[421]

문(기자): 현하 제주도는 식량문제가 대단 긴박하다는데.
답(총리): 그다지 긴박하지 않다. 폭도들의 위협으로 약탈당한 민중들의 산상
　　　　에 은닉된 식량이 많이 발견되었으며, 즉시 하산시켜 공급했고 잡곡이
　　　　나 고구마로도 대용을 하는데 고구마도 상당히 저장되어 있다. 문제는
　　　　군·경의 식량 보급인데 내가 제주 가기 전 농림부에 명해서 보급토록
　　　　하였으니 최단기로 원활히 될 것이다."[422]

　기아선상에 허덕이는 제주도민들의 식량 문제에 대한 고려는 보이지 않
고 군·경 토벌대의 식량 보급을 걱정했다. 제주도에 대한 상황 인식은 중앙
의 고위관리들과 제주도민들 간의 물리적 거리만큼이나 컸다.
　주한미군사령부 정보참모부와 작전참모부의 보고서를 토대로 한 1949년
1월 5일부터 5·10 재선거가 끝난 5월 13일까지 5개월 동안 '폭도'로 분류된
사살자만 1,262명이고, 포로로 붙잡힌 제주도민도 2,523명에 이른다.[423] 그
러나 이러한 통계에 포함되지 않은 학살사건들도 있었다. 1월 17일에는 '북
촌리 대학살'이 일어났고, 2월 20일에는 제주읍 도두리에서 경찰과 군기대
(헌병)의 감독 아래 민보단에 의해 '반도'라고 규정된 76명이 죽창으로 집단
학살됐다. 희생된 이들 가운데는 여성 5명과 중학생으로 보이는 수명의 청소
년들도 있었다. 하지만 도두리 학살 현장을 목격한 군사고문단은 '민보단에
의해 자행된 대량 처형(mass execution)에 대한 최초의 보고서'라는 논평만
했다.[424] 미군 고문관들은 처형을 저지하지 않은 채 "폭도라 하더라도 그들에
대한 반인륜적 잔인성과 적법절차의 부정은 한국 고위관리들의 우려를 강력
히 불러일으켰으며, 그러한 폭력행위는 민주주의에 대한 미국의 개념과 모순
된다"고 언급했을 뿐이다.[425]
　정부는 제주도 토벌을 위해 1949년 3월 2일 지리산지구전투사령부와 함
께 제주도지구전투사령부를 창설했다.[426] 유엔한위가 입국한 가운데 5월 10일
재선거를 성공적으로 치르기 위해서는 제주도 소요 진압이 필수적이라는 인
식이 깔려 있었다. 제주도지구전투사령관에 유재흥 대령, 참모장에는 제2연
대장 함병선 중령이 각각 임명됐다. 유재흥은 일본 육사 55기로 일본군 대

위 출신이며, 해방 이후 한국전쟁이 끝날 때까지도 한국어가 서툴러 통역의 도움을 받기도 했다.[427] 유재흥은 기존 제주도에 주둔하던 제2연대와 유격대대 병력 외에 제주도 경찰과 응원경찰, 우익청년단 등을 총괄하는 권한이 부여됐다. 1949년 4월 1일 현재 군·경 토벌대의 숫자는 국군 2,622명, 경찰 1,700명, 민보단 5만여 명이 활동했다.[428] 인구 30만 명도 안되는 제주도 인구 가운데 5분의 1이 가까운 도민이 직접 토벌에 동원된 것이다.

유재흥의 작전개념은 '완전포위' 개념이었다.[429] 제주도지구전투사령부는 1949년 3월 2일 창설된 이후 민보단과 함께 제주섬을 완전히 횡단하는 선을 형성하고, 산을 빗질하듯 쓸어내려 무장대를 섬의 반대편에 주둔하는 경찰 쪽으로 몰아가는[430] '토끼몰이식' 작전을 구사했는데 이는 지리산지구 토벌작전에서도 사용됐다. 이 작전은 브라운 대령이 제주도에서 시작한 이후 줄곧 시행돼 온 정책이기도 했다.

이승만의 방문과 5·10 재선거, 주한미사절단의 인식

이승만은 3월 8일 국무회의에서 "제주도 전남 등지를 국방 내무 양 장관은 철저히 소탕할 것이며 불가능이면 결정적으로 보고하여 주기 바란다"며 재차 철저한 소탕을 지시했다.[431] 주한미사절단 드럼라이트는 3월 10일 로버츠 준장에게 제주도 상황과 관련한 서한을 보내 "제주도가 매우 심각한 상황에 처해있으며, 이런 상황을 타개하기 위해 적극적인 조치가 취해져야 한다"고 말했다.[432] 이에 다음날인 3월 11일 로버츠는 드럼라이트에게 회신을 보내 "한국 대통령과 국무총리에게 제주도의 게릴라와 군사작전 등에 대해 강력한 서한을 보냈다"고 밝혔다.[433] 고문관에게 협조적이었던 사령관 유재흥 대령은 하버러(Walter J. Haberer) 중령의 자문을 받아 작전을 수행했다.[434] 정부 수립 이후에도 이처럼 주한미사절단과 군사고문단은 제주도 토벌작전에 깊숙하게 개입한 흔적이 곳곳에 나타난다.

제주도지구전투사령부는 3월 25일까지 무장대에 대한 사면계획을 실시하고, 그 이후에는 강도 높은 소탕작전을 실시할 것이라고 밝혔으나[435] 이미 그 이전부터 강력한 토벌작전을 전개했으며,[436] 무장대와 토벌대간의 전투도 벌어졌다. 국내의 한 신문은 3월 초 제주도의 피해 규모에 대해 1읍·11면 제주도 전역(96개리)에 걸쳐 소실가옥 2만 280동, 사망자 2만여 명, 96개리 가운데 전소당한 리만 73개리라고 보도했다.[437] 이 시기에도 주한미사절단의 보고는 '반도 동조자'들이 제주도를 장악하고 있다고 언급했다. 주한미사절단은 '1949년 3월의 정치요약'에서 "3월 초순까지 한국 정부 관리들은 국가 안의 고름이 흐르는 상처에 이상할 정도로 무관심한 것처럼 보였다. 경찰은 자신들의 활동을 비교적 안전한 제주읍으로 제한했다. 군은 자신들의 주둔지역 안에서만 작전했다. 150~600여 명의 핵심 전투원들에 의해 고무받은 1만 5천여 명으로 추정되는 반도 동조자들이 섬의 대부분 지역을 통제했다. 제주도 인구의 3분의 1이 제주읍에 몰려들었고, 6만 5천여 명은 집과 식량이 없다. 정부는 결국 조처를 취하기로 했다. 미군 정보기관의 정보보고, 서울을 방문중인 제주도민들의 보고, 그리고 국회의 언급으로 자극받은 국방장관 신성모는 3월 초순 직접 제주도에 가 반도들에 대한 효과적인 공격작전을 개시해 상당한 효과를 거뒀다. 경찰이 해안가에 있는 읍·면을 보호하는 동안 4개 대대는 현재 반도들을 산으로 내몰고 있다. 4척의 해군 함정은 섬 주변을 순찰하고 있다"고 밝혔다.[438]

주한미사절단 대리대사 드럼라이트는 3월 28일 "경찰의 지원을 받은 한국군이 지리산, 전라남도, 제주도에서 만족할만한 결과를 내며 토벌작전을 계속하고 있다. (중략) 지속적이고 장기적인 작전으로 이들을 완전히 뿌리뽑을 필요가 있다"고 국무부에 전문을 보냈다.[439] 드럼라이트가 언급한 '완전히 뿌리뽑을 필요가 있다'는 것은 앞서 이승만이 '가혹한 방법으로 탄압'하라는 것과 같은 의미였다. 미국은 남한 공산주의 세력을 제거함으로써 남한의 안보를 위태롭게 하지 않으면서 6월 30일로 예정된 주한미군의 철수가 끝난 뒤에도 남한에 공산주의 방벽을 세우겠다는 계획이었다.

이승만이 제주도 소탕작전을 강화한 가운데 무초는 4월 4일 이승만과의 면담에서 "한국은 제주도와 전라남도에서 날뛰는 게릴라 도당을 제거하고 보안군을 훈련시킴으로써 남한에서의 입장을 굳건히 해야 한다"며 제주도 사태 진압을 격려하고 고무했다. 이에 이승만은 무초에게 "대한민국의 공산분자들에 대한 소탕의 중요성을 인식하고 있으며, 이를 끝내기 위한 조처가 착실히 진행되고 있고 한국군을 재편성할 계획을 공식화했다. 신임 국방장관에게 사회장관과 함께 제주도로 가도록 지시했다. 국방장관이 한국군 재편성을 위해 조속히 서울로 돌아오는 반면 사회장관은 제주도를 전면적으로 통제하기 위해 제주도에 머물 것"이라고 말했다.[440]

이승만이 무초에게 말한 대로 사회장관 이윤영과 국방장관 신성모가 4월 7일 이승만의 특명으로 제주도를 방문했다.[441] 이들의 방문은 이승만이 직접

대통령 이승만 부부가 사회장관 이윤영과 함께 1949년 4월 9일 제주도를 찾아 귀순자들이 수용된 제주주정공장을 방문했다. (『연합신문』, 1949.4.16)

제주도를 방문하기에 앞서 민심을 수습하고 '잔존 폭도를 섬멸'하는데 목적이 있었다. 이에 따라 이승만의 방문을 앞두고 토벌작전은 막바지 절정에 이르렀다. 이어 4월 9일 정부 수립 이후 처음으로 제주도를 방문한 이승만은 '게릴라에 대한 정열적이고 성공적인 진압'을 한 유재흥 대령과 경찰, 민간기관을 격려했다.[442]

그는 제주읍 교외의 난민수용소(제주주정공장–필자)에 체포된 2,500여 명의 '산사람'(mountain people)들을 대상으로 한 연설에서 "과거를 잊어라. 과거지사는 과거지사다. 여러분들의 임무는 이제 대한민국의 충성스러운 시민이 되는 것이다"라고 말했다. 이어 그는 제주읍 광장에 운집한 7만 5천여 명의 제주도민들에게 행한 연설에서 미국 경제협조처의 원조에 대해 무초 대사에게 감사를 표시하는 한편 경제협조처의 원조가 한국의 여타 지역뿐 아니라 제주도민들에게도 훨씬 발전적인 삶을 의미할 것이라고 말했다.[443] 무초는 4월 9일 국무부에 "그(이승만)가 돌아오면 그의 성명에 토벌대의 효율성을 격려하고 제주도와 전라남도의 상황과 그들이 안보를 유지하며, 국가를 방어하는데 유능하다는 확신이 포함될 수 있기를 희망한다"고 보고했다.[444] 무초는 같은 날 다시 국무부에 "제주도 작전 사진을 보면 정부군과 게릴라 양쪽 모두 비정상적인 가학적 경향이 있다. 광범위한 약탈, 방화와 함께 여성과 어린이들을 포함해 마을 주민들에 대한 대량 학살(mass massacre)을 암시하는 잔혹행위를 보여주는 증거가 보고됐다. 몇몇 경우에는 군이 게릴라들에 대한 보복작전에 책임이 있는데 이는 비무장 마을주민들에 대한 보복을 가져온다"고 보고했다.[445] 이 보고서는 제주도 토벌과 관련해 여러 증거자료들이 본국에 보고됐음을 보여준다. 미국 정부를 대표해 한국에 파견된 무초는 양쪽의 잔혹성, 대량 학살, 비무장 주민들에 대한 보복 등을 거론하면서도 이러한 부분에 대한 문제를 제기하기보다는 군의 제주도 토벌을 고무하고 격려했다.

무초는 이승만이 제주도를 방문하고 돌아온 이틀 뒤 자신을 만나자 "(이

승만은) 제주도 방문 결과를 알려
주게 된 데 매우 흥분했다. 그는 군
의 작전으로 공산주의자들이 완전
히 섬멸될 것으로 확신했다"고 국
무부에 보고했다.[446] 이 시기 군사
고문관들도 "조만간 조직적인 게릴
라 전쟁이 종식되는 것을 볼 수 있
을 것"이라고 전망했다.[447] 그러나
이승만과 무초의 대화의 중심은 공
산세력의 척결이었을 뿐 제주도에
서 죽어간 수많은 사람이 누구인
지, 왜 죽어갔는지에 대한 언급은
없었다.

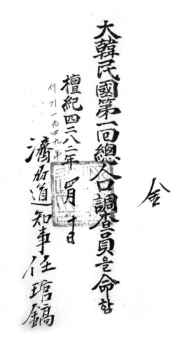

임관호 제주도지사 명의로 발행된 1949년 4월 10일
자의 인구조사원 임명장.

남한 단독정부의 정통성을 확보
하기 위해 이승만 정부는 재선거일
이 다가올수록 토벌작전을 강화했다. 주한미군사령부 정보참모부는 한국측
정부자료를 인용해 1949년 3월 1일부터 4월 30일까지 '반도' 사살 1,075명,
체포 3,509명, 투항 2,063명인 반면 보안군(토벌대)은 사망 32명, 부상 17
명의 인명피해가 발생했다고 보고했다. 그러나 보고서는 이처럼 '반도'들의
숫자가 많은 이유에 대해 보안군(토벌대)이 제주도 중산간 지역에 거주하는
주민 모두를 통상적으로 반도로 분류해 놓았기 때문이라고 논평했다.[448] 주한
미대사관은 5월 2일 "경찰의 지원을 받아 2개월 남짓 공세적인 군 작전으로
제주도와 전라남도 동부지역의 소요지역은 사실상 정상 상태로 회복했다"고
국무부에 보고했다.[449]

제주도 사건이 사실상 종식 단계에 접어들자 4월 16일 국방장관 신성모
와 군사고문단장 로버츠 준장은 일부 한국군 병력의 제주도 철수에 합의했

다.[450] 또 서청과 제주도민 사이의 적대감으로 전·현 서청회원들도 철수시키는 방안이 계획됐는데, 이 방안에는 군·경에 배치된 서청회원들도 포함됐다. 로버츠 준장은 본토로 복귀하게 되는 대대는 제2연대 내 서청으로 이뤄진 서북대대이며, 서청 출신 경찰도 본토로 복귀시켜야 한다고 말했다.[451] 한국군의 철수에도 군사고문단은 여전히 강력한 영향력을 갖고 있었다.

5·10 재선거를 엿새 앞둔 5월 4일에는 주한미대사관 드럼라이트와 해군무관 가블러(Paul Garbler) 중위가 사흘 일정으로 제주도 소요 상황을 직접 사찰하고 제주도의 장래 이용가능성을 확인하기 위해 제주도를 방문해 군사고문단, 제주도 주둔 한국군 지휘관, 제주도민들과 인터뷰했다.[452] 제주도에는 당시 군사고문단 파견대 책임관 하스켈(R. A. Haskell) 대위와 호튼(R. L. Horton) 소위가 있었고, 로이터와 아이엔에스(INS) 특파원으로 제주도 취재에 나서 일주일 동안 머물고 있던 사라 박(Sara Park)도 있었다. 드럼라이트 등은 제주도에 체류하고 있는 동안 일반 마을과 방화된 뒤 복구되고 있는 마을을 방문하고, '폭도'들과 국군부대 주둔지에 대한 항공정찰을 하는 한편

제주4·3 시기 초토화 된 땅에 제주도민들은 비바람을 피하기 위해 움막 아닌 움막을 지어 살아야 했다. 이 사진은 메리놀 외방전교회 선교사인 조지 캐롤 몬시놀이 1949년 찍은 것이다.

유재흥 대령 및 장교들과 면담했다. 주한미대사관 제주도 방문단 일행은 제주도 군사고문단원이 1948년 4월 3일 이래 '폭도'와 '비참가자' 등 모두 1만 5천여 명의 민간인이 사살된 것으로 추정하고, 여러 차례의 작전기간에 '비참가자'들을 무차별 사살한 책임은 양측 전투대원들에게 있다고 말했다고 밝혔다. 이들은 유재흥과 함께 비행기를 타고 제주도지구전투사령부와 무장대 주둔지를 둘러봤다. 유재흥은 이들에게 제주 '폭동'의 지도부가 북한, 만주, 소련 연방에서 소련식 훈련을 받은 것으로 생각한다고 말했다. 이들은 논평을 통해 유재흥이 동의하는 바와 같이 관리들의 지방업무에 대한 시행착오가 무장대의 폭동 원인이 아니며, 제주도 폭동은 (외부−필자) 후원을 받았고 부분적으로 성공했다는 사실이 중요하다고 덧붙였다.

1949년 제주도 5·10 재선거는 대한민국 정부 수립 후 처음으로 국회 의석수 200석을 모두 채우고, 남한 내부의 소요를 종식시킴으로써 체제의 안정을 대내외에 선전할 수 있기 때문에 이승만 정부 뿐 아니라 미국으로서도 중요한 것이었다. 4월 9일 후보자 등록 및 유권자 등록을 마감한 북제주군의 5·10 재선거에는 갑 선거구가 전체 유권자 3만 8,230명 가운데 3만 6,387명이 등록해 95%의 등록률을, 을 선거구는 유권자 2만 6,649명 가운데 2만 5,847명이 등록해 96.5%의 등록률을 보였다.[453]

5월 10일 실시된 국회의원 재선거 결과 갑 선거구에서는 독촉 소속의 홍순녕이 9,664표를 얻어 함상훈(8,700표), 김인선(7,840표), 김시학(3,752표), 양귀진(2,208표), 문대유(2,048표)를 누르고 당선됐다. 북제주군 을구에서는 대한청년단 소속의 양병직(5,766표)이 양제박(4,764표)을 누르고 당선됐다.[454] 주한미대사관은 5월 14일 국무부에 전문을 보내 제주도 5·10 재선거의 성공적인 실시로 대한민국 국회가 정부 수립 이후 처음으로 모든 의석을 채우게 됐다고 보고했다. 무초 대사는 이 전문에서 "이번 선거는 지난 4개월 동안 제주도에서의 한국군의 활동이 마침내 달성되고 1년 이상 전체 30만 명의 주민 가운데 5% 정도가 피살된 제주도에 조만간 혼란이 끝나고 마침내 평화가 오는 것을 상징한다. 선거 실시로 제주도 군사작전이 공식적으로 종료됐다는 정부의 몇몇 발표가 나왔다"고 보고했다.[455]

군사고문단장 로버츠 준장은 1949년 7월 제2군 사령관 멀린스에게 보낸 서한에서 "제주도에서 반도들의 저항이 장기간 확산된 것은 부분적으로 군·경의 빈약한 지휘관들 때문이었다. 그들은 공산주의자들과 마찬가지로 주민들을 살해하고 마을을 불태우는데 똑같이 무자비(ruthless)했다"고 언급했다.[456] 로버츠는 이 서한에서 군·경이 제주도에서 무자비했다고 언급하고 있으나 이를 수정하려는 움직임은 없었다. 『뉴욕 타임스』(1950.2.1)의 설리번(Walter Sullivan)은 '한국 경찰의 야만성 엄습'이라는 제목의 기사에서 고문과 공산주의자들에 대한 대량 처형이 사람들을 공산주의 후원자로 몰아가고 있다고 비판했다. 그는 "일부 관찰자들은 남한 경찰이 정부 성공의 주요 장애물—그들은 보통 사람들을 공산주의 후원자로 몰아넣고 있다—이라고 믿는다. 많은 미국인은 공산주의자들에 대한 고문치사와 대량 처형에 전율한다"고 보도했다. 그는 3월에도 게릴라전과 관련해 "남한의 많은 지역이 세계적으로 보더라도 전대미문의 테러 공포로 어두워졌다. 경찰, 농민, 게릴라들의 생명에 똑같이 그림자를 드리우는 것은 일반적인 일이다. 경찰은 게릴라들의 습격으로 처참하게 죽어가고 있다. 정부군에 체포된 무장한 사람들은 그들의 마을로 끌려가 재판 없이 총살되고, 반면교사용으로 나무에 묶인다. 농민이 어느 한쪽과 협력하면, 그는 그 반대편의 손에 의해 폭력적 죽음의 위협에 직면한다. 협력하지 않으면, 그는 혐의자로 간주되고 위험에 처하게 된다"고 보도했다.[457] 1948년 5월 10일 선거가 실시된지 1년 만에 완전한 대한민국 국회가 구성될 수 있었으나 그 이면에는 공산주의자로 몰린 수많은 제주도민의 학살이 수반됐다.

제5국면(1949. 5~1954. 9): 정부의 마지막 토벌과 미국의 인식

유엔한위의 형식적 제주도 시찰

4·3 무장봉기로 시작된 제주도 소요는 1949년 5·10 재선거로 정점을 맞았다. 앞서 언급한 바와 같이 군사고문단장 로버츠 준장과 국방장관 신성모가 4월 16일 일부 군 병력과 서청의 철수에 합의한 이후 제주도지구전투사령부는 1949년 5월 5일 해체돼[458] 5·10 재선거가 끝난 뒤인 5월 13일 목포로 떠났으며, 해상작전을 벌인 해군 제3특무정대(사령관 남상휘)도 5월 10일 목포항으로 귀환했다.[459] 2월 19일 제주도에 파견돼 토벌작전에 나섰던 김태일 경무관이 지휘하는 505명의 경찰부대도 5월 18일 서울로 귀환했다.[460] 그러나 무초가 언급한 재선거 실시에 따른 토벌작전의 종료가 제주도 사건이 종식됐음을 의미하는 것은 아니었다. 제주도의 수용소에는 여전히 많은 주민이 구금돼 있었고 토벌대의 행패는 심했으며 집단처형도 지속해서 일어났다.

1949년 5월 8일부터 5월 13일까지 제주도 재선거를 시찰한 유엔한위는 1948년 5·10 선거 때와 마찬가지로 감시활동을 벌였다.[461] 프랑스 대표 코스티유와 인도 대표 싱, 그리고 사무국 직원 6명, 한국인 통역사 2명으로 구성된 유엔한위 시찰단은 내무장관과 제주도에 최소한의 의전만 요청했으나 가는 곳마다 동원된 듯한 도민들과 관리들의 열렬한 환영을 받았다. 또한 철저한 보안 때문에 시찰단은 완전한 행동의 자유와 융통성 있는 활동을 하기가 어려웠다. 그러나 유엔한위 시찰단이 작성한 보고서는 1949년 5월 제주도의 모습을 어느 정도 묘사하고 있다. 인도 대표 싱과 사무국 직원 3명으로 구성된 제1반은 선거 이튿날인 5월 11일 제주 주정공장 수용소를 방문했다. 수용소에는 2천여 명이 수용돼 있었는데 여자가 남자보다 3배 정도 많았고, 이들의 품에 안긴 유아와 아동이 많았다고 보고서는 전했다. 5·10 재선거 당선자인 북제주군 갑 선거구의 홍순녕은 시찰단에게 4·3으로 농경지가 황폐화 되고, 대량의 보리 소실과 비료 부족 등으로 식량이 매우 부족해 미곡 6만 석이 들어오지 않는 한 10월 추수 이전에 제주도민들이 기아에 직면할 수 있다고 호소했다. 프랑스 대표 코스티유 등으로 구성된 제2반은 내무장관과 제주도청에 최소한의 경찰 호송만을 여러 차례 요청했으나 경찰이 가득 탄 트럭이 선도하고 또 다른 경찰차량이 뒤따르는 가운데 시찰에 나섰다. 이들은 마을을 방문할 때마다 길가에서 태극기를 흔드는 주민들의 환영을 받았으며, 창을 든 보초들과 경찰관들이 도로를 따라 서 있었다고 시찰 상황을 설명했다. 이들이 방문한 서귀포 수용소에는 남녀노소 200여 명이 건물 2채에 있었는데 한곳에는 심사를 받은 사람들이 수용됐으며, 나머지 한곳에는 심사 중인 사람들이 수용돼 있었다. 이들은 또 구좌면 동복리가 완전히 폐허가 된 상태를 발견했다. 시찰단은 제주도 사태 원인으로 (1) 제주도가 원거리에 있고 전략적 요충지로서 남로당이 해방 뒤 자신들의 활동거점으로 선택했다 (2) 제주도의 궁핍한 경제상황이 극단주의자들의 정치적 활동에 번식장소를 제공했다 (3) 본토와 긴밀한 접촉의 결여로 인한 지방색 초래와 정부에 대한 불화 조성으로 소요를 야기했다 (4) 당국이 자발적이거나 강요에 의해 반도들과 도피한 주민들을 처벌하기 위해 무차별적으로 취한 조치로 반도 지도자들에게 보다 큰 세력을 규합하는 기회를 제공했다는 점을 주요 원인으로 들었다. 서청의 무소불위의 권한행사도 제주도 사태를 악화시킨 한 원인으로 꼽았다"고 지적했다.[462] 이 보고서는 제주도에서 양쪽이 파괴행위를 자행하고 잔인성을 노정했다는 양비론으로 몰아갔을 뿐 어디에도 사건의 원인과 토벌대의 무차별적 토벌, 그리고 이에 따른 대량 학살을 언급한 대목은 없다. 그럼에도 군·경의 보복이나 처벌이 두려워 주민들이 무장대측에 가담하고 있으며, 무장대와 군·경 양측 모두 잔혹성을 보였다고 분석했다. 그러나 시찰은 철저하게 주민들과 격리된 채 경찰과 관리들이 지켜보는 가운데 보고 들은 것만을 위주로 이뤄져 제주도의 상황을 정확하게 파악하는 것은 불가능했다. 이 때문인지 수용소에 구금된 무장대 지도부 가운데 한명은 6월 19일 신문기자와의 면담에서 "(유엔한위와) 얘기도 해보았으나 아무 흥미가 없었다. 도대체 유엔은 본래의 사명과 너무나 동떨어진 방향으로 걸어 나가는 것 같다"며 유엔한위 시찰단의 활동을 비판했다.[463]

제주도 사건이 사실상 진압된 뒤에도 유엔 한국대표 조병옥은 5월 16일 워싱턴에서 기자회견을 갖고 한국은 극동의 민주주의 보루로서 투쟁하고 의무를 충실히 수행할 것이라며 제주도 사건을 예로 들며 미국의 원조를 요청했다.[464] 이승만도 무기구입 명분으로 제주도 사태를 거론했다. 이승만은 5월 22일 맥아더에게 서한을 보내 "우리는 제주도와 기타 다른 영향을 받은 지역을 완전 소탕하기 위해 우리가 할 수 있는 모든 것을 하고 있다. 그러나 이 소탕작전은 훌륭하게 진행되지 않고 있다. 왜냐하면 우리는 해안선을 따라 더 많은 공산주의자들의 끊임없는 침투를 막을 방법이 없기 때문이다. 우리는 고속 순찰함과 비행기, 해안을 방어하기 위한 수척의 주력함이 필요하다"며 미국의 군사원조를 호소했다.[465] 이들에게 제주도는 반공의 최전선이자 격전지였다. 무초는 5월 26일 국방장관과 교통장관에게 한국군이 제주도와 지리산 작전에서 거둔 '성과'를 언급하며 한국 진압군은 그러한 행위에 충분히 대처할 수 있다고 추켜세웠다.[466]

공산세력의 섬멸을 명분으로 한 학살은 5·10 재선거 뒤에도 계속됐다. 귀순하면 살려준다는 전단을 보고 귀순한 제주도민들은 갖은 고문을 받고 군사재판에 넘겨졌다. 『제주4·3사건진상조사보고서』와 『제주4·3사건추가진상조사보고서』를 보면, '수형인 명부'상 4·3 시기 체포돼 1948년(871명)과 1949년(1,659명) 두차례에 걸쳐 군사재판을 받은 사람은 2,530명에 이른다. 사형을 선고받은 287명을 제외한 나머지 사람들은 징역 1년~무기징역형을 선고받았다. 이들은 다른 지방 형무소로 이송됐으며 상당수는 한국전쟁 직후 집단학살됐다.[467] 국방부는 6월 9일 제주도인민유격대 사령관 이덕구가 6월 7일 사살돼 제주도 소탕전이 완전 종식됐다고 발표했다.[468]

무초의 제주도 사건 인식과 토벌대의 횡포

무장대의 활동이 사실상 끝난 1949년 하반기에도 제주도민의 삶은 나아지지 않았다. 김용하 제주지사는 5월 26일 제주행 항공편을 알아보기 위해 서울의 미 대사관을 방문해 드럼라이트와 대화하는 자리에서 군·경과 서청의 횡포를 고발했다. 김 지사는 "6,000~2,000여 명이 읍내에 위치한 경비가 있는 3곳의 수용소에 있는 것으로 추정된다. 4,000여 명은 경찰의 엄격한 감시하에 있는 마을에 있다"고 말했다.[469] 6월 16일에도 또다시 제주행 항공편을 알아보기 위해 미 대사관 관계자들을 만난 김용하는 제주도에 주둔중인 제2연대가 도민들을 매우 고압적으로 다루고 있으며, 서청이 독단적이고 잔인한 태도로 도민들을 대하고, 경찰청장마저 이 단체 출신이라는 점이 더욱

일본에서 남한에 입국한 딘 장군과 콜터 장군을 맞이하기 위해 1949년 8월 14일 서울 공항에서 영접하는 모습이다. (왼쪽부터) 주한미군사고문단장 로버츠 준장, 국무총리 이범석, 전 군정장관 딘 소장, 주한미대사 무초, 전 제24군단 사령관 콜터. 딘과 콜터 장군은 1949년 8월 15일 열리는 정부 수립 1주년에 참석하기 위해 입국했다.

사태를 악화시키고 있다고 말했다. 김 지사는 이 자리에서 "현 연대장인 함 대령이 전임 유재흥 대령만큼 결코 좋은 사람이 아니며, 그가 전출되기를 희망한다"고 말했다. 하지만 무초는 그의 말을 신뢰하지 않았다. 김 지사와 면담한 참사관 드럼라이트는 "(무초) 대사는 도지사가 현재 제주도에 주둔중인 한국군들의 부정행위를 과장하고 있다고 믿고 있다"고 평가했다.[470] 군·경과 서청의 횡포를 고발한 김 지사의 발언이 과장됐다고 믿었던 무초는 사건의 원인을 찾으려는 노력은 하지 않은 채 한국 정부와 군에 경도돼 있었다.

이승만은 8월 15일 정부 수립 1주년을 맞아 "대한민국 정부가 수립됐을 때 제주도는 대부분 잔인한 공산테러분자들의 손아귀에 있었다. (중략) 그러나 지난 봄까지 공산세력은 궤멸됐고, 선거는 평화적으로 치러졌다. 정부가 우리 수중에 들어오기 전에 군대에 침투하기 위해 민주주의 절차의 이름으로 허용됐었던 공산주의자들은 대부분 근절됐다"고 대내외에 천명했다.[471]

1949년 8월 13일 이후 제1독립대대가 소탕작전을 벌였다. 10월 2일 오전 9시 제9연대 탈영병 21명을 포함한 249명이 군법회의 선고 결과에 따라 이승만의 재가를 받고 육군 헌병의 지휘하에 집단 처형됐다.[472] 처형은 제주비행장(제주국제공항)에서 집행됐다. 제주도 사건이 마무리되는 시점에 249명을 한꺼번에 집단 처형한 것은 유례가 없는 일이었다. 한국전쟁 이전 국가에 의한 대규모 집단처형은 이 사건이 유일하다. 그러나 이를 보도한 언론은 없었다. 수백명이 한꺼번에 처형됐는데도 단 한줄도 언론에 보도되지 않았다. 여전히 4·3은 진행 중이었고, 제주도는 이 시기에도 외부와 단절됐으며 고립된 '죽음의 섬'이었다.

제1독립대대 소대장이었던 허균은 "우리 중대가 제주비행장에 주둔하고 있었는데 나는 어느 날 제주비행장의 벌판에 호를 크게 2개를 파고 반도들을 사형 집행하는 것을 목격했다. 한 200~300여 명 정도가 눈을 가린 채 총살됐는데 이들을 묻었던 무덤이 나중에 얼마쯤 내려앉았던 기억이 난다. 현장 지휘는 헌병장교 7기 후반인 윤아무개다. 그때는 참으로 옥석을 가리기 힘들

제주비행장에 있던 미 제20연대 제주도 파견대 사무실. 'OPERATIONS CHEJUDO'라는 간판이 보인다. (고문관 웨솔로스키 소장)

었을 것이다"라고 말했다. 그는 "제주경찰서 유치장을 들여다보니 비좁은 공간에 너무 많은 인원을 수용해서인지 수용된 사람들의 얼굴이 뿌옇게 떴었다. 움직이지 못하고 잠도 제대로 못자고 먹지도 못한 것 같았다. 빨갱이란게 무엇인지, 이들 중에는 주모자도 있겠지만 아마 양민이 대부분일 것이다"고 말했다.[473]

무초는 10월 13일 국무부에 "제주 작전이 너무나 파괴적일 정도로 성공을 거둬 공산폭도들이 전략적으로 가장 중요한 섬(most strategically important island)에서 어떠한 회복도 불가능하게 됐음을 보고할 수 있게 돼 기쁘다"고 보고했다.[474] 무초의 이 보고서는 제주도에서 민간인 대량 학살이 자행됐는데도 불구하고 공산주의자를 척결해야 하는 당위성과 제주도의 전략적 중요성을 보여준다. 10월 24일에는 봄철 소탕작전이 끝난 뒤 처음으로 무장대가 활동에 나섰으며, 이들 가운데 3명이 토벌대에 사살됐다.[475]

초토화 시기 제9연대 고문관으로 제주도에서 근무했던 군사고문단 작전 참모부 부고문관 피쉬그룬드 대위는 김용하 지사가 서청과 군 장교들의 불법 행위를 지속적으로 비판하자 이를 확인하기 위해 11월 16~19일 제9연대 초대 연대장이었던 장창국 대령과 함께 제주도 감찰을 실시했다. 그 결과 김 지사의 지적처럼 군·경의 불법행위가 여전한 것을 확인했다. 피쉬그룬드 대위는 11월 22일 시찰보고서에서 완전히 파괴된 내륙 마을 2곳을 방문한 결과 밭은 경작되고 있었지만 재건 기미는 눈에 띄지 않았고, 주간에 밭일을 하기 위해서는 경찰의 통행증을 발급 받아야 한다고 밝혔다. 또 제주도에 체류 중인 서청 가운데 300명은 경찰에 남아있고, 200여 명은 사업을 하거나 제주 도청 등에 근무하고 있는 것으로 파악했다. 또 이 보고서는 이들 가운데 상당수가 부자가 되거나 제주도민들보다 더 많은 혜택을 받는 상인이 돼 도민들이 서청에 상당한 원한을 가지고 있다고 지적했다. 그는 부지사와 군 사령관이 이북 출신으로 서청에 동정적이고, 서청이 운영하는 『제주신보』는 그들이 원하는 것만 보도한다고 비판했다. 이와 함께 서청 출신 상인들이 사업을 위해 군·경, 정부의 이름을 사용하기도 하고, 제2연대 장교들이 소나 말을 육지로 수출하는 등의 사업을 하는가 하면 어획량의 3분의 1을 강제 징수하고 있으며 유치장에는 300여 명의 '반도'들이 수감돼 있다고 밝혔다. "서북청년단과 우리 군인들이 나쁜 짓을 많이 했다. 육지에서 간 사람들이라 해산물 등을 육지로 빼내고, 공연히 전과를 부풀렸다"는 제2연대 제1대대장 전부일의 증언은 이 보고서를 뒷받침한다.[476]

피쉬그룬드의 보고서는 700여 명으로 구성된 제1독립대대가 주둔중인데 모슬포에 600여 명 이상이 있고, 제주읍 본부에 70여 명 이상이 주둔하고 있지만, 특무대 요원 17명의 활동을 전혀 통제하지 못한다고 지적했다.

이에 따라 피쉬그룬드는 군사고문단장에게 (1) 한·미 경제협조처팀의 제주도 감찰 (2) 서청의 전원 철수 (3) 군사령관의 군부대 지휘 (4) 제주 출신 국회의원들의 잦은 지역구 방문 (5) 유치장 수용자의 이송 (6) 군·경 고문관의 정기 방문 (7) 특무대와 헌병대의 축소 (8) 보급체계를 제외한 제1독립대대의 모슬포 이동 등을 건의했다.[477] 피쉬그룬드의 보고서는 사실상 김용하 지사의 발언을 뒷받침해주는 것이었다. 그러나 김용하는 오히려 피쉬그룬드 대위 일행의 제주도 감찰 전날인 11월 15일 제주도어업조합 공금을 횡령한 혐의로 고발돼 경질되고 제주도지사에는 대동청년단 제주도지부 단장과 대한독립촉성국민회 제주도지부 총무부장을 지낸 김충희가 임명됐다.[478] 보고서의 건의에 따라 1949년 12월 28일 해병대 5개 중대 병력이 제주도로 이동했다. 당시 제주도에는 제1독립대대 병력만 주둔하고 있었는데 병력 교대나 물자 수송, 환자 이송 등을 해군 선박에 의존해야 하는 번거로움 때문에 경남 진주 주둔 해병대와 제주도 주둔 육군이 임무를 교대하면 이러한 문제를 해결할 수 있다는 생각에 이동하게 됐다고 한다. 해병대사령부(사령관 신현준 대령)는 2개 대대로 편성해 제1대대(대대장 김병호 대위)는 1, 2중대로 편성하고, 제2대대(대대장 고길훈 소령)는 5, 6, 7중대로 편성해 토벌작전을 벌였다.[479]

정부 고위관계자들은 공산주의자에 대한 경찰의 고문행위를 옹호했다. 내무장관 김효석은 12월 11일 대구에서 연설을 통해 "대한민국을 파괴할 목적으로 살인과 방화 등을 자행하다 체포된 공산주의자들을 심문하면서 고문을 사용하는 것은 어쩔 수 없는 일"이라고 주장했고, 내무차관 장경근도 공산주의자들에 대해서는 때때로 고문을 사용해야 한다며 고문을 권장했다.[480]

중산간 마을이 황폐화 돼 경작을 못하는 제주도민들이 당면한 문제는 굶주림이었다. 김용하 지사에 이어 김충희 지사도 제주도의 절대 빈곤문제를 각계에 호소했다. 김 지사는 1950년 4월 "보릿고개를 앞둔 도민의 생활은 극도로 곤란하여 10만 가까운 기아자는 의식주가 전부 없다",[481] "10만 명이 심각한 기아에 빠져 풀을 뜯어먹고 연명하고 있다"[482]며 식량 지원을 호소했다. 중산간 지역의 농경지를 일굴 수 없었던 도민들은 여전히 굶주림 속에 살아야 했다.

한국전쟁 발발과 미 대사관 관리들의 시찰과 건의

한국전쟁 발발 이후에도 미
국 관리들은 제주도 사태의 전
개에 관심을 가졌다. 1950년
8월 13일 제주도에서 선교 활동
을 하던 아일랜드 출신 신부(라
이언)가 주한미대사관에 제주도
공산주의자들이 활동을 재개해
상황이 악화됐고, 중대한 위험
국면에 직면했다고 전하자 상황
을 직접 시찰하기 위해 해군 무
관 세이퍼트(John P. Seifert)
중령 등 대사관 관리들이 이틀
뒤인 8월 15일부터 8월 17일까
지 제주도 현지에서 도지사를
비롯한 도청 간부, 해병대 지휘

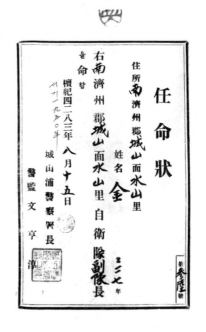

한국전쟁 이후인 1950년 8월 15일 성산포경찰서장
문형순 명의로 발급한 마을 자위대 부대장 임명장.

관, 경찰 간부들을 면담했다.[483] 세이퍼트와 2등 서기관 맥도날드(Donals S.
Macdonald), 부영사 로우(Philip C. Rowe)가 제주도를 방문했으며, 맥도날
드는 한국 문교장관과 동행했다. 맥도날드가 주로 쓴 이 보고서에 대해 드럼
라이트는 국무부의 지리부서와 정보부서에 상당한 가치가 있을 것이라고 말
했다. 또한 한국정부에도 가치가 있다고 판단해 국무총리 서리와 내무장관
에게도 사본을 보냈다고 덧붙였다. 드럼라이트는 국무부에 보낸 이 문서에
서 해병대가 곧 철수해야 하며, 앞으로 제주도에 보다 많은 관심을 기울이겠
다고 말했다. 세이퍼트 등 제주도를 시찰한 이들은 보고서에서 제주도 내륙
지역에 15~30명의 무장 게릴라를 포함해 100여 명 정도의 '게릴라'들이 활

동하는 것으로 추정했다. 이들은 제주도에 계엄령이 내려졌지만 불필요하며 바람직하지 않은 것 같고, 경찰은 계엄령하에서 해병대의 통제를 받고 있다고 밝혔다. 8월 5일 현재 제주도에는 2,254명의 해병대 장교와 병사들이 있으며, 대게릴라 작전을 책임진 경찰은 1,150명에서 9월까지 1,500명으로 증원 중이고, 경찰을 지원하는 주민들로 이뤄진 자위대 3,000명이 구성돼 있다고 밝혔다. 해병대 병력 가운데 1,600명은 신병으로 부산과 포항에서 모집한 360명을 제외하고는 모두 제주도 출신들이었다. 이 시기 제주도 내 경찰서 유치장에는 모두 1,120명이 수감돼 있었다. 미 대사관 관리들이 제주도 답사를 마치고 떠난 사흘 뒤인 8월 20일 군에 의해 대정면 섯알오름에서 예비검속자들에 대한 집단학살이 자행됐다.

제주도경찰국은 방문한 미 대사관 관리들에게 경찰관 300여 명이 대게릴라 정찰에 투입되고 날마다 검문초소를 운영하고 있으며, 6월 25일 한국전쟁 발발 이후 8월 중순까지 보도연맹원 700여 명을 검거했다고 밝혔다. 경찰은 또 잠재적 파괴분자들인 보도연맹원 2만 7천여 명과 4·3 당시 공산주의자 혐의로 죽은 친인척 5만여 명이 존재한다고 덧붙였다.[484] 보도연맹과 관련한 이러한 경찰의 언급은 4·3 희생자와 그 친인척들의 명부를 관리해왔음을 보여준다. 이들은 경찰과 관련해 대게릴라 전투 경험이 있는 미고문관 1명이 배치돼야 하고, 고문관은 소수의 무장 게릴라와 오름에 있는 지지자들을 소탕하고 향후 게릴라 활동의 재발방지를 위해 내륙에 정찰 초소를 세워 공격적인 토벌작전을 즉시 개시해야 한다고 건의했다. 또 토벌작전과 정찰활동을 위해 전투경찰대대가 창설돼야 하며, 보병 및 게릴라 전술훈련을 받아야 하고 해병대를 보다 시급한 본토로 철수시키는 게 바람직하다고 건의했다.[485] 이런 건의가 나온 뒤 제주도비상경비사령부는 8월 24일 무장대를 소탕하기 위한 전투신선대를 조직했고,[486] 해병대사령부는 8월 31일 제주도를 떠났다.[487]

미 대사관은 이어 제주도에 있는 경제협조처 고문관들로부터 11월 6일 무장대에 의해 제주읍 부근에서 경찰관 6명과 자위대원 2명이 피살됐으며 9일에도 경찰관 9명이 제주읍 부근에서 피살되고 1명이 부상을 입는 한편 소총 16정과 탄약 1,500발을 도난당했다는 보고를 받았다. 미 대사관 관리는 곧바로 국무총리 서리와 구두 및 서면으로 의견을 나누고, 경찰국장과 내무장관에게도 그 내용을 구두전달했다. 한국전쟁 초기 전선이 밀려 상황이 급박하게 돌아가자 이들은 제주도에서의 게릴라 활동에 민감하게 반응하며 한국 정부 고위 관계자들과 게릴라 소탕을 위한 논의를 벌였다. 미 대사관은 11월 15일 국무부에 2~3일 내로 제주도 상황을 조사하기 위해 장교를 보내겠다고 보고했다.[488] 닷새 뒤인 11월 20일 미 대사관 관리들이 제주도에 도착했다. 미 대사관 항공연락장교 브라운(Brown) 대위와 3등 서기관 맥도날드(John E. Macdonald)는 제주도에서 게릴라 활동에 대한 한국 정부의 계획을 조사했다. 이들은 제주도에서 경제협조처 직원, 도우슨 신부, 제주읍내 주한미공보원 한국인 원장(겸 도우슨 신부의 제자) 홍(완표), 경찰국 부국장 김상봉 등을 만났다. 이들의 제주도 시찰 내용을 요약하면 (1) 제주도는 11월 10일께 습격 이후 조용하다 (2) 게릴라는 40여정의 소총을 보유하고 있으며 50여 명(경찰)에서 100여 명(민간인)으로 추정된다 (3) 주민들은 실질적으로 숯 제조와 벌목이 차단돼 테러를 당하고 있다. 말 방목 또한 간섭받고 있다 (4) 게릴라 진압에 대한 정부의 계획은 ① 고지대에 50마일 반경으로 12개 지점에 500~600명의 경찰관 배치 ② 250여 명의 친·인척 구금 ③ 게릴라 1인당 10만 원의 현상금 제공 ④ 1개월의 정부 계획기간에 작전을 끝낼 경우 단체 승진 및 개인 특별승진 약속 ⑤ 작전 실패 때 경찰의 대대적 경질 (5) 현재의 공산주의 선전활동에 대응하기 위한 홍보 강화 등이었다. 그러나 미 대사관 관리들은 정부의 계획이 제주도 현지관리들로부터 호응을 얻지 못하고 있고, 1개월의 시한도 너무 낙관적이라고 지적했다.[489]

이 시기는 유엔군이 밀려 한반도에서 철수할 경우 미국이 한국 정부 소재지로 제주도의 활용 방안을 심각하게 검토하는 시점이었다.[490] 『뉴욕 타임스』(1951.1.1)의 특파원 존스턴(Richard J. H. Johnston)은 서울발로 "전면적 철수가 단행될 경우 한국군을 어떻게 하느냐는 문제와 관련이 있다. 일부 한국군 측에서는 10만여 명 이상되는 군대를 제주도로 이동시켜야 한다는 제안이 있다. 대한민국 정부는 국민당 정부가 대만에 세운 것과 유사하게 제주도에 망명정부를 옮길 수도 있다는 비공식적 제안을 하고 있다. 그렇게 되면 이승만 정부는 북한의 제주도 장악이나 정권 장악 또는 제거로부터 유엔의 해상과 항공망 보호를 통해 견딜 수 있다"고 보도했다. 이어 『시카고데일리트리뷴』(1951.1.5)도 일본 도쿄발로 "미국은 이승만 대통령, 내각, 유력인사들에게 피난처를 제공할 것으로 보인다. 장래를 내다 본 수천여 명의 피난민들이 이미 제주도로 가고 있다. (중략) 제주도는 일본 내 두 번째 중요한 미 해군기지 사세보로부터 125마일 밖에 떨어져 있지 않다. 한국에서 중공군이 승리할 경우 제주도는 미 해군에 의해 상륙공격으로부터 보호받을 수 있으며, 미군기지로 점령될 수 있다"고 보도했다.

미 대사관은 1951년 1월 18일 국무부에 보낸 보고서를 통해 "도지사와 제주도 해군사령관, 경찰에 따르면 제주도에 게릴라 문제가 여전히 존재한다. 모든 이들 소식통은 50~60여 명의 무장 공비들이 여전히 한라산 깊숙한 곳에서 버티고 있는 것으로 추정했다. 이들 게릴라에 대한 공세 작전이 눈과 얼음 때문에 이동이 어려워 당분간 중단됐다. 최근 게릴라 작전은 고립된 주거지의 식량, 말, 여자들을 대상으로 한 습격에 제한되고 있다. 18개의 초소(주둔소-필자)가 게릴라 위치 주변에 세워져 게릴라 억제효과가 있다. 이 소수의 무장도당이 제주도민들을 불안상태에 놓아두고 있어 영원히 제거돼야 한다"고 보고했다.[492] 대사관 관리들의 제주도 방문은 잔여 무장대 토벌에 대한 관심과 비상상황에서 제주도를 대한민국 정부의 중심지와 수십만 명의 피난처로 활용될 수 있다는 견해를 강화시켰다.

미군 "미군·미국의 영향력이 드러나선 안 돼"

미국은 한국전쟁 발발 이후에도 제주도 사태의 전개에 지속적인 관심을 표명하며 진압정책을 제안했고, 이러한 제안은 상당부분 한국정부와 군에 의해 받아들여졌다. 제주도 주둔 유엔민사처는 1952년 2월 게릴라들의 작전이 중앙집중화되고 있다는 증거가 점차 많아지고 있다며 제주도 인구가 증가하고 있고 게릴라 활동이 단지 반항자들의 행동이 아니라는 증거로 보면 제주도 경찰에 대한 활성화 프로그램을 통해 강력하게 지원해야 하는 중요성이 커지고 있다고 언급했다.[492]

해병대와 경찰의 작전으로 제주도 소요가 사실상 진압된 가운데 이 해 여름 잔여 무장대가 마을을 습격하는 등 활동을 재개했다. 이에 10월 20일 주한미군사고문단 작전참모부의 맥기브니(McGivney) 중령이 '제주도의 대공비 작전'(Anti-bandit Operation on Cheju-Do)이라는 보고서를 작성했다. 이 보고서는 각종 관련부서의 검토를 거쳐 11월 4일 "소규모 공비들과 대처하는 최상의 방법은 대게릴라 전술을 교육받은 소수 기동부대와 같은 부대에 의한 것"이라며 토벌계획을 건의했다. 이 시기 군사고문단 정보참모부는 '공비'(bandit) 숫자를 80명 규모로 추정했다. 11월 6일에는 군사고문단 부관보 모슈어가 군사고문단장에게 이 보고서를 보내며 "최근 제주도에서 공비들의 증가와 심각성에 비춰 지체 없이 모든 공비들을 제거하기 위해 가능한 모든 수단을 채택하는 것이 시급하다. 따라서 이 대공비특수부대(special anti-bandit force) 신설에 대한 자세한 계획을 추진하고 이를 논평이나 의견제시용으로 사령부에 제출할 필요가 있다. 계획은 특히 1952년 12월 1일 이전에 집행할 수 있어야 한다"고 밝혔다.[493] 이러한 건의가 이뤄진 무렵인 11월 1일 제주도비상경비사령부(사령관 이경진 제주도경찰국장)는 전방전투사령부(일명 100사령부)를 설치해[494] 소탕작전에 들어갔고, 12월 25일에는 잔여 무장대 섬멸을 위해 경기·충남·경북에서 1개 중대씩 3개 중대의 경찰부대가 파견됐다.

1953년 작성한 것으로 추정되는 문서에는 무장대 숫자가 더 줄었고, 경찰은 이들을 모두 파악하고 있는 것으로 나타났다. 호머스(Henry Homers) 중령이 작성한 이 문서를 보면, 1948년의 반란에 대한 경찰의 야만적인 진압(brutal suppression)에 주민들이 두려워하고 증오한다고 언급했다. 호머스는 제주도 상황에 대처하기 위한 전제조건으로 (1) 내부 안보의 최대 책임은 대한민국 정부의 공적 책임이다 (2) 대한민국 경찰을 고무·지원하고 위신을 갖도록 하는게 바람직하다 (3) 육군과 경찰 간의 시기심이 경찰의 군사작전 지원 활용을 방해한다 (4) 국내적으로 그리고 국제정치적인 이유로 미군 부대와 미국의 영향력이 드러나서는 안 된다는 것은 기본적이다 (5) 확신 또는 테러나 경제적 곤란에 따른 불만족으로 유인된 동조자들은 '공비들'에게 정보와 약간의 식량과 의복을 제공하고 있다 (6) 대규모 군사작전은 비실현적이고 바람직하지 않다고 밝혔다. 이 문서는 또 제주도의 무장대 규모를 무장 게릴라 39명, 비무장 게릴라 35명으로 보고했는데 제주도 경찰 고문관은 남자 30명, 여자 17명이 활동그룹이며, 과거 이들 모두가 무기를 사용하지 않았지만 무기 활용이 가능하다고 밝혔다. 보고서는 또 이들이 모두 제주도 출신으로 외부와의 접촉 증거는 없으며 식량과 의복이 부족해 절박한 곤궁상태에 빠졌다고 분석했다. 이와 함께 무장대원의 이름과 옛 거주지가 모두 알려졌지만 가족들로부터 지원을 받고 있다는 증거는 없다고 덧붙였다.

호머스는 도지사나 경찰국장의 이름으로 작전을 통제하고, 훈련된 육군 부대에서 차출해 기동타격부대를 조직하는 한편 경찰을 격려하기 위해 '공비' 체포와 귀순에 현상금을 주는 방안을 제안했다. 이밖에 투항 또는 이탈 공비에 대해서는 포로 예우 및 가담정도가 경미할 경우 갱생과 사면, 투항자 및 그 가족 보호 등을 제시했다.[495] 호머스의 보고서에는 특히 국제적인 여론의 주목을 우려해 미군은 미군부대이거나 미국의 영향력이 대외적으로 드러나서는 안 된다는 점을 강조하고 있다. 이러한 미군의 입장은 1948년 4월 주한 미군사령관 하지가 제주도 현지 미군 장교들에게 미군의 출현 또는 개입 금지 명령을 내린 것과 마찬가지였다. 미국은 전적으로 '보이지 않는 손'의 역할을 하고 있었다. 1953년 1월 29일 유격전 특수부대인 무지개부대가 투입돼 막바지 토벌작전을 벌였다. 제주도경찰국이 한라산 금족지역을 해제한 것은 1954년 9월 21일이었다.

트루먼과 미 의회의 무관심의 이면

미국 대통령 트루먼과 미국 의회는 제주도에서 일어난 학살사건을 인지했는가? 주한미군사령부와 주한미대사관 등이 본국에 보낸 각종 정보와 보고서를 보면 당시 국무부는 제주도 사태의 추이에 관심을 기울였음을 알 수 있다. 주한미사절단이 국무부에 보낸 문서에는 '국무부가 관심을 가질만한 사안으로서'(as of possible interest to the Department), '국무부가 인지하는 바와 같이'(as the Department is aware)라는 표현이 등장한다.[496] 이는 제주도 상황에 대한 지속적인 정보 보고가 국무부에 이뤄졌고, 국무부는 제주도 사태에 대해 파악하고 있었음을 보여준다. 그러나 4·3 관련 미국 문서들의 발굴에도 불구하고 그동안 미국의 최고 정책결정자들이 제주도 사건을 논의했는지는 알려지지 않고 있다.

상원의원 콘넬리(Tom Connally)의 회고록은 이런 면에서 트루먼과 미국 의회가 제주도 사건을 인지하고 하고 있다는 사실을 보여준다. 트루먼은 최소한 제주도에서 많은 사람이 희생됐다는 사실을 보고받았다. 회고록을 보면, 미국은 1948년 9월 남한에 주둔하는 미군 규모를 감축하려고 했으나 여순사건으로 철수를 늦췄다. 그러나 유엔은 1948년 12월 12일 유엔 총회에서 대한민국 정부를 승인하면서 가능한 빠른 시일 안에 주한미군 철수를 건의했다. 그리고 12월 25일 소련이 갑자기 북한에서 완전 철수를 발표하자 미국도 유엔의 건의를 따르지 않을 수 없게 됐다. 미 합동참모본부(합참)

는 주한미군 철수와 관련해 트루먼에게 3가지 문제를 제출했다. 이에 트루먼은 이들 문제에 대해 콘넬리와 상세하게 논의했는데 여기에 제주도 사건이 포함돼 있다. 콘넬리는 회고록에서 "가장 중요한 문제는 남한 내부의 공산반란 문제였고, 두 번째는 국경선 침범문제였으며 세 번째는 북한과의 전쟁문제였다. 국내 반란 가능성과 관련해 몇 명의 알려진 공산주의자들이 남한에서 암살됐다. 이승만 정부의 한 각료가 '경찰의 공산주의자 고문은 비난받을 일이 아니다'라고 말한 것으로 알려졌다. 그리고 제주도에서 일어난 공산반란으로 1만 5천여 명으로 추정되는 공산주의자들(Reds)이 살육됐다(slaughtered)"고 밝혔다.[497] 이 기록을 보면 트루먼과 콘넬리, 그리고 합참 등은 제주도에서 '공산주의자' 1만 5천여 명이 희생된 사실을 인지했다. 제2차 세계대전 종전 이후 전시가 아닌 상황에서 1만 5천여 명이 '살육'된 것은 드문 사례였다. 그러나 트루먼과 콘넬리의 대화에서는 그 이상의 언급은 없다. 회고록에 나온 바와 같이 이들의 시각으로는 '살육된' 사람들이 '공산주의자들'이었을 뿐이었다.

1949년 6월 대한원조프로그램을 놓고 의회에서 열린 청문회에서도 제주도 사건이 언급됐다. 남조선과도정부 수석고문관을 지낸 존슨은 경제협조처 한국담당 국장 자격으로 미 의회 청문회에서 "한국군의 첫 테스트는 제주도 사건"이라며 제주도에서의 대게릴라전을 언급하고 있다.[498] 6월 21일 미하원 외교위원회에서 풀턴(Fulton) 의원이 남북한의 병력규모를 질문하면서 미국이 의존할 수 있는 남한군의 병력수를 묻자 존슨은 "테스트는 2가지 사건에서 나왔다. 하나는 공산주의자들이 내륙으로 철수한 제주도에서 나왔다. 전쟁 시기(태평양전쟁) 일본은 제주도에 6개 사단을 주둔시켰고, 이들 일본군은 섬 중앙에 있는 산간지역 동굴에 상당 정도의 보급품들을 남겨두었다. 그들은 잘 보급 받았다. 그 중심으로부터 공산폭도들은 차례차례 마을을 습격했다. 이들을 저지하는 것이 한국군 최초의 테스트였다. 나는 1949년 3월 제주도에 있었으며, 작전은 사실상 끝났다. 한국군은 점점 더 주변을 조여나갔다. 한국군은 이 작전에 개입할 당시 전투 훈련을 받지 않았으며, 결과적으로 그들은 직접적으로 몇가지 어려움에 부딪쳤다. 그것은 1948년 여름에 있었다. 그리고 작전은 1949년 봄까지 계속됐다. 그러나 성공적으로 달성됐다"고 말했다. 그가 언급한 두 번째 테스트는 여순사건이었다. 이어 풀턴이 남한 국민들이 '정의'라는 차원에서 일하는지, 극단적으로 군대의 법률에 따라 일하는지 묻자 존슨은 여순사건과 제주사건을 비교하면서 답변했다. 그는 "여순사건에 대해 언급하겠다. 육군 1개 연대 내에 반란이 있었다. 반란 주모자들은 반역자로 총살됐다. 반면 상당수의 오도된 주민들이 공산주의 대의명분을 따르도록 요구받은 제주도의 경우는 전체 과정이 달랐다. 일반사면이 공포됐고, 그 결과 반군 지도자들 가운데 소수만이 투옥됐으며 대다수는 정부편으로 넘어왔다"고 덧붙였다.[499] 1949년 3월에도 방문했던 그가 언급한 일반사면은 당시 유재흥이 실시했던 사면정책이지만, 그 과정에서 많은 제주도민이 학살됐다. 존슨의 발언에는 패전 일본군이 남겨둔 무기를 보급품으로 잘 무장된 '공산주의자'들에 의한 습격이 있을 뿐 무고한 제주도민들의 죽음은 존재하지 않았다. 이에 대해 미국의 어느 의원도 제주도 사건에 대한 우려 또는 이의를 제기하지 않았다. 여러 차례 제주도를 방문했던 존슨은 제주도의 지리적 위치를 동중국해에서 최고의 위치(superb location)에 있다고 지적했다.[500]

미군과 미국 관리들은 제주도 사건을 소련의 침투에 의한 공산진영 대 자유진영의 싸움으로 간주했다. 이러한 인식은 미 의회 청문회를 통해 의원들에게도 그대로 전달됐다. 신생국가에 대한 경제원조는 미국으로서는 군사적 지원과 함께 중요한 문제였다. 1949년 6월 28일 상원외교위원회 청문회장에서 콘넬리 위원장의 주재로 대한경제원조를 논의하기 위한 회의가 열렸다. 이 자리에서 경제협조처장 호프만(Paul G. Hoffman)은 보고를 통해 "현재 여러분 앞에 놓인 경제원조 프로그램은 그렇지 않을 경우 일어날 급속하고도 필연적인 붕괴, 즉 공산주의자들만이 승리하는 상황에서 경제적 붕괴를 막는

데 철저하게 작용하여왔다. 이 프로그램은 우리의 정책 목표를 달성하는 데 가장 효과적이며, 미국에 경제적으로 부담을 최소화 할 것으로 마련됐다"고 밝혔다.[501] 경제적 지원을 통해 자유민주정부의 우수성을 대내외에 알리는 것이 시급하다고 보고 있었다.

존슨은 1950년 5월 11일에도 하원 세출위원회 소위원회에 출석해 남한의 군사상황과 관련한 질문을 받았다. 위글스워스(Wigglesworth)가 "한국에 미군이 없는게 맞느냐"는 질문에 존슨은 "현재 주한미군은 없다"고 답변했다. 그는 이어 "대신에 500명의 장교와 사병으로 구성된 미군사고문단이 있다. 10만 명의 훈련받은 한국군도 있다. 한국군은 우리 고문관들이 잘 훈련시켰고, 어느 정도 단련된 군대다. 이들은 처음에 제주도에서 공산주의자들에 대한 작전으로 단련됐다"고 답변했다.[502] 존슨은 4·3 진압 경험이 한국군의 전투 경험을 쌓게 된 좋은 기회로 간주했다. 그는 또 한달여 뒤인 6월 13일에는 대한경제원조와 관련해 상원 세출위원회의 청문회에 참석해 남한의 게릴라 상황을 증언했다. 그는 "지난 한해동안 5천여 명의 게릴라들이 죽었다. (중략) 게릴라들은 물론 공산주의에 경도된 한국인들이었다. 게릴라들은 북한에서 물자를 보급 받고 있었다는 믿을만한 이유가 있었다. 제주도의 게릴라 제거는 힘든 일(tough job)이었지만 이뤄냈다. 그 과정에서 제주도 내 3만여 채의 가옥 가운데 1만 채가 파괴됐는데 지금은 평화롭고 조용하다"고 설명했다. 그는 게릴라 수가 3천 명에서 250여 명 정도로 현재 줄어든 상태라고 말했다.[503]

5천여 명이 죽었다는 데 대한 미국 의회 의원들의 반응은 놀라우리만치 무관심했다. 언론인 스토운은 미국의 펜실베이니아에서 발행하는 한 신문 사설을 통해 이를 강하게 비판했다. 사설을 보면, 위원장 맥켈라(McKellar) 의원은 게릴라가 250여 명 밖에 없다는 말을 듣고 오히려 놀랐다. 맥켈라는 250여 명의 게릴라를 제거하는데 전군이 필요한지 물었고, 존슨은 "지금은 250여 명 정도이지만, 전에는 최소한 3천여 명 정도가 있었다"고 대답했을 뿐 의원의 질의에 대한 정확한 답변은 없었다. 이 대목에서 스토운은 "남한에 3천여 명의 게릴라만 있었다면 제주도 내 게릴라들을 제거하기 위해 그곳에 있는 1만여 채의 가옥 파괴가 필요했는가?"라고 물었다. 그러면서 그는 "이것은 그들이 대중 지지를 받았기 때문이었을까? 그렇다면 왜 섬사람들은 불만을 품었을까?"라고 의문을 제기했다. 그는 또 "(의회에서) 제주도의 파괴는 의문의 여지 없이 받아들여졌고, 왜 그렇게 많은 사람이 죽었는지 의아해 하는 기미는 없었다"며 상원의원들의 무관심을 비판했다. 상원의원 코돈(Cordon)은 "지난해 그런 유형의 주민(that type of folks) 5천여 명이 죽었느냐?"며 차분한 태도(placidly)로 대게릴라전에 관해 물었고, 존슨은 "그렇다"고 답변했다. 아무도 '그런 유형의 주민들'의 죽음에 흥분하거나 놀랍다며 문제를 제기하지 않았고 태연한 태도를 취했다.[504] 미국 의회에서 거론된 제주도 사례에 관한 정보는 지극히 제한적이었고, 의원들은 관리들의 답변을 곧이곧대로 들었다.

5

내가 만난
제주도 미군 고문관

사진 한 장의 의미

제주도 주둔 제9연대 고문관 리치 대위가 경비대 장교들과 제주도 지도를 보며 작전계획을 논의하고 있다. 1948년 5월 15일 촬영됐다.

제주4·3 시기 제주도 지도를 가리키며 경비대 장교와 대화를 나누는 미군의 모습이 포착된 사진이 있다. 미국 육군 제123통신사진파견대 소속 무츠(Mootz)가 1948년 5월 15일 찍은 이 사진의 상징성은 크다. 사진 속 미군 장교는 권총을 찬 채 앉아 제주도 동부 중산간 지역으로 추정되는 곳을 가리키고 있고, 경비대 장교는 이를 응시하고 있다. 사진의 뒷면에 적힌 사진 설명은 이렇게 돼 있다. "제주도 주둔 경비대 미 고문관 리치 대위가 경비대 장교 오 소령과 공산주의자들이 활개 치는 마을에 대한 공격 계획을 세우고 있다."

제주도 5·10 선거가 실패로 끝난 뒤 미군정의 전면 공세가 시작됐다. 미구축함 크레이그호가 제주도에 파견됐고, 무장대에 대한 총공세가 이어졌다. 사진은 이러한 과정에서 촬영됐다. 미군 장교가 경비대 장교와 함께 작전을 수립하는 이 한 장의 사진은 미군이 당시 제주도 사건에 직접적으로 개입했음을 보여주는 것이기도 하다.

'그는 누구이며, 4·3 시기 그의 역할은 무엇이었나?' 하는 의문이 계속 필자를 따라다녔다. 4·3 당시 미국은 토벌작전에 직접적 또는 간접적으로 개입했다. 국방경비대 연대 또는 대대에 '고문관'이라는 이름으로 배치된 미군들은 경비대와 함께 작전 계획을 세우거나 작전 자문을 했으며, 작전 현장에 직접 동행했다.

필자가 미군 고문관들의 존재를 확인하게 된 것은 2001년 한국전쟁과 한국군 연구자인 밀레트(Allan R. Millet) 미국 오하이오주립대 교수(군사사)의 논문 「제임스 하우스만 대위와 한국군의 형성과정, 1945-1950」(1997)을 입수하면서였다. 밀레트 교수의 논문에는 제주도에서 활동했던 고문관 출신 예비역 장교들과의 인터뷰나 편지 교환 내용 등이 들어있었다. 4·3의 전개 과정에서 미국의 개입 수준을 파악하기 위해 당시 제주도에 근무했던 고문관들의 활동과 역할을 규명하는 것은 필수적인 작업이자 중요한 부분이었다.

필자가 밀레트 교수와 편지와 이메일을 교환할 때까지만 해도 '제주도에 미군 고문관들이 있었다'는 정도만 알려졌을 뿐 이들이 누구이고, 제주도에서 어떤 역할을 했는지에 대해서는 베일에 가려져 있었다. 2001년 10월, 필자는 미국으로 건너가 밀레트 교수를 만났다. 앞서 제주도에 근무했던 전 고문관들에게도 여러 차례에 걸쳐 이메일과 전화 등을 통해 의견을 교환했고 만나기로 약속했다. 밀레트 교수와 피쉬그룬드, 웨솔로스키, 조셉 모타이저 등 제주도에서 근무했던 연대 및 대대 고문관들을 만났다. 제주도에서 대대 고문관으로 근무했고 여순사건을 가장 먼저 목격한 인물 가운데 한 명인 켈소, 서울의 군사고문단 사령부에서 활동했던 새클턴과는 편지를 교환할 수 있었다. 현지에서 고문관을 만나 또 다른 고문관을 소개받았다. 필자가 접촉한 이들은 제주도 주둔 경비대의 대대 고문관 또는 연대 고문관이라는 이름으로 4·3 무장봉기 발발 뒤부터 제주도를 잿더미로 만든 초토화가 이뤄지기까지 중요한 시기(1948년 5~12월)에 있었던 이들이다.

사진 속 인물인 제주도 주둔 경비대 제11연대 고문관 리치 대위의 소재를 파악한 것도 우연한 일이었다. 필자는 2007년 인터넷을 검색하다 우연히 그의 회고문을 보고 수소문 끝에 그의 이메일 주소와 연락처를 찾아내 그에게 이메일을 보냈다. 이들의 발언과 회고문은 4·3 당시 미군의 역할에 대해 일정한 시사점을 담고 있다.

고문관 Ⅰ(1948. 5~7): "제주도는 합법적 군사 작전지역"

위에 언급한 사진 속의 인물인 리치(James H. Leach) 대위는 5·10 선거 직후와 제주도 최고 지휘관 브라운 대령의 진압 작전, 박진경 연대장 암살사건이 일어난 1948년 5월 초부터 1948년 7월까지 경비대 제11연대 고문관으로 근무했다.[1]

제2차 세계대전 때 유럽에서 패튼(George Patton) 장군 휘하 전차부대에 근무했던 리치는 1947년 한국에 부임해 서울 영등포 교외의 제1보충대 중대장직을 맡았다. 그러나 제2차 세계대전 당시 벨기에의 소도시 바스토뉴(Bastogne)를 구출한 겨울전투에서 탱크 지휘관을 지낸 전차부대 출신인 자신에게는 적성에 맞지 않았다고 한다.[2] 리치는 통위부 고문관 프라이스 대령에게 신고하러 갔고, 프라이스는 그에게 조선경비대사관학교 교관으로 배치하겠다며 "송호성 장군과 하우스만 대위를 만나라. 그러면 귀관을 그곳으로 데려갈 것이다"라고 말했다. 당시 하우스만은 경비대사령관 송호성의 고문관 겸 연락장교였다. 경비대사령관 집무실에서 만난 송호성과 하우스만은 리치에게 제주도에서 발생하고 있는 살인과 폭력에 대한 관심을 환기하고 "제주도에 소요(troubles)가 휘몰아치고 있다. 공산주의자와 그들의 동조자로 인해 민간업무와 공공 운송수단이 붕괴됐고, 섬사람들을 괴롭히고 있다"며 제주도 상황을 설명했다. 이에 따라 프라이스는 리치에게 사관학교행을 취소하고 제11연대와 함께 제주도에 가도록 명령했다.

리치는 송호성으로부터 김익렬 연대장이 비효율적인 지휘관(ineffective leader)이며, 제9연대는 반란에 동정적인 군인들이 많다는 얘기를 들었다고 한다.[3] 송호성은 리치에게 "제주도의 경찰과 경비대가 효율적으로 함께 활동하지 못하고 있다. 전신주와 도로를 파괴하고 (제주도 내 마을) 지도자들을 살해하는 공산주의자들을 진압하고 있다"며 리치에게 제주도 봉기(uprising)에 관해 설명했고, "당신이 할 수 있으면 이를 중지시켜달라"고 했다. 리치는 제11연대 고문관으로 1948년 5월 초 데이비슨(Lonnie Davidson) 중위를 포함한 고문관 일행과 함께 제주도에 파견됐다.[4]

리치는 고문관 일행과 제주도에 도착한 뒤 제주도 민정장관 맨스필드 대령에게 보고했고, 맨스필드는 그들이 머물 숙소를 제공했다. 리치 일행은 박진경의 제11연대보다 일찍 제주도에 도착했다. 리치가 도착할 당시 제주도에는 제6사단 제20연대장 브라운 대령이 있었다. 리치는 제11연대에 자신을 포함해 미군 고문관 3명과 미군 사병 3명 등 6명이 있었으며, 연락기 2대와 낡은 소해정을 해안 감시선으로 개조한 2척의 선박을 지휘했다.

그는 자신의 임무에 대해 "제주도 주둔 경비대 고문관으로서 나의 임무는 산간 내륙 지역에 숨어서 소규모 집단으로 움직이는 공산주의 동조자들의 습격과 혼란을 종식하는 것이었다"고 말했다. 그는 또 제11연대의 제주도 파견에 대해 "그들은 훌륭하고 규율이 있는 군인들이었지만, 특히 새로운 군인들이 침략군(invading force)처럼 보이는 LST에 타고 도착했기 때문에 제주도민들은 그들을 이방인(outsiders)과 같이 불신했다"고 말했다.[5]

제주도민들의 눈에는 제11연대 군인들이 '침략군'이었고, '이방인'이었다. 그는 제주도에 도착했을 때 제9연대가 모슬포에 있었고, 제11연대는 제주읍에 주둔지를 정했다고 말했다. 리치는 "제9연대가 비효율적이었기 때문에 제11연대가 합류해 제주도를 안정화시켰다. 제9연대는 체포도, 투옥도 못 했고, 피해를 예방하지도 못했다"고 비판했다.[6]

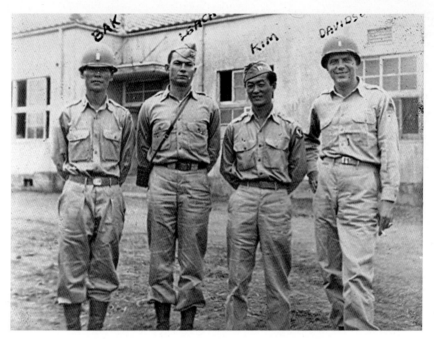

제11연대장 박진경(왼쪽)과 연대 고문관 리치 대위, 한국계 미군 대위 김, 그리고 대대 고문관 데이비슨 대위. 한국계 미군 대위가 제주도에 온 이유와 그의 역할은 알려지지 않았다. (고문관 리치 소장)

　제9연대가 제11연대로 합편했다고 해도 제9연대 일부 부대는 모슬포에 주둔했으며, 일정 기간 제9연대로 불렸던 것 같다. 리치의 증언에 따르면 김익렬은 곧바로 이동하지 않고 일정 기간 제9연대 부대에 있었다. 리치는 박진경을 제9연대와 제11연대 등 2개 연대를 지휘했다고 말했다.[7]

　고문관과 미군 보고서의 박진경에 대한 평가는 극과 극을 이뤘다. 주한 미군사령부 정보참모부 보고서는 박진경을 '한국의 부대장 및 야전지휘관 가운데 가장 우수한 인물 가운데 한 명'(one of the finest commanders and combat leaders in Korea)으로 평가했다.[8] 리치는 "박진경과 또 다른 경비대 장교가 일본군 출신으로 그들은 보병전술과 게릴라전술을 완전히 이해했다"며 박진경을 '훌륭한 인물'(great man)이라고 평가했다.[9] 일본 오사카 외국어학교 출신인 박진경은 일본군 학병 출신으로 태평양전쟁 말기 제주도에서 근무한 경험이 있어 한라산에 구축한 진지 구조와 지형을 파악하고 있었다.[10] 리치는 김익렬이 제주도에 있는 기간 박진경에게 연락기를 내줘 모슬포 제9연대(모슬포 대대)를 검열할 수 있도록 했다. 박진경은 제9연대를 시찰한 뒤 리치에게 "한국인들이 우리를 지지하지 않는다는 걸 믿을 수 없다. 우리 주위는 온통 적이다"라는 메모지를 건네며 우려했다.[11]

박진경이 브라운 대령과 리치에게 상황을 설명한 뒤 경비대는 소대 또는 분대 규모 단위로 제주도 정찰을 전개했다. 경비대원 10명에 경찰관 1~2명이 배치돼 이뤄진 합동작전에서 경찰관들은 마을의 정보와 공산주의 통제하에 있는지를 확인했다. 리치는 "우리 일행에게 마실 물을 준 마을주민이 죽창에 찔려 죽었는데 그가 무슨 잘못을 했나? 그는 군·경에 마실 물을 준 죄밖에 없었다. 우리는 주민들을 24시간 내내 보호할 수 없었기 때문에 그들로부터 정보를 얻는 것이 어려웠고, 우리에게 말하기를 두려워했다"고 기억했다.

> "제주도는 합법 정부(legitimate government)를 위협하는 반란을 진압하는 합법적 군사작전(legitimate military action) 지역이었다. (제주도에는) 폭력이 있었다. 그럼에도, 나는 1948년 5월부터 9월까지 제주도 현지에서 내 눈으로 그와 같은 대량 학살이 전혀 일어나지 않았다고 확실히 완전하게 보고할 수 있다."[12]

리치는 제주도가 '합법적 군사작전지역'이며, 대량 학살이 일어나지 않았다고 확신했지만 제주도 내 곳곳에서는 '불법적' 학살이 자행됐다. 그는 경비대 장교들과 작전계획을 논의하고 작전에 깊숙하게 개입해 해안마을을 보호하고, 내륙민(중산간 지역 거주민–필자)들을 보호구역 안으로 이동시키는 박진경의 작전을 지원했으며, 내륙지역의 '반란'을 저지하는 일도 지원했다고 말했다. 1948년 5월 20~21일 한밤중 제9연대 소속 41명이 탈영해 트럭을 징발하고 무기를 탈취한 뒤 입산했다. 리치는 "박진경이 제9연대 병사들의 탈영 정보를 입수했는데, 그들은 무기와 탄약을 갖고 있었다. 곧바로 우리는 작전을 수립했다. 가용할 수 있는 트럭을 동원해 부대원들을 태우고 그들을 추적했고, 일부를 체포해 총살했다. 한라산을 향해 정밀 수색에 들어가자 몇 개의 아지트 (camps)를 발견했다"고 밝혔다.[13] 리치의 증언은 주민들에 대한 수용소 설치와 강제소개가 이뤄지고, 즉결 처형이 있었다는 것을 보여줄 뿐 아니라 미군 고문관이 경비대와 함께 작전에 직접 개입하고 참가했음을 보여준다.

제11연대에 의한 토벌작전이 강화되던 1948년 6월 18일 새벽 3시 15분께 연대장 박진경이 숙소에서 부하들에 의해 암살됐다. 박진경은 제주도 토벌의 공로를 인정받아 6월 11일 중령에서 대령으로 진급했다. 15일 제주도에서 열린 진급식에는 당시 통위부 고문관 로버츠 준장이 직접 참석했다.[14] 앞서 로버츠 준장은 1948년 5월 20일 프라이스 대령 후임으로 통위부 고문관으로 부임했다.[15]

제11연대장 박진경이 군과 경찰 관계자들을 상대로 말하고 있다. 11연대 고문관 데이비슨 중위와 한국계 미군 대위 김, 경비대 백선진 등의 모습도 보인다. (고문관 리치 소장)

리치 대위는 박진경의 저격을 가장 먼저 목격한 인물 가운데 한 명이다. 그에 따르면 연대 지휘본부에는 무전기와 기타 필요한 물품들이 있어 15~20명의 병력이 경비하고 있었다. 사건 당일 새벽 경비병이 박진경 피살소식을 리치 대위와 브라운 대령에게 긴급하게 알리자 곧바로 뛰쳐나갔다. 리치는 "경비병이 브라운과 나에게 박 연대장이 살해됐다고 했다. 우리가 달려가 보니 총알에 맞은 불쌍한 동료(poor guy)가 바닥에 누워 있었다"고 말했다. 중대장 이세호도 박 연대장의 진급 축하연에 참석했다. 그는 "축하연에 참석했다가 돌아와 자고 있는데 느닷없이 연대작전(참모)인 임부택 씨가 뛰어와서 '연대장이 피살됐다'고 하면서 '제주와 한라산 중간에 부대를 배치하고 움직이는 놈은 다 잡아라'라고 했다"고 말했다. 그는 이에 따라 어승생악 앞에 병력을 배치했으나 아무도 잡지 못했다고 증언했다.[16]

현장을 확인한 브라운 대령과 리치 대위는 곧바로 프라이스 대령과 딘 소장에게 연락했다. 딘 소장은 당일 정오 로버츠 준장, 조병옥 경무부장과 함께 탄도조사팀(총포연구자) 2명을 대동하고 제주도에 왔다.[17] CIC와 범죄수사대(CID), 경찰이 강도 높은 수사에 들어갔다.[18] 리치는 탄도조사팀이 마룻바닥에서 총알을 찾아냈고, 곧이어 박 대령 저격에 사용한 소총이 제11연대 무기고에서 나온 것으로 결론을 내렸다. 그러나 그 소총은 제11연대 병사들에게 지급된 소총이 아니어서 2주 정도 저격범에 대한 단서를 찾지 못했다. 리치는 어느 날 익명의 쪽지가 한국인 채널을 통해 선임장교에게 전달됐다고 한다. 쪽지에는 "누가 대령을 살해했는지 알고 싶으면 문상길 중위에게 물어보라. 그는 모든 것을 알고 있다"는 내용이었다.

박진경 암살 사건은 미군정과 경비대의 토벌작전을 강화하는 계기가 돼 무장대와 토벌대 사이에 놓인 민간인들의 피해는 급격히 늘어났다.[19] 경비대 제9연대 병사들의 탈영과 연대장 박진경의 피살은 제주도의 토벌작전을 더 강화하는 계기가 됐다.

고문관 II (1948. 7~9): "나의 임무는 반란 진압"

2001년 10월 24일 미국의 『뉴욕 타임스』는 1개 면을 할애해 '1948년 학살의 진상을 찾는 한국인들'(South Korean Seek Truth About '48 Massacre)이라는 제목 아래 김형조(제주시 조천읍 선흘리·목시묵굴 학살 생존자) 선생의 사진과 함께 기획 기사를 실었다. 필자는 이 신문을 미국 플로리다주의 탬파국제공항에서 보았다. 4·3을 취재하기 위해 미국에서 고문관들을 만나던 순간에 미국 내 신문에서 4·3 기사를 본 것이다.[20]

바로 전날, 필자는 플로리다주 세인트피터스버그에서 제주도 주둔 미군 고문관 출신 웨솔로스키(Charles L. Wesolowsky)의 자택을 방문해 제주도에서의 활동을 취재했다. 필자 일행이 방문했을 때 그는 고문관 출신 동료와 제주도 사건을 놓고 전화를 하고 있었다. 미국 육군사관학교 출신인 그의 전화기 옆에는 두툼한 동문 전화번호부가 있었다. 앞서 필자는 그와 편지 교환을 통해 4·3 관련 질문을 했다. 그는 기억나는 대로 제주도 상황에 대해 성의껏 설명했다.

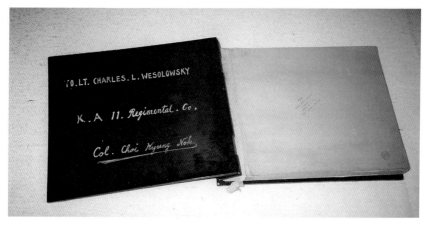

제11연대장 최경록이 연대 고문관 웨솔로스키 중위에게 준 앨범이다. 겉표지가 자개로 장식된 앨범 속에는 제주비행장과 처형 장면, 작전 사진 등이 들어있다. (고문관 웨솔로스키 소장)

그는 자신의 임무에 대해 "나의 임무는 반란을 진압하고 선동자를 섬멸하며 민간정부를 회복하는 것이었다. 내가 할 수 있는 것은 섬멸에 관한 것이다"라고 말했다. 웨솔로스키 중위는 1948년 6월 초순께부터 같은 해 8월 18일까지 제주도 주둔 제11연대와 제9연대의 대대 및 연대 고문관으로서 제11연대장 최경록, 제9연대장 송요찬과 함께 활동했다. 그는 통위부 고문관 로버츠 준장의 명령을 받고 제주도 주둔 제11연대 부고문관(작전 고문관)겸 제1대대 고문관으로 부임한 뒤 제9연대 고문관으로도 근무했다. 그가 부임할 당시 그의 선임자는 연대 고문관 리치 대위였다.

제주도 근무 전에는 제주도 상황에 대해 거의 몰랐다는 웨솔로스키는 제주읍내의 연대 사령부와 모슬포에 있는 대대에 체류했으며, 리치 대위가 모든 작전에 나갔다고 말했다. 그가 제주도에 부임한지 2~3주 뒤 제11연대장 박진경 피살사건이 일어났다. 로버츠 장군은 박진경의 피살 직후 곧바로 제9연대 병사들을 무장해제했다. 웨솔로스키는 박진경이 암살될 당시 대대 고문관이었으며, 그의 장례식에도 참석했다. 웨솔로스키는 로버츠 장군이 자신이

경비대 제11연대가 한라산 정상 부근까지 작전을 벌인 모습이다. 연대 고문관 웨솔로스키 중위는 이 작전에 동행했다. 뒤에 보이는 부분이 백록담 정상 부분이다. (고문관 웨솔로스키 소장)

제주비행장 앞에서 선 미군 고문관. (고문관 웨솔로스키 소장)

제주도에 있는 동안 2~3차례 방문했다고 한다.

　그는 경비대와 경찰이 과도한 열정을 가지고 주민들을 심문했지만, 주민들에 대한 폭행은 목격하지 못했다고 말했다. 통역은 고문관들이 부딪치는 문제이기도 했다. 웨솔로스키도 마찬가지였다. 특히 육지에서 온 통역관은 제주어를 이해하지 못해 통역에 더 어려움을 겪었다. 통역관의 부재로 손짓 몸짓으로 의사소통을 해야 했고, 이런 행위는 게릴라와의 접촉을 불가능하게 했다고 말했다. 그 통역관도 제주어를 사용하는 제주도민들과의 대화에서는 참을성을 보였다고 한다.

　웨솔로스키는 박진경의 후임 연대장으로 부임한 최경록의 제11연대와 동행해 여러 차례 소탕작전에 참가했으며, 한라산 윗세오름 지경까지도 작전을 나가기도 했다. 웨솔로스키는 연대장 최경록을 유능한 군인으로 평가하며, 그와의 관계에 전혀 문제가 없었다고 했다. 그는 "공산주의자들이 정부를 전복하고 모든 것을 바꾸려는 것을 저지하는 것이 필요했다"며 "나의 역할은 군인들을 훈련하고, 훈련을 통해 성장시키는 것이었다. 나는 정규 (교육)과정을 거치도록 했고, 군인들에게 소총 사격술을 가르쳤다. 또 소규모 부대 전술과 분대, 소대, 중대를 적정하게 훈련할 수 있도록 강조했다. 나는 오로지 훈련과 분열, 사격 및 전투방법 등에 관해서만 가르쳤다. 그것이 내가 제주도에서 했던 일이다"라고 밝혔다. 그는 한번은 2~3주 동안 남쪽지역에서 한라산을 향해 소탕을 벌이는 작전이 있었는데 '적'으로 간주할만한 사람들의 징후는 전혀 찾지 못했다고 회고했다. 또한 연락기 L-5도 지휘했는데, 연락기는 제주도 전역을 비행하면서 정찰과 물자수송을 담당했다. 그는 "부대(경비대)와 함께 (작전을) 나가기도 했다. 우리는 여러 차례 섬을 관통해 소탕작전을 벌였다. 그때 경비대가 매우 적극적으로 한라산까지 작전에 나섰기 때문에 희생자는 없었다"고 회고했다.

웨솔로스키는 리치처럼 경비대와 함께 작전에 참가했다. 그는 한라산 토벌작전에 나섰을 때는 폭우가 쏟아졌고, 철쭉이 만개했다고 회고하는 것으로 보아 1948년 6~7월로 추정된다. 그가 경비대와 함께 소해정을 타고 제주읍에서 떨어진 마을로 침투 작전을 벌이기도 했지만, 직접 '적'과 만난 일은 없다고 했다.

문: 한라산 토벌작전에 참여한 적이 있나?
답: 나는 한라산 정상은 아니지만 높은 곳(윗세오름 추정-필자)까지 올라갔다. 우리가 그곳에 갔을 때는 아무 것도 없었다. 굉장한 폭우가 쏟아졌다. 나는 100야드(91m) 정도 떨어져서 갔는데 엄청난 총격이 있었다. 경비대가 그곳에서 7~8피트(2.1~2.4m) 높이의 빈집을 발견하자 폭우 속에 총격을 가한 것이다. 비에 옷이 젖으니까 빨랫줄에 옷을 널어 말리려고 그렇게 한 것이다. 장작불에 옷을 말리고 나자 다시 빗속으로 갔다. 누군가가 훈련장 같은 것이 있고, 탄약과 무기를 은닉했다고 했다. 그러나 우리는 아무것도 찾을 수 없었다. 적의 징후는 아무것도 없었다.
문: 마을에 진입해 본 적이 있나?
답: 있다. 마을에 진입해 본 적이 있다. 우리는 대형을 갖추고 마을을 통과해 나아갔다. 그리고 2척의 소해정(YMS)을 지휘했는데 15~16피트 정도 되는 소형목선이었다. 아마도 전체 150여 명 정도의 부대원이 승선할 수 있었을

것이다. 당시 그 배를 이용해 작전하기도 했다. 우리는 1개 중대를 그 배에 승선시키고 제주읍 반대편의 작은 마을로 진입했다. 마을에 진입해 정찰 활동을 하고 침투한 뒤에 귀환했다. 그곳 주민들은 공산주의자들에게 괴롭힘을 당하고 있었다. 그들에게 우리가 거기 있다는 것을 보여주려고 한 것이다. 군사적이라기보다는 정치적 행위였다.[21]

제11연대가 1948년 7월 하순 경기도 수원으로 이동하면서 미군 고문관들도 함께 이동했다. 웨솔로스키는 로버츠 장군에게 복귀 신고를 하러 갔다. 그리고 그는 그 자리에서 로버츠의 명령으로 다시 제주도 제9연대 고문관으로 배속됐다. 다음은 웨솔로스키가 제주도 근무를 끝내고 7월 하순 제11연대와 함께 이동한 뒤 로버츠 준장에게 신고할 때 있었던 로버츠와 웨솔로스키의 대화내용이다. 이 내용은 웨솔로스키의 인터뷰 내용과 밀레트 교수에게 보낸 편지 내용을 재구성한 것이다.

로버츠: 귀관은 제주도 상황이 진압됐다고 생각하는가?
웨솔로스키: 지금은 진정됐습니다. 장군님. 당분간 진정될 것이라고 생각합니다. 그러나 언제 어떤 방향으로 전개될지 모르는 까다로운 상황입니다. 나쁜 상황으로 재발할 수도 있습니다. 저는 소요가 지금 끝났다고 생각하지 않습니다. 소요를 막기 위해 우리가 할 수 있는 일을 해야 한다고 생각합니다.
로버츠: 제9연대가 모슬포에 주둔해 훈련하는 계획에 대해 어떻게 생각하는가?
웨솔로스키: 좋은 생각이 아닙니다. 제주도 전지역에 중대 규모의 정찰초소를 세워야 합니다. 그리고 통제와 군수, 통신, 무기에 집중하면서 야외에서 훈련해야 합니다.
로버츠: 부대가 휴식을 취하기에 좋은 시기가 되리라고 생각하는가 아니면 어느 정도 정찰이 필요하다고 생각하는가?
웨솔로스키: (휴식을 취할 시기가) 아닙니다. 장군님. 3곳의 정찰 거점을 만드는 게 좋습니다.
로버츠: 왜 정찰 거점을 만들어야 하나?
웨솔로스키: (경비대의) 사격술이 형편없습니다. 우리는 문제를 제거하지 못했고, 다만 지하로 숨어들었습니다. 상황이 지하로 들어갔으나 제거됐다고는 생각하지 않습니다. 우리 자신들을 보여주는 것뿐 아니라

우리의 힘을 보여주기 위해서라도 폭넓은 정찰활동을 계속해야 합니다. 3곳의 정찰거점을 만드는 것이 좋습니다. 어느 순간 충돌이 일어날 수도 있습니다.

로버츠: 귀관의 견해인가, 중위?

웨솔로스키: 그렇습니다. 장군님.

로버츠: 웨솔로스키! 귀관이 이제 제주도의 수석 고문관이다. 귀관이 제주도의 모든 미군 고문관들을 책임진다. 제주도로 돌아가라.

이 대화 내용을 보면 로버츠 준장은 제주도 진압 작전과 관련해 제9연대의 훈련계획이나 정찰초소 설치를 강구하는 등 제주도 사태의 전개에 관심을 표명하고 개입하고 있음을 알 수 있다. 웨솔로스키 중위의 서명이 들어간 제9연대 전투일지를 보면 그는 적어도 1948년 7월 21일 이전 제주도에 재파견됐다. 로버츠 준장은 제주도 현지 고문관을 통해 제주도 상황을 파악한 뒤 의견을 듣고 곧바로 조치를 취했다. 로버츠의 명령에 따라 웨솔로스키는 LST에 고문단이 지원한 차량을 싣고 제주도로 갔다. 그는 차량을 싣고 제주도에 도착하자 제9연대장 송요찬이 자신을 대단한 사람으로 생각했다고 기억했다.[22]

송요찬과 거의 날마다 만난 웨솔로스키는 그와의 관계에 대해 "송요찬과 함께 일했던 많은 사람이 어려움을 겪었다. 그러나 나는 전혀 문제가 없었다. 그와 매우 수월하게 일했다. 그는 매우 협조적이었고, 식견있는 사람이었다고 생각한다. 그는 송요찬을 이렇게 평가하면서도 "무엇인가 문제가 있다는 것을 알았다. 그러나 개인적으로는 모른다. 그가 무슨 일을 했는지 모른다"고 선을 그었다. 매일 만나 대화를 나누고 회의를 했으며, 협조적이었다면서도 개인적으로는 모른다고 했다. 그는 필자에게 송요찬을 대단히 '강인'(strong)하고 '거친'(tough) 인물이라고 여러 차례 강조했다.

"전쟁이 일어나면 게으른 병사들을 강하게 만들 강력한 지휘관이 필요하다. 송요찬은 상당히 강인했다. 매우 거칠었다. 내가 필요했던 것이 바로 그 점이다. 나는 누군가가 사람들을 다루는 데 강인한 인물을 필요로 했다. 우리

1948년 6~8월 제주도의 한 초가 앞에서 미군 병사가 여성들을 가리키고 있다. (고문관 웨솔로스키 소장)

는 소규모 부대로 하여금 지역을 관통해 나가도록 했다. 이는 우리가 그곳에 있다는 것을 보여주기 위해서였다. 그것은 중요한 일이었다. 그가 소령이었다고 생각하는데 그의 대위(서종철-필자)는 바빴다. 나는 그의 대위가 우리가 전에 했던 것과 같은 일을 했다고 생각한다. 다시 말해 오름과 마을에 대한 적극적인 정찰활동을 벌였다.”

　　리치와 웨솔로스키가 제주도에 근무했던 시기에 5천여 명의 중산간 지역 주민들이 체포돼 수용소에서 심문을 받았다. 웨솔로스키가 제주도에 있던 시기에는 본격적으로 초토화가 이뤄지지는 않았지만, 국내 일간지에서는 제주도의 처참한 상황들이 연일 보도되던 시기였다.

　　웨솔로스키는 필자에게 “나는 제주도 사태 초기에 민간인들에게 무슨 일이 일어났는지 모른다. 내가 제주도에 갔을 때는 진압됐을 때였다. (게릴라들은) 그 전처럼 조직화되지 않았다. 그러나 항상 매우 가변적인 상황이었다. 나는 언젠가 무슨 일이 벌어질 것이라는 것을 확신했다”고 말했다. 그는 “제주도의 상황이 대체로 진압됐다고 하면서도 언제나 무슨 일이 일어날지도 모르는 가변적인 상황이었으며, 정보 담당자(G-2)들이 과도한 열정을 지니고 활동했다"고 기억했다. 웨솔로스키가 연대 고문관으로 있던 시기에 대대 고문관에는 켈소와 모타이저 중위가 있었다. 웨솔로스키가 제9연대 고문관으로 활동을 거의 끝내가던 8월 6일 켈소 중위가 제주도에 부임했다. 필자는 켈소와 4·3과 관련해 편지와 이메일로 여러 차례 의견을 교환했다.[23]

켈소는 1946년 미국 육군사관학교를 졸업한 뒤 공수훈련을 받고 한국에 배치돼 21개월을 근무했다. 이 기간 가운데 1년 이상을 군사고문단으로 활동했다. 처음에는 기지통신보급창 고문관으로 배치됐으나, 보병 부대로 재배치해 줄 것을 요구해 1948년 8월 6일부터 10월 중순께까지 대대 고문관으로 제주도 모슬포 주둔 대대에 근무했다. 당시 연대본부와 대대 간 연락은 전화나 무전이 아닌 연락기를 이용하거나 직접 차를 타고 가 전달하는 방식으로 이뤄졌다. 켈소는 제주읍의 연대 고문관과 연락할 무전기나 전화가 없었기 때문에 이런 방법을 사용했다고 한다. 켈소는 "제주읍내 사령부와는 연락기가 정기적으로 지상에서 내가 보내는 신호를 보기 위해 선회했다. 지상에 하얀 종이(화장지)를 펼쳐놓고 몇 개 단어만 적는 식으로 의사소통을 했다"며 "물론 이런 방법은 대부분 유용한 수단이 아니었다. 그래서 나는 휴대식량이나 소총, 탄약, 장비 소제, 의약품 보급 등 자세한 내용을 보고하기 위해 사령부에 직접 갔다"고 말했다.[24] 그의 연대 고문관 웨솔로스키도 "편지가 오면 파우치에 담고 연락기에 실어 부대에 떨어뜨렸다"며 "종종 대대를 방문했다. 나는 그들에게 즉각 전투태세에 임하고, 어떠한 봉기에도 대처할 수 있도록 했다"고 말했다. 대대 고문관의 역할은 주로 무기와 장비의 적절한 유지와 보수를 장려하는 것이었지만, 사격훈련은 제한적이었고, 결과적으로 제9연대 병력들은 빨랫줄에 걸린 옷에 총을 쏠 정도로 전투 훈련이 잘 되지 않았다고 평가했다. 그는 모슬포 주둔 대대가 게릴라들과 교전하기 위해 내륙으로 이동한 적이 없다고도 했다.[25]

고문관 III (1948. 9~12): "나는 허수아비"

　제11연대 대대 고문관과 제9연대 고문관을 지낸 웨솔로스키에 이어 버제스(Frank V. Burgess) 대위가 1948년 8월께 제9연대 고문관으로 부임했다.[26] 이어 9월에는 피쉬그룬드 중위가 연대 부 고문관으로 배치돼 제9연대와 함께 제주도로 이동했다. 1948년 9월부터 12월까지 제주도 주둔 제9연대 고문관으로 근무했던 피쉬그룬드(Harold S. Fischgrund)는 흥미로운 인물이다.[27] 그가 근무했던 시기는 제주도에서 초토화가 진행되던 시기이다.

　필자는 예비역 대령 출신인 피쉬그룬드와 미국 현지에서 인터뷰하기에 앞서 여러 차례 이메일을 교환했다. 그는 이메일에서 서귀포 노래를 안다며 발음나는대로 영어 알파벳으로 적어 보냈다. 월북작가 조명암이 작사 작곡한 '서귀포 70리'였다. 필자가 피쉬그룬드를 만난 2001년 10월 18일, 그는 "바닷물이 철썩철썩 파도치는 서귀포~"를 하며 몇 소절을 직접 불렀다. 육군 참모총장과 국무총리를 지낸 정일권으로부터 이 노래를 배웠다는 그는 정일권과 오랜 친분을 유지해온 인물이며, 군사고문단 시절에는 통상 18개월을 근무하면 전출 가는데 비해 그는 6개월을 자원해서 추가 근무했다. 제주도 근무를 끝낸 뒤에는 제9연대가 제2연대로 교체되자 피쉬그룬드도 12월 제9연대와 함께 대구로 이동했다. 그는 밀레트 교수에게 보낸 편지에서 참모총장 채병덕을 '뚱보 채'(Fat Chae), 연대장 송요찬을 '호랑이 송'(Tiger Song)이라고 불렀다. 제주도 연대 부고문관으로 배치된 피쉬그룬드는 제9연대의 훈련과 작전 등을 자문했다. 군·경의 무차별 토벌작전으로 제주도 내 곳곳에서 학살이 일어나고 있었던 시기, 그는 제9연대장 송요찬과 거의 매일 작전 계획을 의논하고 제주도를 함께 시찰했다. 송요찬을 상대했던 피쉬그룬드도 웨솔로스키와 마찬가지로 송요찬에 대해 묻자 '거친'(tough) 인물이라는 답변이 돌아왔다.

　피쉬그룬드는 인터뷰 과정에서 송요찬이 부하들에 대해 '터프'했다고 하면서도 자신은 이름 그대로 '고문관'이었을 뿐이라고 했다. 그는 필자와의 이메일 교환을 통해 "제주도민들이 이해하지 못하는 민주주의 대 공산주의라는 세계정치에 휘말리는데 대해 미안함을 느낀다"고 말했다.[28] 그는 "전임자와 가톨릭 신부들로부터 보고를 받아 제주도의 불쌍한 주민들이 처한 위험한 상황에 대해 무지하지 않았다"며 "남한 정부는 제주도민들과 함께 외부 세력이 주도한 반란을 진압하기 위해 노력하고 있었다. 대부분 현대 정치철학(공산주의 대 민주주의)에 무지한 제주도민들은 그 가운데 끼어있었다. 기회 있을 때마다 한국군에 민주주의 원칙과 법 규칙을 따라 행동할 것을 강력하게 자문했다"고 밝혔다.[29]

그러나 전임자인 버제스와 교대하기 위해 제주도에 도착한 그는 "제주도에 문제가 있다는 것은 알고 있었지만 심각성에 대해서는 아무런 정보도 듣지 못했다. 아무도 내게 제주도 사건에 대해 설명해주지 않았다"며 사건 발발 이유와 진압과정에서 군·경의 가혹한 행위는 알지 못했다고 했다.[30]

피쉬그룬드는 초토화 시기 제9연대 일일보고서를 서울의 군사고문단 사령부에 보냈다. 하루 수십여 명에서 1백여 명이 넘는 제주도민이 '적'(enemy)이라는 이름으로 죽어갔다는 보고서를 자신의 손으로 직접 보고했지만 이를 접수한 군사고문단 사령부는 아무런 이의를 제기하지 않았다. 오히려 군사고문단은 경비대의 작전을 높게 평가했고 지원했다. 필자는 그에게 인터뷰와 이메일을 통해 초토화 시기 군·경에 의해 자행된 학살에 대해 아는지 되풀이해서 물었다. 그의 대답은 간단했다. "나는 '허수아비'(figurehead)였을 뿐이다. 나는 말 그대로 진짜 '고문관'이었다."[31]

고문관들의 역할은 한국군에 '자문'하는 것이었지만 한국어를 못했고 한국군은 영어를 못했기 때문에 의사소통이 어려웠다고 말했다. 그는 "우리는 소통할 수 없었다. 버제스 대위는 자신이 데리고 있던 통역사와 함께 떠났기 때문에 나는 통역사가 없었다. 내가 연대 참모회의에 참석하면 그들은 무엇을 하는지 설명하려고 애썼다. 그래서 한국어를 몇 마디 배웠지만 매우 어려웠다"고 회고했다. 그러면서 피쉬그룬드는 경비대가 표현한 '적' 사살자 수와 노획 무기 수의 불일치를 놓고 송요찬과 부딪쳤으며, 노획 무기 수보다 사살자 수가 훨씬 많다고 보고하자 그에게 두 가지를 함께 놓고 무기를 보고 싶다고 했다고 말했다. 그는 "나는 교전현장에서 사살한 수와 노획한 무기 수에 문제를 제기했다. 나는 결코 솔직한 답변을 받은 적이 없지만, 문제 제기 이후 보고서들은 사망자와 무기 사이에 더 가까운 숫자를 반영하고 있다는 데 주목했다. 이는 송요찬과의 접점(touchy points)이었고, 나는 그가 지휘관들에게 무기를 지닌 사람(반란군)들을 추적하라고 명령했다고 믿는다"고 회고했다.[32] 제9연대에서는 전과를 놓고 매일 오전 연대 참모회의가 열렸다. 피쉬그룬드는 인터뷰에서 이 문제에 대해 보다 구체적으로 말했다.

문: 얼마나 자주 회의에 참석했나?
답: 매일 오전 회의에 참석했다. 나는 그들의 회의에 참석해 인사와 군수, 정보, 작전 분야 등에서 미군 방식을 도입하도록 애썼다. 매일 사무실에서 만났는데 김정무 군수참모만 의사소통이 잘 이뤄졌다. 그들은 지도와 차트를 갖고 있어서 설명하려고 애썼다. 나는 한국어를 읽을 수 없었지만 숫자는 읽을 수 있었다. 그들은 내가 회의에 참석하는 것을 매우 신뢰했다. 하지만 내가 자신들의 대화를 이해할 수 없다고 인식했던 것 같다.
문: 경비대 회의에서는 어떤 이야기가 오갔나?
답: 나는 제주도에서 그(송요찬)에게 보급품과 탄약을 지원하는 그의 미군 고문관이었다. 나는 한국어를 못했고, 그는 영어를 못했다. 나는 허수아비였다고 할 수 있다. 아침 회의에서는 무엇인가가 있었다. 그들은 얼마나 많은 사람이 죽었고, 얼마나 많은 무기가 노획됐는지 말하곤 했다. 무기 수보다 사살자 수가 언제나 많았다. 나는 사살자 수가 많은 이유를 물었다. 당신들의 보고서를 믿지 못하기 때문에 나에게 무기를 보여줘야 한다고 말했다. 무기들을 볼 때도 있었지만 보지 못할 때도 있었다. 그들은 나에게 무기를 찾을 수 없었다고 했다.
문: 경비대는 자신들의 활동에 대해 보고했나?
답: 이것(제9연대 일일보고서)은 한국인들이 보고한 것이다. 나는 그들이 나에게 보고한 것을 보고했다.

경찰은 미군들을 '눈봉사'라고도 했다. 경찰에서 활동했던 김생민도 "경찰에서 100명을 연행했다고 하면 그 숫자를 미군정에 보고하겠나. 왜 미군정이 눈봉사라고 하는지 아느냐. 경찰관들이 계엄사령부가 임의로 사형한 숫자를 다 보고했겠나. 미군정이 그 사람들을 다 죽이게 동의했겠나. 미군정이 알았다면 그렇게 사람 죽이는데 동의하지는 않았을 것이다. 그러니 미군정 정보라는 것이 마지못해 나타난 숫자지 정확한 숫자를 알 수 없었을 것이다"라고 말했다.[33] 김생민이 미군정이 (학살에) 동의하지 않았을 것이라고 했지만 임시군사고문단이나 주한미사절단의 보고서에는 학살의 내용과 잔인성이 나와 있다. 그러나 이를 미군정이나 군사고문단이 제지한 적이 없었다.

1948년 10월 17일 제9연대장 명의로 제주도 내륙지역을 적지로 간주한 포고령과 11월 17일 내려진 계엄령은 제주도를 잿더미로 만들고 제주도민의 학살을 정당화하는 무기가 됐다.

문: 1948년 10월 송요찬은 해안으로부터 5㎞ 이상 떨어진 곳은 적지로 간주한 포고령을 공포했다.
답: 제9연대의 임무는 제주도 주변의 도로를 장애물 없이 깨끗한 상태로 유지하는 것이었고, 그들은 그 임무를 수행했다. 한라산 방향으로 섬의 내륙에 있는 사람은 적으로 간주됐다. 확실히 그들은 주민들로 하여금 해안 마을로 이주하도록 했다. 내 말이 맞는가?
문: 그는 당신과 포고령 공포에 대해 사전에 논의했나?
답: 아니다. 하지만 기억한다. 사람들을 해안 마을로 이주시키고, 공산주의자들이 있는 내륙은 군이 작전을 한다.
문: 송요찬과 전략이나 작전에 대해 논의한 적이 있나?
답: 단지 도로에 있는 초소를 확보하는 방안에 대해 논의할 때이다. 내가 앞서 얘기했지만 한라산 방향 내륙지역을 깨끗이 했다. 해안변의 도로 주변은 우호적인 주민들이 있는 곳이고, 적들이 있는 곳은 내륙으로 간주했다.
문: 당신이 제주도에 있던 시기에 한국정부는 계엄령을 선포했는데 그 사실을 알고 있나?
답: 그 일은 모른다. 계엄령이 있었는지 몰랐다. 계엄령은 송요찬이 책임자였다는 것을 의미한다. 그렇지 않나? 미국 시스템처럼 말이다.

피쉬그룬드는 포고령이 공포된 사실은 알고 있지만, 자신과 논의한 적이 없었고, 가끔 연대 고문관인 자신을 무시했다고 말했다. 오히려 계엄령에 대해서는 송요찬이 책임자였느냐고 되묻기도 했다. 송요찬과 함께 제주도를 시찰하기도 한 그는 제9연대 작전 때 논의했느냐는 질문에는 "아니다"라며 선을 그었다. 그는 한국군 훈련과 보급, 작전 지원과 필요할 경우 자문하는 일이 자신의 임무이지, 상부로부터 결코 특별명령을 받은 적이 없으며, 어떠한 전투 활동에도 관여돼 있지 않을 뿐 아니라 한국군을 지휘할 위치에 있지도 않았다고 강조했다. 그는 또 제9연대의 인사(S-1), 정보(S-2), 작전(S-3), 군수(S-4) 등 참모들을 방문해 한국군을 교육했다.

피쉬그룬드 중위는 일주일에 한 번은 혼자서 성조기를 매단 지프를 타고 제주도를 일주하며 시찰했다. 연대장 송요찬과 함께 시찰에 나서는 날도 있었다. 성조기가 휘날리는 미군 지프는 경찰 초소를 그대로 통과했다. 전투 정찰대형으로 걸으면서 공산주의자들을 수색하는 것이 유일한 전투 현장 목격이었다는 그는 총을 휴대하고 꿩 사냥을 나갔다가 자신의 머리 위로 스치는 총소리를 듣고 지프로 기어 돌아와 그곳을 빠져나오기도 했지만 제9연대가 '적'을 사살하는 현장을 목격하지는 않았다고 했다.

피쉬그룬드는 아일랜드 출신으로 서귀포에서 제주읍으로 온 라이언 (Thomas Ryan) 신부와 오스트레일리아 출신으로 제주읍에 있는 스위니 (Augustin Sweeny) 신부, 도우슨(Patrick Dawson) 신부와 친밀하게 교류했다고 회고했다.[34] 그는 이들 신부를 만나기 전까지는 제9연대 구내식당에서 한국군과 같이 식사했지만, 이들을 알게 되면서 이들과 보내는 시간이 많았다고 했다. 라이언 신부는 상황이 악화되자 서귀포 성당을 비우고, 제주읍내 성당으로 옮겨와 함께 생활하고 있었다. 피쉬그룬드는 거의 매일 밤 그곳에 갔고, 어떤 날은 미군 부대에서 배급되는 밀가루와 설탕, 햄을 들고 갔다. 그는 그곳에서 신부들이 만든 저녁식사를 한 뒤 신부들과 카드놀이(브릿지)를 하면서 보냈다고 말했다.[35]

초토화 시기 제주도에는 미군의 여러 정보기관이 활동한 것으로 보인다.

남한 정부 요인들도 제주의 사태를 시찰하기 위해 제주도에 왔다. CIC 요원 2명은 피쉬그룬드가 제주도에 도착한 뒤 얼마 없어 제주도를 떠났다. 그들은 군복을 입지 않았고, 계급도 비밀에 부쳤다. 그 가운데 한 명은 고큰 아우어(Gochenhower)로, 이름이 매우 특이해서 기억한다고 했다. 니콜스(Nichols)라는 미국인도 제주도에서 가끔 보았지만 자신의 업무에 대해서는 이야기하지 않았다며 중앙정보부(CIA) 요원이나 공군 정보팀 소속이라고 들은 것 같다고 했다. 그는 국무총리 이범석이 자신이 제주도에 있는 동안 제주도 상황을 직접 확인하기 위해 방문했고, 원용덕 장군도 방문했다고 말했다.[36] 군사고문단 참모장 라이트(W.H.S. Wright) 대령도 사냥하기 위해 제주도에서 이틀을 체류했다고 하는 데 초토화 시기 참모장이 단지 사냥만 하러 왔을지 의문이다.

고문관 기억에 대한 비판적 검토

미국 책임론

리치는 회고문과 인터뷰를 통해 4·3에 대한 미국의 책임을 언급한 커밍스의 지적을 '헛소리'(bull)라고 강하게 비판했다. 커밍스에 대한 비판은 리치만이 아니라 초토화 시기 고문관 피쉬그룬드도 마찬가지였다. 그러나 이들의 비판과는 달리 미군의 각종 보고서와 주한미대사관의 각종 문서들은 4·3 시기 미국이 직간접적으로 깊숙하게 개입했음을 보여주고 있다.

리치는 커밍스가 논문에서 '해군 함정들이 섬을 완벽하게 차단하고 있었다', '미군 정찰기들이 게릴라들을 색출했다'는 등의 글은 완전히 터무니없는 말이라고 반박했다. 그는 "고문관은 6명이었으며, 미국 하와이 오하우섬만큼이나 큰 제주도를 보호하는데 할당된 2대의 작은 정찰기와 고물이나 다름없는 2척의 소해정만 있었다"고 주장했다. 이러한 인적·물적 자원으로 어떻게 제주도를 통제할 수 있겠느냐는 것이다. 김익렬에 대해 비판적인 시각을 가진 리치는 김익렬이 유고에서 "딘 장군은 박진경 중령에게 극비명령을 내렸던 것이다. 그것은 말할 것도 없이 제주도 전역에 대한 초토작전 명령이었다"고 밝힌 데 대해서도 "나는 딘 장군의 명령을 박진경에게 전달하는 연락관이었다. 그러한 내용은 터무니없는 이야기"라고 반박했다.[37]

피쉬그룬드도 인터뷰와 이메일 교환을 통해 커밍스의 문제 제기를 비판했다. 그는 "커밍스의 의견에 동의하지 않는다"며 "나는 커밍스가 언급한 시기에 5개월 동안 제주도에 있었다. (군·경과 무장대) 양쪽이 모두 잔인성을 노정했다"고 주장했다.[38] 그는 필자에게 보낸 이메일에서 "나의 견해로는, 그리고 내가 알고 있는 한, 위협과 협박 전술을 통해 섬사람들을 선동한 것은 공산주의자들과 북한이었다.; 예를 들어 그들이 섬에 훈련된 공산주의 공작원들을 불러온 것; 합법적인 유엔 후원 하의 선거를 저지하려고 시도한 것; 경찰지서 습격; 두려움을 퍼뜨리기 위해 한라산 기슭에 봉홧불을 밝힌 것 등등"[39]이라며 "나는 당시 그곳에 있었기 때문에 책임이 없다는 것을 잘 안다"고 강조했다. 그렇지만 이들 고문관은 자신들의 임무가 제주도의 혼란을 끝내는 것이라면서도 구체적으로 미국의 책임이 없다는 부분에 대해서는 설명하지 못했다.

대량 학살

제주도에 주둔했던 미군 고문관들은 제주도에서 일어난 학살에 대해 모두가 모른다고 했다. 1948년 5월 박진경의 제11연대에 있었던 리치는 대량학살 자체를 믿지 않았다. 그는 "나의 견해로는 (제주도 사건은) 드라마틱하거나 폭력이 만연한 전투행위가 아니었다. 나는 45구경 캘리버 피스톨을 갖고 있었지만 한 번도 사용하지 않았다. 나는 개인적으로 우리 병사들이 포로

들을 폭행하거나 그들을 살해하는 것을 본 적이 없다"고 말했다. 리치는 심지어 얼마나 많은 사람이 죽었는지에 대해서 묻자 '1만여 명 이상'이라고 하자 "세상에! 제주도 내 마을들이 많이 있지만 결코 그렇게 많은 사람을 본 적이 없다. 심지어 제주읍내에서도 본 적이 없다"고 했다. 그러나 리치는 자신은 목격하지 못했지만 경비대가 인민재판식으로 즉결 처형한 경우도 있었다고 했다.

　최경록의 제11연대 및 송요찬의 제9연대와 함께 있었던 웨솔로스키도 "학살에 관해 말한다면 할 말이 없다. 내가 그곳에 갔을 때는 이미 진압된 때였고, (게릴라들의) 움직임이 없었다"며 "사망한 민간인들을 본 적이 거의 없다"고 말했다. 웨솔로스키는 "제주도의 주요 문제는 정치적인 부분이었다, 정치적인 문제가 매우 힘든 군사적 상황으로 발전한 것이다"라며 자신은 정치에 관여하지 않았다고 밝혔다. 필자는 그에게 제9연대가 "대량 학살 프로그램(a program of mass slaughter)을 채택했다"고 기록돼 있는 주한미군사령부 정보참모부가 1948년 4월 1일 작성한 보고서를 보여줬다. 웨솔로스키는 이 보고서를 주의 깊게 읽고, "민간인들에 대한 대량 학살 말이냐?"고 반문하며 놀라는 표정을 지었다. 그는 "제9연대가 민간인들을 죽였는가? 이는 내가 철수한 뒤가 분명하다. 나는 제11연대와 함께 철수했고, 제9연대와는 잠시 같이 있었다. 그러나 그때는 이와 같은 일은 아무것도 없었다. 나는 이들이(정보참모부) 어디서 이런 정보를 입수했는지 모르겠다. 민간인에 대한 대량 학살? 나는 전혀 이해할 수 없다. 나는 이를 믿을 수 없다. 믿을 수 없다"고 반복해서 말했다. 제9연대의 초토화는 웨솔로스키가 제주도 근무를 끝내고 서울로 돌아간 지 2개월 정도 뒤의 일이다. 그는 이 보고서의 내용에 대해 충격을 받은 듯했다. 제9연대 대대 고문관이었던 켈소는 "제주도에서 처형을 목격한 적이 있느냐"는 필자의 질문에 "전혀 없지만, 있었을 것이다. 많은 지역에서 처형이 일어났다고 생각한다"며 여순사건 당시 처형을 목격하고 제지했던 사실을 밝혔다.

학살이 집중적으로 일어난 초토화 시기 제9연대 고문관이었던 피쉬그룬 드도 일관되게 제주도에서 대량 학살을 본 적이 없고, 제주도민들의 죽음도 목격한 적이 없다고 하면서도 제주도민들이 공산주의와 민주주의 틈바구니에서 신음하고 있었다고 말했다. 필자는 그에게도 웨솔로스키와 마찬가지로 '민간인 대량 학살 계획' 문구가 담긴 보고서를 보여줬다. 그는 제9연대 일일 보고서를 보고했지만, 결코 제주도에서 희생자를 보지 못했다고 했다.

문: 인명피해 집계를 보면 80%가 토벌대에 희생됐고, 20%는 게릴라에 희생됐다.
답: 모르겠다. 나는 그렇게 많으리라고 생각하지 않았다. 일부 몇 명이 죽었다는
   것은 알았다. 전투작전 때 시골의 도로에서 (적을) 추격했기 때문이다. 그러
   나 나는 보지 못했다.
문: 무고한 사람들이 희생됐다는 이야기를 들은 적이 있는가?
답: 아니다. 무고한 사람들이 희생됐다는 보고는 어떠한 것도 받은 적이 없다.
   하지만 그들(제주도민)이 함정에 걸렸다는 것은 알았다. 나는 가난한 농민과
   어민들이 마을의 (서청 출신) 경찰에 걸렸다는 것을 알았다.
문: 그렇다면 당신은 경찰을 통제할 아무런 권한이 없었나?
답: 없었다. 그들에 대해 통제할 어떠한 권한도 없었다. 그들(경찰)은 주민들로
   부터 고립됐다고 할 수 있다. 그들에게 무슨 일이 일어나고 있는지 몰랐다.
   그들은 많지는 않았지만 공산주의자들을 공격했다.

피쉬그룬드의 설명은 자신이 보고한 제9연대 일일보고서의 '사살자 수', 무기수와 사살자 수 간의 불균형에 이의를 제기했다는 발언과도 배치된다.

제주도에서 대량 학살이 일어났다면 그런 중요한 일에 대해 군사고문단이 주목하지 않을 수가 없고, 어떠한 조치를 취했을 것이라는 고문관도 있다. 당시 서울의 군사고문단 사령부에 근무했던 섀클턴(Robert G. Shackleton) 중위는 필자에게 보낸 편지에서 "나는 제주도에서 일어난 학살에 대해 전혀 모른다. 나는 1948년 봄 제1기병 연대 간부들을 조직하는 일을 하고 있었기 때문에 고문단 사령부에 있었다"며 "나는 그 당시에 제주도에서 수천 명에 대한 학살(또는 학살들)이 일어났다면 그에 대해 들었을 것이라고 거의 확신한다"고 밝혔다. 수천 명 이상이 학살됐다면, 군사고문단이 그런 일을 인

지하지 못했을 리가 없다는 것이다. 그는 "그렇게 중요한 사건들이 미군 당국의 주목을 벗어났으리라고는 상상도 할 수 없으며, 그들은 확실히 그 사건들과 관련해 구제조치를 취했을 것이다"라며 그러한 학살을 믿을 수 없다고 했다.[40] 그러나 당시 피쉬그룬드가 군사고문단 사령부에 보낸 제9연대 일일보고서에는 날마다 죽음의 기록들이 넘쳐났다. 군사고문단장 로버츠 준장이 제24군단 작전참모부에 보고한 '주간 제주도 작전'(CHEJUDO OPERATION DURING WEEK)에는 1948년 11월 24일부터 28일까지 닷새 동안 327명이 '사살'됐고, 332명을 '포로'로 체포했다는 내용이 들어있다.

북한 개입설과 김달삼

필자가 만난 고문관들은 4·3이 북한의 사주에 의해 일어났고, 북한의 스파이들이 들어와 선동했다고 믿었다. 이들이 제주도 상황에 대한 정보 획득 창구는 경비대(육군) 또는 서울의 군사고문단이었다. 왜곡된 정보는 그대로 제주도에 근무한 고문관들에게 영향을 끼쳤고, 고문관들은 제주도 사건의 근본적인 봉기 원인을 찾기보다는 북한 또는 소련이 개입한 공산주의 선동자들과 민주주의의 싸움이라고 인식했다. 따라서 고문관들은 군사고문단이나 경비대가 인식하는 바와 같이 '적'과 '아군'이라는 이분법적 시각으로 제주도 사건을 바라보았다.

웨솔로스키는 경비대와 함께 수차례에 걸쳐 토벌작전에 나섰지만 "본토에서 온 선동가나 북한 출신이 개입된 것을 본 적이 전혀 없다"며 북한의 개입 증거는 없었다고 했다. 그가 제주도에 근무할 때는 제주도인민유격대 사령관 김달삼도 있었다. 그는 "김달삼은 두통거리였고 성가신 존재였다. 그는 제주도의 모든 소요를 선동했다. 나는 그를 제외하면 많이 모른다. 그는 최고의 공산주의 조직가였다. 내 생각으로는 게릴라 지도자 김달삼은 육지로 나갔을 것이다"라고 말했다. 피쉬그룬드도 4·3이 북한의 사주에 의해 일어난 것으로 인식했다. 피쉬그룬드는 "소문에 따르면 제주도 사건은 평양으로부터 지령을 받은 지역 공산주의자들이 부추긴 것이다"라고 말했다.[41] 그러나 그는 제주도 사건에 북한이 개입했다고 들었을 뿐이지, 웨솔로스키와 마찬가지로 증거를 본 적은 없다고 했다. 심지어 피쉬그룬드는 김달삼을 한국계 소련의 에이전트로 알고 있었다. 그는 "김달삼이 잠수함을 타고 제주도에 갔다고 들었다"고 필자에게 말했다. 그는 밀레트 교수에게 보낸 편지에서도 "공산주의 지도자는 소련 잠수함을 타고 제주도에 침투한 한국계 소련인 김달삼으로 밝혀졌다"면서 김달삼을 소련계 한인으로 알고 있었다.[42] 그만큼 미군 고문관들도 제주도 사정에 대한 정보가 어두웠다. 웨솔로스키와 피쉬그룬드는 4·3의 한 가운데 서종철 대위가 있었으며, 당시 제9연대 부연대장 겸 작전을 담당해 모든 작전현장에 나갔다고 말했다. 송요찬 연대장에 대한 미군 고문관들의 생각은 그가 강하고 거칠며 그러한 점이 고문관에게 필요했다는 것이다. 피쉬그룬드가 소속된 제9연대가 제주도 작전을 끝내고 제2연대와 교체되자 그도 함께 이동했다.

필자가 만났던 웨솔로스키와 피쉬그룬드는 별세했다. 박진경과 함께 작전을 논의하고 토벌작전에 참가했던 리치도 별세했다. 4·3의 가장 중요한 시기 제주도에서 활동했던 미군 고문관들은 모두 세상을 떠났다. 그들은 제주도 사건을 '공산주의 대 민주주의 싸움'으로 인식했고, 공산주의자들을 섬멸해야 할 대상으로 인식했다. 제주도에서 근무했던 고문관들의 기억과 경험을 보면 이들은 당시 희생된 제주도민들을 '빨갱이' 또는 '빨갱이 동조자'로 인식했다. 필자가 접촉한 리치, 웨솔로스키, 피쉬그룬드 등 고문관들은 경비대와 토벌작전을 논의하고 직접 참가했다. 리치는 박진경과 함께 토벌작전에 나서고 중산간 주민들에 대한 강제소개에도 참여했고, 박진경을 유격전술을 완전히 이해하는 훌륭한 군인이라고 했다. 그러나 브라운 대령과 박진경 연대장 시절 수천여 명의 제주도민이 체포돼 구금됐고, 경비대와 미군의 심문을 받았다. 제9연대장 김익렬, 그리고 박진경을 저격한 경비대원들은 제11연대의 무차별 토벌작전과 학살의 기억을 법정에서 자세하게 꺼냈다.

피쉬그룬드는 불쌍한 제주도민들이 글로벌 정치에 휘말렸다거나 현대 정치철학을 이해하지 못했다는 등의 말을 하면서 제주도민들에게 미안함을 느낀다고 했다. 그러면서도 그는 인터뷰나 이메일, 전화를 통해 꿩 사냥이나 신부들과의 카드게임 이야기를 했고 자신은 단지 '허수아비'였다고 했다. 그가 제주도에 근무했던 시기는 초토화 시기였다. 그는 또 포고령을 인지하고 사살된 '적'의 숫자에 비해 무기 수가 적다며 문제를 제기했지만 제주도민들이 죽어간 것은 본 적이 없다고도 했다. 군사고문단 사령부에 있던 섀클턴은 대량 학살이 일어났다면, 그것을 사령부가 몰랐을 리 없고, 그런 일에 대해 무엇인가 확실한 조처를 취했을 것이라고 했다. 그러나 피쉬그룬드는 자신이 당시 제주도에 있었기 때문에 누구보다도 4·3을 잘 알고 있다며 커밍스의 '미국의 4·3 책임론'을 비판하면서도 초토화 시기 대량 학살은 모른다고 했다.

고문관들이 4·3의 전개 과정과 경비대의 작전을 상세하게 파악하기는 물리적으로 어려웠을 것이다. 그렇지만 이들 고문관은 당시 제주도에서 오랜 기간 선교 활동을 해서 제주도의 사정을 어느 정도 인지하는 신부들을 만나 함께 시간을 보냈으며, 이들이 작성한 보고서에는 도내 곳곳에서 일어난 집단 학살의 기록이 있다. 그런 점에서 이들이 제주도의 무차별 진압과 무고한 제주도민의 학살 상황을 파악하지 못했다는 주장을 설명할 방법을 찾을 수 없다.

나오며

이 책은 남한 단독정부 수립을 위한 '5·10 선거'를 중심으로 4·3의 전개 과정에서 자행된 제주도민 학살과 관련해 미국의 개입 수준을 밝히려는 시도이다.

필자는 이를 위해 다음과 같은 의문을 제기했다. 첫째, 미국은 냉전 상황 속에서 4·3을 어떻게 인식했고 대응했는가. 둘째, 미군정은 제주도 5·10 선거의 성공적인 실시를 위해서 어떠한 노력을 기울였는가. 셋째, 5·10 선거가 실패한 뒤 미군정, 그리고 정부 수립 뒤 미 군사고문단과 주한미사절단 등의 대응강도는 어떠했는가 하는 것이었다. 이를 정리하면 다음과 같다.

첫째, 미군정은 4·3 무장봉기의 발발 원인을 북한과 소련의 사주를 받은 공산주의자들에 의한 것으로 규정했다. 이는 제주도 외부의 공산주의자들에 의한 선동 모략이거나 '북조선 군인이 무전으로 지휘하고 있다'[1]는 군정장관 딘 소장의 발언에서도 나타난다. 이러한 인식은 1947년 3·1사건 이후 미군정의 반응에서 나타난다. 경찰의 무차별적인 검거와 테러, 서청의 무소불위의 횡포, 도지사 유해진의 극단적 우익강화정책이 무장봉기의 주요 원인이라는 것은 무시됐다.

미국의 언론 또한 제주도 사태를 소련이 남한 선거를 반대하기 위한 '전면적 게릴라전'으로 비난했다. 미국의 대아시아 정책에서 한국의 위치를 보여주는 것은 트루먼 대통령의 1949년 6월 의회에 보낸 교서를 통해 알 수 있다. 트루먼은 "한국은 민주주의의 실험대이며, 민주주의 성공을 증명해 보임으로써 한국은 아시아인들에게 공산주의에 대항한 저항의 횃불로 상징될 것"이라고 밝힘으로써 한국을 반공의 보루로 인식했다. 그 가운데서도 전략적으로 중요한 지정학적 위치에 자리한 제주도는 그중에서도 반공의 전초기지였다.

주민 6명이 희생된 1947년 3·1절 발포사건으로 인해 남한 최초의 민·관 총파업이 벌어졌지만, 미군정은 진상조사 결과 경찰의 발포가 정당방위였다는 경찰의 주장과 공동보조를 맞추면서 제주도민들의 진상규명 요구와는 반대되는 입장을 취했다. 오히려 총파업이 벌어지자 미군정은 남한 총파업의 전초전으로 간주하고, 제주도민 대다수를 좌익 또는 심정적인 좌익 동조자로 평가하는가 하면 제주도를 좌익거점으로 규정했다. 한국을 아시아에서 이념 대결의 장, 공산주의에 대한 보루로 규정한 미국 정부와 미군정은 남한 단독정부 수립을 위한 미국의 노력을 좌절시킨 제주도를 한반도 최일선의 '이데올로기 전쟁터'로 간주한 것이다.

둘째, 5·10 선거는 미군정의 남한 점령 시기 가장 핵심적인 임무였다. 주한미군사령관 하지 중장이 선거를 앞두고 남한의 현 상황에서 경찰력을 강화시키는 이외의 대안은 없다고 밝힐 정도로 미군정은 5·10 선거에 총력을 기울였다. 이런 의미에서 무장봉기 이후 갈수록 사태가 심각해지고 있는 제주도 5·10 선거의 성공을 위해 제주도에서 유독 강화된 물리력을 동원하는 정책을 실시했다. 단독선거 반대를 직접적인 명분으로 내세운 무장봉기가 일어나자 군정장관 딘 소장은 사태의 심각성을 인정해 국방경비대와 해안경비대에 제주도 작전을 명령했다. 국방경비대의 파견과 연락기까지 파견한 미군정 수뇌부는 제주도 주둔 제59군정중대 사령관 겸 제주도 민정장관에게 제주도 사태의 진압을 명령했다. 경비대의 작전지휘권도 제주도 민정장관이 장악하고 있었다. 딘 소장의 2차례에 걸친 방문과 주한미군사령부 작전참모의 작전 지시는 미군정의 제주도 사태에 대한 개입을 의미했다. 딘 소장은 선거를 반대하는 이들은 의식적이건 무의식적이건 북로당의 모략에 걸린 것이라고 비난함으로써 선거반대는 미군정과 미국 정부의 정책에 대한 반대이고, 공산주의에 대한 동조로 간주했다. 이러한 일련의 조치를 통해서 미군정 수뇌부의 제주도 사태에 대한 인식을 살펴볼 수 있다.

주한미군사령부 작전참모부 슈 중령이 제주도를 방문한 것은 미군정의 의도를 보다 직접적으로 보여준다. 하지 중장이 제주도 민정장관 맨스필드 중령에게 지시한 4개항의 지침은 ⑴ 경비대가 즉시 역할을 취할 것 ⑵ 모든 시민소요를 중지시킬 것 ⑶ 무장대 활동을 신속하게 진압하기 위해 경비대와 경찰 사이에 명확한 관계설정을 할 것 ⑷ 미군은 드러나지 않도록 할 것이었다. '공산주의 세력의 척결'과 5·10 선거의 성공을 위해 국제적 여론의 주목을 피하기 위해 미군은 작전 현장에 개입하지 않고 경비대의 즉시 출동을 지시한 데서 미군정의 의도를 알 수 있다. 하지 중장의 이러한 지침은 국제적 여론의 비난을 피하면서 제주도에서 5·10 선거의 방해세력을 제거해 선거를 성공리에 실시함으로써 남한 단독정부 수립을 국제적으로 승인받고 미국의 한반도 정책을 관철시키기 위한 것으로 풀이된다. 김익렬-김달삼의 4월 30일 평화협상은 미군정의 전략이었으며, 미군정의 전략은 5·10 선거의 성공적인 실시를 위해 무장대를 섬멸하는 것이었다. 김익렬의 주장처럼 평화협상이 지켜졌더라면 제주도 사태는 달라졌을 것이다.

셋째, 5·10 선거가 실패하자 미군정은 곧바로 구축함을 제주도 연안에 급파했고, 미 제6사단 제20연대장인 브라운 대령을 제주도 최고 지휘관으로 파견해 제주도민에 대한 무차별 검거에 나선 경비대와 경찰을 총지휘하도록 했다. 미군 대령의 부임은 5·10 선거의 좌절로 '미국의 위신'에 타격을 입힌 제주도 사태를 무력진압하고, 반드시 재선거를 성공시키겠다는 미군정의 의사표시였다. 그리고 이는 더 나아가 미군이 제주도 봉기 진압의 전면에 나섰다는 것을 의미한다. 또한 남한에서 유일하게 선거가 실패한 제주도에서 예정된 6·23 재선거를 실시하기 위해서는 사전정지작업이 필요했다. 중산간 지역 주민들에 대한 무차별 검거 작전이 전개돼 1948년 5월 하순부터 6월 말까지 제주도민 5천여 명이 체포됐다. 브라운 대령의 작전은 공산주의자 척결을 명분으로 제주도민들에게 공포심을 심어주었을 뿐이다. 그는 "원인에는 흥미가 없다. 나의 사명은 진압 뿐이다"라고 호언장담하며 6·23 재선거를 위한 토벌작전을 벌였다. 그러나 사건의 원인을 해결하지 않은 강경진압은 오히려 제주도 사태를 악화시키는 역효과만 가져왔을 뿐 참담한 실패로 끝났다.

미군정의 제주도 사태 진압에 대한 관심은 딘 소장이 1948년 7월 제주도 문제를 모든 정부 부처의 최우선 관심사로 간주한 데서도 알 수 있다. 통위부 고문관 로버츠 준장은 제주도 현지 근무를 마치고 복귀한 부하 고문관으로부터 제주도 소요의 실상을 확인한 뒤 그를 다시 내려보낼 정도로 제주도 문제는 미군정 수뇌부의 심각한 현안이었다. 이듬해 1949년 5·10 선거를 치르는 과정에서도 주한미사절단은 제주도 사태의 전개를 예의주시하며 제주도 토벌작전을 벌이는 제9연대와 제2연대를 격려하는가 하면 제주도 사태 진압과 관련해 한국 정부의 '무능'을 우려하기도 했다. 남한 정부 수립 이후 미군정은 군사고문단의 형태로 잔류했지만 여전히 군·경의 강력한 후원자로서 제주도 사태에 개입했다. 여순사건은 남한 정부와 군사고문단으로 하여금 제주도 토벌을 극적으로 끌어올리는 계기가 됐으며, 여순사건이 진압된 이후 군사고문단은 제주도 토벌을 적극적으로 고무하고 독려했다.

넷째, 초토화 시기 군사고문단과 주한미사절단은 제주에서 자행된 초토화의 실상을 인지했다. 초토화 시기 제9연대 고문관으로 있던 피쉬그룬드는 자신은 제주도민의 죽음을 본 적이 없다고 하면서도 노획 무기수와 희생자 수의 불일치를 지적하는 한편 날마다 학살의 기록을 군사고문단 사령부에 보고했다. 미군이 제9연대가 민간인 학살을 자행한 시기에 연락기를 지원해 정보를 제공한 사실도 확인했다. 주한미군사령부 정보참모부 보고서는 '민간인 대량 학살 계획', '대량처형' 등이라는 표현을 사용할 정도로 제주도에서 일어나는 초토화의 실상을 파악했다. 군사고문단 사령부에 근무했던 섀클턴이 제주도에서 대량 학살이 일어났다면 이를 사령부가 몰랐을 리가 없고, 조처를 취했을 것이라고 했지만, 군사고문단장 로버츠 준장은 제주도 사태를 자세하게 파악했고, 이를 보고했다. 초토화 시기 강력한 영향력을 행사했던 군사고문단장 로버츠는 제9연대장 송요찬의 초토화를 격려했다. 군사고문단과 주한미사절단의 이런 움직임은 1949년 5·10 재선거를 앞두고 더욱 강화됐다. 한국전쟁 시기에도 주한미대관은 제주도를 현지 답사해 상황의 전개를 조사할 정도로 관심을 쏟았다. 미군은 제주도의 '게릴라' 섬멸을 위한 작전계획을 수립했고, 이런 건의가 이뤄질 무렵 한국군과 경찰은 행동을 개시했다. 대통령 이승만이 미 해군이 제주도에 기항해 좋은 결과를 냈다는 발언의 이면에는 우리 정부의 강력한 기항 요청이 있었다는 사실도 확인됐다. 주한미대사관과 미군은 1949년 5·10 재선거 이후와 한국전쟁 발발 이후에도 제주도 사태를 직접 파악하고 진압대책을 건의했다. 이러한 건의는 한국 정부와 군을 통해 실현됐다.

다섯째, 미 국무부와 미국 의회에서도 제주도 사건이 다뤄졌다. 이는 주한미사절단이 미 국무부에 보낸 문서에서 '국무부가 관심을 가질만한 사안으로써', '국무부가 인식하는 바와 같이'라는 표현을 사용하며, 제주도 사태를 보고한 데서도 알 수 있다. 주한미대사관으로 대표되는 주한미사절단은 급송문서, 항공우편 등 각종 형태의 보고서를 국무부에 보냈으며, 이 가운데 제주도 사태와 관련한 보고서들도 다수 있다. 트루먼 대통령은 합참의 보고를 통해 제주도에서 1만 5천여 명이 희생된 사실을 인지했다. 미국 의회는 남조선 과도정부 수석고문관을 지낸 존슨의 의회 청문을 바탕으로 제주도에서 '5천 명이 죽고, 3만여 채의 가옥 가운데 1만여 채가 파괴됐다'는 사실을 인지했으면서도 무관심으로 일관했다. 미국은 제주도에서 '살육'된 1만 5천여 명을 '공산주의자'로 간주했다.

필자는 4·3의 전개 과정에서 있었던 미국의 개입 수준과 이에 따른 제주도민 학살과의 상관관계를 파악하고자 했다. 위의 사실을 통해 미군정과 미국이 직·간접적으로 제주도 사태에 대해 적극적으로 개입한 흔적을 곳곳에서 확인할 수 있었다. 4·3 무장봉기 이후 미국은 때로는 직접적으로, 때로는 간접적으로 제주도 사건에 개입했다.

'4·3'과 '미국'은 뗄래야 뗄 수 없는 관계이다. 1947년 3·1사건 이후 미군정의 오류는 곳곳에서 나타났다. 3·1사건의 진상을 제대로 규명하고, 정의롭게 처리했더라면 그 이듬해 무장봉기는 일어나지 않았을지 모른다. 1947년 미군정의 실책은 너무나 컸다. 중앙 미군정에서 파견된 조사단이 '3·1절 발포사건'을 독자적으로 조사했으면서도 후속 조치를 취하지 않은 것은 제주 사회의 민심이 동요하게 되는 계기가 됐다. 미군 방첩대가 극우파로 분류한 유해진의 도지사 부임 이후 극우세력들이 제주도에서 활개를 치며 각종 테러를 자행했다. 중앙 미군정청 특별감찰실이 제주도에 파견돼 유지사의 우익 강화정책과 독재적 행위를 조사하고 그의 경질을 건의했는데도 군정장관 딘 소장이 이를 거부한 것은 결정적 실책이다. 이는 좌익과 제주도민들을 4·3 무장봉기로 몰아간 결과를 초래했다.

필자는 미군정이 유해진을 유임시킨 것은 제주도 5·10 선거의 성공적인 실시에 유리하다고 판단했기 때문이라고 본다. 이는 1947년 11월 하순 딘 소장이 제주도를 방문했을 때 딘 소장은 유해진에게 '팀워크'의 필요성을 강조했고, 유해진은 '전심전력의 협력'을 아끼지 않겠다고 했던 데서도 알 수 있다. 제주도 미군정과 중앙 미군정의 인식 차이도 있었다. 제주도 미군정은 유해진에 대해 대단히 비판적이었고, 그의 전횡을 폭로했지만 중앙 미군정은 이에 귀 기울이지 않았다.

미국이 제2차 세계대전 이후 냉전체제 형성기 외국의 분쟁지역에 자국 고위 장교를 현지 지휘관으로 보내 직접 개입한 것은 유례가 없는 일이었다. 미국은 4·3과 비슷한 시기에 일어난 그리스 내전에서 미군의 출현이 국제적인 주목을 받을 것이라며 작전지역 출현을 금지했으나, 제주도에서는 5·10 선거 실패 뒤 6·23 재선거를 성공시키기 위해 미군 대령을 제주도 최고 지휘관으로 파견해 진압 작전을 진두지휘하도록 했다. 이는 미군의 제주도 사태에 대한 직접 개입을 의미한다. 또한 제주도가 고립된 섬이라는 점을 고려하면 그리스 내전에서와는 달리 세계 여론의 주목을 피할 수 있었기 때문이었다.

　미국은 남한 정부 수립을 통해 아시아에서 소련의 팽창을 저지하려고 했다. 미국은 '민주주의 시험대'로서 한국을 동아시아의 반공 보루로 세우려고 시도했다. 미국, 그리고 미국보다 더 반공적인 색채를 띤 이승만 정부에게 제주도는 '붉은 섬'이었다. 주한미대사 무초가 언급한 바와 같이 "소련의 스파이들이 어려움 없이 침투하고 혼란과 테러를 가하기 위한 소련의 주요 무대로 선택됐다"는 제주도 '폭동'은 어떠한 대가를 치르더라도 진압해야만 했다. 이 때문에 제주도민은 반공의 전초기지를 위한 희생양이 됐다. 미국은 제주도민 학살에 대해 최소한 방조하거나 조장했다고 할 수 있다.

　이 책은 초토화 시기 관련한 미국의 역할 규명에 있어서 부분적인 자료들을 통해서 사태의 본질을 추론했지만 이를 직접적으로 입증할 수 있는 자료를 확보하지 못했다. 4·3의 도화선이 된 3·1절 발포사건에 대한 중앙 미군정청 특별감찰실 조사단의 조사내용, 김익렬-김달삼 간 평화협상과 그 이후의 사태 전개에 대한 주한미군사령부와 미군정의 지시 내용, 미 국무부와 군부의 제주도 사건 관련 지시 여부 등에 대한 새로운 사료를 발굴해 4·3에 대한 미국의 개입 수준을 보다 상세히 규명하고 새로운 사실을 밝혀낼 수 있기를 희망한다.

【들어가며】

1 오재완, 『미국의 대한정책과 미군정의 국내 정치적 역할: 1945-1948』, 고려대 정치학과 박사학위 논문, 1991, pp.160-164.

2 James I. Matray, *The Reluctant Crusade: American Foreign Policy in Korea, 1941-1950*/구대열 옮김, 『한반도의 분단과 미국 – 미국의 대한 정책, 1941-1950』 (서울: 을유문화사, 1989), p.50.

3 권용립, "미국의 외교정책", 이상우·하영선 공편, 『현대국제정치학』 (서울: 나남출판, 2001), p.464.

4 Lawrence S. Wittner, *American Intervention in Greece, 1943-1949: A Study in Counterrevolution* (New York: Columbia University Press, 1982), p.307.

5 허호준, 『그리스와 제주-비극의 역사와 그 후』 (도서출판 선인, 2014) 참조.

6 타이완의 '2·28사건'은 1947년 2월 27일 민중들이 밀수 단속반원들이 민간인을 폭행치사한 데 항의해 일어난 사건으로 장제스의 군대에 의해 타이완 원주민 3만~4만 명이 무차별 학살된 사건이다. '1950년대 백색테러'는 한국전쟁 발발 뒤 미국의 원조·군사고문단, 중앙정보부(CIA) 등이 들어오면서 타이베이 정부가 타이완 전지역에서 정치적 '혐의자'를 공산주의자로 몰아 대대적으로 체포, 구금, 고문, 학살한 사건이다.

7 John R. Merrill, "The American Occupation of Korea", 서대숙 외, 『한국현대사와 미군정』 (강원: 한림대 아시아문화연구소, 1991), pp.53-54.

1   19세기 말 러시아는 크림전쟁 이후 태평양 진출을 모색하기 위해 부동항을 얻을 목적으로 조선에 대한 영향력을 강화해 나갔으며, 이에 맞서 세계 곳곳에서 러시아와 충돌하던 영국은 대응책으로 거문도 점령계획을 세웠다. 이에 따라 1885년 4월 영국 동양함대 사령관 도웰(William M. Dowell) 제독이 이끄는 전함 아가멤논(HMS Agamemnon·8510t)은 페가수스함(HMS Pegasus·1130t)과 파이어브랜드함(HMS Firebrand) 등 2척의 호위함을 거느리고 거문도에 들어와 23개월 동안 불법 점령했다. Stephen A. Royle, Traditional Korean islanders encounters with the British navy in the 1880s: The Port Hamilton Affair of 1885-1887, Journal of Marine and Island Cultures(2016)5, pp.22-27.

2   『大阪每日新聞』, 1885.3.12, 제주사정립사업추진협의회·제주특별자치도, 『자료집 일본신문이 보도한 제주도: 1878~1910년』(제주: 제주특별자치도, 2006), p.8에서 재인용.

3   이 신문은 1875년 2월 창간돼 1910년 5월 폐간됐다. 『長崎新聞』이라는 이름으로 창간된 뒤 『西海新聞』, 『鎭西日報』로 신문 이름이 바뀌었다. 제주사정립사업추진협의회·제주특별자치도, 『자료집 일본신문이 보도한 제주도: 1878~1910년』, p. i .

4   나가사키와 사가현 포함.

5   『鎭西日報』, 1985.4.15.

6   『大阪朝日新聞』, 1885.6.16.

7   『大阪每日新聞』, 1885.5.6.

8   Washington Post, 1885.8.14.

9   Joint Army Navy Intelligence Study of Korea (including Tsushima and Quelpart) Coast and Landing Beaches, April 1945, page VIII·11

10 USAFIK, History of the United States Armed Forces in Korea(HUSAFIK) 1/『주한미군사』(돌베개 영인, 1988), p.531.

11 https://www.trumanlibrary.gov/library/public-papers/56/special-

message-congress-greece-and-turkey-truman-doctrine (검색일 2020.5.3)

12 김운태, 『미군정의 한국통치』(서울: 박영사, 1992), p.153.

13 트루먼은 1947년 3월 22일 트루먼 독트린 인준안 서명과 관련해 성명을 발표하고, "그리스와 터키에 대한 미국의 원조는 평화구축을 위한 중요한 단계"라며 "상하 양원에서의 압도적인 지지는 미국이 평화를 갈망하고, 평화의 조건을 창출하기 위해 엄청난 노력을 기울이는 의지를 보여주는 것"이라고 밝혔다. Statement by the President Upon Signing Bill Endorsing the Truman Doctrine, May 22, 1947,https://www.trumanlibrary.gov/library/public-papers/100/statement-president-upon-signing-bill-endorsing-truman-doctrine (검색일 2020.5.3).

14 오재완, 「미국의 대한정책과 미군정의 국내 정치적 역할: 1945-1948」고려대 정치학과 박사학위 논문, 1991, pp.159-160; 클리포드는 "미국은 당시 소련의 통제에 들어간 지역보다 그 외의 지역에 대한 통제를 막는데 관심을 쏟았다"며 "소련은 자신들이 진주할 수 있는 모든 취약한 지역을 찾아내는데 노력을 기울이고 압력을 넣고 있었다"고 말했다. Oral History Interview with Clark M. Clifford, March 16, 1972, http://www.trumanlibrary.org/oralhist/cliford6.htm (검색일 2020.5.3).; 트루먼의 연설에 대한 미국 의회의 초기 반응은 조심스러웠다. 의회 연설 이후 한편에서는 트루먼이 세계를 '영향권의 범위'로 분열시키려 시도한다거나, 공격적이라고 하는가 하면 무절제하고 반동적이라며 비난의 목소리를 높였다. 트루먼의 연설에 따른 미국 안팎의 찬반논란에 대해서는 Lawrence S. Wittner, *American Intervention in Greece, 1943-1949*, pp.79-94 참조; 그러나 3개월 뒤 상원에서 67대 23, 하원에서 287대 107이라는 압도적인 차이로 법안이 통과됐다. 트루먼은 1947년 5월 22일 그리스와 터키에 대한 원조 확대와 관련해 "미국은 유엔의 목표와 목적에 일조하고 있다"는 수사를 동원하면서 법안에 서명했다. https://www.trumanlibrary.gov/library/public-papers/100/statement-president-upon-signing-bill-endorsing-truman-doctrine (검색일 2020.5.3).

15 박태균, 『한국전쟁』(서울: 책과 함께, 2005), p.115.

16 "Election Speech by Premier Stalin on Capitalism and Communism in the Postwar World," February 9, 1946, Arthur M. Schlesinger, Jr., ed., *The Dynamics of World Power: A Documentary History of United States Foreign Policy 1945-1973*, Vol. Ⅱ (New York: Chelsea House Publishers, 1973), pp.191-192.

17 George F. Kennan, *Memoirs, 1925-1950* (Boston: Little Brown, 1967), pp.292-293.

18 Moscow Embassy Telegram #511: "The Long Telegram", February 22, 1946, Thomas H. Etzold & John L. Gaddis, eds., *Containment: Documents of American Policy and Strategy, 1945-1950* (New York: Columbia University Press, 1978), pp.51-63.

19 "Report to President Truman by Clark M. Clifford, Special Counsel to the President, on United Sates-Soviet Relations", September 1946, Arthur Schlesinger, Jr. & Walter LaFeber, eds., *The Dynamics of World Power: A Documentary History of United States Foreign Policy, 1945-1973, Vol. II (Eastern Europe and the Soviet Union)* (New York: Chelsea House Publishers, 1973), p.268; Clark Clifford, *Counsel to the President: A Memoir* (New York: Random House, 1991), p.124.

20 "Report to President Truman by Clark M. Clifford, Special Counsel to the President, on United Sates-Soviet Relations", September 1946, pp.269, 273, 300-301.

21 George F. Kennan, "The Sources of Soviet Conduct," Foreign Affairs, Vol. 25, No. 4(July 1947), pp.566-582. 이 논문은 George F. Kennan, *American Diplomacy*, expanded ed.(Chicago and London: The University of Chicago Press, 1984), pp.107-128에 재수록됐다.

22 George F. Kennan, *American Diplomacy*, p.126.

23 Gregory Henderson, Korea: The Politics of the Vortex (Cambridge, Massachusetts: Harvard University Press, 1968)/박행웅·이종삼 옮김, 『소용돌이의 한국정치』(서울: 한울, 2000), p.229.

24 Mark Mazower, Review Essay: "Violence and the State in the Twentieth Century," *The American Historical Review*, Vol. 107, No. 4(2002), p.1172.

25 Political Advisor in Korea (Benninghoff) to the Secretary of State, 15 September, 1945, *FRUS* 1945, Vol. VI, pp.1049-1953. 박명림은 남한 내의 좌·우, 남·북 간의 국내 냉전은 미·소 간 국제적 냉전의 전개보다 빠른 속도로 심화하여 갔다고 분석했다. 박명림, 『한국전쟁의 발발과 기원 II』(서울: 나남출판, 1996), p.164. 냉전사가인 스툭(William W. Stueck, Jr)은 1945년 미·소가 한반도 분할을 결정하기 훨씬 이전부터 여론은 극도로 분열되어 있었다고 분석했다. William W. Stueck, Jr., *Rethinking the Korean War: A New Diplomatic and Strategy History* (New Jersey: Princeton University Press, 2002)/서은경 역, 『한국전쟁과 미국외교정책』(서울: 나남출판, 2005), pp.14-15.

26 Ambassador Edwin W. Pauley to President Truman, June 22, 1946, *FRUS* 1946, Vol. VIII, pp.706-709.

27 President Truman to Ambassador Edwin W. Pauley, July 16, 1946, *FRUS* 1946, Vol. Ⅷ, p.713.

28 진덕규,『한국 현대정치사 서설』(서울: 지식산업사, 2000), pp.109-110; 스툭은 미국 점령군의 목적은 일본군의 무장해제와 가능한 한 상대방의 세력 확대를 저지하는데 있었다고 유사하게 분석했다. William W. Stueck, Jr.,『한국전쟁과 미국 외교정책』, p.14.

29 김운태,『미군정의 한국통치』, p.151.

30 E. Grant Meade, American Military Government in Korea (New York: King's Crown Press, 1951), p.52.

31 William W. Stueck, Jr.,『한국전쟁과 미국 외교정책』, pp.64-65.

32 이승만이 트루먼에게 보내는 서한, 1948년 3월 13일. 제주4·3위원회,『제주4·3자료집』11, p.193.

33 SWNCC 176/30, Report by Ad Hoc Committee on Korea, August 4, 1947, *FRUS* 1947, Vol. Ⅵ, pp.738-741.

34 Memorandum by the Assistant Chief of the Division of Eastern European Affairs (Stevens), September 9, 1947, *FRUS* 1947, Vol. Ⅵ, pp.784-785.

35 Lisle A. Rose, *Roots of Tragedy: The United States and the Struggle for Asia 1945-1953* (Connecticut: Greenwood Press, 1976), p.133.

36 오재완, 앞의 논문, p.163.

37 Harry S. Truman, *Memoirs: Years of Trial and Hope*, Vol. II (Garden City: Doubleday, 1956) p.325.

38 국방부와 국무부의 논쟁 끝에 1948년 4월 트루먼은 미국이 남한에 군대와 기지를 유지할 전략적 이익이 없다는 국가안보회의의 평가를 수용했다. NSC8은 이러한 미국의 입장을 보여주는 보고서다. NSC8에 나타난 미국의 대한정책 목표를 보면 첫째, 외국의 통제로부터 자유롭고 유엔 회원국이 되도록 하며 가능한 빨리 통일, 자치, 주권 국가를 수립하고 둘째, 수립된 민족 정부가 조선인민의 자유의사를 충분히 대표하도록 보장하며 셋째, 독립 민주 국가의 기본적 토대로서 건전한 경제, 교육 체제를 갖추도록 조선인민을 지원하는 것이라고 밝혔다. 이 보고서는 결론에서 "미국 정부는 악영향을 최소화하면서 가능한 한 빨리 남한에서의 미군 철수가 가능할 수 있도록 한국문제의 해결에 영향을 줄 모든 적정한 수단을 통해 노력해야 한다"고 언급했다. NSC8: Report by the National Security Council on the

Position of the United States with respect to Korea, April 2, 1948, *FRUS 1948*, Vol. Ⅵ, pp.1164, 1168.

"Message from the President of the United States transmitting a recommendation that the Congress authorize the Continuation of Economic Assistance to the Republic of Korea for the Fiscal year Ending June 30, 1950", June 7, 1949, U.S. House of Representative, *United States Policy in the Far East Part 2,Selected Executive Session Hearings of the Committee, 1943-50, Vol. Ⅷ* (Washington, D.C.: U.S.G.P.O, 1976) p.387.

40 "Korea Aid Act of 1949", June 16, 1949, U.S. House of Representative, *United States Policy in the Far East Part 2*, pp.24-25.

41 U.S. Senate Committee on Foreign Relations, *Economic Assistance to China and Korea: 1949-1950* (Washington, D.C.: U.S.G.P.O, 1974) p.118.

42 Ibid., pp.120-121.

43 Bruce Cumings, *The Origins of the Korean War: Liberation and the Emergence of the Separate Regimes, 1945-1947* (New Jersey: Princeton University Press, 1981), pp.xx, xxiv.

44 Hq. USMGIK, Subj: Report of trip to the Province of Cheju during the period 4-6 December 1946, 9 Dec 1946, Arthur N. Feraru, Assistant Chief, Opinion Sampling Section, Department of Public Information. Box No.64, RG332

45 『자유신문』, 1946.12.18.

46 『부산신문』, 1946.12.14.

47 『독립신보』, 1946.12.18.

48 References PCPS D/13, National Archives of Australia.

49 당시 이승만은 "그러한 목적을 위해 제주도를 공군기지로 위임하는 것은 직접적으로 중국의 내전에 한국이 참여하는 것과 같다"며 거부했다. 주한미대사관 관리가 1949년 9월 12일 한국 외무장관과 대화를 하던중 이와 관련된 문제를 제기하였으나 외무장관은 이를 부인했다고 보고서는 밝혔다. The Ambassador in Korea (Muccio) to the Secretary of State, September 19, 1949, *FRUS* 1949, Vol. Ⅶ (Part 2), pp.1080-1082.

50 UN1083 Assembly 140. Korea, Australian Delegation, United Nations Assembly to Department of External Affairs, 5th Nov, 1947. Australia National Archives.

51 아란즈는 1947년 12월 17일 유엔조위 필리핀 대표로 임명돼 1948년 1월 12일 남한에 들어왔다. 아란즈는 같은 해 2월 3일 자국 의회에 참석하기 위해 귀국길에 오른 뒤 여러 차례 남한 단선 단정 관련 발언을 하면서 논란의 한 가운데 섰다. 『조선중앙일보』, 1947.12.18, 1948.1.13, 『중앙신문』, 1948.2.3.

52 *Stars and Stripes* 1948.2.28, 『독립신보』, 1948.3.3.

53 아란즈의 발언을 놓고 1면 머리기사로 나온 것만 보더라도, '남조선 단선 후에 미국과 군사시설, 해괴! 비(필리핀) 대표 아(란스)씨의 망언'(『독립신보』, 1948.3.3), '유엔조선위원의 본색 드디어 탄로, 조선에 미군기지 설치 권고한 신사 아란스 비 대표 즉시 물러가라! 재미 김씨, 비 대통령에 전보'(『독립신보』, 1948.3.5), '유엔조위 비 대표 아란스씨 제명하라. 그는 조선에 미군사기지 주장. 김용중씨, 로씨에 전청'(『조선중앙일보』, 1948.3.5), '조선 내 미군기지 주장한 비 대표 아씨 경질 요청, 재화부(워싱턴) 김용중씨, 비 대통령에'(『신민일보』, 1948.3.5), '조선인들은 경악, 누가 군사기지 원하나!'(『조선중앙일보』, 1948.3.7) 등이 있다.

54 『독립신보』, 『조선중앙일보』, 『신민일보』, 『자유신문』, 1948.3.5.

55 『조선중앙일보』, 1948.3.6.

56 Enclosure No. 1. Copy of address delivered by Senator Arranz at the Town Hall Conference, Dispatch No. 242, Subj: Transmitting Copies of Two Speeches of Senator Melecio Arranz, the Philippine Delegate to the Korean Commission, American Embassy in Manila to the Secretary of State, Mar 4, 1948. 국사편찬위원회, 『대한민국사 자료집』 39 (서울: 동위원회, 1998), pp.17-26.

57 Enclosure No. 9. Article *Manila Chronicle*, February 15, 1948, Dispatch No. 192, Subj: Philippine Press Comment upon the Work of the Korean Commission, American Embassy in Manila to the Secretary of State, February 24, 1948.

58 Enclosure No. 2. Copy of address delivered by Senator Arranz over Manila radio station KZFM, Dispatch No. 242, Subj: Transmitting Copies of Two Speeches of Senator Melecio Arranz, the Philippine Delegate to the Korean Commission, American Embassy in Manila to the Secretary of State, Mar 4, 1948. 국사편찬위원회, 『대한민국사 자료집』 39, pp.17-26.

59 드레이퍼와 이승만간의 회담, 비망록, 1948년 3월 28일, 제주4·3위원회, 『제주 4·3자료집』 10, pp.187-188.

60 The Political Adviser in Korea (Jacobs) to the Secretary of State, March 30, 1948, *FRUS* 1948, *The Far East and Australasia*, Vol. Ⅵ, p.1163; 1969 년 9월에는 국무총리 정일권이 "남한은 예견되는 오키나와의 일본 반환 영향을 상 쇄하기 위해 '언제든지, 어느 곳이나' 남한에 미국의 군사력 이동을 환영할 것"이라 고 말했다. 그는 『뉴욕 타임스』의 채핀(Emerson Chapin) 기자와의 인터뷰에서 오 키나와에서 이동하는 어떠한 부대라도 제주도에 활용 가능한 시설을 만들 수 있도 록 제안했다. *New York Times*, 1969.9.28.

61 Outgoing Telegram, Department of State, Article of Washington News, 5 May 1948, 아름출판사, 『미국무성 한국관계문서』 3, pp.288-289.

62 *South Korean Interim Government Activities* No. 32, May 1948, p.1.

63 Subj: Report of U.S. Liaison Officer with United Nations Temporary Commission on Korea(UNTCOK), John Weckerling to CG. USAFIK, 7 June 1948.

64 Airgram, The Special Representative in Korea (Muccio) to the Secretary of State, April 9, 1949, *FRUS* 1949, *The Far East and Australasia* (Part2): Vol. Ⅶ, 1949, pp.983-984.

65 Memorandum for President Syngman Rhee, *Subj: Status of Korean Forces*, *Shin Sung Mo, Minister of National Defense*, ROK to Syngman Rhee, 22 Oct. 1949.

66 *South China Morning Post*, 16 Oct 1948, Series A1838, Item 506/1, National Archives of Australia.

67 PCAG to Co. 59th MG CO, undated, Box No. 119, RG 338, NARA.

68 *South China Morning Post*, 8 Jan 1949, Series A1838, Item 506/1, National Archives of Australia.

69 DZRH Manila, in English to the Philippines, Jan 7, 1949, Series A1838, Item 506/1, National Archives of Australia.

70 28 Jan, 1949, Weekly Survey, CIA, https://www.cia.gov/library/ readingroom/docs/1949-01-28.pdf (검색일 2020.10.14).

71 『동광신문』, 1949.1.22.

72 *Christian Science Monitor*, 1949.3.16.

73 서울발 INS보도, *Stars and Stripes* (Pacific), 1949.3.17.

74 Series A1838, Item 506/1, National Archives of Australia.

75 드럼라이트, 제목: 제주도 방문, 1949.5.18, 제주4·3위원회, 『제주4·3자료집』 11, pp.110-114.

76 Hq. USAFIK, G-2 Periodic Report(이하 P/R) No. 1097, 1 April 1949.

77 『자유신문』, 1949.5.19.

78 『조선중앙일보』, 1949.9.1.

1 *USAFIK*, HUSAFIK 1, pp.478-486. 하지(John R. Hodge) 중장이 지휘하는 일본 오키나와 주둔 제24군단은 1945년 9월 8일 인천에 상륙하자마자 미국 태평양방면 육군총사령관 맥아더 장군의 9월 7일 자 포고 제1호에 따라 9월 17일 '재조선 미국육군사령부 군정청'을 수립했다. *USAFIK*, HUSAFIK 1, pp.32, 39; 미 육군 태평양방면 총사령관 명의의 포고문 전문은 점령군임을 명백히 하고 있다. *FRUS* 1945, Vol. Ⅵ, pp.1043-1044. 군정은 협의의 의미로 교전국의 일방의 군대가 타방의 육지상의 지역에 진주하여 피점령국의 권력을 배제하고 자국 고유의 권력을 수립·행사하는 것을 말하며 광의로는 군사적·정치적 목적 달성을 위하여 주민의 생명·재산을 보호하고 공공질서를 유지하는 행정작용 이외에 입법, 사법의 작용까지 전부를 행사하는 경우의 점령지역의 통치를 의미한다. J.W. Bishop, Jr., "Military Law", L. Sills, ed., *International Encyclopedia of the Social Science*, Vol. 10 (New York: The MacMillan Co. & The Free Press, 1974), p.316, 김운태, 『미군정의 한국통치』, p.71에서 재인용.

2 연합군의 침공을 본토에서 격퇴하려는 일본 육·해군 결전작전을 암호명 '결호작전'으로 불렀다. 결1호작전부터 결7호작전까지 있으며, 결7호작전은 조선방면 방어계획이다. 이 작전의 주요 무대는 제주도로서 애초부터 유력한 병력을 배치하고 독력으로 동섬을 확보케 하는 것이었다. 허호준, 「태평양전쟁과 제주도-미군의 제주도 주둔 일본군 무장해제 과정을 중심으로」, 『사회와 역사』 72 (한국사회사학회, 2006), pp.37-72.

3 오키나와와 거의 비슷한 크기로, 대단히 요새화된 제주도의 무장해제 문제는 미군으로서는 당연히 심각한 문제였다. 일본군의 무장해제에 대해서는 The Surrender and Disarmament of the Garrison on Cheju Do, Chapter Ⅶ, Demilitarization and Evacuation of Japanese Forces, USAFIK, *HUSAFK* 1, pp. 526-531 참조.

4 Eyewitness Account by XXIV Corps Historian, Box 158, RG 319, NARA.

5 The Political Advisor in Korea (H. Merrell Beninghoff) to the Secretary of State, 15 September, 1945, *FRUS: diplomatic papers, 1945. The British Commonwealth, the Far East*: Vol. Ⅵ, p.1052.

6 Hq. 24th Corps, G-3 Operations Report No. 25, 28 Sept 1945, Box No. 16, RG 338, NARA.

7 *HUSAFIK* 1, pp.527-528; *New York Times*, 1945.9.29; Eyewitness Account

by XXIV Corps Historian, Box No. 158, RG 319, NARA.

8 Hq. 24th Corps, G-3 Operations Report No. 25, 28 Sept, 1945, Box No. 16, RG 338, NARA.

9 XXIV Corps G-3 Operations Report No. 25, 28 September 1945

10 제주4·3연구소, 『4·3과 여성-그 살아낸 날들의 기록』(도서출판 각, 2020) 참조.

11 허호준 외 2인, 『빼앗긴 시대 빼앗긴 시절-제주도 민중들의 이야기』(도서출판 선인, 2007) 참조.

12 김옥련(부산 봉래동) 채록, 1995.8.30.

13 재일제주인의 생활사를 기록하는 모임, 『재일제주인의 생활사1-안주의 땅을 찾아서』(도서출판 선인, 2012), pp.95-98.

14 『별건곤』 제36호(1931년 1월), p.32.

15 『중앙일보』, 1931.12.29.

16 『제주신문』, 1989.9.28.

17 커밍스는 제주도는 일본과의 빈번한 접촉과 긴밀한 연관으로 인해 제주도 사람들의 의식이 매우 급진성을 띠었다고 분석했다. 브루스 커밍스, 『한국전쟁의 기원』上 (서울: 청사, 1986), p.200.

18 終戰後における朝鮮軍 電報綴, 呰參電 第421號, 昭和 20.9.18. 電報文 0424.

19 終戰後における朝鮮軍 電報綴, 呰參電 第431號, 昭和 20.9.21. 電報文 0543.

20 終戰後における朝鮮軍 電報綴, 呰參電 第441號, 昭和 20.9.23.

21 終戰後における朝鮮軍 電報綴, 呰參電 第439號, 昭和 20.9.23. 電報文 0597.

22 終戰後における朝鮮軍 電報綴, 呰參電 第445號, 昭和 20.9.25. 電報文 0735.

23 제주4·3위원회, 『제주4·3사건진상조사보고서』(서울: 동위원회, 2003), p.75.

24 김봉현·김민주, 『제주도 인민들의 4·3 무장투쟁사』(대판: 문우사, 1963), p.16.

25 최장집, 『한국현대정치의 구조와 변화』(서울: 까치, 1989), p.121; 건준의 결성에 대해 박명림은 그람시(Antonio Gramsci)의 표현을 빌어 민족적 민중적 집합의지 (national popular collective will)의 실현을 위한 '역사적 블록'(historical bloc) 이라고 말한다. 박명림, 「한국의 국가형성, 1945-1948: 시각과 해석」, 한국정치학 회, 『한국정치학회보』 제29집 제1호(1995), pp.197-198.

26 E. Grant Meade, *American Military Government in Korea* (New York: King's Crown Press, 1951), p.54.

27 『매일신보』, 1945.9.7.

28 이 표에서는 북한 지역을 제외하고 남한 지역만 참고했다. 김계림 기고, 『건설』(건 설출판사, 1945.12). 김희재는 건준지부(시·도를 범위로 하는)가 급진적 엘리트의 자주적 민족국가의 열의의 표현체로서 이루어진 것이라고 한다면, 지방인민위원회 (군·면을 그 범위로 하는)는 민중의 구체적인 꿈들이 표현된 조직체라고 했다. 김 희재, 『미군정기 민중의 꿈과 좌절-인민위원회 운동을 중심으로』, 부산대 사회학 과 박사학위 논문, 1997, p.131.

29 실제로 '시정은 시민의 손으로'라는 슬로건을 내건 지방인민위원회는 전주(10월 15 일), 인천(10월 16일), 대구시(10월 16일), 부산시(10월 17일), 고양(11월 5일) 등 대부분 10월 중순 이후 결성되기 시작해 11월 10일 마지막으로 경기도(11월 10 일)가 결성됐다. 『자유신문』, 1945.10.22, 『자유신문』, 1945.10.21, 『영남일보』, 1945.10.14, 『민주중보』, 1945.10.16, 『중앙신문』, 1945.11.8, 『민중일보』, 1945.11.3.

30 金奉鉉, 『濟州島血の歷史 － 〈4·3〉 武裝鬪爭の記錄』(東京: 國書刊行會, 1978), p.28.

31 김효종 채록, 2005.8.16.

32 제주4·3연구소, 「제주지방 건국준비위원회와 인민위원회 조직과 활동」, 『4·3장정』 5, pp.14-16.

33 추순선 증언, 제주4·3연구소 편, 『그늘 속의 4·3』(서울: 선인, 2009), pp.291-292.

34 김대종 채록, 2006.5.27.

35 제주4·3연구소, 「제주지방 건국준비위원회와 인민위원회의 조직과 활동」, 『4·3장 정』 5, p.14.

36 고성화는 이러한 인민위원회의 활동에 대해 "실질적으로 대중들의 호응이 나쁠리

없지. 특히 문맹자한테 글을 읽게 만들어주는데 나쁘다고 할 수 없지. 이때까지도 지서에서 감시하거나 조사하는 게 전혀 없었어"라고 말했다. 고성화 증언, 제주4·3연구소 편, 『그늘속의 4·3』, p.63.

37 핸더슨은 인민공화국의 영향 아래서 지방 주민들의 존경을 받고 있던 인민위원회에 의한 사실상의 지배가 제주도와 완도 및 기타 몇 개 지역에서 계속됐다고 밝혔다. Gregory Henderson, 『소용돌이의 한국정치』, p.207.

38 Subj: Unit History, Thurman A. Stout, Senior Military Govt. Officer of 59th Military Government Company to the Adjutant General, Washington, 23 January 1946

39 XXIV Corps, G-3 Operations Report No. 64, 6 Nov. 1945; No. 68, 10 Nov. 1945; 미 제6사단은 전라남북도, 경상남북도, 제주도 등 5개 도를 위수지역으로 관할했다.

40 XXIV Corps, G-3 Operations Report No. 70, 12 Nov. 1945

41 Meade, op. cit., p.185; Thurman A. Stout, op. cit.

42 고경흡(당시 한림면 청년동맹위원장) 채록, 2003.5.3.

43 Subj: Information pertinent to the island of Cheju, Glenn Newman, Director, Department of Public Information, USAMGIK, 6 May 1946. Box No.33, RG 332.

44 Arthur N. Feraru, op. cit.

45 『동아일보』, 1946.12.21. 해방 이후 경찰에 들어간 이들은 3·1절 발포사건 이후 상당수가 사표를 제출했다.

46 Meade, op. cit., pp.185-186

47 Arthur N. Feraru, op. cit.

48 Meade, op. cit., p.99

49 제주4·3연구소, 「제주지방 건국준비위원회와 인민위원회 조직과 활동」, 『4·3장정』 5, p.21.

50 『자유신문』, 1946.12.18.

51 Departmental Despatch No. 23/1949, Australian Mission in Japan to Australia, Subj: United States Commission on Korea, 25th February 1949, A 1838, National Archives of Australia.

52 Gregory Henderson, 『소용돌이의 한국정치』, pp.226-227.

53 1946년 말까지 미군정 경찰 간부의 분포를 보면 경위급 이상의 간부 1,157명 가운데 82%인 949명이 일제 경찰 출신들이었다. 안진, 『미군정기 국가기구 형성과정에 관한 연구』, 서울대 사회학과 박사학위논문, 1990, pp.112-113, 115.

54 박찬표, 『한국의 국가형성: 반공체제 수립과 자유민주주의 제도화, 1945-48』, 고려대 정치외교학과 박사학위 논문, 1995, pp.111-112.

55 Gregory Henderson, 『소용돌이의 한국정치』, pp.226-229.

56 Hamza Alavi, "The State in Postcolonial Societies: Pakistan and Bangladesh", 1972/임영일·이성형 편역, 『국가란 무엇인가: 자본주의와 그 국가이론』(서울: 까치, 1985), pp.346, 348-349.

57 終戰後における朝鮮軍 電報綴, 砦參電 第460號, 昭和 20.9.30;『조선인민보』, 1945.10.10.

58 Arthur N. Feraru, op. cit;『서울신문』, 1946.12.8.

59 Hq USAFIK CIC, Subj: Counter Intelligence Corps Semi-Monthly Report No. 21, 31 October 1947, Box. 18342, RG 407, NARA.

60 『자유신문』, 1946.12.18.

61 Mark Gayn 지음, 까치 편집부 옮김, 『해방과 미군정』(서울: 까치, 1986), p.68.

62 양기하, '제주도 이모저모', 『경향신문』, 1948.7.18.

63 Gregor Henderson, 『소용돌이의 한국정치』, p.229.

64 1947년 1월 터진 복시환 사건은 서귀포 법환리 출신 재일 제주인들이 일본 오사카에서 고향에 전기를 가설하기 위해 준비한 자재와 생필품 등을 싣고 법환리로 향하던 복시환이 밀수선으로 오인 받아 나포되면서 벌어진 사건이다. 이 해 1월 11일 복시환이 해안경비대에 나포된 뒤 이를 처리하는 과정에서 원만영과 한중옥이 개입해 배에 실려 있던 물품을 강매하려고 했고, 경찰 책임자인 신우균과 제주도 미군정 고위 간부들이 연루돼 전국적인 파문이 일었다.

65 『제주신보』, 1947.2.12.

66 Arthur N. Feraru, op. cit.

67 『경향신문』, 『동아일보』, 1947.2.5.

68 『제주신보』, 1947.2.4, 2.6, 2.8, 2.10, 2.12.

69 『제주신보』, 1947.1.4. 이 시기 일본에서 들어오는 밀수물자에 혈안이 된 육지부 밀무역업자들이 제주도에 밀려들면서 환송금 지출액이 1946년 12월 6천만 원, 1947년 1월 3천만 원 이상이 지출됐지만, 지출된 화폐는 입금되지 않은 채 자금 유출이 이뤄져 이에 대한 피해는 제주도민이 입었고, 식산은행 제주도지점은 지불 자금 확보에 곤란을 느껴 위체를 중지했다. 『서울신문』, 『자유신문』, 1947.1.25, 『제주신보』, 1947.2.2.

70 『제주신보』, 1947.1.30, 2.6, 2.24.

71 Despatch No. 39, Subj: Land Reform in Korea, Arthur C. Bunce, Office of Economic Advisor to the Commanding General, Hq. XXIV Corps to the Secretary of State, 23 February 1948, 아름출판사, 『미국무성 한국관계문서』 20, p.160.

72 Extracted from "Cheju Do and Its Economy", published by the Pusan Chamber of Commerce, in 1930, Eugene Irving Knez papers 1940s–1970s, Anthropological Archives, Smithonian Institution, USA.

73 박찬식, 『4·3과 제주역사』(제주: 도서출판 각, 2008), pp.219–220.

74 『경향신문』, 1947.4.2.

75 Eugene Irving Knez papers 1940s–1970s, Anthropological Archives, Smithonian Institution, USA.

76 이 통계는 중앙경제위원회와 남조선과도정부 부처의 협조를 얻어 국무부 주한경제 사절단이 작성한 것이다. Despatch No. 6, Subj: The Economic Potential of an Independent Korea, Arthur C. Bunce, Office of Advisor to the Commanding General, USAFIK to the Secretary of State, June 26th, 1947. 아름출판사, 『미국무성 한국관계문서』 14, pp.429–430.

77 濟州島廳, 『濟州島勢要覽』(京城: 朝鮮印刷株式會社, 1939), p.11.

78 Subj: Information pertinent to the island of Cheju, Glenn Newman, Director, Department of Public Information, USAMGIK, 6 May 1946, Box No.33, RG332.

79 『동아일보』, 1946.12.19, 『대한일보』, 1948.6.3.

80 출처: ¹濟州島廳, 『濟州島勢要覽』, p.7, 이는 일본인과 기타 국적의 인구를 합한 수치로 순수 한국인은 202,241명이다. ²Committee on Population and Census Statistics, South Interim Government Activities, No.32, May 1948, p.7. ³미군정청 보건후생부 조사, Despatch No 6, Subj: The Economic Potential of An Independent Korea, Arthur C. Bunce to the Secretary of State, June 26, 1947, 아름출판사, 『미국무성 한국관계문서』 14, p.487. ⁴「남조선(38도이남) 지역급 성별 현주 인구」, 미군정청 보건후생부 생정국(1946년 9월), p.70. ⁵『경제연감』 (1947), Ⅳ-p.20 (제민일보사, 『4·3은 말한다』 1 (서울: 전예원, 1994), p.43에서 재인용). ⁶Inclosure No. 4, Total Population of South Korea as of 1 Apr 1948, 출처: 보건후생부. ⁷대한민국 공보처 집계 1949년 5월 1일 현재, Despatch No. 715, American Embassy to the Secretary of State, Nov 10, 1949, 아름출판사, 『미국무성 한국관계문서』 18, pp.410-433. ⁸1950년 5월 말 현재 제주도청 서무과 조사. 1월 12일 현재로 약 4만 7천 명의 피난민을 추가하면 30만을 넘을 것임. 각 부락별 인구는 실지(實地)답사로 조사할 수밖에 없음. 제주도의 평균 1세대의 식구는 4.7인(弱)임, Eugene Irving Knez papers 1940s-1970s, Anthropological Archives, Smithonian Institution, USA. ⁹1951년 1월 19일 현재 제주도 인구는 제주도민 245,861명, 피난민 44,040명, 한국 육군 17,000명, 해군 800명, 공군 2,000명 등 모두 309,707명이다. 인구에 대한 출처는 없지만, 이 보고서는 해군제주경비부 사령관 겸 민사부장 남상휘 해군 대령이 유엔통일부흥위원회에 제출한 것이다. Notes on visit to CHEJU-DO, 30th January 1951, Series No. A1838, Item No. 3/23/11/1, National Archives of Australia. 10대한민국 국세조사결과 인구수 속보, 단기 4293년(1960) 12월 1일 현재, 내무부 통계국, American Embassy, Seoul to the Department of State, Washington, June 12, 1961, File 895B, RG 59, 국회도서관 소장자료.

81 John R. Merrill, *Internal Warfare in Korea, 1948-1950: The Local Setting of the Korean War*, University of Delaware, Ph. D. Dissertation, 1982, p.120.

82 제주도청, 『제주도세요람』, p.17.

83 Selected Economic Statistics for South Korea, April 1947, Despatch No. 18, Subj: Selected Economic Statistics for South Korea, No 4, Arthur C. Bunce, Office of Advisor to the Commanding General, USAFIK to the Secretary of State, July 16, 1947, 아름출판사, 『미국무성 한국관계문서』 14, p.579

84 신한공사가 1947년 3월 31일부터 4월 9일까지 제주도 주정공장 실태를 현지 조사

한 보고서에 따르면, 동양척식회사가 건설한 제주주정공장은 1939년 건설됐다. 태평양전쟁 시기에는 비행기 연료로 사용하기 위한 아세톤과 부탄올을 만들기 위해 부분적으로 기계와 장비를 교체해 1944년 2월 처음 연료를 생산했다. 1944년 9월 이후 공장은 일본 정부의 명령에 따라 순수 주정공장으로 작업하기 위한 계획을 세웠지만 1945년 6월 26일 대부분의 기계와 장비가 연합군의 공습으로 파괴되거나 불에 탔다. 주정공장에 보관된 고구마 양만 184만 4,751관에 이르렀으나 모두 파괴됐다. 복구작업은 1945년 10월 이후 시작돼 600만 엔을 들여 1946년 7월 완료돼 8월 1일부터 재가동된 것으로 나타났다. Audit New Korea Company, Cheju Pure Alcohol Plant, 8 August 1945~31 August 1946, Box No. 184, RG 331.

85 『독립신보』, 1946.12.19.

86 Hq. USAFIK, G-2 W/S No. 48, 15 August 1946; Hq. USAFIK, G-2 P/R No 317, 30 August 1946, No. 256, 18 June 1946, No. 298, 7 August 1946, No. 317, 30 August 1946. 제59군정중대는 8월 24일 현재 700건의 콜레라 환자가 발생해 363명이 숨졌다고 보고했다. Subj: Weekly Military Occupational Activities Report, John S. Partridge, Capt, Executive Officer to Military Governor, USAMGIK, 12 August 1946, 일본 국립국회도서관 헌정자료실.

87 Subj: Weekly Military Occupational Activities Report, Alexander Abair, Colonel, Provincial Military Governor to Military Governor, USAMGIK, 4 September 1946, 일본 국립국회도서관 헌장자료실.

88 부원휴 채록, 2017.6.3, 6.23.

89 『대한독립신문』, 1946.9.12.

90 Subj: Weekly Military Occupational Activities Report, Thornton R. Thornhill, Capt, Adjutant to Military Governor, USAMGIK, 7 October 1946, 일본 국립국회도서관 헌정자료실.

91 조선은행, 『조선경제연보』(1948), p.4.

92 『대동신문』, 1946.10.31, 『자유신문』, 1946.12.18.

93 『제주신보』, 1947.2.16.

94 Gregory Henderson, 『소용돌이의 한국정치』, pp.211-212.

95 *HUSAFIK* 3, p.317.

96 『동아일보』, 1946.2.2.

97 허찬부 채록, 2006.4.29.

98 Despatch No. 119, Subj: Food Report for South Korea as of March 1948, Arthur C. Bunce, Office of Economic Advisor, Hq. XXIV Corps to the Secretary of State, May 21, 1948, 아름출판사, 『미국무성 한국관계문서』 18, p.548.

99 『제주신보』, 1947.1.6.

100 『제주신보』, 1947.2.10.

101 김동일(당시 15세·조천중학원 출신·일본 도쿄 거주)은 학생 시절 이 노래를 만들어 불렀다고 증언했다. '일본으로 간 4·3영혼', 제주문화방송, 2001.5.10.

102 남인희 채록, 2005.9.20.

103 김민주(당시 17세·일본 도쿄) 증언, '일본으로 간 4·3영혼', 제주문화방송, 2001.5.10.

104 재일제주인의 생활사를 기록하는 모임, 『재일제주인의 생활사1-안주의 땅을 찾아서』, p.151.

105 『농민주보』, 1946.8.17.

106 『중앙신문』, 1946.7.20.

107 Hq. USAFIK, G-3 Operations Report No. 78, 26 July 1946, Box No. 16, RG 338, NARA.

108 Hq. USAFIK, G-2 P/R No. 319, 3 September 1946; G-3 Operations Report No. 82, 23 Aug 1946, Box No. 16, RG 338, NARA.

109 Hq. 6th Inf Div, G-2 P/R No.323, 6 September 1946.

110 Hq. 6th Inf Div, G-2 P/R No.330, 13 September 1946.

111 Hq. 6th Inf Div, G-2 P/R No.423, 15 December 1946.

112 『부산신문』, 1946.5.23, 8.7

113 『부산신문』, 1946.8.20.

114 『제3특보』, 『공업신문』, 1946.10.30.

115 『제주신보』, 1947.5.24.

1 애초 우크라이나도 포함돼 있었으나 우크라이나는 보이코트했다. 『조선일보』, 『동아일보』, 1947.11.21, 『조선중앙일보』, 1947.12.18.

2 『부녀일보』, 1947.11.21.

3 유엔조위 임시의장 메논이 1948년 1월 21일 서울중앙방송을 통한 유엔조위의 업무에 관한 발표 내용, 『서울신문』, 1948.1.22, 『동아일보』, 1948.1.23.

4 유엔조선위원단, 임명삼 옮김, 『UN조선위원단 보고서』 (서울: 돌베개, 1984), p.27.

5 The Secretary of State to the Acting Political Advisor in Korea(Langdon), January 6, 1948, *FRUS*, 1948, Ⅵ, p. 1083.

6 『경향신문』, 1948.2.8.

7 유엔조선위원단, 『UN조선위원단 보고서』, p.81.

8 유엔 소총회는 소련이 그의 점령지대를 참가시키기를 거부함에도 불구하고 조선에 전국선거를 추진시키기를 요구하는 미국 제안을 31대 2(기권 11)로 가결시켰다. 반대 2표는 오스트레일리아와 캐나다로서 이들 나라는 전국선거라는 것이 남부지대에만 국한되는 것은 유엔 총회의 조선 전국선거 실시 결의에 위반되는 것이라며 반대했다. 『동아일보』, 1948.2.28.

9 유엔 소총회 의장 루이스 파디라 너보는 3월 1일 UNTCOK 의장 메논에게 보낸 서한에서 "UNTCOK가 감시할 선거는 언론, 출판, 집회 등의 민주주의적 자유가 인정, 존중되는 자유 분위기 하에서 실시되어야 한다. 이 점에 관하여 소총회는 재조선 미국당국이 동 사항의 성취를 위하여 열성적으로 협력할 것이라는 미국대표의 보증을 받았다"고 밝혔다. 유엔조선위원단, 『UN조선위원단 보고서』, p.81.

10 "Report of the Military Governor of holding of elections in South Korea on 10 May 1948, leading to the establishment of a Korean National Assembly and Government under the observation of the United Nations Temporary Commission on Korea(UNTCOK)" (이하 MG Report), pp. 16-17, W. F. Dean to Hodge, Subj: Report of the Holding of Elections in South Korea, 10 July 1948. 아름출판사, 『미국무성 한국관계문서』 7.

11 법령 제180호, '법령 제176호(형사소송법의 개정)의 보충규정', 1948년 3월 31일, 앞의 관보, p.275.

12 MG Report, p.18.

13 MG Report, pp.18-19.

14 Inclosure No. 13 Letr, Lt. Gen Hodge, CG, USAFIK, to Maj Gen W.F. Dean, Military Governor, Subj: Concerning Freedom of Elections in South Korea, 24 Mar 48, MG Report.

15 Inclosure No. 32 UNTCOK Document A/AC.19/w45, Subj: Program and Activities of U.S. Officials Concerning the Elections, 3 Apr 48, MG Report.

16 MG Report, pp.21-22.

17 Inclosure No. 22, Pardon by Military Governor, 31 Mar 48, MG Report.

18 Inclosure No. 50, UNTCOK Document A/AC.19/W.42, Subj: Time-Table and Facilities for Observation Groups, 27 March 1948, MG Report.

19 국회선거위원회 위원은 장면, 이승복, 김법린, 백인제, 박승호, 현상윤, 이갑성, 노진설, 윤기섭, 최규동, 김지환, 최두선, 김동성, 전규홍, 오상현 등 12명이다. 1947년 9월 3일 자 법률 제5호(입법의원 의원선거법) 규정에 의해 이미 행한 중앙선거위원회 위원의 임명은 국회선거위원회 위원의 임명으로 인준했다. 국회선거위원회는 재조선미국육군사령관이 1948년 3월 1일에 발표한 조선인민대표의 선거에 관한 포고에 의해 1948년 5월 9일에 거행된 선거에 있어서 위의 법률 규정에 의한 권한과 의무를 수행한다. 행정명령 제14호, 1948년 3월 3일; 이후 국회선거위원회 위원 가운데 장면, 김법린, 윤기섭, 이승복이 사임하고 3월 23일부터 변성옥, 박현숙, 이종선, 강기덕(3월 26일부터)으로 교체됐다. 행정명령 제18호, 1948년 3월 30일, 앞의 관보 4, 508, p.519.

20 『현대일보』, 1948.3.6.

21 법령 제175호, 1948년 3월 17일, 위의 관보 4, p.206. 미군정은 유엔조위의 의견을 받아들여 법령 제5호(입의선거법)를 개정한 7장 57조로 구성된 선거법을 군정장관 딘 소장의 인준을 얻어 18일 정식 발표했다. 『중앙신문』, 1948.3.19.

22 법령 제176호, 1948년 3월 20일, 위의 관보, p.258. 인신구속을 함부로 할 수 없도록 형사소송법을 개정했다. 전문 24조로 된 이 법은 일제 강점기 때의 형사령을 개정한 것으로, 경찰의 인신구속권을 제한한 것이 특징이다. 또 현행범이나 긴급사건 관계자 이외에는 반드시 심판관의 구류영장이 있어야 구속할 수 있도록 했으며,

현행범이나 긴급사건 관계자들도 경찰에 구금된지 48시간 이내에 체포 이유를 첨부해 판사에게 영장 발부를 요구하도록 됐다. 『중앙신문』, 1948.3.23, 3.24. 그러나 이러한 절차는 4·3의 진압과정에서 철저히 무시됐다.

23 Inclosure No.22, 군정장관의 은사(恩赦), 31 Mar 48, MG Report.

24 MG Report, p.3.

25 『평화일보』, 『현대일보』, 『부인신보』, 1948.3.5.

26 『평화일보』, 1948.3.7.

27 『중앙신문』, 1948.1.30.

28 『독립신보』, 1948.3.14.

29 『공업신문』, 『자유신문』, 1948.3.26.

30 『대한일보』, 1948.3.26.

31 『독립신문』, 1948.5.8.

32 『자유신문』, 『현대일보』, 『부인신보』, 1948.4.8.

33 Inclosure No. 36, Subj: Election Procedure Observation by American Personnel, 1 April 1948, Letr, Maj. Gen. William F. Dean, Military Governor to all CCAO's, MG Report.

34 Inclosure No. 1, Telegram, Hodge to CG. 6th Division, 7th Division, Military Government, Korea Base Command, April 2, 1948. Despatch No. 85, Subj: Orders Issued by USAFIK and USAMGIK Regarding South Korean Elections, Joseph E. Jacobs, United States Political Adviser to the Secretary of State, April 9, 1948, 국사편찬위원회, 『대한민국사 자료집』 39, pp.286-288.

35 MG Report, p.19.

36 『조선중앙일보』, 『대한일보』, 『평화일보』, 1948.3.3.

37 『독립신보』, 1948.3.14.

38 Inclosure No. 17, Address delivered through Seoul Central Broadcasting Station, Subj: The duties of the National Police during the general election, by Dr. P. O. Chough, Director, Dept. of Police, 27 March 1948, MG Report.

39 Inclosure No. 18, Address delivered through Seoul Central Broadcasting Station, Subj: The atmosphere of freedom of the police, by Dr. P. O. Chough, Director, Dept. of Police, 2 April 48, MG Report.

40 『부인신보』, 1948.4.15.

41 『현대일보』, 1948.4.29.

42 James I. Matray, 『한반도의 분단과 미국』, p.166.

43 Airgram, Subj: Political Summary for period April 1st through April 30th, 1948, Jacobs to Department of State, May 17, 1948, 아름출판사, 『미국무성 한국관계문서』 3, pp.381–385.

44 『독립신보』, 1948.4.16, 『신민일보』, 1948.4.24.

45 『신민일보』, 1948.4.22, 『민중일보』, 1948.5.18, 『자유신문』, 1948.5.22.

46 Gregory Henderson, 『소용돌이의 한국정치』, pp.243–244.

47 『서울신문』, 『경향신문』, 1948.5.26.

48 『현대일보』, 『자유신문』, 1948.5.13.

49 『민중일보』, 『동아일보』, 1948.5.12.

50 『강원일보』, 1948.5.18.

51 『부인신보』, 『공업신문』, 『수산경제신문』, 1948.5.15.

52 『한성일보』, 『민중일보』, 1948.5.14.

53 유엔조위는 6월 25일 결의문을 통해 "조선 내의 그 지역(남한)에 있어서는 상당한 정도의 자유 분위기가 보장되어 언론 출판 및 집회의 자유의 민주주의적 권리가 인정되고 존중되었다는 사실을 이미 선언하였고, 여차한 자유 분위기가 선거 기간 중

존재하였다는 감시반의 보고를 고려하고 본위원단이 건의한 선거절차가 대체로 정확하게 적용된 것을 본위원단으로서 만족히 생각"한다고 평가했다. 『평화일보』, 1948.7.3.; "1948년 5월 10일의 선거투표의 결과는 조선 총인구의 약 3분지 2를 차지하고 있는 지역에 있어서의 선거인의 유효한 자유의사의 표현이며 그들의 자유의사를 정확히 표시한 것이다", '1948년 5월 10일 선거에 관한 결론', 유엔조선임시위원단, 『UN조선위원단 보고서』, p.135.

54 Despatch No. 336, Jacobs in Seoul to the Secretary of State, 9 May 1948, 국사편찬위원회, 『대한민국사 자료집』 39, pp.381-383.

55 Enclosure, Memorandum on Elections(Vice Consul David E. Mark), Despatch No. 124, Subj: Observation of Elections in South Korea, May 12, 1948, Jacobs, Office of U.S. Political Advisor, Hq. XXIV Corps to the Secretary of State, May 12 1948, 아름출판사, 『미국무성 한국관계문서』 3, pp.391-395.

56 『동아일보』, 1948.5.10, 『서울신문』, 『조선일보』, 1948.5.11.

57 Despatch No. 124, Subj: Observation on Elections in South Korea, Joseph E. Jacobs, United States Political Adviser to the Secretary of State, May 12, 1948, 아름출판사, 『미국무성 한국관계문서』 3, pp.391-395.

58 Hq. USAFIK, G-2 W/S No. 138, 7 May 1948; No. 139, 14 May 1948.

59 MG Report, p.43.

60 Spec. Report 118, Memorandum for General Hodge, Subj: Group 1 on Cheju Do 9-10 April (Source: Manet 11 April), John Weckerling to Hodge, 12 April 1948, Box No. 3, RG 338, NARA.

61 Spec. Report 121, Memorandum for General Hodge, Subj: UN Observation of Registration, 12 April, 1948, Box No. 3, RG 338, NARA.

62 Memorandum for General Hodge, Subj: UNTCOK's Daily Activities, Tuesday, 11 May, John Weckerling to Hodge, 12 May 1949, RG 338, NARA.

63 유엔조선위원단, 『UN조선위원단 보고서』, pp.134-135.

64 『대공보일보』, 1948.4.15, 『제주신보』, 1948.4.16.

65 『부인신보』, 『자유신문』, 1948.4.14.

66 『독립신보』, 『조선중앙일보』, 1948.4.15. 공보부는 4월 15일 담화를 통해 "공보부로서는 이에 대한 공정성을 인정 않는 동시에 일반 민중은 이러한 공정을 떠난 가두여론의 숫자에 현혹치 말기를 바란다"며 "이러한 가두 여론조사에 대해서는 본 공보부로서는 공안상 이를 방임할 수 없음은 물론 대중을 상대로 하면서 공중성 없는 행동은 언론 자유의 한계 이외에 있다"고 경고했다. 『수산경제신문』, 1948.4.17.

67 USAMGIK, *South Korean Interim Government Activities*, No. 32, May 1948, p.143.

68 『조선중앙일보』, 1947.10.7.

69 Inclosure No. 46, Report of General Observation of MG Election Observation Teams, Cheju Island, MG Report.

70 Inclosure No. 46A, Report of Election Observation—Cheju Do(Capt Speer), MG Report, Records of the State Department Decimal File 895 LM 80 Roll 3, NARA.

71 Inclosure No. 46B, Report of Election Observation—Cheju Do(Capt. Taylor), MG Report.

72 Inclosure No. 46C, Log of Election Activities, Kuja Myun(Mr. Bernheisel), MG Report.

73 Hq. USAFIK, G-2 P/R No. 831, 12 May 1948.

74 ① Hq. 6th Inf. Div. G-2 P/R No. 925, 1 May 1948 ② Hq. 6th Inf. Div. G-2 P/R No. 927, 3 May 1948 ③ Hq. 6th Inf. Div. G-2 P/R No. 928, 4 May 1948 ④ Hq. 6th Inf. Div. G-2 P/R No. 930, 6 May 1948 ⑤ Hq. 6th Inf. Div. G-2 P/R No. 931, 7 May 1948 ⑥ Hq. 6th Inf. Div. G-2 P/R No. 933, 9 May 1948 ⑦ Hq. 6th Inf. Div. G-2 P/R No. 934, 10 May 1948 ⑧ Hq. 6th Inf. Div. G-2 P/R No. 935, 11 May 1948 ⑨ Hq. USAFIK, G-2 P/R No. 824, 3 May 1948 ⑩ Hq. USAFIK, G-2 P/R No. 826, 5 May 1948 ⑪ Hq. USAFIK, G-2 P/R No. 827, 6 May 1948.

75 고윤섭 채록, 1997.6.20.

76 Inclosure No. 1, Telegram, Hodge to CG. 6th Division, 7th Division, Military Government, Korea Base Command, April 2, 1948. Despatch No. 85, Subj: Orders Issued by USAFIK and USAMGIK Regarding South

Korean Elections, Joseph E. Jacobs, United States Political Adviser to the Secretary of State, April 9, 1948, 국사편찬위원회, 『대한민국사 자료집』 39, pp.286-288.

77 김봉석(당시 안덕면 부면장) 증언, 제민일보사, 『4·3은 말한다』 2, pp.211-212.

78 Hq. USAFIK, G-2 P/R No. 831, 11 May 1948, 국사편찬위원회, 『대한민국사 자료집』 39, pp.286-288.

79 USAMGIK, *South Korean Interim Government Activities*, No. 32, p.43.

80 김민규(당시 조천면장) 증언, 제민일보 4·3취재반, 『4·3은 말한다』 2, p.211.

81 출처: ¹, ²는 Despatch No. 118, Subj: List of Korean Election Candidates, Jacobs to the Secretary of State, May 8 1948, 아름출판사, 『미국무성 한국관계문서』 3, p.359; Inclosure No. 54, Letr, Subj; Invalidation of the Elections made in some Electoral Districts of Che Choo Do, Ro Chin Sul, Chairman, National Election Committee, to Maj Gen W.F. Dean, Military Governor, 19 May 1948, MG Report. ³Despatch No. 159, Subj: Final Registration and Voting figures for Korean Election, Jacobs to the Secretary of State, June 8, 1948, 아름출판사, 『미국무성 한국관계문서』 3, pp.563-564, ⁴는 Memorandum for Mr. CHU, HUNG-TI, Acting Principal Secretary, United Nations Temporary Commission on Korea, Subj: Election Results, 18 May 1948, John Weckerling, Brigadier General, U.S.A, Box No. 4, RG 338.

82 『민중일보』, 1948.5.19.

83 Inclosure No. 54, Subj; Re the Invalidation of the Elections made in some Electoral District of Che Choo Do, Ro Chin Sul, Chairman, National Election Committee to Maj. Gen. W. F. Dean, Military Governor, MG Report.

84 Despatch No. 387, Jacobs to the Secretary of State, 25 May 25 1948, 국사편찬위원회, 『대한민국사 자료집』 39, p.497.

85 『서울신문』, 1948.5.21.

86 Memorandum for General Hodge, Subj: UNTCOK's Daily Activities, Tuesday, 11 May, John Weckerling to Hodge, 12 May 1949, RG 338, NARA; 당시 국내 일간지도 "제주도와 같이 계엄상태하에서 선거위원의 반수 이상이 피신납치되어 수라장을 이루면서도 도민의 선거열의는 미동도 하지 않고 70%의 투표를 완료하였다 한다"고 보도해 실상과는 다른 보도를 했다. 『조선일

보」, 1948.5.12.

87 Inclosure No. 54A, Subj: Invalidation of the Elections, W.F. Dean, Major General, United States Military Governor to the National Election Committee, Seoul, Korea, 24 May 1948, MG Report, 아름출판사, 『미국무성 한국관계문서』 7, p.492.

88 Despatch No. 389, Jacobs to the Secretary of State, May 26 1948, 국사편찬 위원회, 『대한민국사 자료집』 39, pp.498-499.; Hq, USAFIK, G-2 P/R No. 845, 27 May 1948.

89 Subj; Report of U.S. Liaison Officer with the United Nations Temporary Commission on Korea(UNTCOK), Litigation and Complaints of Election Irregularities, pp. 386-387, John Weckerling, Brigadier General, U.S.A to Commanding General, United States Army Forces in Korea, 26 August 1948, 국사편찬위원회, 『대한민국사 자료집』 41, pp.462-463.

90 Subj: Summary of Political Situation, 28 May, 1948, O. F. Erbe to JCS, Info: CINCFE, Box No. 121, RG 338, NARA.

91 『동아일보』, 1948.12.10.

92 "Falsification of elections in Southern Korea under the cloak of the U.N.O. Commission", Speech by the U.S.S.R. Delegate Y.A. Malik in the Political Committee on December 8, 1948, *Soviet News, The Soviet Union and the Korean Question(Documents)* (London: Farleigh Press, 1950), p.71.

1 『민보』, 1947.4.2.

2 『제주신보』, 1947.3.8, 3.10, 3.14, 4.22.

3 Subj: Weekly Military Occupational Activities Report, Samuel J. Stevenson, Capt, Adjutant to Military Governor in Korea, 5 March 1947, 일본 국회 헌정 자료실. 『민보』, 1947.4.2; Subj: Weekly Military Occupational Activities Report, 12 March 1947, Box No. 68, RG 338, NARA. 이들이 3·1절 기념대회를 앞두고 제주도에 파견된 이유는 나와 있지 않다. 경무부장 조병옥의 발언에서 실마리를 추정할 수 있을 뿐이다. 조병옥은 2월 초순 이후 3·1절 기념대회를 기해 폭동을 일으킬 정보가 확인돼 2월 하순 미리 이런 움직임을 제압하기 위해 응원대를 파견했다고 밝혔다. 『서울석간』, 1947.3.21.

4 『제주신보』, 1947.3.10, 3.12, 3.14, 6.18.

5 담화문의 내용은 다음과 같다. "조선미군정청 경무부장, 동 제주도지사, 동 제주도 군정장관 3자의 임명에 의한 제주도 제주읍 3·1절 발포사건 진상조사위원회는 그 사건 관계자 및 증인에 대하여 모든 관계사실을 조사 심리한 결과 전원 일치 좌기의 점에 합의를 보았다.

사건발단전말
   1. 제주감찰청 관내 제1구경찰서에서 발포한 행위는 당시에 존재한 제 사정으로 보아 치안유지의 대국에 입각한 정당방위로 인정함.
   2. 제주도립병원 전(前)에서 발포한 행위는 당시에 존재한 모든 사정으로 보아 경찰관의 발포는 무사려의 행동으로 인정함. 그러므로 동 발포책임자인 순경 이문규는 행정처분에 처함이 타당하다고 인정함(본 합의의 이유는 본 위원회의 조사서에 게재됨).
서력 1947년 3월 18일
제주도 제주읍 3·1절 발포사건 조사위원회
위원장 제주도지방검찰청장 박종훈 위원 제주읍내 박명효, 동 제주고녀교장 홍순녕, 동 경무부 수사국 고문 쇠타(쇼터) 대위, 동 경무부 공안국 부국장 장영주." 『서울석간』, 1947.3.21.

6 『제주신보』, 1947.3.22.

7 『독립신보』, 1947.4.5.

8 『독립신보』, 1947.3.21.

9 『서울석간』, 1947.3.21.

10 강상문 증언, 『무덤에서 살아나온 4·3수형인들』(서울: 역사비평, 2002), p.122.

11 金奉鉉, 『濟州島 血の歷史』, pp.66~67; 『제주신보』, 1947.4.6, 4.8.

12 Hq. USAFIK, G-2 P/R No. 469, 2 March 1947, No. 479, 13 March 1947, Hq. 6th Inf. Div, G-2 P/R No. 500, 2 March 1947, 『제주신보』, 1947.3.26.

13 이들은 이날 '3·1대책위원회'를 구성하고, (1) 민주경찰 완전확립을 위하여 무장과 고문을 즉시 폐지할 것 (2) 발포 책임자 및 발포 경관은 즉시 처벌할 것 (3) 경찰수뇌부는 인책 사임할 것 (4) 희생자 유가족 및 부상자에 대한 생활을 보장할 것 (5) 3·1 사건에 관련한 애국적 인사를 검속치 말 것 (6) 일본경찰의 유업적 계승활동을 소탕할 것 등 6개항을 요구했다. 『제주신보』, 1947.3.12.

14 Hq. USAFIK, G-2 P/R No. 479, 13 March 1947; Hq. USAFIK CIC, Subj: Counter Intelligence Corps Semi-Monthly Report No. 6, 15 March 1947.

15 『제주신보』, 1947.3.12.

16 Hq. USAFIK CIC, Subj: Counter Intelligence Corps Semi-Monthly Report No. 7, 31 March 1947.

17 『현대일보』, 1947.3.14, 『제주신보』, 1947.3.20.

18 『한성일보』, 1947.3.15.

19 『중외신보』, 1947.3.16, 『민보』, 1947.4.2, 『독립신보』, 1947.4.5.

20 『현대일보』, 1947.3.14, 『제주신보』, 1947.3.20.

21 『서울석간』, 1947.3.21, 『민주중보』, 1947.3.22.

22 파업기관 숫자는 언론마다 다르다. 『독립신보』(1947.4.5)는 156개 단체가, 『제주경찰사』(p.290)는 166개 기관이 파업했다고 기술하고 있다.

23 Incoming Message No ZGBI 374, From CG USAFIK To: CINCFE(ATTN G-2), 19 Mar 47, MacArthur papers, Mar. 16~31, 1947: 24th Corps, 국회

도서관 소장. 『서울석간』, 『서울신문』, 1947.3.21.

24 Hq. 6th Inf. Div. G-2 P/R No. 521, 23 March 1947.

25 『민주중보』, 1947.3.22.

26 Hq. USAFIK, G-2 P/R No. 482, 18 March 1947; 남조선과도정부 입법의원 속 기록, 단기 4280(1947)년 3월 17일.

27 Hq. 6th Inf. Div. G-2 P/R No. 525, 27 March 1947.

28 Hq. USAFIK, G-2 P/R No. 494, 1 April 1947.

29 『제주신보』, 1947.3.14.

30 『제주신보』, 1947.4.12.

31 Hq. USAFIK, G-2 W/S No. 79, 16 March 1947.

32 Arthur C. Bunce, Office of Adviser to the Commanding General, United States Army Forces in Korea to Edwin M. Martin, Chief, Division of Japanese & Korean Economic Affairs, Department of State, 24 Feb 1947, 아름출판사, 『미국무성 한국관계문서』 1, pp.189-196.

33 『제주신보』, 1947.2.4, 『민주중보』, 1947.2.12.

34 Subj: Report of trip to the Province of Cheju during the period 4-6 December 1946, Arthur N. Ferearu, Ass't. Chief, Opinion Sampling Section, Department of Public Infromation, USAMIGI, 9 Dec. 1946, Box No. 64, RG 332. 존슨은 제주도 인민위원회가 공산주의 지향이 아니라 사회주의 지향이었다고 말했다. Charlmers A. Johnson, *Blowback: The Costs and Consequences of American Empire* (New York: Henry Holt and Company, 2000), p.99.

35 Hq. USAFIK, W/S No. 79, 20 March 1947; G-2 P/R No. 483, 19 March 1947.

36 Hq. USAFIK, G-2 P/R No. 489, 26 March 1947.

37 『한성일보』, 1947.3.13; FEC Civil Intelligence Section, Periodic Summary No. 15, April 15, 1947.

38 『제주신보』, 1947.3.16, 4.6, 4.8, 4.14.

39 Hq. USAFIK, G-2 P/R No. 601, 7 August 1947, 『제주신보』, 1947.4.22.

40 양승훈 채록, 2007.6.12.

41 김생민 채록, 2001.7.13.

42 Hq. USAFIK, G-2 P/R No. 489, 26 March 1947, No. 521, 3 May 1947, No. 525, 8 May 1947.

43 Hq. USAFIK, G-2 P/R No. 664, 21 Oct 1947, No. 658, 14 Oct 1947

44 Report of Special Investigation-Governor RYU, Hai Chin of Cheju-do Island, Lawrence A. Nelson to CG, USAMGIK, 11 March 1947, Nelson Report.

45 Memorandum, Russell D. Barros, Lt. Col., CCAO to Lt. Col. Nelson(OSI), Nelson Report.

46 Subj: Opinion of Political Situation in Chejudo as of 15 November 1947, Samuel J. Stevenson, Captain, Adjutant, 59th M.G Hq & Hq Company, to Lawrence A. Nelson, OSI, USAMGIK, 21 November 1947, Nelson Report.

47 Subj: Governor RYU, Hai Chin, Activities of. Henry C. Merritt. CIC, to Lt. Col. Nelson, OSI, USAMGIK, 21 November 1947, Nelson Report; CIC의 평가는 4·3봉기 이후 제주도 소요의 원인을 보도한 언론의 평가와도 일치한다. "도정 총책임자가 민독당 출신으로(종래는 한독당) 민족사상이 박약하고 자파에 속하는 사람만을 등용하는 한편 특권도 자파에 속하는 사람에만 주기 때문에 명예욕과 재욕의 본능을 가진 사람인지라 자연히 그에 아부하고 그에 충성을 맹세하게 되는 가히 그 행정부면의 혼란을 짐작할 수 있는 일이다", 『동아일보』, 1948.5.8.

48 『제주신보』, 1947.7.6, 7.30.

49 Hq. USAFIK, G-2 P/R No. 632, 13 Sept, 1947.

50 Subj: Governor RYU, Hai Chin, Activities of. 21 November 1947, From Henry C. Merritt, CIC to Lt. Col. Nelson, OSI, Nelson Report.

51 Subj: Report of Inspection Hq and Hq. Company of 59th MG Company, Chejudo Island, Lawrence A. Nelson, Lt. Col, Special Investigator to CG.

USAMGIK, Jan 16, 1948, Nelson Report.

52 『제주신보』, 1947.2.2, 2.16, 3.28.

53 『제주신보』, 1947.4.12, 4.18.

54 1작: 0.018ℓ, 1합: 0.18ℓ, 1되(升): 1.80ℓ, 1말(斗): 18.0ℓ.

55 Peter J. Carroll, Administrative Assistant to Chee, Yong Eun, Director of National Food Administrator & Carroll V. Hill, Advisor, Subj: Operation of Rationing Program in Cheju Do, 3 January 1948, Nelson Report.

56 제목: 1947년 11월 13일 자 유해진 제주도지사의 하곡수집과 관련한 서한 내용에 대한 조사(별첨 A), 수신: 중앙식량행정처 고문관 캐롤 힐, 1947.12.12, 남조선과 도정부 중앙식량행정처, Nelson Report.

57 Subj: Report of Inspection Hq. and Hq. Company, 59th MG Company, Chejudo Island., Lawrence A. Nelson, Special Investigator, to CG, USAMGIK, 16 Jan 1948, Lawrence A. Nelson, Special Investigator, Hq. USAMGIK, Report of Special Investigation: Cheju-do Political Situation(이하 Nelson Report), 12 Nov. 1947-28 Feb. 1948.

58 제주4·3위원회, 『제주4·3사건진상조사보고서』, p.133.

59 대검 제2544, 기원 4280년 12월 5일, 발신 검찰총장 수신: 사법부 미인고문관, 제주지방검찰청 출장조사 전말보고 사건, Nelson Report.

60 Subj: Prosecution of Communist in Cheju Do, Inter-Office Memorandum, Department of Justice, USAMGIK, 15 Oct. 1947, From Gilliam to Major Connelly, Nelson Report.

61 Memorandum, Russell D. Barros, Lt. Col, CCAO to Lt. Col. Nelson(OSI), Nelson Report.

62 Hq. USAFKIK, G-2 W/S No. 123, 23 January 1948.

63 Subj: Prosecution of Communist in Cheju Do, Inter-Office Memorandum, Department of Justice, USAMGIK, 15 Oct. 1947, From Gilliam to Major Connelly, Nelson Report.

64 Subj: Prosecution of Communist in Cheju Do, Inter-Office Memorandum,

From Advisor to the Department of Justice, To OSI, OCA, MG, No. 1, 29 Jan. 1948, Nelson Report.

65 Despatch No. 175, Subj: Prison Population in South Korea, W. R. Langdon, American Consulate General, Office of Political Adviser, Hqs. XXIV Corps to the Secretary of State, December 19, 1947. 아름출판사, 『미국무성 한국관계문서』 2, pp.144-146.

66 Hq. USAFIK, G-2 P/R No. 601, 7 August, 1947, No. 602, 8 August, 1947.

67 『제주신보』, 1947.3.12.

68 『제주신보』, 1947.4.22, 5.10.

69 『제주신보』, 1947.3.14, 6.18.

70 『제주신보』, 1947.5.10.

71 『영남일보』, 『부녀일보』, 1947.5.20.

72 『제주신보』, 1947.1.28, 2.2.

73 『제주신보』, 1947.5.26, 6.6, 『현대일보』, 1947.6.11.

74 『제주신보』, 1947.5.26, 6.6, 6.16, 8.2

75 Testimony of: Governor RYU, Hai Chin, taken by Lt. Col. Lawrence A. Nelson, Special Investigator, Date: 18-19 Feb 1948, Nelson Report.

76 Subj: Report of Special Investigation-Governor RYU, Hai Chin of Cheju-do Island, Lawrence A. Nelson, Lt. Col. Special Investigator, to CG, USAMGIK, 11 March 1948, Nelson Report.

77 『부인신보』, 『자유신문』, 1947.11.27, 『동광신문』, 1947.11.28.

78 『민주중보』, 1947.11.5, 『한성일보』, 1947.11.14, 『독립신문』, 1947.11.18.

79 Hq. USAFIK, G-2 P/R No. 698, 2 Dec 1947. 딘 소장은 1947년 10월 군정장관 겸 제24군단 부사령관으로 부임했다. 1948년 8월 15일 대한민국 정부수립으로 군정장관직을 끝내고 서울 주둔 제7사단장으로 있다가 1949년 1월 일본 삿포로로

부대를 이동했다. 이어 같은 해 5월 요코하마의 제8군 참모장으로 있다가 10월에 규슈 고쿠라에 있는 공석중인 제24사단장으로 부임했다. 한국전쟁이 발발하자 7월 2일 제24사단을 이끌고 참전했다가 8월 25일 북한군에 포로로 붙잡힌 뒤 1953년 9월 4일 석방됐다. William F. Dean, *General Dean's Story* (New York: Viking Press, 1954).

80 Subj: Report of Inspection Headquarters and Headquarters Company, 59th Military Government Company, Cheju-do Island, Office of Special Investigator, USAMGIK, To Commading General, USAMIK, 22 November 1947, Nelson Report.

81 Inter-Staff Routing Slip, Memo No. 1, DMG to OCA, 3 Dec 1947.

82 Hq. USAFIK, G-2 P/R No. 708, 13 Dec 1947.

83 Subj: Report of Inspection Hq. and Hq. Company, 59th MG Company, Chejudo Island., Lawrence A. Nelson, Special Investigator, to CG, USAMGIK, 16 Jan 1948, Nelson Report.

84 Inter-Office Memorandum, Subj: Reports on visit to Chejudo, Samuel J. Price, Lt. Col, Deputy Advisor, DPH & W, to OCA, USAMGIK, 23 March 1948, Nelson Report.

85 MGOCG 333.5, Hq. USAMGIK, William F. Dean, Maj. Gen, 23 March 1948.

86 『서울신문』, 1948.3.14, 『경향신문』, 1948.3.14.

87 Franz Fanon, *Les damnés de la terre*/남경태 옮김, 『대지의 저주받은 사람들』(서울: 그린비, 2007), pp.82, 113-117; Charles Tilly, *From Mobilization to Revolution*/양길현 외 공역, 『동원에서 혁명으로』(서울: 서울프레스, 1995), p.254.

88 『제주신보』, 1947.12.22, 1948.3.12.

89 제주4·3위원회, 『제주4·3사건진상조사보고서』, p.154; 김생민 증언, 국방부 군사편찬연구소, 『4·3사건토벌작전사』(서울: 동연구소, 2002), p.243.

90 Hq. USAFIK, G-2 P/R No. 752, 6 February 1948, No. 753, 7 February 1948.

91 신문은 '유치 중에 피의자 급사, 관계 당국서 사인 조사 중'이라는 제목 아래 다음과 같이 보도했다. "1구서 조천지서에 작년 3·1사건의 피의자로서 유치 중이던 동리 청년이 유치장 내에서 급사한 사건이 발생하였다. 즉 동 사망자는 조천면 조천리 하동에 주소를 둔 김용철(당년 22세)이란 청년인데 작년 3·1사건의 피의자로서 경찰에서 수배 중이었는데 지난 3월 4일 미명 동면 대흘리 2구에서 피신 중이던 것이 경찰에 체포되어 유치 중이었던 바 6일에 이르러 돌연 급사하였다고 한다"고 보도했다. 『제주신보』, 1948.3.12.

92 『제주신보』, 1948.2.12, 2.14, 2.16, 2.20.

93 신문은 '모슬포지서에 불상사, 피의자 1명 상해치사, 가해 경관은 구속 취조 중'이라는 제목으로 "지난 6일 조천지서에서 검속 중인 1 청년의 급사한 사건에 대하여 아직 그 진상이 판명되지 못한 관계로 일반의 억측이 구구하고 있는 이때 또다시 모슬포지서에서 검속 중에 있는 일 청년이 작 14일 아침 돌연 급사한 사실이 있었다. 즉 대정면 영락리에 거주하는 양은하(27세)란 청년은 포고령 위반 피의로서 모슬포지서에 검속되어 있던 중 작 14일 아침 4시 돌연 급사하였다"고 보도했다.(『제주신보』, 1948.3.16). 양은하의 주검은 모슬포 청년들이 서림까지 운구했고, 서림리 청년들은 영락리 입구까지, 영락리 청년들이 다시 운반하는 절차를 거쳐 고향으로 돌아왔다. 남편 양은하의 갑작스런 죽음에 부인 문옥련(27세)은 3살 난 아들을 업고 지서를 찾아다니며 "내 남편을 살려내라"고 항의하다 1948년 11월 28일 토벌대에 의해 총살됐고, 형 양윤하는 민보단 단원으로 무장대를 막기 위해 죽창을 들고 성을 지키면서 고향에 살았지만 한국전쟁 직후 사촌 양기하와 함께 잡혀 섯알 오름에서 희생됐다. 영락리 향토지추진위원회, 『영락리지』(제주: 태화인쇄사, 2006), p.227·231.
John W. Connelly, Jr., Major, USAMGIK to CO, 2nd Platoon, Company F, 20th Regiment, Pass to: CCAO, Chejudo, Undated, RG 338, NARA.

94 김봉현·김민주, 『제주도 인민들의 4·3 무장투쟁사』, p.85.

95 제주4·3위원회, 『제주4·3사건진상조사보고서』, pp.167-169.

96 이삼룡(증언 당시 일본 도쿄 거주)은 생전에 각기 다른 그룹에 3차례 증언했다. 첫 번째 증언은 2002년 7월 11일 제주4·3위원회의 조사팀에 했다(채록시간 미상). 두 번째는 2005년 7월 국사편찬위원회(국편) 채록팀에 증언했다(채록시간 2차례 4시간25분). 세 번째는 2006년 5~9월 제주MBC '재일제주인' 취재팀에 했다(채록시간 미상). 이삼룡은 제주MBC 취재팀에 증언한 뒤 얼마 없어 작고했다.

97 김양근의 증언은 『경향신문』(1949.6.25)에 실려 있다. 그가 언급한 무장봉기의 발단이 된 '민간의 충돌'은 잇따른 고문치사사건과 조천에서 김용철의 고문치사사건 이후 전개됐던 학생들의 시위와 이에 대한 경찰의 강제해산을 의미하는 것으로 보인다.

98 문창송편, 『한라산을 알고 있다. 묻혀진 4·3의 진상』(1995), p.11.

99 조덕송, 「流血의 濟州島」, 『新天地』, 1948년 7월호, p.91.

100 『서울신문』, 1948.4.7, 『경향신문』, 1948.4.7.

101 Memorandum for General Hodge, Subj: Daily Report of UNTCOK Activities, Thursday, 8 April, John Weckerling to Hodge, 9 April 1948, Box No. 3, RG 338, NARA.

102 Memorandum for General Hodge, Subj: Daily Report of UNTCOK Activities, Friday, 9 April, John Weckerling to Hodge, 10 April 1948, Box No. 3, RG 338, NARA.

103 『동광신문』, 1948.4.13.

104 Subj: Police Situation on Chejudo Island, Lester Chorpening, Advisor, Detective Bureau, Dept. of Police to Director of Police, 19 April 1948, Box No. 26, RG 332, NARA. 제주도에 파견된 전남 경찰은 100명이 아닌 95명으로 추정된다.

105 James I. Matray, 『한반도의 분단과 미국』, p.180.

106 『제주신보』, 1948.4.10.

107 『제주신보』, 1948.4.18.

108 『제주신보』, 1948.4.20.

109 Subj: Police Situation on Chejudo Island, Lester Chorpening to Director of Police, Korean National Police, 19 April 1948, RG332, Box 26.

110 『중외신보』, 1947.4.3, 『제주신보』, 1947.4.12.

111 Subj: Police Situation on Chejudo Island, Lester Chorpening to Director of Police, Korean National Police, 19 April 1948, RG332, Box 26.

112 William F. Dean, *General Dean's Story*, p.92.

113 Memorandum for General Hodge, Subj: Report of Daily UNTCOK Activities for Thursday, 15 April, John Weckerling, 16 April 1948, Box No. 3, RG 338, NARA; 『신민일보』, 1948.4.18.

114 회의는 루나(필리핀)가 의장을 맡고, 잭슨(오스트레일리아), 패터슨(캐나다), 추 (중국), 발레(엘살바도르), 폴 봉쿨, 마네(프랑스), 싱(인도), 무길(시리아) 등이 참 석했다. U.N. Document, A/AC.19/SC./SR.4, 17 April 1948, Box No. 3, RG 338, NARA; 이들에 대한 군정재판(재판장 매로 소령)이 5월 6일 열려 가해 경찰 관들에게 징역형과 벌금형을 선고했다. 『조선일보』, 1948.5.9.

115 MGDIS 92 170917Z, MESSAGE, Terrill E. Price, Advisor to Director, Department of Internal Security, USAMGIK to CG, 11th Medium Port, Pass to: Captain Clarence D. DeReus, Advisor, 3rd Brigade, Korean Constabulary, Info: CG. 6th Div, 17 April 1948, Box No. 119, RG 338, NARA.

116 Hq. 24th Corps, G-3 Operations Report No. 21, 24 April 1948, Box No. 16, RG 338, NARA.

117 Subj: Cheju-Do Operations, William F. Dean, Major General, Military Governor to Chief Civil Affairs Officer, 59th Military Government Company, 18 April 1948, Box No. 71, RG 338, NARA.

118 CG, XXIV Corps to CG. 6th Inf. Div, CO, 59th MG(Chejudo), Undated, RG 338, NARA.

119 James Roper, AP 보도, *Stars and Stripes* (Pacific), 1948.4.26; 교토-UP 보 도, *Nippon Times*, 1948.4.26; Hq. 6th Inf Div, G-2 P/R No. 918, 24 Apri 1948, Hq. USAFIK, G-2 P/R No. 819, 27 April 1948.

120 경무부 공보실장 김대봉도 4월 23일부터 경찰은 도내의 치안만을 담당하고, 반동 분자의 소탕은 국방경비대에서 실시하고 있다고 밝혔다. 『동아일보』, 1948.5.6.

121 『대동신문』, 1948.4.13.

122 이 집계에서는 인명피해만 다루고 가옥파괴, 습격, 방화, 전신주 절단 등은 포함 하지 않았다.

123 제주경찰청 발표. 『독립신보』, 1948.4.7.

124 제주비상경비사령부 발표. 『제주신보』, 1948.4.12, 『조선중앙일보』, 『독립신보』, 1948.4.14, 『대한일보』, 1948.4.15.

125 Hq. USAFIK, G-2 Weekly Summary(이하 W/S), No. 134, 9 April 1948.

126 Subj: Police Situation on Chejudo Island, Lester Chorpening to Director of Police, Korean National Police, 19 April 1948, RG332, Box 26.

127 제주비상경비사령부 2차 발표. 『현대일보』, 1948.4.22.

128 제주비상경비사령부 발표. 『조선중앙일보』, 『자유신문』, 『대한일보』, 『강원일보』, 1948.4.23.

129 『독립신보』, 1948.5.3.

130 일반에는 경찰지서 급사, 경찰관 가족, 대청단원, 관공리, 양민으로 분류된 이들을 포함한다.

131 '폭도'(rioter) 표현은 당시 출처에 나온 그대로 인용했다.

132 『독립신보』, 1948.4.30, 『조선일보』, 1948.5.3.

133 타이첸 대령은 1947년 4월 11일 주한미군사령부 작전참모로 임명돼 활동하다가 1949년 1월 1일 업햄(John S. Upham) 중령으로 교체됐다. Historical Outline G-3 Section, Box No. 16, RG 338, NARA.

134 Subj: Report of Activities at Chejudo Island. Lt. Col. Schewe, G-3 to Col. A. C. Tychen, A/C of G-3, 29 April, 1948, Box No. 68, RG 338, NARA(이하 Schewe Report).

135 Memorandum of the conversation, by the Deputy Director of the Office of Near Eastern and African Affairs (Villard), July 9, 1947, *FRUS* 1947, Vol. V, pp.215-216.

136 The Secretary of State to Governor Dwight P. Griswold, at Washington, July 11, 1947, *FRUS* 1947, Vol. V, pp.219-224.

137 Howard Jones, *A New Kind of War: A New Kind of War: America's Global Strategy and the Truman Doctrine in Greece* (Oxford: Oxford University Press, 1989), pp.127-129; Lawrence S. Wittner, *The American Intervention in Greece, 1943-1949*, pp.223-224.

138 딘 소장은 지령을 통해 "선거역원 또는 입후보자를 공격하거나 기타 여하한 방법으로든지 자유롭고 질서있는 선거를 방해하는 자를 속히 처벌하기 위해 각 검찰관과 심판관은 수색과 재판을 제일우선순위로 하며 현행법규에 의해 여사한 사건의 처리를 촉진하기 위해 경무부 각 기관과 밀접하게 협조하라"고 했다. 『서울신

문』, 1948.4.29.

139 『동아일보』, 『서울신문』, 1948.4.28.

140 Schewe Report.

141 『수산경제신문』, 1948.5.4.

142 *New York Herald Tribune*, 30 April 1948, Series A1838, Item 506/1, National Archives of Australia.

143 A-58, Political Adviser in Seoul to Department of State, 4 May 1948, 아름출판사, 『미국무성 한국관계문서』 3, p.284.

144 Hq. XXIV Corps, G-3 Operations Report No. 23, 1 May 1948, RG 338, NARA.

145 *Stars and Stripes*, 2 May, 1948, 『수산경제신문』, 1948.5.4.

146 『동아일보』, 『독립신문』, 1948.5.7.

147 『자유신문』, 1948.5.7.

148 이들의 제주도 방문을 보도한 언론만도 최소한 12개지 이상에 이른다. 『독립신보』, 『민중일보』, 『부산신문』, 『대구시보』, 『신민일보』, 『현대일보』, 『조선일보』, 『경향신문』, 『대동신문』, 『우리신문』. 1948.5.6; 『남조선민보』, 『동광신문』, 1948.5.7.

149 『자유신문』, 1948.5.7.

150 『우리신문』, 1948.5.8.

151 『자유신문』, 1948.5.7.

152 『독립신문』, 1948.5.7.

153 Hq. 7th Inf Div, G-2 P/R No.105, 5 May 1948.

154 제주4·3위원회, 『제주4·3사건진상조사보고서』, pp.190-202.

155 김익렬, 「4·3의 진실」, 제민일보 4·3취재반, 『4·3은 말한다』 2.

156 그러나 2편의 글은 원고 작성 시차가 최소한 20여 년 이상 나며, 내용도 상당부분 달라 사실 확인이 필요하다.

157 장창국, 『육사졸업생』 (서울: 중앙일보사, 1984), pp.117-118. 이 책의 저자는 평화협상 당사자가 아니다. 이와 관련해 제민일보 4·3취재반은 장창국이 4·3 관련 글을 쓸 때 김익렬이 많은 자료를 제공했으나 자기 이야기와 기존의 검증되지 않은 자료를 짜깁기 해 발표된 데 충격을 받았다고 적고 있다. 제민일보 4·3취재반, 『4·3은 말한다』 2, p.135.

158 『독립신보』, 1948.4.30, 『서울신문』, 1948.5.3, 『조선일보』, 1948.5.3.

159 전단의 내용은 『독립신보』(1948.4.30)에 보도된 전단의 내용과 큰 차이가 없다. 단지 '반세기 동안에 걸친'은 4월 3일 무장봉기가 발발한 점을 고려하면 '반삭(半朔) 동안에 걸친'이라는 『독립신보』의 내용이 맞다.

160 전투 개시가 경비대 독자적인 회의 결과인지, 미군 고문관의 지시에 따른 것인지는 알 수 없다.

161 『남조선민보』, 1948.5.3.

162 제11연대장 박진경을 암살한 문상길 중위도 평화협상 이전 김달삼을 한 차례 만났다. 문 중위는 1948년 8월 12일 법정에서 "김(익렬) 중령의 동족상잔을 피하는 해결 방침에 찬동하였으며 처음으로 김달삼을 만난 이유는 김 중령과 회견시키기 위하여서였고"라고 진술했다. 『조선중앙일보』, 『호남신문』, 1948.8.14.

163 『국제신문』, 1948.8.6.

164 이운방, 「이른바 '4·28평화협상'합의설에 대하여 - 김익렬 회고록 '4·3의 진실'에 대한 비판」, 제주4·3연구소, 『4·3연구회보』(1989.12), pp.80-90; 김익렬, 「4·3의 진실」, pp.321-322.

165 유격대 중대장의 증언, '내가 겪은 4·3', 제주4·3연구소, 『4·3장정』 6.

166 김익렬, 「4·3의 진실」, p.331.

167 『국제신문』, 1948.8.8.

168 『국제신문』, 1948.8.14.

169 『조선일보』, 1948.5.3, 『수산경제신문』, 1948.5.4.

170 『대한일보』, 1948.6.8.

171 『조선일보』, 1948.7.20, 『강원일보』, 1948.7.21.

172 『조선중앙일보』, 1948.7.30.

173 『부산신문』, 1948.8.5.

174 김익렬, 「4·3의 진실」, p.316.

175 이 기사는 미군정 수뇌부의 제주도 방문 일자(5월 5일)와 9연대장 경질 일자(5월 6일)가 다르게 나와 있지만 대부분의 내용은 김익렬의 유고와 차이가 없다. 『대한 일보』, 1948.6.8.

176 『안재홍 유고집』(평양: 조국통일사, 1965), 제주4·3위원회, 『제주4·3자료집』12, pp.154-156에서 재인용.

177 http://trove.nla.gov.au/ndp/del/article/49592377?searchTerm=cheju&sea rchLimits=sortby=dateDesc (검색일 2020.9.1).

178 『안재홍 유고집』, 제주4·3위원회, 『제주4·3자료집』12, pp.154-156.

179 William F. Dean, *General Dean's Story*, pp.142-148.

180 GHQ, FEC, Military Intelligence Section, G-2 Intelligence Summary, No. 2105, 13 May 1948, Box No. 2992, RG 319.

181 GHQ, FEC, Military Intelligence Section, G-2 Intelligence Summary, No. 2111, May 20, 1948, Box No. 3005, RG 319.

182 크레이그호가 5월 12일 극동해군사령부로 제주도 관련 지도를 요청하자, 주한미 군사령부는 제주도 전역의 수심을 보여주는 일본지도와 함께 축척 5만분의 1인 제주도 지도 10장을 크레이그호에 전달하기 위해 59군정중대 사령관에게 비행기 로 급송하기도 했다. CG, USAFIK to CINCFE, Box No. 121, RG 338, NARA.

183 미 극동군사령부 해군사령관이 구축함 크레이그호 함장에게, 작전명령, 1948.5.12, 제주4·3위원회, 『제주4·3자료집』10, pp.143-144.

184 Radiogram, Col. Terrill E. Price, Department of Internal Security to American Advisor, 9th Regiment, Korean Constabulary, 12 May 1948, Box No. 119, RG 338, NARA.

185 제목: 정치상황요약, 주한미군사령관이 합참의장에게, 1948년 5월 23일, 제주 4·3위원회, 『제주4·3자료집』 7, p.241.

186 Hq. XXIV Corps, G-3 Operations Report No. 26, 22 May 1948.

187 『군산신문』, 1948.6.18, 『조선중앙일보』, 1948.7.30.

188 주한미군사령부 정보참모부 보고서는 "얼핏 생각하면 연대를 폐지하는 것이 바람직하지만 장기적인 안목으로 보면 연대 내 공산분자들이 탈영함으로써 병사들의 신분을 확인할 수 있게 돼 잔류 병사들을 신뢰할 수 있게 됐다"고 분석했다. Hq. USAFIK, G-2 W/S No. 141, 28 May 1948.

189 제주4·3위원회, 『제주4·3사건진상조사보고서』, p.217.

190 『서울신문』, 『동아일보』, 1948.5.18.

191 『동아일보』, 1948.5.18.

192 Subj: Report of U.S. Liaison Officer with United Nations Temporary Commission on Korea(UNTCOK), John Weckerling, Brigadier General, U.S.A. to Commanding General, USAFIK, 7 June 1948, p.152, 국사편찬위원회, 『대한민국사 자료집』 40, p.347.

193 『서울신문』, 1948.5.21.

194 Hq. 6th Inf Div. G-2 P/R No. 936, 12 May 1948, No. 938, 14 May 1948, No. 944, 20 May 1948, No.948, 24 May 1948, No. 951, 27 May 1948, No. 954, 30 May 1948; Hq. USAFIK, G-2 P/R No.834, 14 May 1948, No. 835, 15 May 1948, No. 837, 18 May 1948, No. 838, No. 19 May 1948, No. 840, 21 May 1948, No. 841, 22 May 1948, No. 842, 24 May 1948, No. 843, 25 May 1948, No. 844, 26 May 1948, No. 845, 27 May 1948, No. 846, 28 May 1948, No. 847, 29 May 1948.

195 Letter, Orlando Ward, Major General, U.S. Army to Colonel Rothwell H. Brown, Cheju Do, 19 May 1948, Box No. 3, *The Rothwell H. Brown Papers*, U.S. Army Military Institute, Caslie, USA.

196 국내 언론도 브라운 대령을 '제주도 최고 지휘관'으로 호칭했다. 『민주중보』, 『수산 경제신문』, 1948.6.8. 브라운은 2차 세계대전 당시 중국-버마-인도 전구(戰區) 에서 참전한 탱크장교 출신이다. 브라운 대령은 1943년 8월 인도에서 제1임시탱 크단의 전술기능을 지원하기 위한 미·중합동사령부 및 사령부 중대를 조직하도록 명령받고, 1943년 8월부터 1944년 6월까지 제1임시탱크단(1st PTG) 사령관 경 력을 가진 야전통이다. 브라운 대령은 스틸웰 장군과 함께 중국의 장제스로부터 전투에서 중국군 부대를 지휘할 권한을 인정받은 유일한 미군 장교이기도 했다. 브라운 대령 휘하에 있던 한 병사는 그를 '전선의 전사(front-line fighter)'였다 고 평가할 정도로 야전통이었다. http://www.cbi-theater.com/1ptg/1ptg.html (검색일 2020.8.5).

197 웨솔로스키 채록. 2001.10.22-23; 남조선과도정부 보고서도 "경찰이나 경비대 모두 미군 고위 장교의 지휘 아래 있다"고 언급했다. USAMGIK, *South Korean Interim Government Activities*, No. 33, 30 June 1948, p.159, 아름출판사, 『미국무성 한국관계문서』 4, p.581.

198 CG. USAFIK to 59th MG Group, Chejudo, undated, RG 338, NARA.

199 웨솔로스키 채록.

200 Inclosure. Subj: Report of Activities on Cheju-Do Island from 22 May 1948, to 30 June 1948, Col. Rothwell H. Brown to CG. USAMGIK, 1 July 1948, W. F. Dean, Maj. Gen. to Edgar A. Noel, Major, CCAO, 59th MG Company, 17 July 1948 (이하 Brown Report), *The Rothwell H. Brown Papers*, U.S. Army Military Institute, Caslie, USA.

201 『조선중앙일보』, 1948.6.6.

202 USAMGIK, *South Korean Interim Government Activities* No. 32, 31 May 1948, Hq. USAFIK, G-2 P/R No. 141, 28 May 1948.

203 Hq. USAFIK, G-2 P/R No. 141, 28 May 1948.

204 USAMGIK, *South Korean Interim Government Activities*, No. 32, 31 May 1948, p.156, 아름출판사, 『미국무성 한국관계문서』 4, p.379.

205 『조선중앙일보』, 1948.6.10.

206 『현대일보』, 1948.6.3.

207 『조선중앙일보』, 1948.6.8.

208 웨솔로스키가 밀레트에게 보낸 서한. 1996.9.16.

209 강서수 증언. 제주4·3연구소, 『무덤에서 살아나온 4·3수형자들』, p.207.

210 Hq. USAFIK, G-2 P/R No. 868, 24 June 1948.

211 필자가 강서수를 만났을 때, 그는 흥분해 목소리를 높이며 "내가 무슨 죄를 지었느냐"고 항변했다. 그는 또한 필자가 "당시 미군이 있었느냐"는 거듭된 질문에도 미군의 모습을 설명했다.

212 웨솔로스키 채록; Letr. Charles Wesolowsky to Dr. Allan R. Millett, 16 Sept. 1996.

213 『현대일보』, 『민주중보』, 『남조선민보』, 『부산신문』, 1948.6.3.

214 『민주중보』, 『수산경제신문』, 『조선중앙일보』, 1948.6.8, 趙德松, 「流血의 濟州島」, 『新天地』(1948.7), p.89, 남조선과도정부 활동보고서에서도 브라운 대령이 제주도 사건과 관련해 "원인은 전혀 모르며, 나의 임무는 질서를 회복하는 것"이라고 말했다고 나와 있다. USAMGIK, *South Korean Interim Government Activities*, No. 33, 30 June 1948, p.160, 아름출판사, 『미국무성 한국관계문서』 4, p.582.

215 『조선중앙일보』, 1948.6.13.

216 『조선중앙일보』, 1948.5.25, 5.26, 6.19, 『남조선민보』, 1948.6.12.

217 『조선중앙일보』, 1948.6.11.

218 광주제우회는 (1) 무력적 처리 방침을 버리고 평화적 방법을 취하여 극도로 무기 소지를 제한할 것 (2) 도민의 생계를 보장할 것 (3) 테러하는 사설단체를 즉시 해체할 것 (4) 해상교통 특히 제주—목포간의 증명제도를 철폐할 것 (5) 고문치사, 폭행하는 자는 엄벌에 처할 것 등을 건의했다. 『조선중앙일보』, 『수산경제신문』, 1948.7.2.

219 『부산신문』, 『공업신문』, 1948.6.22. 제우회의 청원서 요지는 다음과 같다. "작년 3·1절 기념행사 때의 경찰측의 발포 살상사건을 기화로 하여 폭발된 소위 관공리 총파업사건을 군정당국이 공정하고 건설적인 방법으로서 해결하였던들 오늘의 사태는 결코 일어나지 않았을 것이다. 그러나 불행하게도 군정당국은 이 지방의 특수성을 이해하려고 하지 않고 관민 전체가 위험한 파괴분자인 것 같이 대처하여 도외에서 이 지방주민과 하등 관련이 없는 인사와 청년단을 대량으로 유입하여 각 마을에 배치하고 그들로 하여금 평화로운 도민생활에 간섭과 폭행을 자행케 하였던 것이다"고 밝혔다.

220 『수산경제신문』, 『부산신문』, 1948.7.2.

221 『한성일보』, 『수산경제신문』, 1948.7.9.

222 『조선중앙일보』, 1948.6.11, 6.13.

223 『경향신문』, 『서울신문』, 1948.6.15, 『자유신문』, 1948.6.16.

224 『대한일보』, 1948.6.4, 6.15, 『조선일보』, 1948.6.17.

225 『부인신보』, 『현대일보』, 1948.6.24, 『남조선민보』, 1948.6.25.

226 GHQ. FEC. G-2 Intelligence Summary No. 2134, 17 June 1948.

227 Despatch No. 237, Subj: South Korean Interim Government Executive Order No. 22, By-Election on Island of Cheju Do Indefinitely Postponed, Joseph E. Jacobs, United States Political Advisor to the Secretary of State, July 28, 1948, 국사편찬위원회, 『대한민국사 자료집』 25, p.132; 『서울신문』, 1948.6.13.

228 브라운 대령이 지적한 제주도 민정장관의 정책 실패는 (1) 활용 가능한 병력을 이용한 초기 진압의 실패 (2) 제주도 경찰 지휘 실패 (3) 제주도에 파견된 응원경찰에 대한 효과적인 동원 실패 (4) 경비대에 대한 명령 지시 및 이행 실패 등이다.

229 Brown Report.

230 Despatch No. 199, Inclosure, Memorandum for CG, Subj: Visit on Cheju Do, Coulter to Hodge(이하 Coulter Report), 15 June, 1948, Subj: Disturbances on Cheju Island, Joseph E. Jacobs, U.S. Political Advisor to the Secretary of State, July 2, 1948. 아름출판사, 『미국무성 한국관계문서』 4, p.278.

231 이 기간의 작전은 작전명령 제4호까지 끝난 것으로 보인다. Hq. USAFIK, G-2 W/S No. 144, 18 June 1948.

232 Coulter Report.

233 Brown Report.

234 『현대일보』, 1948.7.3.

235 『경향신문』, 1948.6.3.

236 제주4·3연구소, 『제주4·3자료집 II –미국무성 제주도관계문서』, p.481. 이 전단 은 제주4·3연구소 이규배 교수가 일본인 교수로부터 입수했다.

237 Hq. USAFIK, G–2 W/S No. 155, 3 Sept 1948.

238 콜터(John B. Coulter) 소장은 5월 26일 주한미군사령부와 제24군단 부사령관 으로 임명됐다. Hq. USAFIK, G–2 P/R No. 148, 16 July 1948. 콜터는 1948 년 8월 27일 하지 중장이 육군부로 전출되자 주한미군사령관에 취임했다. Historical Outline G–3 Section, Box No. 16, RG 338, NARA.

239 이 문서는 제24군단사령부 정치고문관 제이콥스가 국무부에 보낸 문서로, 제이콥 스는 이 비망록을 정독하면 제주도의 상황에 대해 보다 정확히 이해할 것이며, 공 산분자들의 소요 원인을 이해할 것이라고 설명했다. Inclosure, Memorandum for CG, Subj: Visit on Cheju Do, 15 June 1948, Coulter Report, Despatch No. 199, Subj: Disturbances on Cheju Island, Joseph E. Jacobs, U.S. Political Advisor to the Secretary of State, July 2, 1948, 아름출판사, 『미국 무성 한국관계문서』 4, pp.277–280.

240 Letter, Orlando Ward, Major General, U.S. Army to Colonel Rothwell H. Brown, Cheju Do, 19 May 1948, Box No. 3, *The Rothwell H. Brown Papers*, U.S. Army Military Institute, Caslie, USA.

241 Despatch No. 199, Inclosure No. 1, Memorandum for CG, USAFIK, Subj: Visit on Cheju Do, Coulter to Hodge, 15 June, 1948, Subj: Disturbances on Cheju Island, Joseph E. Jacobs, U.S. Political Advisor to the Secretary of State, July 2, 1948.

242 Letter, Rothwell H. Brown, Colonel, Cavalry to Major General Orlando Ward, Commanding General, 6th Infantry Division, 2 July 1948, *The Rothwell H. Brown Papers*, U.S. Army Military Institute, Carlisle, USA.

243 Brown Report.

244 USAMGIK, Major General W. F. Dean to Major Edgar A. Noel, CCAO, 59th Military Government Company, 17 July 1948, Box No. 68, RG 338, NARA.

245 Memorandum for Director of National Police, Subj: A Summary Report on the Jei–Ju Police, W. F. Dean, Military Governor to Director, National Police, Thru: Advisor, National Police, 30 July 1948.

246 제주4·3연구소, 『제주4·3자료집Ⅱ—미국무성 제주도관계문서』(제주: 각, 2002), p.482. 이 호외는 미국 스탠포드대학 후버도서관에서 발굴된 것으로 이규배 교수가 일본인 교수로부터 입수했다.

247 『현대일보』, 『공업신문』, 1948.7.14.

248 『평화일보』(1948.7.16)는 '정무회에서도 모르는 도지사 임명에 비난, 제주는 발령 2개월 후에야 발표, 과정(과도정부—필자) 인사행정은 어디로?'라는 제목의 기사에서 "동도(제주도—필자)의 최고 행정장관의 임명은 동도 관민과 아무런 협의도 없이 단독적으로 민정장관이 군정장관에게 내신하였다. 13일 공보부에서는 5월 28일에 이미 도지사가 임명되었다고 명확히 발표한 바 있었으므로 비로소 일반은 알게 됐다. 제주도민은 신문지상에도 발표되지 않은 도지사가 정식 도지사인지 가짜 도지사인지도 분명할 수 없으니 발표해달라는 통고가 공보부에 와서 비로소 비밀을 지키다가 금번 발표된 것"이라고 전했다.

249 『동아일보』, 1948.6.19.

250 Letter, Rothwell H. Brown, Colonel, Cavalry to Major General Orlando Ward, Commanding General, 6th Infantry Division, 2 July 1948, *The Rothwell H. Brown Papers*, U.S. Army Military Institute, Caslie, USA.

251 웨솔로스키 채록.

252 『제주4·3사건진상조사보고서』(p.225)에는 딘 군정장관이 6월 1일 직접 제주에 내려와 진급한 박 연대장에게 대령 계급장을 달아주었다고 했으나, 경비대 사령관 송호성과 고문관 하우스만(James H. Hausman) 대위가 통위부장에게 보낸 박진경의 대령 진급 추천서를 보낸 날짜는 1948년 6월 14일이다. 추천서에는 박진경이 중령으로 3개월을 복무했고, 편성상 대령으로 진급시킬 수 있다고 돼 있다. *The Rothwell H. Brown Papers*, U.S. Army Military Institute, Caslie, USA.

253 『수산경제신문』, 1948.6.18.

254 웨솔로스키 채록.

255 국방부 전사편찬위원회, 『한국전쟁사1』(서울: 동회, 1967), p.441.

256 『한성일보』, 1948.8.14.

257 『조선중앙일보』, 1948.8.15.

258 김익렬, 「4·3의 진실」, p.245.

259 국방부 전사편찬위원회, 『대비정규전사』, p.55.

260 조팔만 증언, 2002.10.23, 국방부 군사편찬연구소, 『4·3사건토벌작전사』, pp.224-226.

261 유영국 증언, 1966.4.2, 전사편찬위원회 '증언록'[면담사료 4005-1], 국방부 군사편찬연구소, 『4·3사건토벌작전사』, pp.306-311.

262 권재수 증언, 1981.2.16, 전사편찬위원회 '증언록'[면담사료 6004-1], 국방부 군사편찬연구소, 『4·3사건토벌작전사』, p.287.

263 『조선일보』, 1948.8.15, 『한성일보』, 1948.8.19.

264 김점곤 증언, 2000.10.13, 2001.3.30, 2001.10.30, 제주4·3위원회, 『군관계자증언채록-1』.

265 국방부 전사편찬위원회, 『한국전쟁사1-해방과 건군』, p.441; 백선엽, 『실록 지리산』, p.119.

266 공국진, 『선곡 공국진 회상록』, p.43; 『한성일보』, 1948.6.22, 『한국일보』, 2006.10.12.

267 Subj: Notes on G-2 Visit to Cheju do, From G-2 DIS To Capt Hausman, 7 August 1948, Box2, RG338.

268 국방부 전사편찬위원회, 『대비정규전사』, p.57; 국방부 군사편찬연구소, 『4·3사건토벌작전사』, p.122.

269 제주4·3위원회, 『제주4·3사건진상조사보고서』, p.230.

270 『조선일보』, 1948.7.4.

271 『동아일보』, 1948.7.13.

272 『조선중앙일보』, 1948.7.11.

273 『조선중앙일보』, 1948.7.13.

274 『조선일보』, 1948.7.29.

275 경찰은 서광리에서 8월 2일 무장대와 교전을 벌여 무장대 2명이 사살되고, 경찰 1명이 부상당했다. Hq. USAFIK, G-2 P/R No. 907, 10 Aug 1948.

276 미 보병 제6사단 야전명령 제7호, 1948년 8월 5일, 제주4·3위원회, 『제주4·3자료집』8, p.57.

277 메릴은 신생 대한민국 정부에 권력을 이양하거나 군대를 철수하는 과정에서 방해 요인으로 작용할지 모르는 그 어떠한 장애에도 부딪히지 않고 그해 여름을 보낼 수 있기를 바랐으며, 따라서 일시적으로 잠잠해진 4·3봉기를 진압하는 군사적전 을 수행해 나가는 일에도 별다른 관심을 보이지 않았다고 밝혔으나 이 시기 무장 대의 활동은 강력한 토벌작전으로 인해 숨어들었을 뿐 경비대와 경찰의 토벌작전 은 계속됐다. 존 메릴, 『침략인가 해방전쟁인가: 1948-1950 한국전쟁의 국내적 배경』(서울: 과학과 사상, 1988), p.183.

278 『조선중앙일보』, 1948.7.29.

279 총사령부 특명 제88호(1948년 7월 6일), 제주4·3위원회, 『제주4·3자료집』5, p.84.

280 이 보고서는 제9연대 일일보고서로, 제9연대 고문관인 피쉬그룬드(Harold S. Fischgrund) 예비역 대령이 소장하고 있던 것을 오하이오 주립대 밀레트(Allan R. Millett) 교수에게 건네 준 것으로 필자가 입수해 표로 구성한 것이다. 이 보고 서는 연대 고문관이 일일활동상황을 요약해 보고한 전투상보로 추정된다.

281 이 문서에서 언급한 좌표 952-1149는 오라리 지경으로 추정된다.

282 당시 연대 고문관으로 현장에 있었던 웨솔로스키도 이들이 탈영과 살인죄로 사형 선고를 받았고, 경비대의 사격술이 나빠 여러 차례에 걸쳐 사격이 이뤄졌다고 말 했다.

283 『조선중앙일보』, 『평화일보』, 1948.8.8.

284 필자는 2002년 10월 미국 버지니아에서 조셉 모타이저를 만났으나 그는 제주도 상황을 거의 기억하지 못했다.

285 W.F. Dean, Maj. Gen to Edgar Noel, 8, August 1948, Box 68, RG 338, NARA.

286 Subj: Police Special Caution, Director of National Police to Chiefs, Police, Aug 7, 1948.

287 제주-목포간 정기여객선편 여행증명제도는 7월 5일 폐지됐다가 부활된 것이다. 『동광신문』, 1948.8.25.

288 『조선중앙일보』, 1948.9.1.

289 『평화일보』, 『대한일보』, 『조선중앙일보』, 1948.9.3.

290 『부산신문』, 1948.9.1.

291 『조선중앙일보』, 1948.9.1, 『동광신문』, 1948.9.2.

292 『조선중앙일보』, 『서울신문』, 1948.9.3.

293 미 보병 제6사단장 워드 소장의 야전명령 제7호, 1948년 8월 5일, 제주4·3위원회, 『제주4·3자료집』 8, pp.57–59.

294 제주도 파견대장 콜린 중위는 정치상황이 폭발하지 않았으나 '30일경의 위기설'이 있다고 보고했다. 그러나 이 위기설에 대한 구체적인 내용은 없다. 제20연대 제주도 파견대장 에드워드 콜린(Edward J. Collin) 중위가 제20연대장에게, 제주도 파견대 일지, 1948년 8월 23일, 제주4·3위원회, 『제주4·3자료집』 2, p.84.

295 『서울신문』, 1948.9.7.

296 『서울신문』, 1948.9.3. '괴선박 출현'은 8월 17일 새벽 4시께 한림면 비양도 해상에서 괴선박 한 척을 발견해 정지를 명령했는데 기관총 2정으로 위협하면서 도주한 사건(『독립신보』, 『한성일보』, 1948.8.21)이며, 한림지서장 피습 사망사건은 8월 19일 0시 30분께 한림면 월령리로 출동하던 한림지서장 이화영 경위가 협재리에서 무장대로부터 습격받아 피살된 사건(『독립신보』, 『조선일보』, 1948.8.21)이다.

297 『대한일보』, 『수산경제신문』, 1948.9.7.

298 『조선중앙일보』, 1948.9.2, 9.3, 『조선중앙일보』, 1948.9.7, 9.10, 『독립신보』, 1948.9.8, 9.9.

299 『조선중앙일보』, 1948.9.15.

300 Hq. USAFIK, G-2 P/R No. 940, 18 September 1948.

301 협정 제1조는 "주한미군사령관은 본국 정부의 지시에 준하여 자기 직권 내에서 현재 편성 중에 있는 대한민국 국군을 계속하여 조직, 훈련, 급(及)무장할 것을 동의함. 단 동 사령관의 이에 대한 책임은 미군의 한국 주둔군 철퇴 완료시 종결함"이라고 돼 있다. 제2조는 "주한미사령관은 공동 안정을 허(許)한다고 생각할 때에 점진적으로 가급적 속히 전 경찰, 해안경비대 급(及) 현재 편성 중인 국군으로 된 대한민국 국방군의 지휘권을 대한민국 정부에게 이양하기를 동의하여 대한민국 대

통령이 국방군 지휘 책임을 인수하기로 동의함. 또한 주한미군사령관은 1947년 11월 14일 국제연합 총회 결의문 제3호 제4절 C에 표시된 미군 철병이 완료할 때까지 공동의 안전과 대한민국 국군의 조직, 훈련 급(及) 무장에 필요하다고 생각할 때에는 대한민국 국방군(육군, 해안경비대 급(及) 위험지대에 배치된 국립경찰의 일부로 됨)의 운용에 전권을 보유함"이라고 돼 있다. 국가기록원 인터넷 검색; The Political Adviser in Korea (Jacobs) to the Secretary of State, *FRUS* 1948, Vol. Ⅵ, pp.1282-1283.

302 Robert K. Sawyer, *Military Advisors in Korea: KMAG in Peace and War* (Washington D.C.: Office of the Chief of the Military History, 1962), pp.34-35, 45.

303 KMAG, *The United States Military Advisory Group to the Republic of Korea: KMAG, 1945-1955* (Tokyo: KMAG Public Information Office, 1955), p.2.

304 주한미군사고문단의 『고문관 편람』에는 고문관의 임무를 (1) 대한민국의 법과 질서 유지 (2) 공격에 대비한 38선(남한과 북한 사이의 경계선)의 방어 (3) 남한내 파괴분자들의 진압과 섬멸 (4) 게릴라의 남한 침투 저지와 게릴라전의 격퇴 및 진압 (5) 사람, 상품과 물건의 한국 밀수출입, 해적 저지에 대비한 한국 해안의 보호 등으로 돼 있다. 고문관들은 또 지휘하지 않고, 자문한다고 돼 있다. Despatch No. 679, Subj: Transmitting copies of *KMAG Advisor's Handbook*, United States Military Advisory Group to the Republic of Korea, American Embassy to the Foreign Service of the USA, Oct 28, 1949, 국사편찬위원회, 『대한민국사 자료집』 26, pp.470-472.

305 통위부 고문관 로버츠 준장이 국무총리 이범석에게 보내는 서한, 1948.9.29, 제주4·3위원회, 『제주4·3자료집』 8, pp.90-91.

306 하우스만·정일화 공저, 『한국 대통령을 움직인 미국 대위』(서울: 한국문원, 1995), p.164.

307 1948년 4월 미국 육군부와 미 극동사령부는 제24군단 작전참모부가 작성한 이 계획을 승인했다. 철수 개시일은 애초 1948년 8월 15일로 계획됐으나 육군부에서 승인받은 뒤 1948년 9월 15일로 연기된 것이다. 최초의 철수 부대는 제865 방공포병 자동화기 대대와 제35 병기 파견대로 일본으로 주둔지를 옮기기 위해 제24군단을 떠났다. 이 부대는 1948년 9월 14일 2대의 LST에 승선해 인천을 출항했다. 잔여 병력은 9월 16일 USAT 제너럴 콜린스(General Collins)호에 승선해 인천항을 출항해 요코하마로 갔다. Historical Outline of G-3, USAFIK, RG 338, NARA; 이어 1949년 3월 23일 주한미군철수를 1949년 6월 말까지 연기한 대한정책 지침서인 NSC8/2를 승인해 6월 30일 주한미군은 군사고문단만을 남긴 채 철수를 끝냈다.

308 JOINT WEEKA No. 34, 21 Aug 1948.

309 『국제신문』, 1948.10.7, 『남조선민보』, 1948.10.8; Hq. USAFIK, G-2 P/R No. 952, 2 Oct 1948.

310 『남조선민보』, 『호남신문』, 1948.10.3.

311 『조선일보』, 『부산신문』, 1948.10.6.

312 『조선일보』, 1948.10.20.

313 군사고문단이 1949년 7월 미 제2군 사령관에게 보낸 서한에는 당시 군이 저지른 가혹행위에 대한 기록이 있다. 이 서한에는 여순사건을 언급하면서 "뿌리뽑는다는 것은 간단한 절차다. 연대 지휘관들이 임명하는 사람들로 구성된 즉결 및 특별재판소는 사형을 선고하려고 노력하고 있고, 또 그렇게 하고 있다. 즉결재판소에서 근무하는 훌륭한 장교라면 오전에 60~70건을 판결하고, 오후에는 처형을 감독할 수 있다. 탄약이 부족할 때는 죽창이 매우 유용하게 사용된다. 그러나 죽창은 여러 번 찔러야 하기 때문에 병사들이 쉽게 지쳐버린다. 그러나 많은 병사들은 피곤할 줄도 모르고 제비뽑기를 한다"고 언급했다. Liaison Office, KMAG to Major General C. L. Mullins, Jr, Headquarters, 2nd Army, 28 July 1949, *The Jay D. Vanderpool Papers*, U.S. Army Military History Institute, Carlisle, Pa, USA.

314 Radio 32, Message, West, Advisor, G-3 to Capt. Burgess, Chejudo, 1250 22 Oct 1948. Box No. 16, RG 338, NARA.

315 Radio 36, Message to Chejudo, 1400 22 Oct 1948. Box No. 16, RG 338, NARA.

316 Subj: Yosu Report No. 68, Received 221055 Oct 1948, Chief of 8th District Police, 22 Oct 1948. Box No. 16, RG 338, NARA.

317 『대한일보』, 1948.10.30.

318 Despatch No. 81, Subj: Review of and Observations on the Yosu Rebellion, John J. Muccio, American Mission in Korea to the Secretary of State, Nov 4, 1948, p. 6, 아름출판사, 『미국무성 한국관계문서』 5, p.348.

319 일본 관동군 헌병 출신 김창룡이 주도해 1949년 봄까지 6개월 남짓 걸쳐 진행된 숙군작업에서는 5천여 명의 장교와 사병들이 숙청됐다. 이 숫자는 여순사건 당시 전군의 10%에 이르는 숫자였다. 그러나 그 가운데는 죄가 없는 병사들이 많았다. John Merrill, *Korea: The Peninsular Origins of the War*, p.116.

320 Roberts to Major Gen. Charles L. Bolte, Director of Plans and Operations, Department of the Army, 19 Aug. 1949.

321 한국군 고문관 제임스 하우스만 대위 보고서, 국방경비대 역사, 군사고문단장 로버츠 준장이 육군성장관 케네스 로얄에게 보내는 보고서, 1949년 2월 7일, 제주4·3위원회, 『제주4·3자료집』8, pp.100-104.

322 Hq. USAFIK, G-2 P/R No. 1097, April 1 1948.

323 Judith Gail Gardam, *Non-combatant Immunity as a Norm of International Humanitarian Law* (Dordrecht, Boston and London: Martinus Nijhoff Publishers, 1993), p.57.

324 James William Gibson, *The Perfect War: Technowar in Vietnam* (New York: Atlantic Monthly Press, 2000), pp.85, 135.

325 진봉택 증언, 2002.10.23, 국방부 군사편찬연구소, 『4·3사건토벌작전사』, pp.224-226.

326 채명신, 『채명신 회고록-사선을 넘고 넘어』, p.71.

327 백선엽, 『실록 지리산』, p.126.

328 김생민은 물찻오름 지경에서 성산, 조천, 남원 일대에서 올라온 노약자와 부녀자, 아이들을 통제해 대피훈련을 하고 식량 배급을 통제하는 난민통제책임자로 일할 정도로 산간지역으로 피신한 주민들이 많았다고 한다. 김생민 채록, 2001.7.13.

329 Subj: Summary of the Situation on Cheju Do, F. V. Burgess, Capt. Inf, PMAG Advisor 9th Regiment K.C., Cheju Do, 30 October 1948, Box No. 4, RG 338, NARA.

330 고성리 전투에 대해서는 제9연대와 미군의 보고서가 크게 다르다. 군은 10월 28일 '무장폭도' 40명을 사살하고, 200여 명을 포로로 잡았으며, 이덕구의 시체를 발견했다고 발표했다.(『독립신보』, 『국제신문』, 1948.11.2, 『국제신문』, 1948.11.6) 이어 10월 29일에도 10여 명을 사살하고, 60여 명의 부상자를 냈다고 발표했다.(『국제신문』, 『남조선민보』 1948.11.12.) 그러나 주한미군사령부 정보참모부 보고서는 10월 29일 폭도 4명이 사망하고 20명을 체포했으며, '게릴라' 지도자 이덕구가 사망했다고 언급했다.(Hq. USAFIK, G-2 P/R No. 977, 1 Nov. 1948, No.981, 5 Nov. 1948) 그만큼 당시 제주도 사태에 대한 정보는 부실했고, 당시 병사들은 군의 전과 부풀리기도 심했다고 했다.

331 John Merrill, *Korea: The Peninsular Origins of the War* (Newark: University of Delaware Press, 1989), pp.122-123, 130.

332 Despatch No. 81, Subj: Review of and Observations on the Yosu Rebellion, John J. Muccio, American Mission in Korea to the Secretary of State, Nov 4, 1948, p. 6, 아름출판사, 『미국무성 한국관계문서』 5, p.348.

333 Hq. USAFIK, JOINT WEEKA No. 34, 21 Aug 1948.

334 제주4·3위원회, 『제주4·3사건진상조사보고서』, pp.251-252.

335 로버츠 준장이 참모총장 채병덕 대령에게 보내는 전문, 1948.10.28, 제주4·3위원회, 『제주4·3자료집』 8, p.95.

336 Hq. USAFIK, 971th CIC to G-2, Corps, Flash No. 289, 022210 Nov 1948, Box No. 16, RG 338, NARA.

337 Despatch No. 180, Muccio to Secretary of State, Nov 3, 1948, 아름출판사, 『미국무성 한국관계문서』 5, pp.341-342.

338 CG, USAFIK to CINCFE, G-2 Highlight 325, 6 Nov 1948, Box No. 120, RG 338, NARA.

339 Hq. USAFIK, G-2 P/R No. 989, 16 Nov 1948.

340 제민일보 4·3취재반, 『4·3은 말한다』 4, pp.299-301.

341 Hq. USAFIK, 971st CIC, Flash No. 403, 2040, 21 Nov, 1948, File No. 306, RG 407.

342 출처: ① Hq. USAFIK, G-2 P/R No. 979, 3 Nov 1948 ② Hq. USAFIK, G-2 P/R No. 981, 5 Nov 1948 ③ Hq. USAFIK, G-2 P/R No.982, 6 Nov 1948 ④ Hq. USAFIK, G-2 P/R No. 983, 8 Nov 1948 ⑤ Hq. USAFIK, G-2 P/R No. 987, 13 Nov 1948 ⑥ Hq. USAFIK, G-2 P/R No. 988, 15 Nov 1948 ⑦ Hq. USAFIK, G-2 P/R No. 986, 12 Nov 1948 ⑧ Hq. USAFIK, G-2 P/R No. 989, 16 Nov 1948 ⑨ Hq. USAFIK, G-2 P/R No. 995, 23 Nov 1948 ⑩ Hq. USAFIK, G-2 P/R No. 994, 22 Nov 1948.

343 정만교 증언, 1967.5.16, 전사편찬위원회, 『증언록』[면담사료 1227-1], 국방부 군사편찬연구소, 『4·3사건토벌작전사』, p.335.

344 11월 17일 대통령령 제31호로 선포된 '제주도지구 계엄선포에 관한 건'은 "제주도의 반란을 급속히 진정하기 위하여 동 지구를 합위(合圍)지경으로 정하고 본령(本令) 공포일로부터 계엄을 시행할 것을 선포한다. 계엄사령관은 제주도 주둔 육군 제9연대장으로 한다"고 돼 있다. 『관보』 제14호, 1948.11.17. 이 계엄령의 선포일자는 논란이 있었으나, 최근 발굴된 신문기사는 '대통령령 제31호'로 공포된 계엄령의 내용이 관보와 동일하게 나와 있다. 『호남신문』, 1948.11.21.

345 Hq. USAFIK, G-2 P/R No. 1097, April 1 1949.

346 1942년 5월 28일 안귀현 부근의 마을에 대한 공격에서 일본군 300여 명은 지역을 포위하고 동굴에 독가스를 집어넣어 800명의 중국인들을 학살했다. 허베이 동부 루안현 판차타이에서는 1,280명이 처형되고 모든 가옥이 전소됐다. 국경지역 페이위구에서는 1만 명 이상의 일본군이 1941년 8~10월 소탕작전을 전개해 4,500여 명을 학살하고, 15만 채의 주택을 방화했으며, 1만 7천여 명을 만주로 추방했다. 이러한 정책은 공산주의자와 주민들 간에 존재하는 긴밀한 협력을 파괴하려는 목적으로 사용됐다. Chalmers A. Johnson, *Peasant Nationalism and Communist Power* (Calif.: Stanford University Press, 1962), pp.55-56.

347 *Washington Post*, 1948.11.19.

348 채병덕 국방부 참모총장은 "작전 시에 한해 필요한 정확과 적합성을 발휘하기 위해 실시하는 것"이라고 했고, 이창정 보도과장은 "여순사건에 있어서도 군 당국 발표와 공보처 또는 내무당국 발표가 서로 착오된 점이 있어 통일과 정확함을 기함과 동시에 앞으로 이런 폐단을 없애고자 실시하는 것"이라고 주장했다. 『남조선민보』, 『수산경제신문』, 1948.11.21, 『부산신문』, 『자유신문』, 1948.11.23.

349 주한미군사령관이 육군성 정보국에, 국가보안법/국군조직법, 1948.12.5, 제주4·3위원회, 『제주4·3자료집』 7, pp.262-263.

350 군사고문단장 로버츠 준장이 제24군단 사령관에게, 군사고문단 주간활동, 1948.11.15, 제주4·3위원회, 『제주4·3자료집』 8, pp.72-73, Box No. 2, RG 338.

351 Military Governor, USAMGIK to CCAO, 59th Military Government Company, undated, Box No. 119, RG 338.

352 Hq. USAFIK, G-2 P/R No. 951, 1 Oct 1948.

353 Hq. USAFIK, G-2 P/R No.691, 22 Nov, 1947.

354 김윤옥, 『초창기 제주언론의 주역들 – 허공에 탑을 쌓을 수는 없다』 (서울: 도서출판21기획, 2000), pp.66-68, 197-201.

355 이경남, '청년운동반세기' 12회, 『경향신문』, 1987.1.28.

356 『동아일보』, 1958.9.21.

357 이경남, '청년운동반세기' 11회, 『경향신문』, 1987.1.21.

358 로버츠 준장이 주한미군사령관에게, 군사고문단 주간활동, 1948.11.15, 제주4·3위원회, 『제주4·3자료집』 8, pp.72-73.

359 제주4·3위원회, 『제주4·3사건진상조사보고서』, pp.268-271.

360 Hq. USAFIIK, G-2 P/R No. 1003, 3 Dec 1948.

361 Hq. USAFIK, G-2 P/R No. 1011, 13 Dec 1948.

362 제주4·3위원회, 『제주4·3사건진상조사보고서』, p.270.

363 이기봉 증언, 1966.3·15, 전사편찬위원회, '증언록'[면담사료 2006-1], 국방부 군사편찬연구소, 『4·3사건토벌작전사』, pp.312-315.

364 서청의 제주도 파견을 보도한 국내 언론은 이 신문이 유일하다. 『대구시보』, 1948.12.21

365 이들의 입대와 관련한 날짜는 같지만 미군 보고서와 내용이 조금 다르다. 미군 보고서에 따르면 서청 200명은 12월 20일 대전에서 경비대에 비밀리에 편입(secretly inducted)됐는데, 이들은 제9연대에 배속돼 제주도에 도착했고, 군복이 지급됐다. 미군은 서청 200명의 비밀 입대(secret induction)로 '특별중대'를 조직하려는 제2여단의 계획이 완료됐다고 논평했다. Hq. USAFIK, G-2 P/R, No. 1023, 28 Dec 1948.

366 윤태준 증언, 2001.5.2, 제주4·3위원회, 『군관계자 증언채록-1』.

367 전부일 증언, 2001.2.20, 제주4·3위원회, 『군관계자 증언채록-1』.

368 Nr: ZGBI 1944 220528Z, COMGENUSAFIK to CINCFE, Tokyo Japan for G-2 atn. Col. Dodge, Info: Dept of Army(CINCFE passes), 21 November 1948, 정용욱 편, 『JOINT WEEKA』(서울: 영진문화사, 1993), p.316.

369 Song, Yochan to KMAG, Commanding of 1st. Fred M. Erricson 01823279, Box No. 1, RG 338.

370 Hq. USAFIK, G-2 P/R No. 1014, 16 Dec. 1948.

371 Subj: Operations on Cheju Do, W. L. Roberts, Brig. Gen, USA, Chief, PMAG to Lee Bum Suk, 18 Dec 1948, Box No. 4, RG 338, NARA.

372 국방부 참모총장 채병덕 준장이 로버츠 준장에게, 서한, 1948.12.21, 제주4·3위원회, 『제주4·3자료집』10, pp.206-207. 로버츠 장군의 건의를 전후해 총리는 11월 26일 오후 8시 서울 중앙방송국에서 제9연대 장병들에 대한 격려방송을 진행했다. 『평화일보』, 1948.11.27.

373 『부인신보』, 1948.12.5.

374 Hq. USAFIK, G-2 P/R No. 1015, 17 Dec. 1948.

375 Hq. USAFIK, G-2 P/R No. 1021, 24 Dec. 1948.

376 이종호 증언, 1981.3·19, 전사편찬위원회, 『증언록』, 국방부 군사편찬연구소, 『4·3사건토벌작전사』, pp.330-333.

377 Hq. USAFIK, G-2 R/R No. 1018, 21 Dec. 1948.

378 로버츠 준장이 주한미군사령관에게, 군사고문단 주간활동, 1949.1.4, 제주4·3위원회, 『제주4·3자료집』8, p.76; 주한미군사령부 정보참모부는 이 기간 463명이 사살됐다고 보고했다. Hq. USAFIK, G-2 P/R No. 1026, 31 Dec 1948.

379 Despatch No. 14, Inclosure No. 1, Report on the Internal Insurrections after April, 1948, Made by Minister of Defense, Lee Bum Suk, Subj: Report of Minister of National Defense, Lee Bum Suk, on Internal Insurrections after April, 1948, Everett F. Drumright, Counselor of Mission to the Secretary of State, Jan 10, 1949.

380 Goodfellow Papers, Box 1, draft of letter to Rhee, no date but late 1948, Bruce Cumings, *The Question of American Responsibility for the Suppression of the Chejudo Uprising*, Presented at the 50th Anniversary Conference of the April 3, 1948 Chejudo Rebellion, Tokyo, March 14, 1998, p.11에서 재인용.

381 『서울신문』, 1948.12.14.

382 Hq. USAFIK, G-2 P/R No. 1097, 1 April 1949.

383 Irving Louis Horowitz, *Taking Lives: Genocide and State Power*, 4th ed.(New Brunswick, N.J.: Transaction Publishers, 1997), pp.20-21.

384 "Notes on Anti-guerrilla Warfare", by The Prime Minister of the Republic of Korea Song, Yo-Chan(1916-), Box No. 14, *The Orlando W. Ward Papers*, U.S. Army Military History Institute, Carlisle, Pa, USA.

385 『국회속기록』 제1회 제124호, 1948.12.8.

386 이종호 증언, 1981.3·19, 국방부 전사편찬위원회, 『증언록』, 국방부 군사편찬연구소, 『4·3사건토벌작전사』, pp.330-333.

387 Neil Sheehan, *A Bright Shining Lie: John Paul Vann and America in Vietnam* (New York: Random House, 1988), p.109.

388 이주홍 증언, 1965.12.9, 전사편찬위원회, 『증언록』[면담사료 1108-1], 국방부 군사편찬연구소, 『4·3사건토벌작전사』, p.334.

389 毛澤東 저, 김승일 옮김, 『모택동선집』 2 (서울: 범우사, 2002), p.114.

390 홍순봉 증언, 1967.4.1, 전사편찬위원회 『증언록』[면담사료 1223-1], 국방부 군사편찬연구소, 『4·3사건토벌작전사』, pp.347-350.

391 *The Gazette and Daily*, 24 July 1950.

392 Hq. USAFIK, G-3 Operations Report, 28 Dec 1948, Hq. USAFIK, G-2 P/R No. 1017, 20 Dec 1948; 『동광신문』, 1949.1.7.

393 WEEKA No. 51, 20 Dec 1948.

394 조영갑, 『한국민군관계론』서울: 한원, 1993), pp.413-414; 제2연대 출신 최갑석은 "함 연대장은 국내 전투에는 한 번도 빠진 적이 없이 참가한 군인이었다. 그는 국군에 들어와서는 여순사건, 제주4·3사건, 옹진지구 전투, 홍천 전투, 춘천 수복 전투, 6·25전쟁 등 한국군의 전장에는 반드시 그 복판에 있었으며 혁혁한 전공을 세웠다. 일본군 준위와 상사 출신은 사관학교 출신보다 실전 경험이 많고, 그래서 전쟁의 난국에는 머리 좋은 장교들보다 이들의 용맹성·효용성이 더 높다는 평가를 받았다. 함 연대장이 그 대표적 인물인 것이다"라며 함병선의 일제 강점기 일본군 경험을 높게 평가했다. 여순사건 진압에 동원됐던 대전의 제2연대 상사 최갑석은 1948년 12월 29일 선발대로 목포 해군기지에서 LST를 타고 제주도에 상륙해 1949년 8월 13일 제주를 떠날 때까지 제주도에서 근무했다. 이계홍 정리, 『최갑석 장군 이야기-장군이 된 이등병』(서울: 화남, 2005), pp.99-116; 국방부 군사편찬연구소, 『태극무공훈장에 빛나는 6·25 전쟁 영웅』(서울: 동소, 2003), pp.93-94.

395 문병태 증언, 2001.11.9, 제주4·3위원회, 『군관계자 증언채록-1』.

396 『국도신문』, 1949.4.21.

397 백선엽, 『실록 지리산』, p.126.

398 제목: 제주도 방문, 주한미대사관 드럼라이트, 1949.5.18, 제주4·3위원회, 『제
주4·3자료집』11, p.111.

399 최갑석, 이계홍 정리, 『최갑석 장군 이야기-장군이 된 이등병』, p.114.

400 최갑석, 이계홍 정리, 『최갑석 장군 이야기-장군이 된 이등병』, p.99.

401 『조선중앙일보』, 1949.1.6; 극동군사령부 군사정보국 정보요약 제2321호,
1949.1.6, 제주4·3위원회, 『제주4·3자료집』 10, pp.93~94; Hq. USAFIK,
G-2 P/R No. 1029, 5 Jan 1948, No. 1030, 6 Jan 1948.

402 국방부 전사편찬위원회, 『한국전쟁사 제1권 - 해방과 건군』, p.445.

403 Desptach No. 11, Inclosure No. 1, Subj: Political Survey, 971 CIC Cheju,
21 Nov. 1948, Subj: Transmitting Report of Development on Cheju
Island, January 7, 1949, Everett F. Drumright to the Secretary of State,
아름출판사, 『미국무성 한국관계문서』 5, pp.421~424.

404 제6회 국무회의록, 1949년 1월 11일, 제주4·3위원회, 『제주4·3자료집』 4, p.15.

405 『동아일보』, 1949.1.16.

406 제10회 국무회의록, 1949년 1월 17일.

407 제12회 국무회의록, 1949년 1월 21일, 제주4·3위원회, 『제주4·3자료집』 4,
p.17.

408 경찰의 제주도 파견은 1천 명 가운데 500명이 파견됐다. 제36회 국무회의록,
1949년 3월 30일, 제주4·3위원회, 『제주4·3자료집』 4, p.26.

409 국방부 참모총장 채병덕 준장이 군사고문단장에게, 서한, 1949년 1월 26일. 유
엔한위 선발대 5명은 1월 30일 한국에 도착했다. 『조선중앙일보』, 『호남신문』,
1949.2.1.

410 공군본부 정훈감실, 『공군사 제1집 - 自1949년 10월 1일 至1953년 7월 27일』서울: 동실, 1962), pp.64, 444.

411 Hq. USAFIK, G-3 Operations Report No. 5, 5 Feb 1949.

412 로버츠 준장이 주한미군사령관에게, 군사고문단 주간활동, 1949년 1월 31일, 제주4·3위원회, 『제주4·3자료집』 8, pp.77-78.

413 Subject: January 1948, Visits to Osaka, Kobe, Inchon, Cheju Do, Pusan, Sasebo, and Fukoka, From: Commander Support Group, Naval Forces Far East, To: commander Naval Forces Far East, File:A4-5, Serial 09, 2 February 1949. 일본 국회도서관.

414 주한미사절단은 대사관, 경제협조처, 군사고문단으로 구성됐다. 1948년 8월 23일 한국에 부임한 주한미사절단 대표 무초는 1949년 3월 21일 대한민국의 초대 대사로 임명됐다. 주한미군사고문단은 주한미사절단 대표(대사)의 행정 통제와 육군부의 작전통제를 받았다. GHQ, USAF, Pacific, G-2 Intelligence Summary, No. 2389, Box No. 3511, RG 319; Despatch No. 679, Subj: Transmitting copies of KMAG Advisor's Handbook, United States Military Advisory Group to the Republic of Korea, American Embassy to the Foreign Service of the USA, Oct 28, 1949, 국사편찬위원회, 『대한민국사 자료집』 26, pp.470-472.

415 Letr, Syngman Rhee, President to Col. Goodfellow, Feb 2, 1949.

416 로버츠 준장이 육군성장관 케네스 로얄에게, 보고서, 1949년 2월 7일, 제주4·3위원회, 『제주4·3자료집』 8, pp.99-108.

417 Hq. USAFIK, G-2 P/R No. 1097, 1 April, 1949.

418 P.C. Woosters to the Chief of KMAG, Reports of Ordnance Advisor's trip to 2nd Regt- Cheju, 10 Feb, 1949, Box No. 13, RG 338.

419 Despatch No. 142, Subj: Political Summary for February 1949, Everett F. Drumright, Counselor of Mission to the Secretary of State, March 14, 1949, 아름출판사, 『미국무성 한국관계문서』 5, pp.508-524.

420 『자유신문』(1949.3.16)도 제주도민들이 "하루에 고구마 한 개로 연명하고 있다"고 보도했다.

421 『동광신문』, 1949.3.15.

422 『호남신문』, 1949.3.15.

423 로버츠 단장이 육군성장관 로얄에게, 보고서, 1949년 2월 7일, 제주4·3위원회, 『제주4·3자료집』8, pp.105-108, Hq. USAFIK, G-3 Operations Report No. 7, 19 Feb 1949, Hq. USAFIK, G-2 P/R No. 1077, 3 March 1948, Hq. USAFIK, G-3 Operations Report No. 8, 26 Feb 1949, 위의 글, No. 9, 5 Mar 1949, 위의 글, No. 10, 12 Mar 1949, 위의 글, No. 11, 19 Mar 1949, 위의 글, No. 13, 2 April 1949, 위의 글, No. 14, 8 April 1949, 위의 글, No. 15, 15 April 1949, 위의 글, No. 16, 22 April 1949, 위의 글, No. 17, 29 April 1949, 위의 글, No. 18, 6 May 1949, 위의 글, No. 19, 13 May 1949.

424 Hq. USAFIK, G-2 P/R No. 1077, 3 March 1949.

425 극동군사령부 정보요약 제2375호, 1949년 3월 11일, 제주4·3위원회, 『제주4·3 자료집』10, pp.102-103.

426 국방부 전사편찬위원회, 한국전쟁사 제1권 - 해방과 건군』, p.446.

427 유재흥은 일본군 대위 시절인 1943년 이광수·최남선 등과 함께 일본 메이지대학에서 조선인 학병 지원을 촉구하는 연설을 하기도 했다.(『경향신문』, 1958.8.27, 1976.12.15,『한겨레』, 2011.11.29). 주한미대사관은 그를 말과 행동이 너무 일본식이기 때문에 한국적 방식에 적응할 수 없지만, 동급의 한국군 장교들보다 훨씬 더 영어를 잘 구사하고 이해한다고 평가했다. 제목: 제주도 방문, 주한미대사관 드럼라이트, 1949.5.18, 제주4·3위원회, 『제주4·3자료집』11, p.111.

428 Hq. USAFIK, G-2 P/R No. 1097, 1 April 1949.

429 유재흥은 연락기를 타고 한라산 상공을 비행하면서 작전명령을 하달하다가 추락했으나 비행기가 나무에 걸린 덕분에 조종사와 함께 탈출해 귀환하기도 했다. 전부일(제2연대 제1대대장) 증언, 2001.2.20, 제주4·3위원회, 『군관계자 증언채록-1』.

430 Hq. USAFIK, G-2 P/R No. 1097, 1 April 1949.

431 제25회 국무회의록, 1949년 3월 8일.

432 드럼라이트가 로버츠 장군에게, 제목: 제주도 상황, 1949년 3월 10일, 제주4·3 위원회,『제주4·3자료집』11, p.64.

433 주한미군사령관 로버츠 준장이 드럼라이트에게, 제목: 제주도 상황, 1949년 3월 11일, 제주4·3위원회, 『제주4·3자료집』11, pp.64-66.

434 Hq. USAFIK, G-2 P/R No. 1097, 1 April 1949.

435 Hq. USAFIK, G-2 W/S No. 1092, 21 March 1949.

436 『국회속기록』제2회 제56호, 1949.3·17, 제주4·3위원회, 『제주4·3자료집』 4, pp.131-132. 국무총리 이범석은 3월 17일 국회에서 1단계 병력의 지역 배치, 지형지물 숙지와 비민분리, 2단계 병력 집결 및 부락 재소탕, 3단계 도주하는 '무장폭도' 포위 추격전 등 제주도의 3단계 토벌작전을 설명했다.

437 『연합신문』, 1949.3.4.

438 Despatch No. 222, Subj: Political Summary for March, 1949, John J. Muccio, Special Representative, American Mission in Korea to the Secretary of State, April 18, 1949, p.13, 아름출판사, 『미국무성 한국관계문서』 5, p.590.

439 The Chargé of the American Mission in Korea (Drumright) to the Secretary of State, March 28, 1949, *FRUS, 1949, The Far East and Australia* (Part 2): Vol.Ⅶ, p.979.

440 Despatch No. 200, Inclosure No. 1, Conversation Memorandum, April 4, 1949, Subj: Transmitting a Memorandum of Conversation on Military Aid to Korea and Withdrawal of United States Troops, American Mission in Korea to the State Department, April 5, 1949, 국사편찬위원회, 『대한민국사 자료집』 26, pp.192-196.

441 『국도신문』, 1949.4.8, 『자유신문』, 1949.4.10.

442 Despatch No. 211, Inclosure No. 1, Memorandum of Conversation, Subj: President Rhee's visit to Cheju and military aid for Korea, Participants: President Rhee, Mr. Muccio, April 11, 1949, Muccio to the Secretary of State, 9 April, 1949.

443 Despatch No. 211, Subj: President's Rhee's Visit to Cheju and Military Aid for Korea, American Mission in Korea to the Foreign Service of the U.S.A., April 12, 1948, 국사편찬위원회, 『대한민국사 자료집』 26, pp.218-222; *New York Times*, 1949.4.12.

444 Telegram, The Special Representative in Korea (Muccio) to the Secretary of State, April 9, 1949, *FRUS, 1949, The Far East and Australasia* (Part2): Vol. Ⅶ, 1949, pp.981-982.

445 Airgram, The Special Representative in Korea (Muccio) to the Secretary of State, April 9, 1949, *FRUS, 1949, The Far East and Australasia* (Part2): Vol. Ⅶ, 1949, pp.983-984.

446 Despatch No. 211, Inclosure No. 1, Memorandum of Conversation, Subj: President Rhee's visit to Cheju and military aid for Korea, Participants: President Rhee, Mr. Muccio, April 11, 1949, Muccio to the Secretary of State, 12 April, 1949, 국사편찬위원회, 『대한민국사 자료집』 26, 218-222; 『자유신문』, 1949.4.12.

447 군사고문단장이 주한미군사령관에게, 군사고문단 주간활동, 1949년 4월 12일.

448 Hq. USAFIK, G-2 P/R No. 1113, 9 May 1949.

449 A-160, Muccio, American Embassy to the Secretary of State, May 2, 1949, 아름출판사, 『미국무성 한국관계문서』 6, p.5.

450 군사고문단장이 주한미군사령관에게, 군사고문단 주간활동, 1949.4.19.

451 로버츠 장군이 신성모 장관에게, 4월 16일 회담 의사록, 1949.4.16, 제주4·3위원회, 『제주4·3자료집』 8, p.112. 여기서 언급하는 서북대대는 제2연대 제3대대다. 제3대대는 조천면 함더리에 본부를 뒀고, 무장대의 매복·기습에 대한 보복으로 1949년 1월 17일 북촌리 주민 집단학살극을 벌였다. 제9연대의 '서청 특별중대'와 제2연대의 '서북대대'는 현지 연대장이 임의로 편성할 수 있는 성격의 부대가 아니며, 육군 수뇌부와 대통령 이승만의 결정과 지시에 따라 편성된 부대였다. 양봉철, 「제주4·3과 '서북대대'」, 『4·3과 역사』 8, pp.53-97.

452 드럼라이트, 제목: 제주도 방문, 1949.5.18, 제주4·3위원회, 『제주4·3자료집』 11, pp.110-114.

453 『경향신문』, 1949.4.28.

454 『동광신문』, 1949.5.14, 『국도신문』, 1949.5.14; Despatch No. 346, Subj: Political Summary for May, 1949, American Embassy to the Secretary of State, June 13, 1949, pp.13-14, 아름출판사, 『미국무성 한국관계문서』 6, pp.85-86.

455 A-171, American Embassy to the Secretary of State, 14 May, 1949, 아름출판사, 『미국무성 한국관계문서』 6, p.33.

456 Liaison Office, KMAG to Major General C. L. Mullins, Jr, Headquarters, 2nd Army, 28 July 1949, *The Jay D. Vanderpool Papers*, U.S. Army Military History Institute, Carlisle, Pa, USA.

457 *New York Times*, 1950.3.6.

458 국방부 전사편찬위원회, 『한국전쟁사 제1권 - 해방과 건군』, p.448.

459 『동광신문』, 1949.5.15, 5.17.

460 『연합신문』, 1949.5.19, 『영남일보』, 『조선중앙일보』, 1949.5.20.

461 Despatch No. 277, Subj: Transmittal of Copies of Press Release No. 16 Issued by the United Nations Commission on Korea, American Embassy to the Foreign Service of U.S.A, May 19, 1949, 국사편찬위원회, 『대한민국사 자료집』 43, pp.349-351.

462 Despatch No. 358, Inclosure No. 1, U.N. Document, A/AC.26/SC.2/15, (Extract) UNCOK, Sub-Committee Ⅱ, Subj: Report on Trips to the Provinces Affected by Recent Disturbances, 9 June 1949, Subj: Transmitting Excerpt from UNCOK Report on Visit to Cheju Island, Muccio to the Secretary of State, June 17, 1949, 국사편찬위원회, 『대한민국사 자료집』 43, pp.477-485.

463 『경향신문』, 1949.6.25.

464 『연합신문』, 1949.5.18.

465 Letter, Syngman Rhee, Office of the President to General MacArthur, May 22, 1949, 국사편찬위원회, 『대한민국사 자료집』 29, pp.56-57.

466 Despatch No. 607, Muccio to Department of State, 26 May, 1949, 국사편찬위원회, 『대한민국사 자료집』 26, pp.337-338.

467 재판과정의 불법성과 고문에 대해서는 제주4·3연구소, 『무덤에서 살아나온 4·3 '수형자'들』 참조.

468 『연합신문』, 『동아일보』, 1949.6.10; 『호남신문』, 1949.6.11. 국방부는 제주도인 민유격대 사령관 이덕구의 죽음을 놓고 오보를 내기도 했다. 국내 언론들은 일제 히 국방부가 '국방부 발표 제10호(11월 5일 오전 8시 현재)'를 통해 이덕구를 1948년 10월 24일 제주 애월 고성리 전투에서 사살했다고 발표했다.(『평화일보』,

『국제신문』, 1948.11.6, 『남조선민보』, 1948.11.7) 심지어 제9연대장 송요찬도 이덕구가 1948년 10월 28일 다른 간부들과 함께 사살됐다고 언급하기도 했다.(『남조선민보』, 『국제신문』, 1948.11.12) 그러나 이런 잘못된 발표에 대한 국방부의 공식 해명은 나오지 않았다.

469 Despatch No. 303, Subj: Transmittal of Memorandum of Conversation Covering Discussion with Mr. Kim Yong Ha, Governor of Cheju-do, American Embassy to the Secretary of Sate, Decimal File 895, Reel No. 3, NARA.

470 Despatch No. 354, Inclosure No. 1, Memorandum of Conversation No. 63, June 14, 1949, Subj: Views of Governor's affairs in Chejudo, American Embassy to the Secretary of State, 16 June 1949, Records of the U.S. Department of State Relating to the Internal Affairs of Korea 1945-1949, Decimal File 895, Reel No. 3-5, NARA.

471 Telegram No. 1023, Muccio to the Secretary of State, 14 Aug 1949, Decimal File 895, Reel No. 3-5, NARA.

472 JOINT WEEKA No. 17, 7 Oct 1949.

473 허균 증언, 2001.9.27, 제주4·3위원회, 『군관계자 증언채록-1』.

474 Despatch No. 635, The Ambassador in Korea (Muccio) to the Secretary of State, October 13, 1949, *FRUS, 1949, The Far East and Australasia* (Part2): Vol. Ⅶ, 1949, pp.1086-1087.

475 Despatch No. 704, Subj: Summary of Political Affairs of the Republic of Korea, October, 1949, Muccio to the Secretary of State, Nov 7, 1949, 아름출판사, 『미국무성 한국관계문서』 6, pp.567-568.

476 전부일 증언, 2001.2.20, 제주4·3위원회, 『군관계자 증언채록-1』.

477 Despatch No. 749, Inclosure. Subj: Tour of CHEJU DO - by Capt. Fischgrund, 22 Nov 1949, Capt. Harold Fischgrund, Asst. Adv. G-3 to Chief, KMAG, Subj: Transmitting report by Captain FISCHGRUND(KMAG) on trip to Cheju Island, American Embassy to Department of State, Nov 28, 1949, Box No. 8, RG 338.

478 A-376, Muccio to the Secretary of State, Nov 18, 1949, 아름출판사, 『미국무성 한국관계문서』 7, pp.599-600; 『수산경제신문』, 1949.11.17.

479 김성은, 『김성은 회고록 – 나의 잔이 넘치나이다』 (서울: ㈜아이템플 코리아, 2008), pp.149-153.

480 A-438, Muccio to the Secretary of State, Dec 20, 1949.

481 『한성일보』, 1950.4.18.

482 『상공일보』, 1950.4.18, 『남조선민보』, 1950.4.19.

483 Memorandum for the record, Subj: Conditions on Cheju Island, August 17, 1950, John F. Seifert, Commander, United States Navy Naval Attache, Donald S. Macdonald, Second Secretary of Embassy, Philip C. Rowe, Vice Consul (이하 John P. Seifert Report), Everett F. Drumright, American Embassy, Taegu Office to John M. Allison, Esquire, Department of State, Aug 29, 1950, 국회도서관 소장 자료.

484 John P. Seifert Report.

485 John P. Seifert Report.

486 『제주신보』, 1950.8.26.

487 『제주신보』, 1950.9.6.

488 Air Pouch, Inclosure No. 1, Memorandum for the record, Subj: Conversation with Lee Sung-Choo, Chief of Police, Cheju-do, Philip C. Rowe, Vice Consul, Nov 14, 1950, Everett F. Drumright, Charge d'Affaires a.i. to the Department of State, Nov 15, 1950, File No. 795, RG 59, 국회도서관 소장.

489 Inclosure No. 1, Subj: Conditions on Cheju Island, John E. MacDonald, Third Secretary, Subj: Transmitting Report on Conditions on Cheju Island, Everett F. Drumright, Counselor of Embassy to the Department of State, Nov 21, 1950, File No. 795, RG 59, 국회도서관 소장.

490 검토사항은 다음과 같다. ⑴ 유엔의 세계전략 차원에서 공산주의자들에게 제주도를 내주지 않는 것은 군사적으로 바람직할 것인가 ⑵ 그렇게 하는 것이 바람직하다면 군사전략적 관점에서 생기는 긍정적인 이점은 무엇인가 ⑶ 다시 한번, 그렇게 하는 것이 바람직하다면 유엔군의 과도한 승인 없이(현 세계 상황은 유엔군이 다른 지역에서도 매우 필요하기 때문에)가능한 것인가 ⑷ 제주도를 공산주의자들에게 내주지 않는다면 제주도를 대한민국 정부의 소재지로 이용하는 게 바람직할 것인가 ⑸ 정부를 제주도에 유지시키기 위한 그와 같은 이용은 유엔 자원, 2차적

으로 미국의 자원을 상당히 지속적으로 유출시키는 것을 의미하는가 등이다. Subj: Use of Cheju Island as a Seat for the Government of the Republic of Korea in Case of General Military Evacuation of the Korean Mainland, Unknown, Dec 29, 1950, File No. 795, RG 59, 국회도서관 소장자료.

491 Subj: Cheju Island, Everett F. Drumright, Counselor of Embassy to Department of Sate, January 18, 1951, File No. 795, RG 59, 국회도서관 영인.

492 Subj: Report of Activities, Cheju-Do Provincial Police, George H. Brown, Captain, Armor, UNCAC Team to Commanding Officer, UNCAC Team, Cheju-Do, 1 Feb 1951, Box No. 17, RG 338, NARA.

493 Subj: Anti-bandit Operation on Cheju-Do, Gaylord H. Mosure, WOJG, USA, Asst Adjutant General to Chief, Korean Military Advisory Group to the Repulic of Korea, 6 Nov 1952, Entry No. 1321(A1), RG 554, 국립중앙도서관 영인.

494 제주도경찰국, 『제주도경찰사』 (제주: 동국, 1990), p.318.

495 Series WAR200602382, RG 554, NARA, 국립중앙도서관 영인.

496 No.11, Subj: Transmitting Report of Developments on Cheju Island, 7 January, 1949, Everett F. Drumright, counselor of Mission, American Mission in Korea to the Secretary of State, Washington, 아름출판사, 『미국무성 한국관계문서』 5.

497 Tom Connally, *My Name is Tom Connally* (New York: Thomas Y. Crowell Company, 1954), p.343. 트루먼이 제주도 사건에 대해 인지하고 있었다는 것이 언급된 자료는 아직까지 이 회고록이 유일하다. 회고록에 나온 경찰에 의한 공산주의자 고문이 비난받을 것이 아니라는 발언은 당시 내무장관이었던 김효석의 발언한 내용이다.

498 U.S. Senate Committee on Foreign Relations, *Economic Assistance to China and Korea: 1949-1950*, p.167.

499 U.S. House of Representative, *United States Policy in the Far East Part 2*, pp.170-172.

500 E. A. J. Johnson, *American Imperialism in the Image of Peer Gynt*, p.148.

501 U.S. Senate Committee on Foreign Relations, *Economic Assistance to China and Korea: 1949–1950*, pp.118–120.

502 E. A. J. Johnson, *American Imperialism in the Image of Peer Gynt*, pp.208–209.

503 *New York Times*, 1950.7.6.

504 *The Gazette and Daily*, 24 July 1950.

1   그는 자신의 제주도 회고담을 정리한 헤르메스(Matt Hermes)가 미국 사우스캐롤라이나주에 있는 뷰퍼트가제트(BeaufortGazett.com)라는 온라인 매체에 2006년 1월 10일 쓴 기사에서 1948년 9월 초에 제11연대와 함께 육지로 돌아갔다고 했지만, 제11연대가 철수할 때는 1948년 7월 하순이었다. 따라서 리치 대위도 7월 하순 돌아간 것으로 추정된다.

2   그는 1944년 프랑스 상륙작전을 개시했을 때 탱크대대 중대장으로 활약한 공로로 2009년 프랑스 정부가 주는 최고훈장인 레종도뇌르 훈장을 받았다.
    http://www.islandpacket.com/2010/08/22/1346429/france-to-bestoy-legion-of-honor.html (검색일 2020.2.26)

3   리치의 4·3과 관련한 증언은 애초 'Mattew Hermes, Jimmie Leach, Back in the day: Col. Jimmie Leach, a former U.S. officer, recalls the Cheju-do insurrection in 1948'(이하 Back in the day)라는 제목으로 http://dwb.beaufortgazette.com/local_news/military/story/5443010p-4914264c.html (검색일 2007.7.20)에 실려 있었으나 삭제됐다. 그러나 http://www.leatherneck.com/forums/showthread.php?25086-Back-in-the-day (검색일 2020.11.14)에서 전문을 볼 수 있다.

4   리치가 처음 제주도에 갔을 때는 제9연대장 김익렬이 있었지만, 곧바로 박진경과 교체되는 시기였던 것으로 보인다.

5   Back in the day.

6   리치 채록. 리치와의 인터뷰는 제주4·3연구소 이사 유철인 제주대교수가 진행했다.

7   김익렬은 조선경비대총사령부 특명 제61호(1948년 5월 10일)에 따라 1948년 5월 6일부로 서울총사령부로 전입됐다는 기록이 있다.(제주4·3위원회, 『제주4·3자료집』 5, p.82; 그러나 김익렬은 곧바로 서울로 전출되지 않았으며, 제11연대에 합편된 제9연대 소속으로 일정 기간 모슬포에 주둔했던 것으로 보인다.

8   Hq. USAFIK, G-2 P/R No. 863, 18 June 1948.

9   리치 채록.

10 국방부 전사편찬위원회, 『대비정규전사』, p.54; 백선엽, 『실록 지리산』, p.118;

New York Times, 1948.6.19. 지리산 토벌작전에 참가했던 공국진은 퇴역 후 회사에 들어간 뒤 한 제철회사의 히로다 상무라는 일본인으로부터 전화를 받았는데 "박진경과 학병 교육대 동기로 친했다"라는 말을 들었다고 밝혔다. 공국진, 『선곡 공국진 회고록 – 한 노병의 애환』(서울: 원민 Publishing House, 2001), p.457.

11 그의 회고문에는 그 메모지를 갖고 있다고 했으나, 인터뷰에서는 이를 찾지 못했다고 했다.

12 Back in the day.

13 리치 채록; Back in the day.

14 『제주4·3사건진상조사보고서』에는 딘 군정장관이 6월 1일 직접 제주에 내려와 진급한 박진경에게 대령 계급장을 달아주기도 했다고 했지만(p.225), 국내 언론에는 6월 15일 진급한 것으로 나와 있다. 『수산경제신문』, 1948.6.18, 『현대일보』, 『부인신보』, 1948.6.19.

15 군사고문단장 로버츠 준장이 육군장관 케네스 로얄(Kenneth C. Royall)에게 보내는 보고서. 제목: 국방경비대 역사, 1949년 2월 7일, 제주도4·3위원회, 제주4·3사건자료집8, p.125.

16 이세호 증언, 2001.3.12, 제주4·3위원회, 『군관계자 증언채록-1』.

17 리치 채록; Back in the day.

18 Hq. 6th Inf. Div, G-2 P/R No. 967, 20 June 1948.

19 국방부 전사편찬위원회, 『한국전쟁사1-해방과 건군』, p.441; 백선엽, 『실록 지리산』, p.119.

20 필자는 당시 제주4·3위원회의 미국 현지 조사팀과 함께 고문관들을 만났다.

21 웨솔로스키가 밀레트에게 보낸 서한, 1996.3.6 및 웨솔로스키 채록.

22 웨솔로스키 채록 및 웨솔로스키가 밀레트에게 보낸 서한, 1996.9.16.

23 한국전쟁 당시 공수부대원으로 북한 지역에 낙하산으로 침투했던 켈소는 필자에게 보낸 편지에서도 이름을 한국어로 쓸 정도로 한국에 애정을 보였다. 그는 당시 썼던 자신의 일기와 보고서에 근거해 비교적 자세하게 알리려고 했다. 그는 제주도와 여순사건이 일어난 광주에서도 일기를 썼다.

24 켈소가 필자에게 보내온 이메일. 2001.10.1.

25 켈소는 그 뒤에도 한국전쟁을 포함해 두 차례 더 한국에서 근무한 뒤 1968년 중령
으로 예편했다. 한국전쟁 참전 특공보병부대(공수)협회장이기도 한 그는 1990년대
제주도를 방문해 한라산을 오르기도 했다. 켈소가 필자에게 보내온 편지 및 이메
일, 2001.9.6, 9.10, 10.1, 11.21.

26 피쉬그룬드가 밀레트 교수에게 보낸 편지에서는 버제스가 12월 초에 제주도를 떠
났다고 했으나, 필자에게 보낸 이메일에서는 자신이 10월에 제주도의 유일한 고문
관이 됐다고 했다. 그러나 10월 30일 자 제9연대 고문관 버제스의 보고서가 있는
것으로 보아 그는 11월 초에 떠난 것으로 추정된다.

27 피쉬그룬드는 1942년 8월 임관해 제2차 세계대전 당시 벨기에, 프랑스, 독일, 체
코슬로바키아에서 전투에 참전했으며, 훗날 베트남전에서는 고문관으로 활동했다.
그의 동료들은 그를 '전사'(warrior)로 평가했다. 피쉬그룬드는 1948년 8월 15일
한국에 도착해 친구 예이츠(Eames Yates) 대위의 도움으로 군사고문에 배치됐
다. 예이츠의 소개로 피쉬그룬드는 군사고문단 사령부에 배속된 하우스만 대위를
만났다. 당시 하우스만은 국방부 참모총장 채병덕의 고문관이었다. 그는 1949년 1
월 대위로 진급한 뒤 여순사건 빨치산들을 소탕하기 위한 남원전투사령부 정일권
사령관 고문관으로 활동하기도 했다. 그는 1949년 11월 22일 군사고문단 작전참
모부 부고문관으로 제주도를 시찰했다. 피쉬그룬드는 1950년 6월 24일 귀국했으
며, 베트남전 초기에 고문관으로 근무한 뒤 1969년 대령으로 전역했다. 훗날 그는
정일권 전 국무총리와는 평생 친하게 지냈다. 2007년 4월 21일 별세했다.
http://www.dailypress.com/news/dp-xpm-20070425-2007-04-25-
0704250116-story.html (검색일 2020.2.25)

28 피쉬그룬드가 필자에게 보낸 이메일 2001.8.14.

29 피쉬그룬드가 필자에게 보내온 이메일. 2001.10.22.

30 피쉬그룬드 인터뷰. 2001.10.18.

31 군대에서 상사의 명령이나 훈련 등을 제대로 따라하지 못하거나 행동이 느린 군인
을 '고문관'이라고 한다.

32 피쉬그룬드가 필자에게 보내온 이메일. 2001.11.21.

33 김생민 채록, 2001.7.13.

34 피쉬그룬드가 밀레트에게 보낸 편지. 1999.4.19.

35 피쉬그룬드가 필자에게 보낸 이메일. 2001.8.14.

36 원용덕은 1948년 11월 당시 중령으로 호남방면사령관이었다. 『호남신문』, 1948.11.6. 국무총리 이범석이 1949년 초 제주도에 방문했던 언론 보도는 있지만 1948년 초토화 시기에 방문했다는 기록은 없다.

37 김익렬, 「4·3의 진실」, p.344.

38 피쉬그룬드가 필자에게 보내온 이메일. 2001.10.22.

39 피쉬그룬드가 밀레트에게 보낸 편지. 1999.4.19.

40 섀클턴이 필자에게 보내온 편지. 2002.1.8.

41 피쉬그룬드가 밀레트에게 보낸 편지. 1999.4.19; 피쉬그룬드가 필자에게 보낸 이메일. 2001.8.14.

42 피쉬그룬드가 밀레트에게 보낸 편지. 1997.6.2.

【나오며】

1 『대구시보』, 1948.5.8.

참고문헌
reference

1. 1차 자료

(1) 미출간 자료

〈미국〉

Eugene Knez Papers, National Anthropological Archives, Smithsonian Institution, USA.

Hq. 6th Inf. Div. G-2 Periodic Report.

Hq. 7th Inf. Div. G-2 Periodic Report.

Hq. USAFIK. G-3 Operations Report.

Korean Army, *9th Regiment Daily Activities*.

RG 319, 332, 338, 407, Decimal File 895, Reel No. 3, NARA.

The Orlando W. Ward Papers, The Rothwell H. Brown Papers, U.S. Army Military History Institute, Carlisle, Pa.

〈오스트레일리아〉

Series No. A 1838(Australia National Archives)

UN1083 Assembly 140(Australia National Archives)

Series No. AWM 114, Control Symbol 423/10/42(Australian War Memorial, Canberra, Australia)

References PCPS D/13, Australia National Archives.

〈일본〉

Weekly Military Occupational Activities Report, 1946~1947 (일본 국립국회 도서관 헌정자료실)

機密作戰日誌(乙綴)(일본 방위성 방위연구소)

(2) 출간 자료

Hq. USAFIK. G-2 Periodic Report(『주한미군정보일지』,한림대아시아문화연구소영인, 1988)

Hq. USAFIK. JOINT WEEKA(『JOINT WEEKA』. 정용욱 편, 영주문화사 영인, 1997)

Hq. USAFIK. G-2 Weekly Summary(『주한미군주간정보요약』. 한림대 아시아문화연구소 영인, 1988)

KMAG, *The United States Military Advisory Group to the Republic of Korea: KMAG, 1945-1955* (Tokyo: KMAG Public Information Office, 1955)

Sawyer, Robert K., *Military Advisors in Korea: KMAG in Peace and War* (Washington D.C.: Office of the Chief of the Military History, 1962)

Schlesinger, Arthur M. Jr. & Walter LaFeber, eds., *The Dynamics of World Power: A Documentary History of United States Foreign Policy, 1945-1973, Vol. Ⅱ (Eastern Europe and the Soviet Union)* (New York: Chelsea House Publishers, 1973)

Soviet News, *The Soviet Union and The Korean Question(Documents)* (London: Farleigh Press, 1950)

U.S. House of Representative, *United States Policy in the Far East Part 2. Selected Executive Session Hearings of the Committee, 1943-50, Vol. Ⅷ* (Washington, D.C.: U.S.G.P.O, 1976)

U.S. Senate Committee on Foreign Relations, *Economic Assistance to China and Korea: 1949-1950: Hearings held in executive session before the Committee on Foreign Relations, United States Senate, 81st Congress, 1st and 2nd sessions on S. 1063, S. 2319, S. 2845* (Washington, D.C.: U.S.G.P.O, 1974)

United States Army Government in Korea. *Official Gazette* (『미군정청 관보』 전4권. 원주문화사 영인, 1993)

United States, State Department, *FRUS*, 1945, Ⅵ.

_____, *FRUS*, 1946, Ⅶ.

_____, *FRUS* 1946, Ⅷ.

_____, *FRUS* 1947, V.

_____, *FRUS* 1947, Ⅵ.

_____, *FRUS* 1948, Ⅰ (Part 2)

_____, *FRUS* 1948, Ⅳ

_____, *FRUS* 1949, Ⅶ (Part 2)

United States, State Department. *Records Relating to the Internal Affairs of Korea 1945-1949*, Scholarly Resources Inc.(『미국무성 한국관계문서』전

23권. 아름출판사 영인, 1995)

USAFIK. *History of the United States Armed Forces in Korea(HUSAFIK)*, Compiled under the supervision of Harold Larson, chief historian, Tokyo and Seoul, 1947, 1948. Manuscript in the Office of the Chief of the Chief of Military History, Washington, D.C.(『주한미군사』, 돌베개 영인, 1988)

USAMGIK. *South Korean Interim Government Activities* (『미군정활동보고서』 전6권. 이길상 편, 원주문화사 영인, 1990)

Joint Army Navy Intelligence Study of Korea (including Tsushima and Quelpart) Coast and Landing Beaches, April 1945.

공군본부 정훈감실,『공군사 제1집 - 自1949년 10월 1일 至1953년 7월 27일』(서울: 동실, 1962)

국방부 군사편찬연구소,『4·3사건토벌작전사』(서울: 동연구소, 2002)

국방부 전사편찬위원회,『국방조약집』제1집 (서울: 동위원회, 1981)

_____,『대비정규전사 1945-1960』(서울: 동위원회, 1988)

_____,『한국전쟁사 제1권 - 해방과 건군』(서울: 동위원회, 1967)

국사편찬위원회,『대한민국사 자료집 I : U.N. 한국임시위원단 관계문서』II (서울: 동위원회, 1989)

_____,『대한민국사 자료집』25, 39, 41 (서울: 동위원회, 1998)

유엔조선위원단, 임명삼 옮김,『UN조선위원단 보고서』(서울: 돌베개, 1984)

제주4·3연구소,『제주4·3자료집 II -미국무성 제주도관계문서』(제주: 각, 2002)

제주4·3사건 진상규명 및 희생자 명예회복 위원회,『제주4·3사건진상조사보고서』 (서울: 동위원회, 2003)

_____,『제주4·3자료집』전12권 (서울: 동위원회, 2001~2002)

_____,『군관계자 증언채록-1』(미출간)

제주사정립사업추진협의회·제주특별자치도,『자료집·일본신문이 보도한 제주도: 1878~1910년』(제주: 제주특별자치도, 2006)

濟州島廳,『濟州島勢要覽』(京城: 朝鮮印刷株式會社, 1930)

2. 단행본 및 논문

Alavi, Hamza, "The State in Postcolonial Societies: Pakistan and Bangladesh", 1972/임영일·이성형 편역, 『국가란 무엇인가: 자본주의와 그 국가이론』(서울: 까치, 1985)

Clifford, Clark, *Counsel to the President: A Memoir* (New York: Random House, 1991)

Cumings, Bruce, *The Origins of the Korean War: Liberation and the Emergence of Separate Regimes, 1945–1947* (New Jersey: Princeton University Press, 1981)/김주환 역, 『한국전쟁의 기원』上 (서울: 청사, 1986)

_____, *The Question of American Responsibility for the Suppression of the Chejudo Uprising*, Presented at the 50th Anniversary Conference of the April 3, 1948 Chejudo Rebellion, Tokyo, March 14, 1998.

Dean, William F., *General Dean's Story* (New York: The Viking Press, 1954)

Etzold, Thomas H., & John L. Gaddis, eds., *Containment: Documents of American Policy and Strategy, 1945–1950* (New York: Columbia University Press, 1978)

Fanon, Franz, *Les damnés de la terre*/남경태 옮김, 『대지의 저주받은 사람들』(서울: 그린비, 2007)

Gaddis, John Lewis, *We Now Know: Rethinking Cold War History* (New York: Oxford University Press, 1997)/박건영 옮김, 『새로 쓰는 냉전의 역사』(서울: 사회평론, 2002)

Gregory Henderson, *Korea: The Politics of the Vortex* (Cambridge, Massachusetts: Harvard University Press, 1968)/박행웅·이종삼 옮김, 『소용돌이의 한국정치』(서울: 한울, 2000)

Johnson, Chalmers A., *Blowback: The Costs and Consequences of American Empire* (New York: Henry Holt and Company, 2000)

_____, *Peasant Nationalism and Communist Power* (Calif.: Stanford University Press, 1962)

Johnson, Edgar A.J., *American Imperialism In the Image of Peer Gynt*(Minneapolis: University of Minnesota Press, 1971)

Jones, Howard, *A New Kind of War: A New Kind of War: America's Global Strategy and the Truman Doctrine in Greece* (Oxford: Oxford University Press, 1989)

Kennan, George F., *American Diplomacy*, expanded ed.(Chicago and London: The University of Chicago Press, 1984)

_____, *Memoirs: 1925–1950* (Boston: Little Brown, 1967)

Mao Tse–Tung, *On Guerrilla Warfare*, trans. Samuel B. Griffith (New York: Praeger, 1961)

Mark Gayn 지음, 까치 편집부 옮김, 『해방과 미군정』(서울: 까치, 1986)

Matray, James I., *The Reluctant Crusade: American Foreign Policy in Korea, 1941–1950* (Hawaii: University of Hawaii Press, 1985)/구대열 역, 『한반도의 분단과 미국—미국의 대한정책, 1941–1950』(서울: 을유문화사, 1989)

Mazower, Mark, Review Essay: "Violence and the State in the Twentieth Century," *The American Historical Review*, Vol. 107, No. 4 (2002)

Meade, E. Grant, *American Military Government in Korea* (New York: King's Crown Press, 1951)

Merrill, John R., *Internal Warfare in Korea, 1948–1950: The Local Setting of the Korean War*, University of Delaware, Ph. D. Dissertation (1982)

_____, Korea: *The Peninsular Origins of the War* (Newark: University of Delaware Press, 1989)

Rose, Lisle A., *Roots of Tragedy: The United States and the Struggle for Asia 1945–1953* (Connecticut: Greenwood Press, 1976)

Stephen A. Royle, Traditional Korean islanders encounters with the British navy in the 1880s: The Port Hamilton Affair of 1885–1887, *Journal of Marine and Island Cultures*(2016)5

Stueck, William W. Jr., *Rethinking the Korean War: A New Diplomatic and Strategy History* (New Jersey: Princeton University Press, 2002)/서은경 역, 『한국전쟁과 미국외교정책』(서울: 나남출판, 2005)

Tilly, Charles, *From Mobilization to Revolution*/양길현 외 공역, 『동원에서 혁명으로』(서울: 서울프레스, 1995)

Truman, Harry S., *Memoirs: Years of Trial and Hope*, Vol. II (Garden City: Doubleday, 1956)

Wittner, Lawrence S., *American Intervention in Greece, 1943–1949: A Study in Counterrevolution* (New York: Columbia University Press, 1982)

공국진, 『선곡 공국진 회상록 – 한 노병의 애환』(서울: 원민 Publishing House, 2001)

김동춘, 『전쟁과 사회』(서울: 돌베개, 2000)

金奉鉉, 『濟州島 血の歴史 − 〈4·3〉武裝闘争の記録』(東京: 國書刊行會, 1978)

김봉현 김민주 공편, 『제주도 인민들의 4·3 무장투쟁사』(대판: 문우사, 1963)

김성은, 『김성은 회고록 − 나의 잔이 넘치나이다』(서울: ㈜아이템플 코리아. 2008)

김운태, 『미군정의 한국통치』(서울: 박영사, 1992)

김윤옥, 『초창기 제주언론의 주역들 − 허공에 탑을 쌓을 수는 없다』(서울: 도서출판21기획, 2000)

김희재, 『미군정기 민중의 꿈과 좌절−인민위원회 운동을 중심으로』, 부산대 사회학과 박사학위 논문, 1997.

동아시아 평화인권 한국위원회, 『동아시아와 근대의 폭력1』(서울: 삼인, 2001)

毛澤東 저, 김승일 옮김, 『모택동선집』2 (서울: 범우사, 2002)

문창송 편, 『한라산은 알고 있다. 묻혀진 4·3의 진상』(1995)

박명림, 「한국의 국가형성, 1945−48: 시각과 해석」, 한국정치학회, 『한국정치학회보』제29집 제1호(1995)

_____, 『한국전쟁의 발발과 기원Ⅱ』(서울: 나남, 1996)

박찬식, 『4·3과 제주역사』(제주: 각, 2008)

박찬표, 『한국의 국가형성: 반공체제 수립과 자유민주주의 제도화, 1945−45』, 고려대 정치외교학과 박사학위 논문, 1995.

박태균, 『한국전쟁』(서울: 책과 함께, 2005)

백선엽, 『실록 지리산』(서울: 고려원, 1992)

서대숙 외, 『한국현대사와 미군정』(강원: 한림대 아시아문화연구소, 1991)

송광성, 『미군점령4년사』(서울: 평민사. 1993)

안진, 『미군정기 국가기구 형성과정에 관한 연구』, 서울대 사회학과 박사학위논문, 1990.

영락리 향토지추진위원회, 『영락리지』(제주: 태화인쇄사, 2006)

오재완, 『미국의 대한정책과 미군정의 국내정치적 역할: 1945−1948』, 고려대 정치외교학과 박사학위 논문, 1991.

이계홍 정리, 『최갑석 장군 이야기−장군이 된 이등병』(서울: 화남, 2005)

이상우 하영선 공편, 『현대국제정치학』(서울: 나남출판, 2001)

이운방, 「이른바 '4·28평화협상'합의설에 대하여 − 김익렬 회고록 '4·3의 진실'에 대한 비판」, 제주4·3연구소, 『4·3연구회보』(1989.12)

재일제주인의 생활사를 기록하는 모임, 『재일제주인의 생활사1-안주의 땅을 찾아서』(도서출판 선인, 2012)

제민일보사 4·3취재반, 『4·3은 말한다』전5권 (서울: 전예원, 1994~1998)

제주4·3연구소, 『4·3과 역사』1~8권 (제주: 각, 2001~2008)

_____, 『4·3장정』1~6권 (제주: 동연구소. 1990~1993)

_____, 『그늘 속의 4·3』(서울: 선인, 2009)

_____, 『무덤에서 살아나온 4·3수형자들』(서울: 역사비평, 2002)

_____, 『이제사 말햄수다』2 (서울: 한울, 1989)

_____, 『4·3과 여성-그 살아낸 날들의 기록』(도서출판 각, 2020)

존 메릴, 『침략인가 해방전쟁인가: 1948-1950 한국전쟁의 국내적 배경』(서울: 과학과 사상, 1988)

진덕규, 『한국 현대정치사 서설』(서울: 지식산업사, 2000)

최장집, 『한국현대정치의 구조와 변화』(서울: 까치, 1989)

하우스만 정일화 공저, 『한국 대통령을 움직인 미국 대위』(서울: 한국문원, 1995)

허호준 외 2인, 『빼앗긴 시대 빼앗긴 시절-제주도 민중들의 이야기』(도서출판 선인, 2007)

_____, 「태평양전쟁과 제주도」, 『사회와 역사』제72집(2006.12)

_____, 『그리스와 제주-비극의 역사와 그 후』(도서출판 선인, 2014)

3. 신문 및 방송, 저널 기사

〈국내〉

『강원일보』, 『경향신문』, 『공업신문』, 『국도신문』, 『국제신문』, 『군산신문』, 『남조선민보』, 『농민주보』, 『대공보일보』, 『대구시보』, 『대동신문』, 『대한독립신문』, 『독립신보』, 『동광신문』, 『동아일보』, 『로동신문』, 『매일신보』, 『민보』, 『민주중보』, 『민중일보』, 『부녀일보』, 『부산신문』, 『부인신보』, 『서울석간』, 『서울신문』, 『수산경제신문』, 『신민일보』, 『연합신문』, 『영남일보』, 『자유신문』, 『제3특보』, 『제주신문』, 『제주신보』, 『조선인민보』, 『조선일보』, 『조선중앙일보』, 『중앙신문』, 『한겨레』, 『한성일보』, 『현대일보』, 제주문화방송, '일본으로 간 4·3영혼', 제주문화방송, 2001.5.10, 『新天地』.

<미국 및 기타>

Chicago Daily Tribune, *Christian Science Monitor*, *Los Angeles Times*, *New York Herald Tribune*, *New York Times*, *South China Morning Post*, *Stars and Stripes(Pacific)*, *Washington Post* (이상 미국)

Barrier Daily Truth, *Barrier Miner*, *Daily Advertiser*, *Daily Mercury*, *Examiner*, *Morning Bulletin* (이상 오스트레일리아)

4. 기타

(1) 채록

고경흡 2003.5.3, 고윤섭 1997.6.20, 김대종 2006.5.27, 김생민 2001.7.13, 김옥련(부산) 1995.8.30, 김효종 2005.8.16, 남인희 2005.9.20, 부원휴 2017.6.3, 6.23. 양승훈 2007.6.12, 오추자(경기) 2018.2.23, 송경호 2018.2.25.

웨솔로스키(Charles L. Wesolowsky) 인터뷰. 2001.10.22–23.

피쉬그룬드(Harold S. Fischgrund) 인터뷰. 2001.10.18.

(2) 서한 및 이메일

새클턴(Robert L. Shackleton)이 필자에게 보낸 편지. 2002.1.8.

웨솔로스키가 밀레트에게 보낸 편지, 1996.9.16.

웨솔로스키가 필자에게 보낸 편지.

켈소(Minor L. Kelso)가 필자에게 보내온 편지 및 이메일, 2001.9.6, 9.10, 10.1, 11.21.

피쉬그룬드가 밀레트에게 보낸 편지, 1997.6.2, 1999.4.19.

피쉬그룬드가 필자에게 보내온 이메일, 2001.8.14, 10.22, 11.20, 11.21.

(3) 인터넷 검색

http://www.cbi-theater.com/1ptg/1ptg.html (검색일 2020.8.5)

http://www.dailypress.com/news/dp-xpm-20070425-2007-04-25-0704250116-story.html (검색일 2020.2.25)

http://www.trumanlibrary.org/oralhist/cliford6.htm (검색일 2020.5.3)

https://www.cia.gov/library/readingroom/docs/1949-01-28.pdf (검색일 2020.10.14)

https://www.trumanlibrary.gov/library/public-papers/100/statement-president-upon-signing-bill-endorsing-truman-doctrine (검색일 2020.5.3)

https://www.trumanlibrary.gov/library/public-papers/100/statement-president-upon-signing-bill-endorsing-truman-doctrine (검색일 2020.5.3)

https://www.trumanlibrary.gov/library/public-papers/56/special-message-congress-greece-and-turkey-truman-doctrine (검색일 2020.5.3)

4·3과 미국 일지

supplement

【1945년】

9.8 • 미 제24군단 인천항 도착.

9.9 • 태평양 미국육군부대 총사령관 맥아더, 포고 제1, 2호 발표.

     • 하지 중장, 아베 노부유키 조선총독 항복 조인식.

9.15 • 미 제24군단 정치고문관이 국무부에 제주도 주둔 일본군 무장해제 위한 병력 파견 예정 보고.

9.17 • 미 제59군정중대 미국 캘리포니아 몬트레이요새에서 편성.

9.23 • UP특파원 크램 카터 제주도 시찰.

9.24 • 미 제38항공폭격대, 24~25일 항복접수팀 제주도 출발에 앞서 정찰비행.

9.26 • 미 제59군정중대 미국 출발 제주행.

9.28 • 미 보병 제7사단 무장해제팀과 제24군단 항복접수팀 제주 도착. 일본군 제58군 도야마 중장으로부터 항복 접수.

10.5 • 미군 무장해제팀, 모슬포로 이동해 해군 항공폭탄 및 갱도 진지 파괴 목격.

10.7 • 중앙 미군정청 법무국장 우달 소령, 제주도 내도 변호사 양홍기 등에게 법원 임시사무 위촉.

10.21 • 미 제59군정중대, 인천항 도착.

10.22 • 미 제749야전포병대대, 제주도 상륙 및 일본군 송환업무 착수.

10.23 • 미군, 제주도 주둔 일본군 송환 시작.

11.1 • 휴가 중이던 일본군 82명과 민간인 6명, 선박편으로 목포발 제주행.

11.5 • 미 보병 제20연대 L중대와 제59군정중대 사령부 및 사령부 중대, 인천발 제주행.

     • 미군, 보안대 175명이 한라단 10명 구타 사건 조사. 154명 체포, 25명 도주.

11.8 • 미 보병 제20연대, 조선인 35명을 선박편으로 목포에서 제주도로 수송.

11.9 • 미 제59군정중대(장교 7명, 사병 40명)와 제20연대 L중대 제주도 상륙. 100명은 모슬포 파견.

11.10 • 미 보병 제6사단 제20연대 제51야전포병대대 분견대 제주도 파견.

11.12 • 미 보병 제6사단, 제24군수지원령부로부터 점령 통제를 위한 제주도 책임 위임받음.

        • 제주도 주둔 일본군 철수(일본군 4만 8,524명과 민간인 61명) 완료.

11.18 • 제주비행장(정뜨르) 창고에서 일본인 옷을 훔쳐 달아나던 조선인 여성 1명 이 미군 경비병 총격에 사망.

12.12 • 미 제59군정중대 파견대, 중문리 소요사건 진압차 출동해 총격으로 주민 1명 사망.

12.15 • 미군 의무장교, 모슬포에서 천연두로 환자 15명이 발생해 7명 사망 보고.

12.28 • 미군 보초병이 일본군 하치장에서 음식물을 훔치려다 들켜 달아나던 수명 의 조선인에게 총격해 여성 1명 사망.

【1946년】

1.27 • 미군 의무장교, 제주읍에서 천연두 환자 7명 발생 보고. 제주읍은 추후 통보가 있을 때까지 미군부대 출입 통제.

4.20 • 미 보병 제20연대 E중대 1개 소대, 좌표(986-1153·구좌면 세화리 추정)에서 소총사격으로 일본군 지뢰 2개 파괴.

4.21 • 주한미군사령관 하지 중장, 제주도 민정 시찰.

4.26 • 중앙 미군정청 공보부 여론조사과 페라루 제주도 방문.

5.6 • 중앙 미군정청 공보부장 뉴먼 대령, 여론조사과 제주도 방문 결과 보고서 작성.

5.15 • 중앙 미군정청 공보부장 뉴먼 대령, 라이프지 특파원 윌리엄 그레이 등 대동해 제주도 시찰.

5.30 • 군정장관 러치, 제주도 방문해 6월 3일까지 민정 시찰.

6.5 • 군정장관 러치, 기자회견에서 "제주도는 지금이나 장래에나 중요한 곳인 것을 절실히 느꼈다"는 제주도 시찰 소감 피력.

6.27 • 구 일본 여객선 만수마루(6천t급·러시아명 에너세이호), 제주도 조천리 1.5마일 해상에서 좌초.

6.28 • 미 보병 제20연대 E중대 장교 1명이 만수마루 조사해 러시아 육해군과 민간인 승선 확인. 함장은 기관 고장에 따른 도움을 요청했으나 미군 장교의 승선 거부.

6.29 • 만수마루 보다 약간 큰 선박이 예인선급 소형 선박과 함께 만수마루가 있는 지점에 출현. 미 제59군정중대 장교와 제20연대 장교가 승선한 정찰정이 접근하자 북동쪽 방면으로 항해. 제20연대 E중대 정찰대가 좌초된 만수마루 맞은편 연안에 배치됨.

6.30 • 미 제59군정중대 장교 2명과 제20연대 소속 장교 1명(중위)이 성조기를 단 정찰정을 타고 만수마루에 승선해 확인. 선장의 도움 요청으로 블라디보스톡의 러시아태평양함대 사령관에게 무선 송신.

7.2 • 군정장관 러치, 군정청 법령 제94호 '제주도의 설치' 공포.

7.3 • 러시아 구축함 #3 K-8, 제주도에 도착해 에너세이호를 조천 포구 밖으로 예인해 서쪽 방면으로 항해. 제20연대 경비병, 구축함이 처음 출현했을 때 잠수함 2척 목격 보고. 미군 C-47기가 잠수함 출현 보고를 확인하기 위해 비행했으나 확인 못함.

7.17 • 미 제59군정중대, 경찰로부터 러시아 선박 'SERGO-ORD JIARKYAID E 599'호가 애월리 부근에서 수심 측정을 하고 있었다는 보고 접수. 이 선박의 제주도 연안 출현은 7월 20일까지 미확인.

7.20 • 미 제59군정중대, 러시아 선박 'SERGO-ORD JIARKYAID E 599'호(1만 1,874t)가 제주읍 1마일 연안 정박 사실을 무전 보고. 군정중대 장교들이 선박을 조사한 결과 7월 14일 중국 다롄을 출항해 사할린으로 가는 도중 조선 최남단 해역에서 폭풍을 만나 식량 분실 사실 확인. 함장의 식량 지원 요청에 군정장교들이 식량을 공급하자 당일 출항.

7.22 • 제주도 미군 경비병, 러시아 국적 가능성이 있는 정체불명의 잠수함 접근 보고.

7.26 • 미 제7함대 소속 구축함 스웬슨과 내독스, 26일 오후 6시부터 8월 2일 오후 6시까지 한·일간 밀무역 막기 위해 제주도와 목포, 여수 주변 해역 정찰활동. 해안경비대원들이 구축함에 승선.

8.1 • 군정청 법령 제94호에 따라 제주도(島)가 제주도(道)로 승격. 미국인 초대 지사 써먼 스타우트 소령, 조선인 지사 박경훈, 현재 미군 150명 상주. 제주도 승격에 따라 제59군정중대가 제11군정단 산하에서 분리돼 독자 관리.

8.3 • 중앙 미군정청 군정장관 참페니(Arthur S. Champeny) 준장, 재무부장 고든(Charles J. Gordon) 대령, 상무부장 존스 해군대령, 신한공사 총재 정항범, 조선은행 이사 최순주 씨 등 5인 무수알콜공장 조업 개시 시찰 위해 입도.

8.4 • 미 구축함 스웬슨과 내독스, 4일 오후 6시~5일 오후 6시 밀무역과 불법 활동을 저지하기 위해 제주도와 부산 사이에서 정찰 활동.

8.5 • 미 극동사령부 정보참모부, 주한미군사령부 정보참모부에 제주도에서 좌초한 러시아 선박 조사 보고 요청. 극동사령부 정보참모부는 러시아 선박

에너세이호와 SERGO-ORD JIARKYAID호가 제주도 연안에 머문 동안 제주도민이 관찰한 러시아인들의 활동과 러시아 에이전트(스파이)들의 존재 및 활동 유무, 구축함 또는 잠수함 기지로서의 활용과 관련한 제주항의 정확한 정보 등을 요구하는 한편 제주도민들이 친러시아 또는 친미적인지 파악도 요청. 또한 이런 정보 활동에 부여된 에이전트의 선택에 각별한 주의 요망.

8.16 • 미 제7함대 소속 구축함 콜리트와 디헤이븐, 여수, 목포, 제주도 연안에서 해상 정찰활동 계속.

8.30 • 미 보병 제20연대 G중대 1개 소대 여수에서 제주도 파견.

• 미 제7함대 소속 구축함 제주도 연안에서 일본으로 밀항하던 조선인 175명을 승선 선박 검거.

8월 • 제주도 민정장관 대리 손힐(Thorton R. Thornhill) 대위 부임.

9.3 • 등록서류 미소지로 제주환(소유자 이정훈) 검거. 해안경비대원이 탑승해 목포로 예인.

9.5 • 정복환이 등록서류 미소지와 승객 30명을 제주도로 수송하는 혐의로 검거돼 목포 예인.

9.9 • 김비에라환이 등록서류 미소지와 승객 3명, 고구마와 옥수수, 닭, 재봉틀, 신발 등을 싣고 제주도에서 부산으로 항해하다 검거돼 부산 예인.

• 북수환 2호가 등록서류 미소지와 목재를 싣고 일본에서 제주도로 항해하다 검거돼 목포 예인.

9.11 • 미국 민사국에서 보낸 약품과 붕대, 주사기 등 의료품 제주도 도착.

• 혼장환이 승객 2명과 불법 화물을 적재하고 제주도로 항해하다 검거돼 목포로 예인.

• 김희라환이 등록서류 미소지와 기름, 페인트, 의류 등을 싣고 제주도에서 목포로 항해하다 검거돼 목포 예인.

10.21 • 미국 뉴욕발 AP통신, 제주도 서태평양의 '지브롤터'화 가능성 보도.

11.29 • 미 보병 제20연대 A중대 1개 소대가 제주도 G중대 소속 소대와 교대.

12.4 • 중앙 미군정청 공보부 여론조사과 페라루 입도해 6일까지 제주도 시찰.

12.5 • 제주도 민정장관 스타우트 소령 명령으로 구금 중인 입법의원 당선자 문도배 석방.

12.7 • 제6사단 제63연대 F중대 1개 소대가 A중대 1개 소대와 교체.

12.9 • 중앙 미군정청 공보부 여론조사과 페라루 제주도 방문.

12.12 • 헌진환(19t)이 제주도 성산포에서 100만 원 상당의 불법 화물 적재와 승객 38명을 일본 오사카에서 제주도로 수송하다 미 구축함 브러쉬호에 적발돼 목포 예인.

• 김말리안키(중국 선박·15t)가 불법 입항 혐의로 미 구축함 브러쉬호에 적발돼 목포 예인.

12.17 • 미보명 제20연대 파견대 가병사에서 화재 발생. 파견대장 코크란 중령이 목격.

【1947년】

1.3 • 미 제71기동전단 구축함이 3일 오후 6시부터 10일 오후 6시까지 정찰 활
동으로 상당수 소형 어선과 동력선 조사. 3척이 불법 운행 혐의로 검거돼
목포와 제주로 나포.

• 미 구축함 홀리스터, 불법 쌀 5포대를 적재한 소형 여객선 승환환 적발해
제주 예인.

1.4 • 제1연대 G중대 1개 소대가 제주도 주둔 제63연대 F중대 소대와 교체.

• 제주도 군정중대는 스타우트 소령의 지휘 아래 장교 11명, 사병 63명으로
구성.

1.13 • 하지 중장, 제주도지사에게 입법의원 참가 거부한 입의 의원 2석 재선거
지시.

1.20 • 중앙 미군정청 공보부, 제주도 밀수 근거지설 부인.

1.22 • 미 G중대 1개 소대 행군중 적과의 교전요령 훈련. C47과 C45기 제주도
도착. C47은 정기운항편이며, 공군장교와 제20연대장 스탠턴 대령, 작전
참모 레디한 대령은 C45를 타고 제주도 방문해 비행장 검열과 제주지역
상황 검열 실시.

1.30 • 제6사단 제1야포병 대대 B포대, 진해에서 제주도 이동. 제1연대 G중대 파
견대는 제주도 출발 부산 도착.

2.4 • 제주도 미군정청 경찰 고문관 파트릿지 대위 명령으로 제주감찰청에 체포
된 원만영 석방. 파트릿지 대위, 신우균 제주감찰청장과 한중옥 등 3인 회
합 뒤 복시환 하주대표 수감.

2.8 • 제주도 미군정청 지시로 한중옥 제주감찰청에 피검.

2.10 • 학생 350여 명 제주도 주둔 군정중대에 항의 시위.

• 제주도 민정장관 대리 손힐 대위 귀국.

2.21 • 경찰 고문관 파트릿지 대위, 부하 난타 사건으로 신우균 제주감찰청장 정
직처분.

2.28	• 제주도 민정장관 스타우트 소령, 3·1기념행사위원회 대표 안세훈 등 민정 장관실로 초치해 3·1절 기념행사 협의.
3.1	• 3·1절 발포사건 발생. 미군, 3·1절 시위군중 해산 지원.
3.8	• 주한미군사령부와 중앙 미군정청 공동조사단(단장 카스틸 대령), 3.1절 발 포사건 조사차 입도. 경무부 수사국 고문관 코페닝도 동행.
3.10	• 공동조사단, 스타우트 소령 박경훈 지사와 함께 현장 조사.
3.12	• 트루먼 독트린 발표.
	• 스타우트 소령, 제주신보 기자와 인터뷰에서 진상조사단에 재조사 명령 언급.
3.13	• 제51야포병대대 소속 소대, 제주비행장에서 이틀에 한번꼴로 화재 발생 보고.
	• 극동사령부 G-2, "서울 『한성일보』(우익), 제주도 상황과 관련한 기사에서 제주도민의 90%가 좌익이라고 보도했다"고 보고.
	• 카스텔 대령 등 제주도 3·1사건 진상조사단 이도.
3.14	• 제20연대 I중대 1개 소대 제주도 도착.
	• 경무부 고문관 쇼터 대위, 조병옥 등과 함께 제주도 총파업 관련 제주도 방문.
3.15	• 제주도 미군정청 장교, 박경훈 지사 방문해 파업 견해 조사.
3.16	• 주한미군사령부 G-2, 제주도 주민 70%가 좌익 관련자 또는 동조자라고 보고.
3.18	• 경무부 수사국 고문관 쇼터 대위 등 '제주도 제주읍 3·1절 발포사건 조사 위원회', 3·1사건 발포행위는 정당방위라는 내용의 담화 발표.
	• 군정장관 러치, "18일 오전 9시 현재 제주도 지원은 전부 복직, 산업기관 은 90%, 운수부문은 50% 복구" 발표.
	• 미 보병 제6사단 제29연대 I중대 1개 소대, 제주도 주둔 제51야포병 대대 와 교체.
3.19	• 주한미군사령부 G-2 보고서, 제주도 인구의 70%가 좌파에 동조 추정 언급.
3.20	• 제주도 민정장관 스타우트 소령, 파업과 식량배급 관련 담화를 발표.

- 경찰 고문관 파트릿지 대위, 강인수 제주감찰청장과 중문에서중문면 발포 사건 관련 발포책임자 김경술 경위 대상 경위 조사.

3.21
- 제주CIC, "제주도에 관한 여러 보고서들은 전체 인구의 60~80%가 좌파라고 언급하고 있다"고 보고.

3.22
- 제주도 미군정청 관리 150여 명 집회 열다가 스타우트 소령이 나타나자 자진해산.
- 제20연대 I중대 1개 소대가 제51야포병대대 포대와 교체.

3.31
- 스타우트 소령 회견. "군정재판에 변호 인정".

4.2
- 제주도 신임 민정장관 베로스 중령 입도. 스타우트 소령은 차석으로 유임.

4.3
- 극동사령부 G-2, 제주도 민관총파업은 좌익의 남한에 대한 조직적인 전술임을 보여준다고 보고.
- 제1차 3·1사건 관련 군정재판 실시. 제59군정중대 법무관 스티븐슨 대위 주심, 경찰 고문관 파트릿지 대위 입회.

4.4
- 제주도 미군정청 공보관 겸 학무과 고문관 켈리 대위, 4~5일 이틀 동안 학교 학사 시설과 파업 동기 등 조사키 위해 학교 순회 강연회 개최.

4.8
- 주한미군사령부 경리부원 삼삼인보, 북교에서 300여 명 참석한 가운데 '나의 경험한 민주주의'라는 제목으로 미국의 교육제도와 사회조직 강연.

4.10
- 극동사령부 G-2, 제주도의 최근 소요는 좌익이 자신들의 전술을 펼치기에 좋은 상황이 전개되면 남한 본토에서 어떻게 행동할 것인지를 시시하는 바가 크다고 보고.
- 한독당 농림부장 출신 유해진, 제주도지사 부임.

4.14
- 군정장관 러치, 조선사람만을 대상으로 한 군정재판을 중지하고, 이미 군정재판에 회부된 사건도 조선재판소로 이관 명령.

4.17
- 제63연대 B중대 파견대가 제주도 주둔 제20연대 I중대 파견대와 교대.

4.22
- 제주도 민정장관 베로스, 유해진 지사와 공동으로 제주비행장 통행금지 공고.

5.1
- 제20연대 G중대 제3소대, 선박편으로 여수 출발 제주도 도착.

5.5
- 제63연대 B중대 파견대, 제주도 출발 광주 도착.

5.9
- 전 제주도 민정장관 스타우트 소령 제24군단으로 귀임.

5.15	• 극동사령부 G-2, 제주도 파업은 남한 총파업의 서막이라고 보고.
5.26	• 미 제1군단의 보고에 따르면 선원 6명을 포함해 조선인 49명이 승선한 다이운마루가 일본으로 밀입국하다 가고시마에서 나포됨. 이 배는 5월 2일 제주도 출발했으며, 목적지는 오사카. 선주는 제주도에 있으며 승객 1인당 3천엔 지불.
5.28	• 오스트레일리아 구축함, 일본 규슈 해안 정찰 도중 제주도에서 부산을 거쳐 운항하던 선원 포함 48명의 조선인 승선한 다이후쿠마루 나포. 조선인들은 본국 추방 예정.
6.13	• 제주경찰감찰청 신임 미 고문관 코페닝, 고문 경관 처벌 및 파면 방침 언급.
7.10	• 제주도 민정장관 베로스, 사무 협의차 상경했다 귀도.
7.28	• 베로스 중령 기자회견. "좌우익의 정당을 물론하고 그 관계자가 관공리 직원으로 취직할 수가 있다.(유해진 지사가) 편당적 행동을 취한다는 보고가 있어 조사 중이다."
8.14	• CIC, 경찰의 민전 간부 검거에 협조.
8.20	• 제20연대 C중대 1개 소대, 여수에서 제주도 이동.
8.27	• 제20연대 F중대 1개 소대, 제주도에서 여수 이동.
9.18	• 제주도 미군정청 재산관리관 켈리 대위, 유해진 지사 방문해 도청이 사용하는 적산재산 보호 및 재산 파괴에 대한 책임 귀책 여부 결정 요청.
9.28	• 제주비행장에 주둔한 미군 병사 2명, 용담리 주민 구타하고 도주.
10.13	• 중앙 미군정청 사법부 부고문관 길리엄(Richard D. Gilliam Jr.), 제주지방법원장과 제주도 공산주의자들에 대한 기소 논의. 법원장은 부고문관에 제주도 민정장관이 박경훈 전지사의 단체인 민전을 옹호하려는 경향이 있고, 중도라는 그의 주장을 신뢰하는 것 같다고 언급.
10.15	• 베로스 중령, 중앙 미군정청 사법부 부고문관에게 "박경훈 전 지사는 중도파이며 가장 훌륭한 인물 가운데 한명"이라고 밝힘.
10.19	• 제주CIC, 대청단원들이 제주 동부지역 일부 마을에서 단원 모집 과정에서 일어난 주민 테러 조사.
11.1	• 미 제20연대 B중대 1개 소대, 항공편으로 광주비행장 출발해 제주도 도착.

11.5 • 유엔 소련 대표 그로미코, 유엔총회에서 미국이 제주도 군사기지 건설 희망 주장.

• 미군 2명과 조선인 군속 1명이 제주읍내 식당에서 술을 마시고, 이 가운데 미군 1명이 식당 여종업원과 남자 고용인 폭행. 경찰이 제지했으나 미군에게 폭행당함. 이어 주민들이 제지하려 하자 미군 4명(2명 추가)이 주민들 폭행.

11.8 • 중앙 미군정청 특별감찰실이 사법부 부고문관 길리엄에게 제주도 3·1절 소요사건을 조사했다는 내용의 공문 보냄.

11.12 • 중앙 미군정청 특별감찰실 감찰관 넬슨 중령이 남조선과도정부 수석고문관 존슨의 지시에 따라 유해진 지사에 대한 특별감찰 개시.

11.15 • 제주도 미군정청 법무관 스티븐슨 대위, "제주도민의 3분의 2가 온건 좌익으로 추정되며, 경찰이 온건 좌파와 일부 중도파를 더욱 좌파로 몰아갈 전망이다. 중도 및 온건단체에 대한 지속적인 탄압이 극좌로 빠지도록 하는 결과를 초래할 것"이라고 보고.

11.17 • 제주CIC와 경찰, 서청이 제주에서 테러 자행하며 자금을 마련하고 있다며 경고.

11.18 • 서청 제주도 조직부장 안철, 제주CIC에 테러 사과. 안철은 "제주도는 조선의 작은 모스크바"라며 공산주의 섬멸이 목표이며, 미군과 협조 약속.

11.21 • 제주도 미군정청 법무관 스티븐슨 대위, 특별감찰실에 '제주도의 정치상황' 의견서 제출. "제주도지사는 한독당이나 독촉의 사소한 견해에 동의하지 않은 사람조차 모두 좌익분자로 가정하는 극우 슬로건을 채택하고 있다."

• 제주CIC 대장 메리트, 특별감찰실에 "유 지사는 매우 독단적이며 자신과 의견이 일치하지 않으면 자동으로 좌익분자로 분류되기 쉽다"고 언급.

• 제주도 민정장관 베로스, 특별감찰실에 비망록 제출. "박 전 지사는 공산주의자가 아니며 매우 친미적 인사이다."

11.22 • 중앙 미군정청 특별감찰실 감찰관 넬슨 중령, 유해진 지사 경질 건의.

11.26 • 군정장관 딘 소장, 참페니 대령, 김길준 고문관 등을 대동하고 항공편으로 제주도 입도. 유해진 지사를 만나 독립 국가 건설을 위한 팀워크 필요성 강조.

11.28 • 딘 소장 일행 귀경.

12.3 • 부군정장관, 수석고문관실에 도지사 경질은 간단한 일이 아니라는 비망록 전달.

• 제주도 민정장관 배로스 중령 귀국. 신임 민정장관에 맨스필드 중령 취임.

12.5 • 제주CIC, "제주도에서 계속 문제가 발생하고 있으며 경찰이 제주도 경찰에 조처를 취하지 않으면 유혈사태가 일어날 것"이라고 보고.

• 검찰총장 이호, 박경훈 전 지사 등을 조사한 '제주지방검찰청 출장조사 전말 보고 사건' 보고서, 미군정청 사법부 고문관에게 제출.

12.13 • 제주CIC, 최근 정보원으로부터 "경찰이 정의를 회복하지 못하면, 모든 단체가 제주감찰청을 공격할 것"이라는 정보 접수.

12.23 • 제주도 미군정청 경찰 고문관 파트릿지 대위, 미군 숙사(농교)에 근무하다 서울로 전출.

【1948년】

1.3 • 중앙식량행정처 기획서 보좌관 캐롤, 동처장과 고문관에게 "제주도 할당량 운영은 '혼란'상태이며, 배급표는 관리들의 정치적 무기로 사용되고 있다고 언급.

1.8 • 중앙 미군정청 특별감찰관 넬슨, 유해진 지사와 2시간 동안 면담해 그의 도정업무 수행에 대한 해명 청취. 유 지사의 태도는 전형적인 일본식 태도라고 언급.

1.23 • 주한미군사령부 G-2 보고서, "제주도 좌파는 반미주의자들이 아니라는 사실은 의미심장하다. 최근의 테러는 우익이 선동한 것이다."

1.29 • 중앙 미군정청 사법부 고문관, 특별감찰실 수석고문관실 군정청에 보낸 내부 비망록 통해 제주도 민정장관 베로스의 박경훈 전 지사 불기소 요구 및 명령 비판.

2.12 • 제주CIC, 경찰과 함께 제주도 남로당 본부 급습해 전단과 각종 서류 압수.

2.14 • 유엔조위 필리핀 대표 아란즈가 마닐라에서 연설. "(유엔조위에 대한) 러시아의 반대는 (중략) 미국의 군사전략가들이 서태평양의 지브롤터와 같은 잠재력 있는 지역으로 간주한 제주도를 장악하려 하기 때문이다."

2.15 • 『마닐라 크로니클』지, 아란즈 연설 보도. "유엔조위에 대한 러시아의 반대는 '극동을 지배하고 세계를 위협하려고' 전략적 요충지인 제주도를 강점하기 위한 속셈이다."

2.18 • 중앙 미군정청 특별감찰실 넬슨 중령, 18~19일 유해진 지사 조사.

2.26 • 아란즈, 마닐라 라디오방송 내용. "남한은 군사 전문가들이 서태평양의 지브롤터와 같은 잠재력 있는 곳으로 간주해온 전략적 요충지인 제주도를 가지고 있다."

3.7 • CIC, 조천지서에서 고문치사된 김용철 부검 참관.

3.11 • 중앙 미군정청 특별감찰관 넬슨, (1) 유해진 지사 경질 (2) 경부부의 제주도 경찰 조사 (3) 경찰 고문관의 제59군정중대 임무 동시 수행 (4) 사법부의 과밀 유치장 조사 등 4개 건의사항 담긴 특별감찰보고서를 딘 장관에게 제출.

3.22	• 중앙 미군정청 사법부 민간인 변호사 매기, 김용철 고문치사사건 조사차 입도.
3.23	• 중앙 미군정청 보건후생부 부고문관 사무엘 프라이스(Samuel J. Price) 중령, 수석고문관실과 군정청 사령부에 제주도에서의 모든 활동은 정치적으로 해석되며 이는 편견을 보여주는 확실한 이유라고 보고.
	• 딘 장관, 넬슨의 4개 건의사항 가운데 '유해진 경질' 제외하고 승인.
3.25	• 중앙 미군정청 특별감찰실 실장 제임스 카스틸 대령, 인사참모부에 제주도 제59군정중대에 미국인 경찰 고문관 배치 요구 공문 보냄.
3.26	• 딘 장관, 군정청 사법부장 고문관에게 과밀 유치장을, 경무부장 고문관에게는 제주도 경찰 조사 지시.
3.27	• 중앙 미군정청 인사참모부 얼 로데스 중령, 특별감찰실에 제주도에 유자격 장교를 배치하기 위해 노력하고, 공고하도록 공문.
3.28	• 이승만, 방한 중인 미 육군차관 드레이퍼에게 제주도 미군기지 제공 의사 표명
4.1	• 제5연대장에서 경비대총사령부 정보국장으로 발령받은 백선엽, 제9연대장 김익렬과 제주도 민정장관 맨스필드 방문. 맨스필드는 제5연대장 고문관 출신.
4.3	• 무장봉기 발발.
4.5	• 미군정, 제주도 도령(道令)공포해 해상교통 차단 및 미함정 동원 해안봉쇄.
4.7.	• 유엔조위 밀너, 제주도의 상황에 대해 조병옥에게 우려 표명.
4.8	• 유엔조위 미군 연락장교 웩컬링 준장, 밀너에게 제주도 피해 현황을 전달하고 경비대의 준비 상황 언급. 밀너는 9일 제주도 방문 계획 결정.
4.9.	• 유엔조위 감사1반 9~10일 제주도 방문. 제주도 민정장관으로부터 2건의 고문치사사건 보고받음.
4.12	• 유엔조위 미군 연락장교 웩컬링 준장은 하지 중장에게 감시1반은 제주도에서 유권자들의 선거인 등록이 많은 호응을 얻고 있다는데 동의했으며, '선거인 등록 강요'에 대한 보고서를 만들지 않았다고 보고.
4.15	• 딘 장관, 유엔조위 주무위원회 출석 요청 받고 참석해 제주도의 고문치사

사건과 경찰의 구타행위에 대한 우려 청취.

4.16 • 딘 장관, 국방경비대와 해안경비대에 제주도 작전을 명령하는 한편 제주도 민정장관 맨스필드 중령이 모든 작전활동을 관할하도록 명령.

4.17 • 주한미군사령관 하지 중장, 미 보병 제6사단장에게 맨스필드 지원 지시.

• 통위부 고문관 프라이스 대령, 경비대 제3여단 고문관 드로이스 대위에게 경비대 대대의 제주도 이동 및 맨스필드의 명령 따르도록 지시.

• 딘 소장, 유엔조위 주무위원회에 참석해 제주도에서 발생한 고문치사사건 가운데 1건은 법원에 기소될 것이고, 두 번째 사망사건은 조사 중이라고 밝히고 그런 사건을 막는 것이 미당국의 관심사라고 언급.

4.18 • 딘 장관, 맨스필드에게 경비대 작전 지휘권 행사 및 무장대 지도자와 교섭 지시.

4.19 • 딘 장관 구두명령에 따라 해안경비대와 국방경비대가 진해에서 합동작전 개시. 이에 따라 국방경비대 제5연대 제2대대가 제주도 비상사태를 지원 하기 위해 진해 출발.

• 경무부 수사국 고문관 코페닝, 경찰과 남조선과도정부가 제주도민들에게 정부 수립 활동 노력 홍보하지 않는다고 비판.

4.20 • 부산 주둔 제5연대 제2대대 제주도 도착. 부산 주둔 제3여단 고문관 드로 이스 대위 동행.

• 하지 중장, 제6사단장 워드 소장에게 전문. "제6사단 소속 연락기 2대 제 주도 파견, 제6사단과 제주도 미군정중대 직접 교신 승인, 미군 부대는 공 격받지 않는 한 개입 금지 지시."

4.24 • 『워싱턴포스트』, 『뉴욕 타임스』, 『로스엔젤레스 타임스』 등 제주도 소요 보도.

• 미 C-47기, 제주비행장 이륙 순간 저격수 2명의 총격 받음.

• 민애청 중앙위원회, 하지 중장에게 제주도 인민봉기 탄압 중지를 요구하는 항의문 전달.

4.26	• 주한미군사령관 정치고문관 제이콥스가 국무장관에게 전문. "공산주의자
	들이 가장 활발한 제주도에서 소요가 있지만 경고할만한 수준은 아닌 것으
	로 보인다."

4.26 • 주한미군사령관 정치고문관 제이콥스가 국무장관에게 전문. "공산주의자들이 가장 활발한 제주도에서 소요가 있지만 경고할만한 수준은 아닌 것으로 보인다."

• 중앙 미군정청 사법부 부고문관 커트 폴크가 딘 소장에게 "제주도의 유치장을 조사하기 위해 조선인 감찰관을 파견했다"고 공문 보냄.

4.27 • 딘 소장과 미국인 비서, 민전의 제주도 조사단 파견 거부.

• 미 제24군단 작전참모부 슈 중령 입도해 제20연대장 브라운 대령, 경비대 제5연대 고문관 드로이스 대위, 맨스필드 중령 등과 작전 논의. 브라운은 맨스필드에게 하지 중장의 조속 진압 및 미군 불개입 등 지시 사항 전달.

• 작전명령 제1호 실행. 슈 중령, 미군 연락기 이용해 경비대 5연대의 마을 소탕작전 시찰. 드로이스 대위는 차량에 탑승해 직접 마을 진입.

• 미 제20연대 정찰대, 조천리에서 경찰에 저항할 것을 촉구하는 삐라 습득.

4.28 • 슈 중령, 작전명령 제2호 실행 과정 항공 정찰 및 귀경.

• 미 제20연대 정찰대, 내도리와 하귀리 사이에 도로 장애물 및 전화선 절단 보고.

• 미 제20연대 정찰대, 월산마을에서 '자유통일 조선 수립'을 위해 김구와 이승만을 암살해야 한다는 내용의 삐라 습득.

• 『뉴욕헤럴드트리뷴』지 특파원 알렌 레이먼드와 『타임』 사진기자 칼 마이던스, 취재차 입도.

4.29 • 작전명령 제3호-경비대 제5연대와 제9연대, 제주와 모슬포에서 노로오름 방면 소탕작전.

• 딘 장관과 미 보병 제6사단장 워드 소장 동시 제주 시찰 뒤 귀경.

• 미국인 부양가족, 제주도에서 철수.

• 슈 중령이 작전참모 타이첸 대령에게 "제주도에 있는 현재의 병력만으로도 상황을 진정시키는데 충분하다"는 요지의 보고서 제출.

5.1 • 작전명령 제5호-경비대 제5, 제9연대, 교래리 방면 오름 소탕 계획(잠정, 5월 1일)

• 『스타스앤스트라이프스』지, 제임스 로퍼 기자의 기사 보도, "미군은 조선

에서 미·소 간 긴장을 야기한 제주도에서 미국인 여성 4명과 자녀 4명 등 8명을 소개했다. 군정장관 딘은 제주도 미군과 한국인 관리들과 상의하기 위해 제주도를 시찰했다.”

5.2 • UP통신 서울특파원, 김익렬–김달삼 간 평화협상 개시 발표.

  • 미군 연락기, 제주도 상공 비행 뒤 3개 마을이 무장대로부터 위협받았다고 보고.

  • 정치고문관 제이콥스가 국무장관에게 보낸 전문, “제주도 폭동은 전적으로 선거와 관련된 것만은 아닌 불만에 기인한 것으로 보인다.”

5.3 • 딘 장관 등 미군 수뇌부, 무장대를 총공격해 제주사건을 단시일 내에 해결하라고 경비대총사령부에 명령.

  • 『뉴욕 타임스』, 제주도 무장대가 경찰의 무기 압수, 경찰과 서청 처벌 등 5개항의 항복조건 제시 보도.

  • UP통신 서울특파원 제임스 로퍼, 미 육군 초계기가 제주도 상공을 비행하고, 응원경찰은 전면적인 유격전의 시작으로 간주한다고 보도.

5.4 • 정치고문관 제이콥스가 국무부에 보낸 항공우편, “군정장관 딘 소장이 제주도를 방문하고, 주로 이북 출신들이 경찰과 최근 제주도에 들어온 청년단체 회원–서청–에 대한 제주도민들의 원한이 많다는 것을 알게 됐다.”

5.5 • 딘 소장, 안재홍 민정장관, 조병옥 경무부장 송호성 경비대 총사령관과 함께 제주도 방문. 제주도 현지 상황 조사 및 의견 교환.

  • 스피어 대위, 테일러 대위, 번하이젤 중위, 제주도 선거 감시차 입도.

  • 『워싱턴뉴스』지, 스탈린이 제주도에서 게릴라전 수행하고 있다고 비난.

5.6 • 딘 장관, 기자회견에서 “제주도 소요는 북한군 간자 개입” 주장.

  • 제주도 민정장관 맨스필드, 선거감시차 파견된 미군정 장교들 활동 지역배치.

5.7 • 미 제59군정중대, 사령부에 카빈총 탄환 및 탄약 요구.

  • 번하이젤 중위는 구좌면, 미 제59군정중대 켈리 대위는 조천면 투표소 방문, 스피어 대위는 애월면과 한림면 방문.

  • 유엔조위 감시8반, 제주도 도착.

5.8 • 위벨 소위, 사보티 소위, 테일러 대위, 서귀포 선거위원회 방문.

• 주한미군사령부 군수참모부가 제59군정중대 사령관에게 "5월 7일 자 무전과 관련해 카빈총 탄환 1만 6천 발, 탄약 30통을 5월 10일 월요일 쿠리어 항공편으로 보내겠다"고 무전.

5.9 • 스피어 대위, 투표함과 투표용지 배포상황 조사차 애월면과 한림면 방문. 테일러 대위 일행, 서귀포 지역 선거사무소 방문.

• 정치고문관 제이콥스가 국무장관에게 보낸 전문, "(5·10 선거와 관련해) 오늘 대구와 제주로부터의 보고는 고무적이 아니다."

5.10 • 스피어 대위, 애월면과 한림면 투표소 방문. 테일러 대위 일행, 서귀포 지역 여러 투표소 방문. 번하이젤 중위, 구좌면 투표소 방문.

• 중앙 미군정청, 카빈총 탄환 1만 6,000발, 탄약 30발을 항공편에 적재.

• 제주도 미군정청 고문관, 신엄리 교외에서 근무지를 이탈한 경비대원 5명 직위해제할 것이라고 보고.

5.11 • 번하이젤 중위, 투표함 수송 위해 군정중대 트럭 타고 구좌로 가다 투표함을 수송 중인 경비대 트럭 만남. 개표 활동 지원.

• 정치고문관 제이콥스가 국무부에 항공우편. "제주도에서는 4월 3일부터 사실상 게릴라전 상황으로 발전했다."

• 미 보병 제20연대 파견대, 제주비행장 남쪽에 무장대 출현으로 2차례 경계태세.

• 주한미군사령부, 미 극동사령부에 구축함 2척과 숫자 미상의 전투기 파견 요청.

• 유엔조위 감시8반, 제주도 이도. 감시8반 프랑스 대표 코스티유는 "제주도의 긴장상태에도 불구하고 경찰과 청년단체들은 과도한 예방조처를 취하지 않았으며, 제주도 소요는 좌우익간의 충돌이 아니라 제주도에서 계층간 수세기 동안 이어져온 켄터키식 반목 때문"이라며 "전체적으로 훌륭하게 선거가 실시됐다"고 보고.

5.12 • 미 극동사령부, 구축함 크레이그 제주도 파견. 극동사령부 해군사령관이 크레이그호 함장에게 제주도에 도착하는 즉시 맨스필드 중령에게 신고하

고, 필요시 도움을 제공할 준비를 하도록 지시.주한미군사령부는 크레이
그호에 제주도 지도 전달하기 위해 제59군정중대에 급송.

- 스피어 대위, 투표함 수송 위해 한림면 방문하고 애월에서는 도로 장애물 발견.
- 통위부 고문관 프라이스 대령, 제9연대 고문관에게 스탠리 중령의 제주행 통보.

5.13
- 크레이그호 함장이 극동군사령부 해군사령관에게 "제주도에 70명의 미국
인이 있으나 아무런 위협이 없다"고 보고.

5.14
- 미 보병 제6사단 제20연대 1개 혼성소대 선편으로 목포 출발 제주도 도착.

5.15
- 미 제20연대 1개 혼성소대, 항공기편으로 제주도 출발 광주 도착.
- 선거 감시차 파견된 스피어 대위, 테일러 대위, 번하이젤 중위 서울행.
- 경비대 제9연대 고문관 리치 대위, 경비대 장교들과 작전회의.

5.19
- 국회선거위원장 노진설, 딘 장관에게 제주도 북제주 갑·을 선거구 무효 건의.
- 제6사단장 워드 소장, 제20연대장 브라운 대령에게 서한을 보내 제주도의
공산주의 선동과 경찰의 문제를 지적하고 관련 인사의 교체 지시.

5월중순
- 미 제20연대장 브라운 대령 제주도 최고 사령관으로 부임.
- 딘 장관, 제59군정중대 사령관에게 금요일(5월 14일–필자) 비행장에서
스탠리 중령 만나도록 지시.

5.20
- 로버츠 준장, 프라이스 대령 후임으로 통위부 고문관에 부임.
- 미 구축함 크레이크호, 제주읍 연안 정박 중.
- 브라운 대령, 기관총 장착된 4분의1톤짜리 트럭 43대 요청.

5.22
- 브라운 대령, 제주도 평정작전 계획 수립.

5.23
- 미군과 경비대 정보요원들이 5월 23일 현재 구금된 432명의 혐의자들에
대한 심사 진행.
- 하지 중장이 합참의장에게 "제주도는 유일하게 투표율이 전국 평균을 밑도
는 유일한 곳이다. 인구 30만여 명의 제주도는 본토에 저항한 오랜 반란의
역사를 가지고 있다. 공산주의자들은 다수의 선동자들을 제주도에 잠입시
킬 수 있었으며, 선거위원들이 많은 선거구에서 임무를 수행하기 두려워할
정도로 주민들에 대한 테러를 가하기 위해 폭도집단을 규합했다"고 보고.

5.24 • 딘 장관, 제주도 선거 무효 선언 및 6월 23일 재선거 실시 발표.

5.25 • 정치고문관이 국무장관에게 전문. "제주도 2개 선거구에서 재선거를 실시할 예정이다. 국회 의석 200석 가운데 2석이기 때문에 전체 구도를 근본적으로 변화시키지는 못할 것이다."

• 유엔조위 미군 연락장교 웩컬링 준장, 유엔조위에 공식 선거결과를 제출하면서 제주도 5월 10일 선거를 무효선언하고 6월 23일 재선거를 실시하는 내용의 5월 24일 자 국회선거위원회에 보내는 군정장관 딘 소장의 서한 사본 동봉

5.26 • 딘 장관, 북제주 갑·을 양구 선거 무효 및 재선거 6월 23일 실시 포고를 국회선거위원회에 지시.

5.27 • 제주비상경비사령관 최천(경찰), 브라운 대령과 회담 뒤 제주도 하곡 수집 철폐 포고 발표.

5.28 • 주한미군사령부가 합참에 보낸 전문. "공산주의자들은 많은 선동가를 제주도에 끌어들일 수 있었고, 일부 실제 불만과 많은 상상의 불만을 가미한 요소를 폭도들로 하여금 여러 지역에서 선거관리위원들이 활동하지 못하도록 주민들을 테러했다."

• 제주도 산업국장 임관호, 제주도지사에 임명.

5.29 • 주한미군사령관이 육군부 정보국에 "일부 군사고문관들은 제9연대 병사들이 반군에 동정심을 가지고 있다고 보고 제9연대를 신뢰할 수 없다고 생각하고 있다"고 보고.

5.31 • 남조선과도정부 중앙경제위원회 통계국장 피터슨, "제주도 사실상 내전이 진행되고 있는 뜨거운 지역으로, 소요는 부분적으로 남한의 선거를 반대하는 공산주의자들의 선동으로 발발했고, 한편으로는 독재 경찰과 부패 관리들에 대한 제주도민들의 마음 속에 오래 쌓여있는 원한 때문에 발발했다"고 논평.

6.2 • 브라운 대령, 제주도민 귀순 촉구 전단 살포. 브라운 대령 기자회견. "지난 5·10 선거 때에는 성적이 좋지 못했지만 6월 23일 재선거 시에는 자유롭게 대표를 선출하게 될 것이다."

6.3 • 중앙 미군정청 공보원, 제주도지사 임관호 임명 호외 공중살포.

| 6.5 | • 제주CIC 메리트, 제주경찰감찰청에서 사찰과 김명성 형사를 권총 저격해 중상을 입히고 지프 타고 도주. |

6.5 • 제주CIC 메리트, 제주경찰감찰청에서 사찰과 김명성 형사를 권총 저격해 중상을 입히고 지프 타고 도주.

6.6. • 미군, 김명성을 비행기로 부평 육군병원 후송. 메리트 체포해 조사 중.

6.7. • 웩컬링의 보고서. "제주도의 도민 불화와 고립으로 지원받은 공산주의자들은 제주도 선거를 저지하는데 성공했다. 공산 라디오방송에서는 제주도를 '동양의 그리스'로 취급할 것이다."
    • 브라운 대령, 7~8일 제주도 내 시찰

6.8 • 국내 언론, 브라운 대령의 "원인에는 흥미가 없다. 나의 사명은 진압뿐이다" 보도.

6.9. • 제주지방심리원 법정에서 서울에서 온 군정재판관 밀라 소좌 주재로 양은하 고문치사 경관들에 대한 군정재판 개정.

6.10 • 딘 소장, 제주도 재선거를 무기연기하는 행정명령 제22호 발표.

6.11 • 통위부장 고문관 프라이스 대령 귀국으로 후임에 로버츠 준장 취임.
    • 경비대 제11연대장 박진경 대령 진급.
    • 제주경찰감찰청장 최천, 부하 감독이 불충분했다는 이유로 정직.

6월중순 • 웨솔로스키 중위 제11연대 부고문관으로 부임한 뒤 제9연대 고문관으로 근무.

6.15 • 군정장관 대리 콜터 소장, 제주도 상황 파악하기 위해 방문. 콜터는 경찰의 가혹행위와 관리들의 부패가 불만요소로 파악. 브라운 대령으로부터 제주도민의 80%가 공산주의자들과 직·간접적으로 관련돼 있다고 보고받음.
    • 통위부 고문관 로버츠 준장, 박진경 대령 진급식 참석차 제주도 입도.

6.16 • 하지 중장, 일본인 내조설 허언 성명. "제주사건엔 일본 공산당원 잠재" 주장.

6.18 • 경비대 제11연대장 박진경 피살. 딘 장관, 로버츠 장군과 총포 연구자 2명 등과 함께 제주도 입도. 간단한 장례식 치른 뒤 당일 상경.

6.20 • 브라운 대령, 경비대 신임 장교 파견 요청.

6.21 • 로버츠 준장이 브라운 대령에게 보낸 비망록. "일요일(6월 20일) 귀하의 요청에 따라 오늘 최경록 중령을 제11연대장으로, 송요찬 소령을 부연대장으로 파견했다. 본인은 최 중령을 좋아하며 그의 이력이 아주 훌륭하다.

송 소령은 강인하며 용감하다."

- 경무부 수사국 고문관 코페닝, 정직 중이던 전 수사국 범죄정보과장 고병억 총경과 1개월 일정으로 제주 출장.

- 재경 제주도친목회 제우회, 하지 중장과 유엔조위에 제주도 토벌작전을 반대하고 평화적 진압을 원하는 내용의 청원서 제출.

6.22 • 브라운 대령, 제주도 신문기자단과 치안 상태 시찰 뒤 기자회견.

- 서울 남산동 경비대총사령부에서 통위부장을 비롯한 유가족, 딘 장관, 안재홍 민정장관 등 참석 박진경 부대장 거행.

6.25 • 남조선과도정부 보고서. "평양방송은 미군 사령관이 제주도의 모든 주민을 죽여야 한다고 보도했다"

6.28 • 미 제59군정중대, 제주도 전술사령관으로부터 "어로작업 승인을 받은 미 두노마루 또는 두미마루라는 일본어선이 서귀포 경비대의 경비를 벗어나 도주했다"는 보고 접수.

6.30 • 제주읍 교외 미군 활주로에 신원미상의 한국인 4~5명이 침입 시도해 미군 경비병력 두 배로 증원해 사격. 한국인 1명이 다친 것으로 보임. 미군 초병 1명이 신원미상자들로부터 맞아 한때 실신.

7.1 • 브라운 대령, 딘 소장에게 보낸 '년 5월 22일부터 년 6월 30일까지 제주도 활동보고서' 제출. (1) 최소한 1년 동안 경비대 1개 연대를 주둔시킬 것 (2) 미국식이 제주도의 미래와 건전한 경제발전에 긍정적인 희망을 준다는 것을 보여줄 것 (3) 제주도 행정기관을 부패와 비효율이 없는 기관을 만들 것 등 건의.

7.2 • 브라운 대령이 제6사단장 워드에게 서한. "제주도가 공산주의자들의 거점으로 조직됐다는 사실은 명백하다. 경찰의 잔악성과 비효율적인 정부도 원인이지만 공산주의자들의 계획에 비하면 지엽적이다."

- 정치고문관 제이콥스가 국무장관에게 부군정장관 콜터의 제주도 방문 비망록과 함께 보낸 급송문서를 '비밀'로 엄격하게 취급할 것과 국무부 내에서도 제한된 범위 내에서만 배포 요망. 보고서의 부속문서는 '제주도 소요 관련 보고서'.

7.3 • 부산 제우회, 하지 중장과 딘 소장, 유엔조위에 제주도 사태의 평화적 해

결 진정.

7.9.	• 유엔조위 프랑스 대표 폴 봉쿨, 유엔에 제출할 보고서와 관련해 한국의 일부 지역 상황은 심각하며, 제주도는 내전상황에 직면했다고 언급.
7.11	• 주한미군사령부 G-2 보고서, "붉은 깃발을 단 북한선박 1척이 제주도 부근에서 해안경비정에 나포됐다"고 보고.
7.13	• 주한미군사령부 G-2가 보고한 북한선박 나포와 관련해 "나포한 선박은 놋쇠를 시장에 팔기 위해 가던 중"이라고 정정 보고.
7.12	• 통위부 고문관 로버츠 준장, 기자와 만나 "제주도 폭동사건은 10일 전에 완전한 해결을 보아 이제는 경비대 파견하고 있지 않다"고 언급.
	• 정치고문관이 국무장관에게 보낸 서한. "이달(6월) 하순 들어 국방경비대 사령관은 '평정이 가시화되고 있으며, 작전이 더딘 것은 경비대가 오직 학살이라는 수단으로 반란을 진압하려는 것을 꺼려하기 때문이다'라고 말했다."
7.15	• 재경 제주출신 학생 친목단체 백록학우회, 하지 중장과 딘 소장, 유엔조위에 제주도 사태의 평화적 해결 진정.
7.17	• 딘 소장이 제59군정중대 노엘 소령에게 브라운 대령의 '년 5월 22일부터 년 6월 30일까지 제주도 활동 보고서' 복사본을 동봉한 서한. "브라운 대령의 건의가 완전 이행되기를 바란다"며 "서울에 있는 모든 정부부처에도 제주도를 최우선 관심지역으로 두도록 지시했으며, 모든 방법을 동원해 제주도의 안전을 지키기 위해 노력을 다할 것"이라고 밝힘.
7.20	• 미 보병 제20연대 제주도 파견대장 콜린(Edward J. Collin) 중위가 21일 미 해군 구축함과 순양함 도착 계획에 대해 제59군정중대 사령관 노엘 소령과 전화통화했다고 보고. CIC 소속 스툽스(Stoops)와 홍등가 급습했으나 미군 병사들의 의류만 발견.
7.21	• 제주CIC, 폭도 150여 명이 어승생오름 부근에서 훈련 중이며, 무장폭도들이 노로오름에서 폭도들과 연락을 취하고 있다는 보고에 따라 작전명령 제1호 발효.
	• 제주도 파견대장 콜린 중위, 의무장교 리(Lee) 중위와 제주도의 매독 감염률이 높다는 데 대해 논의함. 지난 2개월 동안 병사 7명이 매독 감염.
7.25	• 제주도에 있는 스위니, 도우슨 신부는 미군이 떠나면 그날로 제주도에 내

전이 시작될 것이라고 제주도 파견대장 콜린 중위에게 밝힘.

7.27 • 제9연대 고문관 웨솔로스키 중위가 제주도 파견대장 콜린 중위에게 어승생악과 노로악 인근에서 벌어진 경비대 작전에 관한 보고서를 건네줌. 1개 연대 전체가 이 작전에 참가했으며 M1 실탄 3만여발 사용.

7.30 • 제주CIC, 소수의 폭도 일당이 한림에서 보급품 확보 위해 활동 중이라는 보고와 관련해 경찰 고문관과 논의.

• 통위부 고문관실의 참모 비망록. "정보참모부 관계자들이 8월 3일 처형을 참관하기 위해 제주도 갈 것이다."

• 딘 소장이 경무부장에게 "현 시점에서 제주도의 임시 과잉경찰력을 급속히 감축해서는 안된다. 항상 제주도지사가 제주도의 1인자이고 경찰과 경비대는 치안과 공공질서를 유지하기 위한 지사의 도구라는 사실을 명확하게 이해시켜야 한다"는 내용의 보고서 보냄.

7.31 • 경찰 고문관, 특수정보원들이 제주도 주둔 경비대원들이 공산주의 선전활동을 유포하고 있다고 보고한 것을 제9연대에 통보. 이들 정보원에게 관련 경비대원들의 명단 제출 요청.

8.1 • 경찰 고문관과 경비대 고문관, 통행금지시간 식당영업문제로 경비대 정보요원과 경찰 사찰과 형사 사이에 발생한 싸움 조사.

• 제20연대 1개 혼성소총소대, 제주도 주둔.

8.2 • 통위부 고문관 로버츠, 딘 장관에게 '통위부 주간활동' 보고. "제주도 산악지대에서 공산주의자들로부터 압수한 돈이 제주도 수석민정관 수중에 있음. 노엘 소령이 군정청의 처분을 기다리고 있다."

• 주한미군사령부 정보참모부 시코어 대위, 리드 대위, 야고다 대위 제주도 도착.

8.3 • 리드 대위 등 미군 장교들, 제9연대장, 제주신문기자단과 함께 오후 3시 진행된 경비대원 3명 총살형 집행 입회.

8.4 • 시코어 대위 제주도 이도.

8.5 • 정보 업무 관련 제주CIC와 경찰, 경비대 간 연락 체계 개선.

• 미 보병 제6사단장 워드 소장, 야전명령 제7호 발표하고 산하 제1연대로

하여금 8월 26일부터 제주도에 1개 소총소대를 지휘, 작전, 보급책임을 지고, 이 소대를 활용해 군정중대나 미군 지원 명령.

8.6 • 야고다 대위와 리드 대위 제주도 이도. 켈소 중위가 제주도에 도착해 제9연대 제3대대 고문관으로 배속됨.

8.8 • 딘 장관이 제59군정중대 노엘 소령에게 고문관 지위에 관한 서한. "년 8월 15일, 그리고 추가 통보 때까지 귀관은 민정파견대의 민정관이다. 귀관의 임무는 이전처럼 자문하는 것이다."

8월중순 • 버제스(F. V. Burgess) 대위가 제9연대 고문관으로 부임.

8.13 • 경비대 총사령부 총참모장 정일권 대령, 박진경 연대장 암살사건 관련 고등군법재판에서 출석해 5월 3일 이후 브라운 소장, 딘 군정장관 등의 현지 지휘사령부의 명령에 의해 단시일 해결책으로 공격작전으로 나가게 됐다고 증언. 제13연대장 김익렬 중령(전 제9연대장)은 "모든 군사행동은 당시 최고작전회의 참모인 드루스 미군 대위의 지휘였다"고 증언.

8.15 • 대한민국 정부 수립 선포.

• 제주CIC, 제주도 거주 일본인 농민 40여 명이 무장대에 가담했다고 보고.

8.18 • 제9연대 고문관 웨솔로스키 중위 서울 귀환.

• 라이언 신부, 폭도 40여 명이 상효마을 주민 5명의 가옥 습격 보고.

8.23 • 무초 주한미사절단 특별대표 한국 도착.

• 제주도 파견대장 콜린 중위, 미 제20연대장에게 '8월 30일께 위기설' 보고.

8.24 • 이승만-하지, '대한민국 대통령과 주한미군사령관간에 체결된 과도기에 시행될 군사안전에 관한 행정협정' 체결.

• 미 제6사단 제1연대 제2대대 E중대 제1소대, 선박편으로 부산 출발 제주행.

• 유엔조위 캐나다 대표 패터슨, 유엔에 제출할 보고서에 선거불만과 관련해 제주도의 선거 연기 문제가 거론돼야 한다고 주장.

8.25 • 미 보병 제6사단 제1연대 제2대대 E중대 제1소대가 제주도 도착. 제주도 파견대장 콜린 중위가 제1연대 E중대 워터버리(Joseph Waterbury) 중위에게 지휘권 넘김.

8.26 • 특사 무초, 주한미대사에 취임하고 주한미사절단 설립.

- 주한미임시군사고문단(PMAG) 조직. 단장에 로버츠 준장 임명.
- 미 제1연대, 제주도 주둔 1개 소총 소대 제공, 작전, 통제 책임. 부산비행장에서 공수될 2대대의 2개 소대가 제주도 주둔 소대 지원 준비. "미국인의 생명이나 재산이 위협하지 받지 않는 한 현지 소요 상황에 개입하지 않을 것."

8.27
- 주한미군사령관 하지 이임 및 콜터 장군 주한미군사령관 겸 제24군단장 부임.
- 미 제20연대 1개 혼성소대, 오전 7시 제주항 출항.

9월
- 제9연대 고문관에 피쉬그룬드 대위 부임.

9.3
- 제주경찰감찰청장 김봉호, 청장회의 참가 뒤 "응원대 내도는 단순한 증원이 아니라 단시일간에 사태의 전면적 결말을 짓기 위함이며, 딘 군정장관을 비롯한 중앙 권위쪽에서 미리 계획되어 있었던 것"이라고 언급.

9.13
- 군사고문단장, "제주도 주둔 고문관들이 철수일까지 제주도에 남아있을 것이며, 비행장 막사에 거주할 것"이라고 주한미군사령관에게 보고.

9.15
- 주한미군 철수 시작.

9.20
- 춘천 미공보원장으로 부임한 전 제주도공보원장 알버트 필립슨, 강원도청 기자단 방문해 '제주도 사태' 언급. "제주도의 소요 원인은 본도인의 배타사상과 군정관리의 발호 및 악질경관의 폭행 등으로 인하여 도민의 반감을 산 데 기인한 것이다."

9.22
- 주한미군사령부 G-2 보고서, "제주도에서 서북청년회가 경찰과 경비대를 지원하게 된 것은 미군 장교들의 추천에 따른 것이다."

9.29
- 임시군사고문단장 로버츠 준장이 이범석 국무총리에게 서한. "국방경비대의 작전통제권은 여전히 주한미군사령관에게 있으며, 경비대의 작전에 관한 모든 명령은 발표되기 전에 해당 미고문관을 통과하여야 된다는 사실은 매우 중요하다."

10.6
- 미 보병 제6사단 제1연대 제2대대 1개 혼성소총소대 제주도 도착.
- 제59군정중대 사령관 노엘 소령이 군사고문단장 로버츠 준장에게 보스(Voss) 중령의 요청이 기재된 무전기와 무기, 실탄 등의 보급 요청.

| 10.8 | • 노엘 소령, 성산포 전면 5마일 해상에서 정체불명의 잠수함 1척을 정찰기로 발견 보고. |

10.8 • 노엘 소령, 성산포 전면 5마일 해상에서 정체불명의 잠수함 1척을 정찰기로 발견 보고.

10.9 • 로버츠 준장이 제5여단 고문관 트레드웰 대위에게 서한. "제9연대의 현재 작전에 대한 전반적인 전략, 보급 지원은 제5여단의 임무이지만, 제5여단은 적절한 지원을 하는데 실패했기 때문에 한국인들의 지휘계통을 통해 미군 고문관들 입장에서 즉각적인 시정행위를 취해야 할 것으로 사료된다."

10.10 • 미 정찰 조종사 에릭슨 중위, 제주도 정찰비행 통해 제9연대에 정보 제공 시작.

10.11 • 주한미군사령부 G-2 보고서, "제주도에서 서청이 경찰과 경비대를 지원한 것은 일부 미군 장교들의 추천에 따른 것."

10.13 • 임시군사고문단이 제주도 노엘 소령에게 메시지. "언론은 10월 8일 제주도 부근에서 북한기가 휘날리는 잠수함을 보고한 귀관의 말을 인용했다. 긴급 메시지로 자세한 보고와 깃발에 대한 상세한 설명을 할 것을 요청한다."

10월중순 • 제9연대 제3대대 고문관 켈소 이도.

10.18 • 주한미군사령관 콜터가 임시군사고문단장에게. "제주도 작전이 공식 육군부의 '주한미군정사'에 반드시 충분하게 다룰 수 있도록 제주도 작전을 광범위하고 충분하게 기록한 역사를 준비하고 본 사령부 정보참모부에 제출할 것."

10.21 • 임시군사고문단, 제주도에 선박 상륙 저지 경계태세에 들어가기 위해 제9연대와 연대 고문관에게 메시지.

10.22 • 주한미군사령부 작전참모부 고문관 웨스트, 제9연대 고문관 버제스 대위에게 무전 메시지. "정찰 개시 및 반란군 용의자 색출 지시."

10.28 • 임시군사고문단장 로버츠, 여순사건 가담 병사들의 제주도 입도를 저지토록 참모총장 채병덕에게 전문.

11.1 • 미 제6사단 제1연대 제2대대 1개 혼성소대, 제주도 주둔.
 • 제9연대 고문관 피쉬그룬드, 신부들과 함께 있으며, 한라산 기슭 봉홧불 목격.
 • 임시군사고문단, 민간인 5명의 시체가 제주읍 해안가에 밀려왔다고 보고.

11.2 • 미군 연락기, 제주 남쪽 도로에 설치된 장애물, 전신주 전도 관찰.

11.3 • 무초 대사가 국무부에 전문. "제주도 공산주의자 섬멸에 있어 (한국)정부의 무능력에 대한 긴장감이 여전하다."

11.4 • 미 보병 제6사단 제1연대 제2대대 1개 혼성소총소대, 항공편으로 부산 캠프 리스 출발해 제주도 도착. 제1연대 제2대대 1개 혼성소총소대, 항공편으로 제주도 출발.

11.5 • 주한미군사령부, 극동사령부 정보참모부에 여수와 제주도 연안에 북한 잠수함의 출현 가능성에 대해 11월 5~6일 지역 정찰활동 요구.

11.6 • 주한미군사령부, 극동사령부에 게릴라들이 제주도에서 활동 중이지만 경비대가 성공적인 작전 수행 중이라고 보고.

11.8 • 군사고문단장 로버츠 준장, 주한미군사령관에게 보낸 주간활동 보고서. "제주도에서 반란군들에 대한 군경의 작전이 원활하게 이뤄지고 있고, 송요찬 연대장은 강력하고 적극적으로 활동하고 있다."

11.12 • 군사고문단장 로버츠 준장이 주한미군사령관에게 "중앙정보부의 활동이 우수하고 제주도에 있는 3개 대대를 주로 서북청년회원으로 충원할 계획" 보고.

11.17 • 제주도 계엄령 선포.

• 주한미군사령부 G-2 보고서, 정체불명의 전투기 6대와 폭격기 1대가 제주도 상공에서 관측됨.

11.19 • 미 항공정찰대, 제주읍 산천단에서 주택 4채가 불에 타고 있고, 마을 내 경비대원 10여 명 목격.

11.21 • 제주CIC, "폭도들의 활동이 감소한 것은 전적으로 제9연대의 공세작전 때문이다" 보고.

11.27 • 제주도 상공에서 관측된 정체불명의 전투기와 폭격기는 미군기로 확인됨.

11.30 • 제6사단 제1연대 제2대대 1개 혼성소총소대 제주도 도착.

12.3 • 로버츠 준장, 제24군단 작전참모부에 전문. "'이번 주 제주도 작전'에서 327명, 사살 322명 체포, 소총 7정 압수."

12.6 • 임시군사고문단 풀러 중령, "제주도 주둔 제9연대를 본토로 이동시키고 제2연대로 교체 투입 계획" 보고.

- 군사고문단장이 주한미군사령관에게 "송요찬 연대장의 적극 공세로 반란 군들이 서서히 진압되고 있다"고 보고. 제9연대장 송요찬, 주한미군사령관에게 정찰 조종사 에릭슨 중위의 도움으로 진압하게 됐다며 추천.

12.8 • 유엔 소련 대표 말리크, 유엔총회 정치위원회에서 제주도 5·10 선거 거론 하면서 남한 선거 정당성 의문 거론.

12.15 • 미 제6사단 제1연대 제1대대 혼성소총소대제주도 도착.

12.16 • AP 서울특파원발, 국군사령부의 제주도 소탕전에서 반도 15명 사살 발표 보도.

12.17 • 주한미군사령부 G-2 보고서, "최근 제9연대의 진압 작전이 계속적으로 성공을 거두고 있다. 수준 높은 작전을 전개하고, 제2연대가 훌륭한 업적에 부응하려는 욕심 때문이다."

- 무초 대사, 국무부에 급송문서, "제주도 사태 개선 전망이 밝지 않은 채 양쪽의 습격과 죽임이 계속되고 있다."

12.18 • 로버츠 준장, 이승만과 이범석 국방장관, 채병덕 참모총장에게 서한. "송요찬 중령이 제주도민들의 적대적 태도를 우호적·협조적인 태도로 바꾸는데 상당한 지도력을 발휘했다. 신문과 방송, 대통령 성명에 의해 널리 일반에 홍보돼야 한다."

12.21 • 국방부 참모총장 채병덕이 로버츠 준장에게 "송요찬 중령과 미고문관은 매우 적대적인 제주도에서 어렵고 힘든 임무를 수행하는데 훌륭한 능력을 보여주었다"며 "가까운 장래에 국방부 참모총장 담화에 의해 소개되고, 대통령 성명을 발표하도록 추천할 것"이라고 답신.

12월하순 • 제9연대 철수로 고문관 해롤드 피쉬그룬드가 이동하자 제2연대 고문관으로 사브레스키(Sabreski) 부임.

- 하지 장군의 전 정치고문관겸 이승만의 개인 고문 굿펠로우, 이승만에게 서한. "국무장관 애치슨과의 많은 대화를 통해 게릴라들이 속히 제거돼야 하며, 많은 사람들이 한국이 공산주의자들의 위협을 어떻게 대처하는지 지켜보고 있다."

【1949년】

1.3 　•주한미군사령부 G-2 보고서, 한국군이 소련 표식의 3천톤급 선박 2척이 제주 삼양리 연안에서 목격됐고, 무장대를 지원하기 위해 북한 물자를 싣고 있다고 보고했으나, 미군은 이전에도 이런 사례가 있었지만 불확실하다고 논평.

1.7 　•주한미사절단이 국무부에 보낸 보고서. "국무부가 인식하는 바와 같이 제주도는 얼마간 남한 내 소요의 중심지였다. 그러나 지난 1~2개월 동안 제주도 공산분자들에 대한 진압 작전이 만족스러울 만큼 진전을 보이고 있다."

1.9 　•『뉴욕 타임스』, 『워싱턴포스트』 등, '소련 잠수함에서 제주 공격신호' UP통신 인용 보도.

1.10 　•주한미사절단 드럼라이트가 국무장관에게 급송문서, "정보참모부는 제주도 사건 이면에 있는 '원인'들이 너무 일반화 돼 작전을 취하기에는 유용한 방안이 될 수 없으며, (한국정부의 발표는) 예상대로 너무 일방적이라고 생각하고 있다."

1.12 　•소련 타스통신, UP통신의 제주도 연안 소련 잠수함 출현설 보도 비난.

1.15 　•미 제24군단, 한국을 떠나 일본에서 해체. 콜터 장군도 이임.

　　•미 제32보병연대, 제48야포대대, 공병중대와 제7기갑수색중대 인원이 새로 창설된 제5연대전투단으로 배속.

　　•임시군사고문단장 로버츠 준장, 주한미군사령관 겸임.

1.21 　•이승만, 국무회의에서 제주도 등지의 사건을 발근색원해야 미국의 원조가 적극화 될 것이라며 '가혹한 방법'으로 탄압 지시.

1.24 　•무초, 인천에 정박한 미 해군 함정 연회에서 한국 정부가 미 해군 함정의 제주도 방문을 간절히 희망한다며 제주 방안 협의.

1.25 　•미 해군 함정 3시간 동안 제주도 기항. 제주도 주둔 미군 고문관과 제주도 경찰청장 등을 만난 뒤 부산으로 출항.

1.28 　•이승만, 국무회의에서 제주도 사태는 미 해군이 기항해 좋은 결과를 냈다고 언급.

2.2	• 이승만, 굿펠로우에게 서한 보내 제주도에 대대적인 경찰과 군부대 파견했고, 공산 테러범들을 조만간 체포할 것이라고 언급.

2.2 • 이승만, 굿펠로우에게 서한 보내 제주도에 대대적인 경찰과 군부대 파견했고, 공산 테러범들을 조만간 체포할 것이라고 언급.

2.7 • 로버츠 준장, 육군부 장관 로얄에게 서한. "무고한 민간인들이 제주도에서 죽어갔다. 그들 대부분은 게릴라들의 공격으로 죽었으며, 약간은 의심의 여지없이 한국군에 죽임을 당했다"는 고문관 리드 대위 보고 내용 첨부.

2.10 • 임시군사고문단 보급고문관 우스터스 중령, 로버츠 준장에게 제2연대 시찰보고서 제출. "군·경의 주민들에 대한 고압적인 태도가 주민들을 폭도 활동에 가담하게 하는 원인이 되고 있으며, 재판 없이 주민들을 처형해 주민들을 자극시키고 있고, 규율이 없는 병사들이 권한을 남용하고 있다."

2.15 • 제주도 스위니 신부, 서울의 캐롤 신부에게 서한. "제주도 희생자는 최고 1만 5천여 명에 이르고 있으며, 소실 가옥수도 1만 채를 넘고 있고, 주민들은 하루 평균 고구마 한 개로 연명하고 있다."

2.20 • 군사고문단원 4명, 도두리에서 민보단에 의한 76명 학살 목격.

3.10 • 주한미사절단 드럼라이트, 로버츠 준장에게 서한. "제주도가 매우 심각한 상황에 처해있으며, 이런 상황을 타개하기 위해 적극적인 조치가 취해져야 한다."

3.11 • 주한미군사령관 로버츠 준장, 주한미대사관 참사관 드럼라이트에게 서한. "본인은 최근에 한국 정부의 대통령과 국무총리에게 제주도의 게릴라와 군사상황 등에 대해 강력한 서한을 보냈다. 본인은 내무장관에게 상황을 이야기하고 몇가지 제안을 했다. 본인은 제주도에 유능한 중령을 1명 파견했다. 본인은 제주도에 CIA를 설치해 운영하도록 했다. 본인은 제주도에 새로운 사령관과 참모진을 보냈으며 그들은 현재 우연히도 새로 임명된 사령관 친구인 월터 하버러 중령의 권고를 받아들이면서 신중하게 작전을 수행하고 있다."

3.14 • 주한미사절단 드럼라이트가 국무부에 2월의 제주도 상황과 관련해 "상상도 할 수 없을 정도로 이전에 비해 더욱 악화됐으며, 이는 한국군 방어에 주력하는 바람에 게릴라들이 섬의 70%를 파괴했기 때문"이라고 보고.

3.15 • 『뉴욕 타임스』 등, 한국군의 제주도 토벌 상황 보도.

3.16 • 주한미군사령부 G-2 보고서, 반도들의 사상자 수에 비해 토벌대의 노획 무기 수가 적은 것은 반도들의 무기가 적다는 것을 보여주는 좋은 증거라고 논평.

3.28 • 주한미사절단 대리대사 드럼라이트, 국무부에 전문. "경찰의 지원을 받은 한국군이 지리산, 전라남도, 제주도에서 만족할만한 결과를 내며 토벌작전을 계속하고 있다. 지속적이고 장기적인 작전으로 이들을 완전히 뿌리 뽑을 필요가 있다."

4.1 • 주한미군사령부 G-2 보고서, "제9연대가 무차별 테러통치와 대량 학살계획을 채택했으며, 제2연대도 재판 없이 즉결 처형했다. 육지나 북한으로부터의 게릴라들에 대한 병참 지원 소문이 있지만 증거가 없다."

4.4 • 무초, 소련의 스파이들이 어려움 없이 제주도에 침투하고, 혼란을 확산하고 테러를 가하기 위한 소련의 주요 무대로 선택됐다고 국무부에 보고.

 • 무초와 드럼라이트, 대통령 이승만 예방해 "대한민국이 제주도와 전라남도의 게릴라 도당을 제거하고 진압군을 훈련시켜 남한에서의 입지를 확실히 해야 한다"고 언급.

4.9 • 이승만 부부 제주도 방문, 제주도 수석 미군 고문관 월터 하버러 중령과 신성모 국방장관 동행, 이승만은 연설을 통해 "정부와 미국인들은 항상 제주도에 대해 많이 근심하고 있다."

 • 특사 무초가 국무장관에게 "제주도가 남한에 혼란을 퍼뜨리고 테러를 가하기 위한 소련의 주요한 노력의 장소로 선택됐다는 것은 통제를 받은 라디오 방송에서 나오는 선전의 본질로부터 분명해진다"고 보고.

4.11 • 무초, 이승만 예방 결과 국무부에 급송문서. "이 대통령은 제주도 방문 결과를 본인에게 알려주게 된데 대해 매우 흥분했다. 그는 군의 조처로 공산주의자들이 완전 섬멸될 것으로 확신했다."

4.14 • 무초, 국무부에 항공우편. "제주도 작전은 현재 소탕단계에 들어선 것으로 보인다."

4.15 • 미 극동사령부 G-2, "최근의 (제주도) 전투에서 노획된 소수의 무기는 사살 당하거나 사로잡힌 포로의 숫자와 비교해 볼 때 반군들이 거의 무장하지 않았음을 보여준다. 산악지형의 작은 섬에서 벌어진 전투의 심각성은

살해당한 사람들과 재산의 피해정도를 보면 알 수 있다. 약 1만 5천여 명이 전투에서 죽었으며, 섬에 있는 가옥의 3분의 1이 소실됐다."

4.16 • 군사고문단장 로버츠, 국방부장관 신성모와 일부 한국군 병력의 제주도 철수와 전·현 서청 회원들의 철수 합의.

4.18 • 유엔한국임시위원단 소위원회 입도. 18~20일 체류.

• 주한미사절단, 국무부에 급송문서. "미군 정보통의 정보와 서울을 방문 중인 제주도민들의 보고, 국회의 언급으로 자극받은 내무장관 신성모는 3월 초순 직접 제주도로 가서 효과적인 공격작전을 개시해 상당한 효과를 거뒀다."

4.19 • 주한미군사령관 로버츠, 극동군사령부 총사령관에게 보낸 주간보고. "제주도의 게릴라들은 분쇄되고 있으며, 상당수의 무기를 노획하거나 입수했다. 적어도 당분간 제주도는 대규모 소요로부터 확실히 자유로울 것이다."

4.22 • 무초가 국무장관에게 항공우편. "이승만 대통령의 제주도 방문은 제주도에 있던 외국인 선교사들이 대통령 방문이 제주도민들에게 깊은 인상을 주고 좋은 결과를 줄 것이라는 건의에 따른 것이다."

4.29 • 미 제5연대 전투단 I 중대의 장교 1명과 사병 45명으로 구성된 시범소대인 양동작전 소대, 제주도에서 귀환.

5.2 • 무초가 국무장관에게 항공우편. "국립경찰의 지원을 받아 2개월 남짓 공세적 군 작전으로 제주도와 전남 동부지역의 소요지역을 사실상 원상회복했다. 미군 정보소식통도 제주도의 임무가 거의 끝났다고 밝혔다."

• 무초가 로버츠, 드럼라이트와 함께 이승만과 국무총리 등 예방. 로버츠는 "한국군 훈련이 지난 3개월 동안 상당히 진전됐다. 연대전투단을 훌륭하게 활용했다. 이들 작전이 제주도처럼 먼 곳에서 수행됐고, 5월 5일 끝날 것"이라고 언급.

• 군사고문단장이 웨드마이어(Wedemeyer) 중장에게 "제주도에서는 게릴라가 진압됐고 대부분이 무기를 소지한 채 사살되거나 생포됐다. 이승만이 최근 제주도를 방문해 크게 환영을 받았는데 홈런이나 다름없다"고 보고.

5.3 • 무초가 국무장관에게 항공우편, "유엔한국위원단은 5월 8일 제주도로 가기로 결정했다."

| 5.4 | • 주한미군사령부 G-2 보고서, "제주도 연안에서의 미확인 잠수함 목격설이 남한에 나돌고 있지만 신빙성을 부여할만한 증거는 없다." |

5.4 • 주한미군사령부 G-2 보고서, "제주도 연안에서의 미확인 잠수함 목격설이 남한에 나돌고 있지만 신빙성을 부여할만한 증거는 없다."

• 주한미대사관 참사관 드럼라이트와 해군 무관 가블러 중위, 사흘 일정으로 제주도 소요 상황을 직접 보고 제주도의 장래 이용 가능성을 확인하기 위해 제주도를 방문해 미군 고문단, 제주도 주둔 한국군 지휘관, 제주도민들 면담.

5.6 • 무초가 국무장관에게 급송문서. "요청한 연락기는 공산게릴라에 대한 제주도와 지리산 작전에서 관찰용 비행기로 매우 유용한 것으로 확인됐으며, 밀수와 적 침투활동을 발견하는데도 도움이 될 것이다."

5.8 • 유엔한국위원단 대표 싱(인도) 앙리 코스티유(프랑스)를 포함해 10명이 제주도 재선거 참관 위해 방문.

5.9 • 주한미군사령부 G-2 보고서, (3월 1일~4월 30일 사상자 숫자를 언급하면서) "보고서에 언급된 반도 숫자가 엄청나게 많은 것은 토벌대가 중산간지역 주민을 자동적으로 반도로 분류했기 때문이다."

5.10 • 제주도 5·10 재선거 실시.

5.11 • 유재흥 제주도지구전투사령관, 유엔한국위원단에 3월 25일~4월 12일 잡힌 포로수 3,600명이라고 보고.

• 유엔한국위원단, 제주주정공장 방문. "수용소에는 2,000여 명의 수감자가 오래된 창고에서 살고 있는 것이 발견됐다. 수용소장은 '수감자의 90%는 산에 숨어 있다가 투항했고, 나머지는 군 토벌대에 의해 체포됐다'고 말했다."

5.14 • 주한미대사관이 국무장관에 항공우편. "제주도 5·10 재선거는 지난 4개월 동안 제주도에서의 한국군의 작전이 끝나고 전체 30만 명의 주민 가운데 5% 정도가 피살된 제주도에 조만간 혼란이 끝나고 마침내 평화가 오는 것을 상징한다."

5.18 • 주한미대사관 드럼라이트, 함병선의 토벌작전을 '가혹한 작전'이라고 규정.

5.15 • 군사고문단장 로버츠 장군, 신성모 국방부장관에게 서청으로 구성된 제2연대 제3대대의 제주도 철수 건의. 이에 따라 제3대대는 전투사령부와 함께 제주에서 철수. 로버츠 장군은 제3대대뿐 아니라 경찰 소속 서청의 철수도 건의.

5.19 • 미 극동사령부 G-2, "제주도 2명의 국회의원 당선은 대한민국 역사상 처음으로 권한을 부여받은 200명의 의원을 둔 국회의 모습을 완벽히 갖추게 된 것"이라고 보고.

5.22 • 이승만, 맥아더에게 서한. "우리는 제주도 등 지역을 완전히 소탕하기 위해 우리가 할 수 있는 모든 것을 하고 있다. 우리는 고속 순찰함과 비행기, 우리 해안을 방어하기 위한 수척의 주력함이 필요하다."

5.26 • 주한미대사 무초가 자신을 방문한 한국의 국방장관과 교통장관에게 미군 철수 관련해 북한이 전면 침략을 감행할 수 없고, 제주도와 지리산 작전에서 한국의 특별사령부가 이룩한 성과를 언급하는 한편, 한국의 진압군이 잘 대처할 능력이 있음을 확신한다고 언급.

• 김용하 제주지사, 제주행 항공편을 알아보기 위해 주한미대사관 방문해 드럼라이트와 대화하면서 군·경과 서청의 횡포 언급.

6.9 • 유엔한국위원단, 제주도 재선거 참관과 관련해 제주도의 주택파괴 3만 3,489채, 피해액수 10억원 이상이며, 가축 4만 6천마리 피해 액수 10억원 이상이라고 발표.

6.16 • 주한미대사관 드럼라이트와 가디너, 김용하 지사와 대화. 김 지사는 제주도민들에 대한 제2연대의 고압적인 태도와 서청의 독단적이고 잔혹한 태도 언급. 무초는 도지사가 한국군의 부정행위를 과장하고 있다고 평가.

6.21 • 남조선과도정부 수석고문관 지낸 존슨, 미국 하원 외교위원회 대한원조프로그램 관련 청문회에서 "한국군의 첫 테스트는 제주도 사건"이며 "일반사면이 공포돼 반군 지도자들 중 일부만 투옥됐고 대다수는 정부편으로 넘어왔다"고 언급.

6.29 • 군사고문단을 제외한 남한 내 미군부대 철수.

6.30 • 미하원 외교위원회, 대한원조안 가결. 트루먼 대통령은 극동지역에서 민주주의 보루로서의 한국의 중요성을 강조하며 1억5천만 달러의 대한원조안을 통과시켜 줄 것을 하원에 요청.

7.1 • 주한미군사고문단 조직.

7.28 • 군사고문단, 제2군 사령관 멀린스 2세 소장에게 서한. "제주도에서 반도들의 저항이 확산된 것은 부분적으로 경찰과 군의 무능한 지휘관 때문이다. 그들은 공산분자들과 마찬가지로 무자비하게 주민들을 살해하고 마을을 방화했다. 제주도에서 활동하는 부대를 철수시키고 새로운 부대를 배치할 필요가 있다"는 내용의 서한.

8.7 • 장제스, 한국 정부에 중국 본토 공격을 위한 공군기지로 제주도를 제공 요청.

10.13 • 무초, 국무부에 급송문서. "제주도 작전이 너무나 파괴적일 정도로 성공을 거둬 공산폭도들이 전략적으로 가장 중요한 섬에서 어떠한 회복도 불가능하게 됐음을 보고하게 돼 기쁘다."

11.16 • 군사고문단 작전참모부 부고문관 피쉬그룬드 대위, 서청과 군 장교들의 불법행위 비판을 확인하기 위해 3박 4일(19일까지) 일정으로 제9연대 초대 연대장이었던 장창국 대령과 함께 제주도 감찰. 군·경의 불법행위 확인.

11.22 • 군사고문단 G-3 부고문관 피쉬그룬드 대위, 제주도 시찰보고서 통해 군사고문단장에게 한미경제협조팀의 제주도 감찰, 서청 철수, 군경 고문관의 정기방문, 특무대와 헌병 인원의 감축 등 건의.

【1950년】

5.11 • 남조선과도정부 수석고문관 출신 존슨, 하원 세출위원회 소위원회에 출석해 남한의 군사상황과 관련한 질문을 받아 답변 과정에서 제주도 사건을 한국군의 전투 경험 기회로 언급.

6.13 • 남조선과도정부 수석고문관 출신 존슨, 대한경제원조와 관련해 상원 세출위원회의 청문회에 참석해 남한의 게릴라 상황 증언. "제주도의 게릴라 제거는 힘든 일이었지만 이뤄냈다. 제주도 내 3만여 채의 가옥 가운데 1만 채가 파괴됐지만, 지금은 평화롭고 조용하다."

8.13 • 주한미대사관, 제주도 외국인 신부들로부터 제주도에서 게릴라 활동 전개됐다는 보고 접수.

8.15 • 주한미대사관 해군 무관 세이퍼트 중령 등 대사관 관리들이 17일까지 제주도 현지에서 도지사를 비롯한 해병대 지휘관, 경찰 간부 면담. 경찰에 대게릴라전 유경험 미고문관 1명 배치, 토벌과 정찰활동을 위한 전투경찰대대 창설 및 해병대의 본토 철수 등 건의.

9.29 • 『베리어 마이너』(오스트레일리아), 전 내무부장관 김효석의 말을 인용해 무초와 로버츠가 제주도가 중요한 군사 전략적 요충지로서, 봉기 진압이 절대 필요하다고 말했다고 보도.

11.6 • 주한미대사관, 제주도 주재 경제협조처 고문관들로부터 제주읍 부근에서 경찰관 6명과 자위대원 2명 무장대에 피살 보고.

11.9 • 주한미대사관, 제주도 주재 경제협조처 고문관들로부터 제주읍 부근에서 경찰관 9명이 피살되고 1명이 부상을 입는 한편 소총과 탄약을 도난당했다는 보고 접수. 대사관은 즉시 국무총리 서리와 구두 및 서면으로 의견 교환하고 경찰청장과 내무장관에게도 내용 전달.

11.15 • 주한미대사관, 국무부에 2~3일 내로 제주도의 상황을 조사하기 위해 장교를 보내겠다고 보고.

11.20 • 주한미대사관 3등 서기관 맥도날드(Jone E. Macdonald)와 항공연락장교 브라운 대위가 제주도의 게릴라 활동 상황 파악 위해 한국 정부 계획 조사.

【1951년】

1.1 • 『뉴욕 타임스』, 본토에서 유엔군 철수 경우 제주도 임시 수도 구상안 보도.

1.5 • 『시카고데일리트리뷴』, 제주도에 대한 이승만 정부의 임시 피난처 구상 보도.

1.18 • 주한미대사관, 국무부에 급송문서. "도지사와 제주도 해군사령관, 경찰에 따르면 제주도에 게릴라 문제가 여전히 존재한다. 소수의 무장도당이 제주도민을 불안상태에 놓아두고 있어 영원히 제거돼야 한다."

【1952년】

2.1 • 제주도 주둔 유엔민사처, 게릴라들의 작전이 중앙집중화되고 있는 가운데 제주도 경찰에 대한 활성화 프로그램을 통해 강력하게 지원해야 하는 중요성이 커지고 있다고 언급. 이날 현재 제주도 내 구금자 85명.

11.14 • 군사고문단 작전참모부 맥기브니 중령, 관련부서 검토 거쳐 '제주도의 대공비작전' 보고서 작성. "소규모 공비들과 대처하는 최상의 방법은 대게릴라 전술을 교육받은 소수 기동부대와 같은 부대에 의한 것이다."

11.16 • 군사고문단 부관보 모슈어, 고문단장에게 동 보고서를 제출. "최근 제주도에서 공비들의 증가와 심각성에 비춰 지체 없이 모든 공비들을 제거하기 위해 가능한 모든 수단을 채택하는 것이 시급하다. 계획은 특히 1952년 12월 1일 이전에 집행할 수 있어야 한다."

색인

【ㄱ】

수형인 명부 249

숙군 195, 232

슈(M. W. Schewe) 153, 155, 157, 158,
　　166, 170, 172, 181, 299

슈미트(Petrus J. Schmidt) 84

스웬슨(SWENSON)호(구축함) 79

스위니(Augustin Sweeny) 159, 237,
　　289

스타우트(Thurman A. Stout) 61, 68,
　　69, 116, 117, 120, 122, 124, 126,
　　132, 140

스탈린 26, 38, 161

스탠리(Stanley) 177

스토운(I. F. Stone) 231, 264, 265

스티븐스(Francis B. Stevens) 29, 136,
　　137

스티븐슨(Samuel J. Stevenson) 129

스피어(T.J. Speer) 99, 100

시마네현 80

시범무대 229

시코어(Secore) 203

시험무대 30, 31, 212

식량배급표 134

신상우 194, 198

신성모 39, 42, 234, 237, 240, 241, 243,
　　247

신양리 76

신엄리 105, 106, 141, 214, 224, 226

신예리 225

신우균 66, 69, 70

신현준 254

싱(Anup Singh) 247

쓰시마 24, 80

【ㅇ】

아가멤논호 24

아라리 211

아란즈(Melecio Arranz) 34, 35, 36

아스토리아(Astoria)호 235

아일랜드 289

안덕면 106, 180

안재홍 91, 125, 143, 161, 173, 174, 175,
　　176

알라비(Hamza Alavi) 65

애월(리) 105, 125

애월면 100, 105, 106, 141, 180, 213

애치슨(Dean Acheson) 226

앨리슨(John M. Allison) 29

야고다(Jagoda) 203

야마구치현 80

야전명령 207

야체이카운동 56

양귀진 107, 109, 245

양기하 67, 108

양무봉 115

양병직 108, 109, 245

양수옥 54

양순봉 140

양승훈 127

양애정 79

양원일 186

양은하 95, 146

양제박 245

양홍기 66

양회천 194

엄희철 140

175, 187, 231, 249, 276

조선인권옹호연맹 207

조선인민공화국(인공) 59, 60, 61

조선통신 147, 183, 185

조천리 106, 215

조천만세운동 58

조천면 67, 99, 102, 105, 106, 125, 145,
    178, 180, 184, 200, 231

조천소비조합사건 54

조천중학원생 142, 146

조천지서 146

존스턴(Richard J. H. Johnston) 237,
    257

존슨(Edgar J. Johnson) 128, 143, 262,
    263, 264

주그리스 미국 원조사절단(AMAG) 155

주도비상경비사령부 259

주한미공보원 257

주한미군사고문단(KMAG) 208

중문(리) 54, 215, 223, 226

중문면 56, 105, 106, 133, 180, 208

중앙식량행정처 132, 134

중앙정보부(CIA) 290

즉결 처형 275, 292

지리산지구전투사령부 238

지부랄타(지브롤터) 32, 33, 36

지용은 133

진인수 208

집단 처형 251

【ㅊ】

참페니(Arthur S. Champeny) 142

채계추 51

채명신 212

채병덕 214, 222, 234, 285

척살 224

천길봉 201

초토화 18, 216, 229, 232, 233, 237,
    270, 285, 286, 289, 290, 292,
    293, 296, 300, 301, 303

총림 벌채 229

총살형 204

총파업 123, 124, 125, 126, 127, 140,
    145, 298

최갑석 232, 233

최경록 198, 199, 202, 278, 279, 292

최경진 126

최남식 58

최병모 178

최원순 66

최윤순 131

최천 150, 189, 193, 218

최치환 40, 41

추자면 100

치안대 56, 57, 60

침악(바농오름) 225, 226

【ㅋ】

카바노(Cavanaugh) 226

카스틸 117, 119

캐롤(Peter J. Carroll) 132, 133, 134

커밍스(Bruce Cumings) 31, 290, 291

케난(George F. Kennan) 26, 29

켈리(David C. Kelly Jr.) 99

지은이
허호준

정치학박사
한겨레신문 기자

저서

『그리스와 제주—비극의 역사와 그 후』(2014)

『4·3과 여성—그 살아낸 날들의 기록』(2019), 『4·3과 여성2—그 세월도 이기고 살았어』(2020), 『빼앗긴 시대 빼앗긴 시절—제주도 민중들의 이야기』(2007) 등 다수의 구술집 작업 참여

번역서

『20세기의 대량 학살과 제노사이드』(공동, 2006)
『현대사회와 제노사이드』(공동, 2005)